国家社科基金后期资助项目
出版说明

后期资助项目是国家社科基金设立的一类重要项目，旨在鼓励广大社科研究者潜心治学，支持基础研究多出优秀成果。它是经过严格评审，从接近完成的科研成果中遴选立项的。为扩大后期资助项目的影响，更好地推动学术发展，促进成果转化，全国哲学社会科学工作办公室按照“统一设计、统一标识、统一版式、形成系列”的总体要求，组织出版国家社科基金后期资助项目成果。

全国哲学社会科学工作办公室

国家社科基金
GUOJIA SHEKE JIJIN HOUQI ZIZHU XIANGMU
后期资助项目

刑法治理功能研究

Research on the Governance Function of Criminal Law

姚万勤 著

法律出版社
LAW PRESS·CHINA
——北京——

图书在版编目(CIP)数据

刑法治理功能研究 / 姚万勤著. -- 北京 : 法律出版社, 2023

ISBN 978-7-5197-8354-9

Ⅰ. ①刑… Ⅱ. ①姚… Ⅲ. ①刑法－研究－中国 Ⅳ. ①D924.04

中国国家版本馆CIP数据核字(2023)第184282号

刑法治理功能研究
XINGFA ZHILI GONGNENG YANJIU

姚万勤 著

责任编辑 屈 瑶
装帧设计 臧晓飞

出版发行 法律出版社
编辑统筹 学术·对外出版分社
责任校对 晁明慧
责任印制 陶 松
经　　销 新华书店

开本 710毫米×1000毫米 1/16
印张 21.75 **字数** 285千
版本 2023年11月第1版
印次 2023年11月第1次印刷
印刷 北京虎彩文化传播有限公司

地址:北京市丰台区莲花池西里7号(100073)
网址:www.lawpress.com.cn
投稿邮箱:info@lawpress.com.cn
举报盗版邮箱:jbwq@lawpress.com.cn
销售电话:010-83938349
客服电话:010-83938350
咨询电话:010-63939796

书号:ISBN 978-7-5197-8354-9　　**定价**:89.00元
凡购买本社图书,如有印装错误,我社负责退换。电话:010-83938349

基金项目
国家社会科学基金后期资助项目，项目批准号：19FFXB035

目　　录

第一章　刑法治理功能命题的提出与证成

第一节　刑法功能的内容与局限

一、刑法功能的观点聚讼

在大陆法系国家中,对于刑法功能(亦称机能)[1]存在多种表述。目前主要存在"二机能说"、"三机能说"、"四机能说"以及"多功能说"的对立。目前的刑法功能的概念以及表述是否妥当,则成为首先需要明确的问题。

(一)域外对刑法功能的阐释

支持"二机能说"的学者基本认为,刑法具有法益保护和自

---

[1] 关于功能与机能,我国较为通说的观点认为,可以将二者作为同一层面的含义进行使用。事实上,从汉语所表达的含义来看,两者也并没有多大的区别:一方面,功能和机能均表示的是一种刑法所产生的社会的作用和效果;另一方面,由于一些外文翻译而造成了这种约定俗成的同等使用的局面。参见苏惠渔主编:《刑法学》,中国政法大学出版社1999年版,第18页;另参见何秉松主编:《刑法教科书》(上卷),中国法制出版社2000年版,第17页。为了行文的方便,在此部分,笔者便使用"刑法的机能"一词来表达刑法功能的内涵,敬请读者甄别。

由保障的机能。[1] 有的学者虽然与其表述不尽一致,但也基本表达了相同的意思,例如,大谷实教授认为,刑法的机能包括维持社会秩序的机能和规制机能。[2] 另有学者在刑法的存在理由层面一并论述刑法的机能,例如,井田良教授认为,依据报应刑理论判处刑罚,防止将来的法益侵害或危险。[3] 再如,有学者指出,"当普通国民被问及为何要制定刑法,通常的答案是为了保护国民免受犯罪之侵害;当刑法学者被问及为何要有刑法,则通常性的回答是为了保障犯罪人和普通国民的人权。所以,防卫社会与保障人权是刑法所承担的两大机能"[4]。

持"三机能说"的学者一般认为,刑法的机能包含了"规制的机能、秩序维持的机能、自由保障机能"。[5] 德国学者对此有不同论述,认为刑法具有压制和预防机能,一方面,刑法通过对违法行为进行惩办来实现保护社会的压制机能;另一方面,刑法还通过预防将来可能的犯罪来实现保护社会的目的。[6] 韩国学者认为,刑法具有"保护性功能、保障性功能和社会保护性功能",其中,保护性功能与保障性功能即为法益保护机能以及人权保障机能,而社会保护机能是指刑法依刑罚和保安处分的手段保护国家或社会秩序使其免受犯罪的侵害。[7]

持"四机能说"的学者一般认为,刑法机能可以从国家层面以及国民层面进行相应的区分,在国家层面派生出的机能具体包括抑制犯罪的机能和维持秩序的机能;在国民层面派生的机能包括法益保护的机能和人权保障

---

〔1〕 参见[日]西田典之:《日本刑法总论》,刘明祥、王昭武译,中国人民大学出版社2007年版,第22~31页。

〔2〕 参见[日]大谷实:《刑法讲义总论》(新版第2版),东京:成文堂,2007年版,第7页。

〔3〕 参见[日]井田良:《讲义刑法学·总论》,东京:有斐阁,2008年版,第16页。

〔4〕 元轶:《澳门刑事法学论》,知识产权出版社2015年版,第5页。

〔5〕 [日]大塚仁:《刑法概说(总论)》(第三版),冯军译,中国人民大学出版社2003年版,第25页。

〔6〕 参见[德]汉斯·海因里希·耶塞克、托马斯·魏根特:《德国刑法教科书》,徐久生译,中国法制出版社2009年版,第4页。

〔7〕 参见[韩]李在祥:《韩国刑法总论》,韩相敦译,中国人民大学出版社2005年版,第5~7页。

的机能。[1]

(二)我国对刑法功能的阐释

我国刑法中,关于刑法功能的探讨同样由来已久,对其探讨主要集中在"二机能说"、"三机能说"、"四机能说"以及"多功能说"之间。

持"二机能说"的张明楷教授认为,刑法的机能是法益保护和人权保障。[2] 张明楷教授从刑法的任务是保护法益,推导出刑法应当具有法益保护的机能,由此派生出人权保障机能。

持"三机能说"的梁根林教授则认为,刑法的机能具体包括规制机能、保护机能以及保障机能。[3] 显然,其所主张的"三机能说",实质上与域外所主张的"三机能说"并不存在实质性差别。

持"四机能说"的陈兴良教授认为,刑法的机能可以总体概括为"规范机能"和"社会机能"两大类型,其中,规范机能具体包括评价机能和裁判机能,社会机能具体包括保护机能和保障机能。[4]

持"多功能说"的陈忠林教授认为,惩罚犯罪是刑法的主要功能,除此最为主要的功能之外,刑法还具有引导和辨别功能、威慑功能、教育功能、改造功能等。[5] 我国台湾地区学者林山田教授亦持"多功能说",他认为,刑法应具有六大功能,具体包括"保护法益、压制与预防犯罪、保障人权、矫治行为人、赔偿犯罪被害人、给予行为人赎罪的机会"六大功能。[6]

二、现有观点的局限

虽然关于刑法功能的表述存在差别,但在核心内容上并无多少实质性

[1] 参见[日]西原春夫:《刑法讲义总论》(改订版),东京:成文堂,1995 年版,第 8~11 页。
[2] 参见张明楷:《刑法学(上)》(第六版),法律出版社 2021 年版,第 25 页。
[3] 参见梁根林:《刑法结构论》,北京大学出版社 1998 年版,第 182 页。
[4] 参见陈兴良:《本体刑法学》,商务印书馆 2001 年版,第 37~54 页。
[5] 参见陈忠林主编:《刑法学(上)》,法律出版社 2006 年版,第 10 页。
[6] 参见林山田:《刑法通论(上册)》(增订十版),北京大学出版社 2012 年版,第 21~22 页。

对立。无论“四机能说”还是“多功能说”都存在一个致命的缺陷，即相关的内容存在重复性。例如，就林山田教授提出的“多功能说”为例，“其中，压制与预防犯罪应可归纳于‘保护功能’或‘规制功能’，至于矫治行为人及予行为人赎罪之机会，则可归纳于‘保障功能’”。[1] 同样，“四机能说”也存在这样的问题，例如，国家层面派生出的机能具体包括抑制犯罪的机能和维持秩序的机能，实质上所指代的也是同一含义，抑制犯罪的最终目的就是要实现维护秩序的机能。

目前，日本是以“三机能说”为其理论通说，主张刑法具有规制机能、保护机能以及保障机能。所谓刑法规制机能就是通过将一定行为规定为犯罪、使其与一定的刑罚相连来表示该行为是被刑法所否定的功能，[2]所谓保护机能即指通过刑法来保护法律所承认的利益的功能，而保障机能则侧重于行为人的角度，也即为了限制国家刑罚权的恣意发动，在保障善良国民自由的同时也保障犯罪人的人权。

虽然我国诸多学者支持“三机能说”的基本主张，但另有学者认为，“三机能说”并不具有妥当性，因为从刑法规制机能的表述来看，行为规制机能基本上只是法益保护机能的反射效果。[3] 这种通过刑罚对行为进行否定评价的路径，就是将法益侵害行为类型化，并规定相应的法定刑，因而产生了行为规制的效果，因此，刑法规制机能归根结底就是一种法益保护的方式。[4] 因此，有学者主张，刑法功能主要包括刑法的法益保护机能与人权保障机能。包括以下两点具体理由：

其一，从刑法功能的法律根据来看，刑法的一般功能具体包括法益保护与人权保障。我国《刑法》第 1 条规定，“为了惩罚犯罪，保护人民，根据宪

---

〔1〕 陈子平：《刑法总论（2008 年增修版）》，中国人民大学出版社 2009 年版，第 9 页。

〔2〕 参见［日］大塚仁：《刑法概说（总论）》（第三版），冯军译，中国人民大学出版社 2003 年版，第 25 页。

〔3〕 参见张明楷：《刑法学（上）》（第六版），法律出版社 2021 年版，第 25 页。

〔4〕 参见张明楷：《刑法学（上）》（第六版），法律出版社 2021 年版，第 25 页。

法,结合我国同犯罪作斗争的具体经验及实际情况,制定本法”。其中,“惩罚犯罪”是法益保护的手段,“保护人民”是法益保护的目的。

其二,从刑法的任务之中能够推导出刑法的功能是指法益保护与人权保障。《刑法》第2条规定的刑法任务也是立足于刑法同一切犯罪作斗争,保护各种利益。但问题在于,刑法的任务是否就能等同于刑法的功能。肯定说的观点认为,刑法的功能就是指刑法所要实现的任务;[1]否定说的观点指出,刑法的任务是立法者赋予刑法的职能与职责,因而与刑法功能存在较大差异。[2]

虽然从字面含义上,刑法功能与刑法目的似乎存在较大差别,但从实质上来看,《刑法》第2条所阐释的刑法任务实质上就是法益保护机能的重申,其与刑法保护机能并无任何实质性的冲突,也就是说,“就实现任务的方法而言,离不开刑法的机能,刑法的功能与刑法的目的是处于同一层次的概念”。[3]

笔者认为,无论是支持“三机能说”还是“二机能说”均不具有妥当性。上述刑法功能的观点尚未涉及刑法的本质特征,因而也就无法正确阐释刑法的功能。明确刑法的功能,应当求之于一个国家的统治阶级为什么要制定刑法,制定刑法所起的根本作用何在。[4] 刑法作为惩罚犯罪的重要手段,其发动主体主要是国家,而国家是私有制发展到一定阶段的产物,因而刑法将毫无疑问地保留着阶级性的色彩。刑法的阶级性目前已经得到马克思主义学家普遍赞成。即便是资本主义国家,也认为不可否定法律的阶级性本质,例如,日本学者平野义太郎曾言:“在生产力的一定的发展阶段上,基本的生产手段的所有与直接的生产者脱离,它们集中在社会上极少数人的手

〔1〕 参见赵秉志、吴振兴主编:《刑法学通论》,高等教育出版社1993年版,第14页。
〔2〕 参见张小虎:《刑法的基本观念》,北京大学出版社2004年版,第56~57页。
〔3〕 陈兴良:《刑法机能的话语转换》,载《环球法律评论》2008年第1期。
〔4〕 参见马克昌:《比较刑法原理》,武汉大学出版社2006年版,第11页。

中。这样,生产手段的所有者和直接生产者就构成一定的相互关系(阶级统治的关系),而生产者和劳动手段相结合,为了形成生产过程,就必须有基于权力的命令和强制,规范人们行为的法律规范——这就是法律。"〔1〕在其看来,这种以生产关系为纽带的规范维护就明显带有通过权力进行阶级统治的强制特征。而木村龟二教授则更加直截了当地提出,"刑法规范具有统治阶级工具的机能"。〔2〕

因此,刑法作为统治阶级意志的集中反映和外化以及一定社会关系的法律化和制度化,表现出双重性:一方面,刑法要建立和维护有利于实现统治阶级根本利益的政治秩序、经济秩序和观念秩序;另一方面,刑法又必须执行社会功能的职能。只有实现了刑法的社会公共职能,刑法才能实现其阶级统治的职能。〔3〕上述观点只看到刑法具有的一般功能,尚未追问刑法最深层次的功能,因而离开阶级性谈刑法的功能必然缺乏全面性。

三、本书的立场

通过上述论述,有一点内容需要澄清,即在我国刑法之中,存在刑法机能与刑法功能相互混用的情况。虽然刑法机能与刑法功能表面上存在一字之差,但是差之毫厘,谬以千里。首先,两者所反映的主体性作用不同。"刑法功能具有属人性,它根据适用主体对刑法的需求和希望发挥的作用不同而有所不同;而刑法的机能不具有属人性,只是刑法客观上所具有的机能和机理。"〔4〕其次,两者所具有的属性并不相同。刑法功能所具有的属人性也就表明了其具有主观性的特征,而刑法机能客观反映的机能和机理,表明的

〔1〕转引自[日]西原春夫:《刑法的根基与哲学》,顾肖荣等译,中国法制出版社2017年版,第96页。

〔2〕[日]西原春夫:《刑法总论》,东京:有斐阁,1984年版,第86页。

〔3〕参见曾明生编著:《刑法目的论》,中国政法大学出版社2009年版,第49页。

〔4〕王强军:《社会治理过度刑法化的隐忧》,载《当代法学》2019年第2期。

是刑法机能只能是以客观的形态呈现。[1] 因此，刑法的机能语词未能完全阐释刑法的功能所蕴含的内容，思考路径本身也不太妥当。同时，通过笔者上述梳理可以发现，现阶段学者们对刑法功能和机能并未进行明确区分，而是混用表述，但其核心内容仍然是在阐释刑法的功能。[2]

我国传统刑法理论认为，通过刑法惩罚犯罪的功能来确立刑法的本质功能。笔者认为，这种观点欠缺妥当性。首先，以刑罚的惩罚性特征来界定刑法的功能，犯了以小概念涵盖大范围的逻辑错误。从逻辑学的视角来看，对于概念范围的界定需要确定其中心项以及由此而引申的内涵和外延均能涵盖之。惩罚犯罪只是刑罚本身所具有的本质，而刑罚制度只是刑法的一个方面的内容。因此，在概念的种属上，惩罚犯罪显然是刑罚的特征，属于下位概念，因而不能涵盖上位概念——刑法的功能。其次，强调惩罚犯罪是刑法的本质功能，会将刑法引向反动的立场。惩罚犯罪只是刑法的一个方面的内容，如果一味地强调惩罚犯罪的功能，将会导致刑法成为社会治理的“杀威棒”，会逐渐剥夺刑法的合理价值。例如，纳粹时期的刑法取消了刑法中的罪刑法定主义的相关规定，将刑法完全视为惩罚的工具，由此导致德国与法治国渐行渐远。

第二节　刑法治理功能的提出

如前所论，我国目前对刑法功能的研究多集中在以机能为表述的“二机能说”，因此，即便从 1997 年《刑法》修改后到如今，理论研究主要集中在如何平衡“惩罚犯罪功能”与“人权保障功能”之间的关系，但是，是否达到效果，就目前来看应当是失败的。停滞不前的理论禁锢早已引起一些学者的注意，因而不乏学者呼吁变革并发展我国刑法功能。例如，有学者指出，“能

---

〔1〕 参见王强军：《社会治理过度刑法化的隐忧》，载《当代法学》2019 年第 2 期。
〔2〕 此段以后，除原文引用学者的表述使用“机能”表述，笔者其余表述均为“功能”，特此说明。

否承认或应当在何种程度范围内承认刑法的'行政法补充强化机能',刑法的'侧面援助机能'能否脱离刑法的法益保护原则而成为一个独立的机能?"[1]然而,正如前文所论,该学者对于该种提法不仅未展开论证,而且这些提法也仅仅涉及问题的形式侧面,尚未上升至实质层面。鉴于此,笔者认为,在我国提倡刑法治理功能,与以下三个因素休戚相关。

一、国家治理现代化与刑法治理

"一般认为,治理问题最初引起重视,是处于国际组织和跨国公司改善受援国或投资国社会政治环境的努力。"[2]但是近期以来,随着政治、经济、文化等变化,治理问题受到了世界各国的普遍关注并被作为政治改革的重要内容。尤其我国在十八届三中全会中明确提出,"全面深化改革的总目标是完善和发展中国特色社会主义制度,推进国家治理体系和治理能力现代化"。至此,关于国家治理问题受到普遍关注。当然,国家治理理论无论从其产生、具体建构还是发展,都是一个浩大的系统工程,涉及方方面面。采用何种方法和途径对社会进行治理对治理目标的实现具有重大的理论价值和实践意义。在古代社会,由于受当时社会经济条件等因素的制约,当时的社会治理更多地融入了神治与人治的方法,主要采取的是压制性的治理方式,因而造成了诸多的负面效应。

而在近代社会,可以说,社会转型和变革是主旋律,当时政治上集权主义的盛行,由此导致奉行国家权威主导主义下渐进主义与经济发展主义的转型战略,深刻影响了社会治理的面貌。这种渐进式的治理方式在实践中的积极作用毋庸置疑,但也呈现出难以磨灭的消极影响,其主要表现为:渐进主义的改革策略更多的依托政策先导和政策中心主义的治理方式,便不可避免地继承了全能主义时代治理社会的鄙陋。因此,将社会治理的重任

[1] 陈家林:《外国刑法通论》,中国人民公安大学出版社2009年版,第19页。
[2] 俞可平主编:《国家治理评估——中国与世界》,中央编译出版社2009年版,引言第3页。

全部委以政策的方式值得反思。因而在新时期提倡国家治理的现代化，显然凸显了在经济社会发生巨变的现实背景之下，完善社会治理不仅关系到民生改善、民主发展、公共安全，更影响着整个社会的长治久安。[1] 新型的社会治理更加强调社会的自主性和规则意识，突出人的价值和存在意义，因而压制型的社会治理模式逐渐遭到彻底摒弃。

在国家治理现代化视域下，确立社会的有序治理离不开具体制度的保障。例如，阿门·阿尔奇安在强调制度建构的重要性时，以小孩与玩具所有权之间的关系作为类比，其认为：如果每一个玩具在最终形式上以确定的形式分到每一个孩子的手中，那么这些孩子并不会基于个人主体性的意识而产生爱护玩具和分享玩具等一系列行动；而如果所有的玩具归全体所有而不专属于个人时，他们有可能会为了争夺玩具而陷入无序之中。[2] 这说明，建立一套可以明确行为以及行为后果的制度，是一个社会存在和发展的重要保障。制度的最大优越性能够为行动提供较为明确的方向以及能够抑制机会主义倾向，而且这种持续性的抑制还会逐渐凝结成共识，形成社会秩序并增进这种秩序。[3] 显然，从整体上来看，法律具有明确性、稳定性等特点，因而以法律为中心建立社会治理体系是现代制度文明建设的重要趋向。

强调法律治理国家的重要性，除了法律本身所具有的明确性与稳定性等原因之外，还主要在于法律作为一种规范体系，对行为人的权利与义务做了较为清晰的划分，不仅能对社会个体的行动提供明确的指引，而且还对社会治理主体的治理权属问题作出了明确的界分，因而在社会发展进程中，法律的重要地位越发突出，成为解决社会问题的主要治理工具。正如有学者坦言："尽管治理强调官方与民间多元力量互动共同治理，尤其聚焦于焕发

〔1〕 参见张小劲等编著：《推进国家治理体系和治理现代化六讲》，人民出版社2014年版，第84页。
〔2〕 See Alchian, A. and H. Demsetz, *The Property Rights Paradigm*, Journal of Economic History, Vol. 33, 1973, p. 16 – 27.
〔3〕 参见姜伟：《全面深化改革与全面推进依法治国关系论纲》，载《中国法学》2014年第6期。

社会自治主体的治理激情，但无论如何都始终离不开制度尤其是法治制度的有效供应。”[1]

柏拉图穷其一生在研究人治与法治的优劣却在晚年对自己的主张改弦更张。其早期作品《理想国》主张“贤人政治”，[2]但是过于强调人治实质是在强调“强者逻辑”，最终与社会的运行机制不相符合而招致失败。因此，在其晚年的著作《论政治家》和《论法律》中，将法律称为除了哲学智慧之外的“第二位好的”治国方略。其在《论政治家》中明确提道：“一个专制的政府，如果是根据好的成文法律来统治，就是六种政体中最好的一种，但如果他不根据法律，那就是最无情的，对他的国民的压迫也是最厉害的。”[3]因而在西方社会的延续中，尤其是西方思想解放运动的兴起与促进，导致 18 世纪资产阶级以突出法律重要价值的法治得以确立，法律作为法治社会的独立要素，以其独特的法律思维、法律知识、法律技术、法律共同体、法律机构等法治的要素，对政治权力形成某种制约。从 19 世纪开始，法律成为解决人口问题、犯罪问题、贫困问题等社会问题的治理工具。可以说，在西方社会逐渐形成了内容完备、体系严明的法律治理体系。我国社会处于现代化转型中，法律成为应对社会转型中的特殊社会问题的工具。我们近 20 年来的法治建设，就是以“将法律逐步从工具主义中解放出来、将法律作为一种独立的自主性的力量”为目标。虽然对法律的应然和实然面貌有不同之见解和认知，且时至今日仍无定论且该争论将一直持续下去，但是，“法律依然成为我们这个时代用来管理社会的最高手段，我们对它具有了越来越深的依赖——身体

---

〔1〕 张文显主编：《良法善治：民主法治与国家治理》，法律出版社 2014 年版，第 94 页。

〔2〕 参见姜丽萍：《中西法律思想源流解读》，黑龙江人民出版社 2006 年版，第 79 页。

〔3〕 转引自姜丽萍：《中西法律思想源流解读》，黑龙江人民出版社 2006 年版，第 79 页。值得注意的是，结合柏拉图在《论政治家》和《论法律》中的相关论述，这六种政体分别是指：一人统治的君主政体，少数人统治的贵族政体，多数人统治的平民政体，然后根据是否实行法治，与这三种政体一一对应，分别产生僭主政体、寡头政体和暴民政体。当然，这种政体的划分得到其学生亚里士多德的支持，其在《政治学》卷四中对这些不同政体均一一加以阐述，参见［古希腊］亚里士多德：《政治学》，吴寿彭译，商务印书馆 2012 年版，第 178 ~ 234 页。

的与精神的双重依赖，凭借法律的社会治理被我们视为现代社会不可更改的标志”。[1]

良好的治理并非成为刑法学所专断的领域，强调良法善治是社会长期以来的美好愿景。治理的魅力何在？治理本身不等于“天下大治”，它其实是一个与价值无涉的中性概念。因此，治理与相关制度结合产生应有的效果之时，才能散发出诱人的特质。[2] 从犯罪学中的“破窗理论”中，或许能够窥见问题的端倪。一个窗户的玻璃被打破而未得到及时的维修，那么该房屋的其他玻璃可能也会遭到别人的破坏。据此可见，如果在失序之初，能够及时通过现代化的治理措施修复被破坏的社会秩序，那么因为问题的积重难返所引发的犯罪现象也会得到一定程度的控制，而这恰恰又是现代社会中刑法应当实现的制度本性。

二、刑法地位与刑法治理

我国自改革开放以来，一直强调“依法治国”的重要性，特别是将“依法治国”写入《宪法》之后，“依法治国”显然成为社会制度建设的重要指导准则。

对于“依法治国”的内涵作何解读，笔者认为，“依”表达了“依靠”和“依照”的含义，也即，不仅要“依靠”法律这一措施，而且需要“依照”法律的规定来办事；“法”表达的是治国的依据，“法”的范围应当是较为宽泛的，不仅包括我们社会中常见的民法、刑法、行政法、诉讼法等，而且还包括那些虽不常见但国家基于立法程序而产生的所有的法律规范；“治”是指“治理”的含义；“国”不仅指的是地理上的概念，更是指政治概念上的“国家”。简言之，“依法治国”强调的是以法律作为治理国家的特殊形式。

---

[1] 周少华：《刑法理性与规范技术：刑法功能的发生机理》，中国法制出版社 2007 年版，第 61～62 页。

[2] 参见张文显主编：《良法善治：民主法治与国家治理》，法律出版社 2015 年版，第 94～95 页。

然而,在我国法律体系的大厦之中,虽然刑法属于公法的范畴,也是由全国人大及其常委会制定的基本法,在法律地位上是仅次于宪法之下的最为重要的基本法律之一。但是,与其他的基本法律相比,刑法又存在不同,刑法一般被称为“二次规范”,在其他的法律未能发挥有效作用时,那么才能考虑动用刑法予以规制。因此,“刑法与其他部门法都是处于宪法之下的子法,但刑法与其他部门法又不是平行并列的关系,刑法保障宪法与其他部门法的实施,故刑法在法律体系中处于保障法的地位”。[1] 但是刑法作为保障法地位受到扩张性刑法的影响而摇摇欲坠,具体表现在刑法在立法上不断被扩充,司法实践中入罪门槛不断降低。“尽管中国现时代刑法在法律体系中的地位无疑是空前收缩的,但是,由于长期法律文化传统的影响尚存,刑法学界在研究刑法问题时还多少无疑地偏离现代刑法的子法与保障法地位,一种‘大刑法’意识还有广泛影响。”[2] 而正是因为刑法是“以恶制恶”的制度性设定,刑法如果被肆意滥用,不恪守保障法的地位,就可能会演变成为社会的风险,所以防止刑法成为人类社会的灾难武器,便是国家在设立和运用刑法的过程中一直存在的难题。而突出刑法的治理功能是解决这一问题的有效手段,这是对刑法功能重新定位的必然要求,即应从刑法的法律性质及其法律地位展开,构建、规范刑法学上的刑法治理功能,使刑法功能与刑法法律性质相协调。

保障法地位的刑法主要通过刑法的指引作用来保障社会秩序不被轻易破坏。一般来看,这种指引性作用主要体现在两个方面。其一,通过规范规定预示破坏该种秩序将受到刑法否定性评价。虽然部门法具有独立的调整对象和独立的调整范围,但有些关系重大的事项如果缺乏刑法的规定,一旦造成失序将会对社会、政治、经济产生难以弥补的损失,因而需要刑法作为保障法存在,预先在部门法中规定该行为亦是刑法所禁止的行为。其二,通

[1] 张明楷:《刑法在法律体系中的地位》,载《法学研究》1994 年第 6 期。
[2] 刘远:《刑事法哲学初论》,中国检察出版社 2004 年版,第 54 页。

过制裁规范预示破坏该种秩序将受到刑罚处罚。刑法是作为犯罪的对立物而存在的，因此，创制、适用和执行刑法规范的目的，只能是为了预防犯罪。制裁规范的预示表明刑法介入此行为的态度，而刑罚本身所具有的一般预防作用，可以对违反秩序的行为起到一定程度的威慑，警示社会中的其他人不要轻易破坏良好的社会秩序，否则将会受到刑罚处罚。

在法律治理体系中，人类行为应受制于社会规范——主要是最终由国家强制力的法律规范的控制。[1] 而在当代社会，刑法作为法律体系中最为重要的部门法之一，显然同样具有法律治理社会的功能。在刑法语境下，治理则更多地表现为福柯所言的——“是对他人可能行动的范围进行建构”，这种建构性主要取决于刑法规范属性。马克思经典作家就曾表示过，“法律应该以社会为基础。法律应该是社会共同的，由一定的物质生产方式所产生的利益需要的表现，而不是单个人的恣意横行”。[2] 刑法的地位较为特殊，社会需要刑法来全面发挥作用才能有力保障社会秩序，其原因在于刑法调整范围的广泛性，即凡是由其他法律调整的法律关系，刑法均有所涉及。刑法自身具有独立的调整对象，但同时与其他法律之间密切关联。因此，刑法的充分适用及对违法犯罪进行精准打击，既能保证社会的稳定秩序，又能为其他法律适用提供良好的实施环境，这是刑法保障法地位的本质要求。

三、风险社会与刑法治理

当人类从农业文明过渡到工业文明，即人类社会出现了一些不同于传统社会的特征。随着科学技术的不断进步和发展，人类之间的联系逐渐紧密，但是由此导致的逐步增加的社会风险也更加轻易地侵害较大部分群

〔1〕 参见曲新久：《刑法的精神与范畴》，中国政法大学出版社2003年版，第16页。
〔2〕 参见中共中央马克思恩格斯列宁斯大林著作编译局：《马克思恩格斯全集》，人民出版社1961年版，第292页。

体。这种潜在性的风险往往构成了人类对未来社会担忧的根源，因为残酷的现实总是告诉人们，这些潜在的风险一旦转化为现实，由此而造成的社会危害往往是不可逆转的巨大伤害。因此，当人类社会进入21世纪之后，这种潜在的风险逐渐被西方学者所重视，并将现代社会形象地称为“风险社会”。[1]

风险社会的到来不可避免，“风险意识的逐渐大众化，许多风险对大众来说耳熟能详，却又熟视无睹，同时公众也认识到自身专业知识匮乏而导致的局限性”。[2] 因此，有必要从更加深入的角度去窥探风险社会的基本特征。在吉登斯看来，“生活在高度现代性世界里，便是生活在一种机遇与风险的世界中。这个世界的风险与现代制度发展的早期阶段不同，是人为不确定性带来的问题”。[3] 因此，“与先前社会相比，风险社会中的风险无论在规模上还是在程度上都发生了根本性的变化。风险社会的基本特征与先前社会存在本质上的区别”。[4] 具体来说体现为以下三点：

第一，风险社会的人为制造性。随着社会阶段的转变，在较早时期，人类改造自然的手段落后，因此人类常常面临着自然风险的威胁，这是一种来自外部的风险威胁。但是，随着科技技术的发展，人类改造自然、改造世界的手段也使风险从外部性逐渐转变为内部性，而现代风险社会的风险显然是人类制造的风险。

第二，风险的全球化。同样是囿于科技技术的落后，较早社会的风险往往难以呈现全球化的趋势，风险的范围也较容易得到控制。但是，随着科学技术的发展，地球逐渐成为“地球村”概念，大家的社会紧密度加强的同时，也造成了风险的全球化。正如贝克所指出的：“当你去审视现代化风险的特

---

〔1〕 参见［日］高桥则夫：《由对话解决犯罪》，东京：成文堂，2007年版，第34页。
〔2〕 张道许：《风险社会的刑法危机及其应对》，知识产权出版社2016年版，第17页。
〔3〕 杨雪冬：《风险社会理论述评》，载《国家行政学院学报》2005年第1期。
〔4〕 张道许：《风险社会的刑法危机及其应对》，知识产权出版社2016年版，第14页。

殊类型、特殊分配方式时，你会发现它们拥有一种全球化的内在倾向。危险的普遍化伴随着工业生产，这种情况是独立于生产地的：食物链实际上将地球上所有的人连接在一起。风险在边界之下蔓延。空气中的酸性物质不仅腐蚀雕像和艺术宝藏，它也早就引起了现代习惯屏障的瓦解。即使是加拿大的湖泊也正在酸化，甚至斯堪的纳维亚最北端的森林也在消失。"[1]

第三，风险爆发的关联性。在风险社会中，"蝴蝶效应"并非危言耸听。"一些看起来在因果联系上远离结果发生的细微的行为却有可能导致社会难以承受的巨大灾难。如同'千里之堤，溃于蚁穴'那样，一次微小的电脑病毒攻击就可能导致金融、交通、医疗等整个网络社会的崩溃。"[2]

那么，"刑法理论应当如何处理这种危险社会中的刑法的机能问题——虽然没有自觉意识到这一点的情况仍然为数不少——但已经开始对刑法总论的犯罪论体系构想产生重大影响。"[3]特别是随着风险社会真的到来，风险逐步转嫁给个人，那么风险就逐步与每一个社会民众相关联。对于每一个社会公众而言，将产生两种主要的风险类型："其一，个体生活中的任何选择都会产生风险，并且选择的范围不断扩大，甚至包括自身和后代的产生方式；其二，个体所遭遇的风险又由于选择方式不同而不同。"[4]

刑法应当在社会之中具有何种作为，目前较为通说的观点认为，为了应对风险社会的不确定性，加大刑法的"刀把子"作用无疑是较为妥当的处理方式。然而，就此而导致的处罚早期化问题在晚近刑事立法中不断出现。例如，预备行为正犯化的立法将行为的既遂提前至行为的预备阶段；再如，有学者提出，为了应对我国环境犯罪的猖獗，适当提前动用刑法应对也具有合理性。因此，"风险社会促使现代刑法的使命发生变轨，应对不确定的风

〔1〕 [德]乌尔里希·贝克：《风险社会》，何博闻译，译林出版社2004年版，第7~14页。
〔2〕 陈家林：《外国刑法通论》，中国人民公安大学出版社2009年版，第18页。
〔3〕 [日]山中敬一：《刑法总论》（第2版），东京：成文堂，2008年版，第51页。
〔4〕 张道许：《风险社会的刑法危机及其应对》，知识产权出版社2016年版，第17页。

险和维护安全秩序已然成为刑法必须实现的主要目标，社会治理语境下刑法的工具属性更凸显，以自由刑法、危害原则、罪责刑法等为主要标志的传统刑法理论体系渐显失灵与旁落态势。这既深刻触动了传统刑法体系的社会根基、价值取向与功能设定等教义学基础，也凸显了风险刑法本质上是一种预防刑法的新思维。"[1]然而，预防性的刑法也必然以社会治理的必要性为前提，并非一切风险都应成为刑法规制的对象。因此，在风险社会到来之际，应当强调的是刑法的治理，而非刑法的惩罚性以及保障性。

据此可见，刑法具有治理社会的功能显而易见，但是在目前对其研究并未得到应有的重视。分析原因在于，其一，受约定俗成的思维定式的影响。无论是外国刑法教科书还是我国刑法教科书，并未系统的论述过这一命题，[2]因而长期以来，影响我们的最为重要的观点是传统理论对刑法功能的论述。受约定俗成的思维惯性的影响，似乎我们将刑法功能主要局限在惩罚犯罪与保障人权之间成了理所当然的事情，其他的一切背离这点之外的理论似乎也难以得到认同，因而也就影响了该命题的研究。其二，受研究方法的影响。不知曾几何时，为了突出刑法教义学的价值和意义，对于相关的刑法学命题的研究也就越来越精细化，具体表现在对于刑法法条的注释达到了较为先进的水平。[3] 即便如此，也未能对犯罪人的人权保障带来太多实质性改变。刑法学研究不仅仅是刑法解释学所能涵盖之，刑法学的研究也不应仅仅局限于刑法教义学的视角，从宏观的角度重新审视一个宏观的理论命题，同样具有重要价值和意义。

---

〔1〕 高铭暄、孙道萃：《预防性刑法观及其教义学思考》，载《中国法学》2018 年第 1 期。

〔2〕 之所以这样说，是因为目前虽然有学者提出了"刑法治理"这一语词，但是只是将其作为语义学的意义上使用，并未展开详细的阐释和论述。例如，马克昌先生就曾在《刑法的机能新论》一文中提出了"刑法的社会治理功能"，但是马先生对该命题并未详细展开。具体参见马克昌：《马克昌文集》，武汉大学出版社 2012 年版，第 562 页。

〔3〕 梁根林教授曾经在西南政法大学一场讲座中发表了这样的看法，他认为：在我国，刑法解释学并不匮乏，因为即便是作为普通的博士研究生，也能针对细小的命题写出洋洋洒洒的数万字。

第三节　刑法治理功能的地位证成

发展至今,刑法的功能问题在我国依然历久弥新。虽然前文所论述的“三机能说”以及“两机能说”在我国具有较大的市场,但不意味着“存在即为合理”。我国对刑法功能的认识仍处于上一代学者的认识局限之中。刑法功能必须从传统的范式中摆脱,重视在国家治理现代化的背景,刑法在法律体系中的重要治理地位,显现在风险社会下的刑法治理功能的重要性。我国刑法学泰斗马克昌教授曾就我国刑法功能在目前研究中存在的问题指出,虽然刑法的规制机能、保障机能以及保护机能获得普遍认可,但是,“规制机能与保护机能、保障机能不是并列关系,认为规制机能是高一层次的机能,像板仓宏所说的是‘社会统制手段’,或者像西原春夫所说的是‘本质的机能’,但这些提法还值得研究。因为不同层次的机能不是本质与现象的关系,社会统制一词含意不够清楚。从我国的情况出发,似以将规制机能作为根本机能即社会治理手段为妥”。[1] 上述论断至少表达了以下四个方面的内容:其一,我国对刑法功能的研究仍采用“机能”的表述,但实质内涵却是刑法功能的具体体现;其二,我国刑法的功能存在层次论,且保护功能以及保障功能还存在上位概念;其三,我国刑法应该存在基本的功能来统摄保护和保障两个功能;其四,这个根本功能为何,虽然还存在值得探讨的地方,但是马克昌教授还是认为以社会治理手段来命名较为妥当。虽然马克昌教授对刑法功能的表述尚未明晰,但笔者对其内涵深表赞成,认为刑法治理功能应当即为我国刑法的基本功能,而刑法的惩罚功能以及人权保障功能应是刑法治理功能的下位概念。以下将进行详细论证。

---

〔1〕 马克昌:《马克昌文集》,武汉大学出版社2012年版,第562页。

一、第一层次:刑法的基本功能

何为刑法的基本功能?提出该命题的学者可以追溯至日本的西原春夫教授,其认为:“刑法的最本质机能在于,根据预先宣告对一定的犯罪科处一定的刑罚,明白表示对该犯罪的国家规范的评价。并且这种评价应当包含着以下的内容,即各种各样的犯罪相当于形式各异的刑罚这种有力的强制执行力的程度。由于明确这样的评价,刑法一方面对一般国民,作为行为规范,起着命令遵守它的作用;另一方面,对司法工作者,作为裁判规范,成为认定犯罪及适用刑罚的指南。这就是刑法的限制的机能。”〔1〕

然而,笔者认为,将限制功能视为刑法的基本功能并不妥当。基本理由如下:第一,限制功能无非表达的是限制刑罚权发动的功能,所表达的含义与刑法的规制功能存在异曲同工之处,即“刑法通过预告对违反者将科处一定的制裁从而在事前对人的行为进行控制的机能”。〔2〕 而这实质上也存在“三功能说”的弊端,即未能全面地反映刑法的阶级性以及本质属性。第二,刑法的基本功能应当回归到刑法的作用中去探寻较为妥当,然而,实质上,该种观点只是在刑法的属性与地位中来论述,因而刑法的限制功能不能成为刑法的基本功能。

本书主张,刑法从诞生之日起所承载的治理社会的功能应成为刑法的基本功能。本书将刑法治理功能视为刑法的基本功能是基于以下几个方面的考量:

首先,刑法自产生之日起,就发挥着治理社会秩序的功能。秩序的反面现象是失序,虽然导致秩序崩溃、秩序混乱的因素多种多样,但是犯罪无疑是其中最为重要的原因之一。“维护社会和平是实现其他法律价值的先决条件,如果一个公民不论在自己的家中还是在家庭以外,都无法相信自己是

---

〔1〕 [日]西原春夫:《刑法总论(修订版)》(上卷),东京:成文堂,1995 年版,第 9 页。
〔2〕 [日]山中敬一:《刑法总论》(第 2 版),东京:成文堂,2008 年版,第 16 页。

安全的、可以不受他人的攻击和伤害，那么，对他谈什么公平、自由，都是毫无意义的。"[1]刑法该如何发挥其优势，实现对社会秩序的治理呢？笔者认为，刑法的最终目的就是保障这些井然有序的社会关系不受影响，社会能够在预期的轨道中有条不紊地运行。正如德国学者李斯特所言，作为保护性质的刑法，反映的是刑法保护的特征本身，即对社会中一切利益均予以最强有力的保护，在所有的法律科学均会见到刑法的规定。[2] 无论是古代社会还是近代社会乃至现代社会，刑法都发挥着对正常的社会生活秩序的治理功能。如果没有一个安全的环境保障人们享受合法权益，那么，人类的一切活动就都失去了最起码的条件，所以，刑法需要保障建立一个正常的社会秩序。[3] 因而在对社会生活秩序的治理成为刑法治理的另一重要领域，其主要体现在以下几点：其一，在原始社会中对于犯罪的治理多数表现为同态复仇，在封建社会时期虽然不再以原始手段解决问题，但执行刑罚方式也较为野蛮和残酷。在现代刑法中，对于犯罪问题的治理手段不再延续以往的残酷，从而使刑罚进化为社会文明的明显标志。其二，通过对自然人的生命、健康权等重要的自然权利进行治理。治理的重点在于对治理的内容具有选择性。从古代社会到现代社会的历史延续中，刑法对于自然犯的关注并没有发生丝毫的改变，因而在现代刑法治理过程中，人的生命、健康权等依旧是治理的重点，从而确保刑法能够真正保障社会生活秩序的价值。其三，对涉及社会基本安全的秩序加以特殊治理，以求维护整体的社会秩序的稳定。在古代刑法治理社会的过程中会将触角尽量伸得更为广泛，而在现代刑法治理之中转变了这种无限扩张的现象。

其次，将刑法的治理功能作为刑法的基本功能，是刑法的本质特征使

---

[1] [英]彼得·斯坦、[英]约翰·香德：《西方社会的法律价值》，王献平译，中国法制出版社2005年版，第46页。

[2] 参见[德]李斯特：《德国刑法教科书》，施密特修订，徐久生译，法律出版社2000年版，第8页。

[3] 参见张文显主编：《法理学》（第三版），法律出版社2007年版，第340页。

然。“从一定意义上说,现代社会控制的核心问题就是营造一个现实的法律权威。”[1]而在众多法律系统中,刑法是最为重要也是最为权威的代表,要充分实现现代社会控制,最有效的办法是将刑法打造成为时代的法律权威,即应当充分发挥刑法的治理功能,将刑法的治理功能作为刑法的基本功能,从而带动刑事一体化的发展。对于刑法功能的阐释必须能够反映出刑法的阶级性,也即能够为统治阶级为何需要制定刑法的问题。从基本的逻辑思维出发,统治阶级制定刑法的初衷并不在于要惩罚犯罪,因为对于统治阶级来说,一个社会能够和谐安定、没有犯罪才是最为理想的状态,与“刑为盛世所不尚”[2]的道理相一致。根据笔者考证,刑法之所以能够被统治阶级所青睐,主要存在两个方面的价值。

一方面,刑法能够预防破坏社会秩序的行为发生。在古代社会中,刑法的地位较为特殊,社会需要刑法来全面发挥作用才能有力保障社会秩序。考究其原因也不难理解,因为古代社会中的其他部门法缺乏必要的制裁措施,对于违反其他社会关系的行为迟迟得不到应有的救济,因而必须寻求刑法的这种强制措施来救济被侵害的权利、挽回被危害的秩序。[3] 随着社会分工越来越精细化,社会关系越来越呈现复杂性,导致原本以刑法为主的调整方式难以适用千变万化的社会发展趋势,因而在近代化过程中出现诸法分离的现象。诸法分离的出现是历史进步的必然体现,也表明社会功能更趋于合理化的发展建构,由此而带来法律体系的重要变化,即原本由刑法全面调整的事项出现分流规制的情形,一些不宜由刑法继续调整的行为变成由刑法以外的部门法进行专门调整,而有些行为仍然由刑法进行调整。从部门法规制的内容来看,明显增强了法律制裁措施的规定,但这种制裁措施往往还难以对行为人产生必要的威慑,因而还是需要刑法作为保障法存在。

---

〔1〕 程行汝:《司法改革与政治发展》,中国社会科学出版社2001年版,第7页。
〔2〕《四库全书·政法类·法令之属按语》。
〔3〕 参见张明楷:《刑法在法律体系中的地位》,载《法学研究》1994年第6期。

刑法的威慑主要来自刑罚的功能,也即,刑罚在发挥特殊预防功能对犯罪人形成必要的威慑,以防止其重新走上犯罪的道路,发挥一般预防功能对社会中的其他人形成威慑,以引导其不要走向犯罪的道路。因而,无论从何种角度来看,刑法的存在能够预防破坏社会秩序的行为发生。

另一方面,刑法能够迅速恢复被破坏的社会秩序。“刑法乃维护社会共同生活秩序之主要法律规范,基于价值判断,提示社会生活行动所当共守之准则……对于违反规范之无价值行动,昭示非难之旨,科之以刑。”[1]也就是说,刑法是对违反共同社会生活准则的一种非难性反映。长期以来,刑法是以惩罚的严厉性著称,拥有法律的强大威力,首先,表现为制裁的残酷性。[2]在古代社会中甚至出现过诸多酷刑,而随着文明社会的到来,残酷的刑罚措施已经很少,更多的是以“持续地剥夺犯罪人刑事犯罪的可能”为主要措施。[3] 当然,在现代有些国家中依然保留了死刑规定。其次,刑法的威力来源是一个人因被判处有罪因而被归为罪犯给他带来的社会耻辱。[4] 尤其在法文化较为发达的国家,因犯罪带来的负面效应比比皆是,如上学、工作等都受到一定程度的限制。在刑法治理社会过程中,虽然制裁方式是以刑罚为其基本手段,可能还会出现剥夺他人的生命、自由以及财产等结果,但只要未出现背离社会基本价值基准的情形,就不能将利用刑法治理社会的方式视为违反基本社会正义价值。立法者在规定刑法内容以及适用刑法时,往往事先会明确所期待的效果。具体而言,近现代社会利用刑法治理社会时,既要追求惩罚犯罪的目的,又要以恢复被破坏的社会秩序为目标。利用刑法的惩罚性治理业已受损的社会秩序,主要是依赖刑罚的特殊预防功能来加以实现,即通过刑罚适用预防犯罪分子重新犯罪,教育改造犯罪分子成

---

〔1〕 韩忠谟:《刑法原理》,北京大学出版社2009年版,第7页。

〔2〕 参见[美]欧文·费斯:《如法所能》,师帅译,中国政法大学出版社2008年版,第177页。

〔3〕 参见[法]卡斯东·斯特法尼等:《法国刑法总论精义》,罗结珍译,中国政法大学出版社1998年版,第31页。

〔4〕 参见[美]欧文·费斯:《如法所能》,师帅译,中国政法大学出版社2008年版,第177页。

为守法的公民。

最后,刑法的治理功能是平衡惩罚犯罪功能和保障人权功能的基础。刑法治理功能不是静态的,是动态的,不仅表现在刑事立法和司法的要求,也有助于刑事一体化改革发展的需要。刑法的功能要从不同主体的不同追求出发。从国家角度出发,国家是以保护国家和重要领域的法益内涵,并实现惩罚犯罪为目的;而从个人角度出发,个人希望保护自己的基本权利和财产不受侵害。而刑法作为一种法律手段,必须要在不同的利益之前进行选择衡量,即确认不同主体的利益选择与由此可能产生的利益和丧失的利益进行比较衡量。"在制定旨在保护国家利益和社会利益时的刑法法规时,就得对国家或社会利益以及和个人利益作出比较衡量。"[1]而这些比较衡量必然离不开刑法的功能的指引,但是对上述问题进一步挖掘还原,其本质就是惩罚犯罪与保障人权功能之间的冲突,两个问题其核心点一致,无法用此问题解决彼问题。"刑法在其历史发展中,也不断地体现出统治者在报复的欲望与保障人们免受不必要的侵害之间克制与妥协的理性。"[2]由此可见,刑法作为最早出现的治理手段,是理性选择的产物,其本质上存在不能被量化的内容,因此不能仅在惩罚犯罪和保障人权之间进行量化平衡,必须在治理理念原则下对惩罚犯罪和保障人权进行平衡。将刑法功能进行分层,将治理功能定位于基本功能,将惩罚犯罪与保护人权定位于派生功能,在此理念指导下进行二者权衡,才能真正将刑法惩罚犯罪与保障人权之间的"二律背反"的衡量问题予以解决。因此,应当将刑法定位于治理的手段,在治理功能的框架之下平衡刑法的保障与保护功能。这也是法治原则对刑法治理功能的要求,正是对刑法这种本来属性的复归,是再现了刑法理性。

---

〔1〕[日]西原春夫:《刑法的根基与哲学》,顾肖荣等译,中国法制出版社 2017 年版,第 77 页。

〔2〕张智辉:《刑法理性论》,北京大学出版社 2006 年版,第 32 页。

二、第二层次：刑法治理功能的派生功能

显然，目前无论何种法系的国家均赋予了刑法惩罚犯罪以及保障人权的功能，我们也不应忽视其应有的价值和地位。例如，刑法惩罚犯罪的功能能够表明刑法的阶级属性，而保障人权也能彰显刑法的人性温度。但是，在其地位问题上，本书认为，可以将刑法的惩罚犯罪功能与人权保障功能作为刑法治理功能的派生功能，可以从以下两个方面来理解。

（一）刑法惩罚功能是刑法治理功能得以发挥的重要保障

"每个法律都有特定的目的，为了实现那些目的，法律必须具有合理性和必要性。"[1]从刑法理论来看，惩罚犯罪与保护法益处于相互依存的关系，惩罚犯罪就是为了保护法益，保护法益的手段是通过惩罚措施。[2] 当然，回归问题的实质，惩罚犯罪与刑法的治理功能又是处于何种关系呢？

笔者认为，刑法作为对破坏的社会秩序的一种回应，在惩罚犯罪的同时就包含了治理社会的内容。美国社会学家罗斯（Ross）认为，"在人性中自始至终都存在着一种自行调节人们行为的'自然秩序'，但是，工业化、城市化彻底破坏了人性中的'自然秩序'，因而导致了社会失序的频繁发生"。[3]然而，"社会秩序的危机和解决社会秩序的失败把人们推进了一种状态，它在更高程度上再现了某些非人类的灵长类动物所面临的困境"。[4] 显然，犯罪是对良好社会秩序的最大破坏。在国家尚未形成之前，对于被侵害的社会秩序，主要依据非规范性措施进行调节，如乡规民约、耄耋者的解说与调解，更有甚者是产生了"以眼还眼、以暴制暴"的氏族复仇模式。一旦国家形

---

〔1〕 Horst Dreier, Vorbemerkungen vor Artikel 1 GG, Rn. 146, 147, in: ders. (Hrsg.), Grundgesetz Kommentar, Bd. 1, 2. Aufl., 2004.

〔2〕 参见陈兴良：《刑法机能的话语转换》，载《环球法律评论》2008年第1期。

〔3〕 赵泽洪、周绍宾主编：《现代社会学》，重庆大学出版社2003年版，第235页。

〔4〕 [美]R. M. 昂格尔：《现代社会中的法律》，吴玉章、周汉华译，译林出版社2008年版，第113页。

成之后,便逐渐重视恢复被破坏的社会秩序,这就催生了刑法的诞生。刑法从诞生之时起就充当了恢复破坏的社会秩序的角色,在现代社会中其范围进一步扩大。例如,社会已经开始在商业秘密、个人隐私、家庭暴力、环境保护、诚实信用、食品安全、生产规范、竞争规则、社会福利、出口禁运等广泛的领域中,强烈地呼唤刑法的保护。[1] 在社会变革时期,刑法被广泛地运用到行政管理和经济管理方面,从而成为塑造新社会和新经济的有力工具。[2] 也就是说,刑法的功能在于恢复社会关系当中被犯罪破坏的规范关系、规范秩序,社会的存在,或者说社会之所以有意义,是因为有规范存在,有规范对一般人的行为进行指引、设定处罚网络。[3] 刑法的治理功能主要通过刑法规范的设定、惩罚措施的运用,在恢复被破坏的社会秩序的过程中得以发挥应有的价值。

(二)人权保障功能是检验刑法治理功能发挥效果的重要指标

刑法的目的不是保护人类的幸福,即完全按照功利主义的视角来阐释刑法的目的极易造成在实践中滥用刑法。例如,在18世纪的欧洲,刑罚就是极端残忍的,但是如此一方面并不能使社会更安全,另一方面也不能改造罪犯。[4]

据此可见,刑法并非愈加频繁的适用就能取得更好的效果。因此,如果想实现刑法的治理功能,不仅需要实现对社会的有效控制,而且还需要实现对社会的有效管理,最终形成良性互动的治理模式。不仅国家与社会的发展需要良好的社会治理,而且从最本质的意义上来说,个人权利的保障同样离不开良好的刑法治理,因为一个混乱的社会很难赋予个人多少人权保

---

〔1〕 参见王世洲:《现代刑法学(总论)》,北京大学出版社2011年版,第16页。
〔2〕 参见王世洲:《现代刑法学(总论)》,北京大学出版社2011年版,第17页。
〔3〕 参见周光权:《刑法总论》(第二版),中国人民大学出版社2012年版,第12页。
〔4〕 参见[德]希尔根多夫:《德国刑法学:从传统到现代》,江溯等译,北京大学出版社2015年版,第216页。

障。[1] 简言之,人权是人之为人的权利,“没有做人的权利,也就没有进入社会的资格,让渡基本权无异于把人复归为兽类”。[2]

那么,何种才是刑法意义上的保障人权？目前在刑法之中还存在较大的争议。广义说的观点认为,刑法所保障的人权应当是全体社会公众的权利;[3] 而狭义说的观点认为,刑法所保障的人权应当只是限于被害人的人权以及犯罪人的人权。[4] 显然,将刑法理解为广义的人权保障法而存在,思考路径是妥当的,然而正如前文所论,刑法作为惩罚法而存在,在保障全体公民的人权之时,主要是通过刑法的惩罚功能来予以实现。例如,无论是合法公民还是犯罪人家中的财产,其他人都不能通过盗窃等非法手段予以侵占。因此,在本书之中,笔者认为,此处的人权保障功能应当从狭义的视角来思考较为妥当。显然,就刑法治理功能能够得以有效发挥而言,刑法不仅是惩罚犯罪的工具,而且也是犯罪者的“大宪章”。因此,刑法治理功能否有效发挥,还需要通过刑法能否有效保障犯罪者人权这一指标来具体衡量。如此,才能“充分实现人的尊严和价值,有利于权利的保障,有利于调节公民与国家之间的良性关系、并促进社会的良性发展”。[5]

三、第三层次:基本功能与派生功能的关系

“自从国家的幽灵出现于洪荒历史的地平线,法律就成为人类用来管理社会的一种手段。”[6] 虽然在人类社会的发展进程中,存在各种各样的维系社会关系的方式,但从社会趋于文明的进程之中逐渐诞生的法律最终成为社会治理的主要工具。其中,刑法作为法律大厦的一个重要分支,承载着惩

[1] 参见游伟、谢锡美:《犯罪化原则与我国的“严打”政策》,载《法律科学》2003 年第 1 期。
[2] 徐显明主编:《公民权利义务通论》,群众出版社 1991 年版,第 133 页。
[3] 参见何秉松主编:《刑法教科书》(2000 年修订),中国法制出版社 2000 年版,第 28 页。
[4] 参见逄锦温:《刑法机能研究》,法律出版社 2014 年版,第 142 页。
[5] 张文显主编:《良法善治:民主法治与国家治理》,法律出版社 2015 年版,第 64 ~ 66 页。
[6] 周少华:《刑法理性与规范技术:刑法功能的发生机理》,中国法制出版社 2007 年版,第 1 页。

罚犯罪和维护社会秩序的重要功能，正是由于刑法的特殊的手段措施致使其从产生之日起就备受统治阶级的推崇和青睐，因而在人类进程的相当长的时期内，统治阶级习惯于通过酷刑和镇压来威慑每一个潜在的犯罪者，而这种威慑的产生往往是野蛮的并毫无根据的。直至现代刑法的诞生，才预示着刑法本身的文明转向，尤其是法治背景之下，刑法治理功能本质属性特征越来越显著。

显然，据上文的论述可见，笔者表明了这样一种观点：刑法的功能具有两个层次的含义，一是刑法所具有的治理社会的这一基本功能，二是由刑法治理功能所派生的一般功能——惩罚犯罪与人权保障功能。

当然，重视惩罚犯罪与保障人权的重要性固然没有错，但是如果只是强调此两点的价值和作用势必会走向另一个极端，即法律（包括刑法）在社会治理中的比重过大反而会妨害刑法治理功能的发挥。在当代社会中，无论从刑法的制定到刑法的执行，都形成了一套较为成熟的运行机制，其治理功能也由“控制社会的工具”转变为“指导社会的工具”，这也就意味着现代刑法从传统的以禁止性规范为主的镇压型刑法开始向以命令规范为主的强制型刑法转化。〔1〕 尤其从第七届联合国预防犯罪和罪犯待遇大会通过的《从发展的角度和新的国际经济秩序的角度来看预防犯罪和刑事司法的指导原则》来看，该原则确立了“预防犯罪的宗旨是为了实现自由、正义、和平与发展，认为犯罪根本地是社会发展不平衡带来的结果，是社会结构的结果”。〔2〕因而，在刑法治理功能发挥的过程中，最终的落脚点在于在刑法治理中如何实现在打击犯罪的同时实现预防犯罪的目的，在犯罪预防的过程中如何最终促成自由、正义、和平和发展的结果，这就需要将刑法治理的范围和边界区分出较为清晰的界限，从而使刑法治理社会的触角受到限制。目前对犯罪范围的限制主要通过一系列手段予以实现，这种改革的结果也是社会政

---

〔1〕 参见文海林：《刑法科学主义初论》，法律出版社2006年版，第103页。

〔2〕 文海林：《刑法科学主义初论》，法律出版社2006年版，第102页。

治经济文化高度发达后的必然结果。

但是,值得注意的是,作为派生功能的"惩罚犯罪"与"人权保障"的功能,又具有何种关系呢?对此,目前的学界主要存在两种不同的观点,第一种观点认为,"根据罪刑法定原则,如果没有预先在刑法中作出规定,无论是什么样的侵害社会的行为,都不能进行处罚。这可以说是宣告保障机能相对于保护机能而言处于优先地位"。[1] 第二种观点则认为,"不允许偏向任何一方,而如何具体地调和两者正是刑法理论与实践的核心"。[2] 笔者认为,刑法的人权保障功能不应优先于惩罚犯罪功能,因为打击犯罪、惩罚罪犯是由刑法的阶级性所决定的,且从我国刑法规定的任务中也可以看出,我国将惩罚犯罪置于较为突出的地位,这至少表明,刑法的人权保障功能绝对不能成为首要的地位。因此,在两者关系上,笔者赞成上述第二种观点,即两者不可偏废,两者之间应当相辅相成。具体来说,惩罚犯罪最终的目的是保障社会的秩序和其他社会中的生命财产安全,从而实现了人权保障的功能,而人权保障功能的实现实质上也是惩罚犯罪的集中体现和反映。

如何克服"惩罚犯罪"与"人权保障"之间的"二律背反"关系一直以来考验着刑法学界。如果惩罚犯罪的落脚点过宽过大,势必会影响人权保障的实现,而重视人权保障的功能,显然会影响惩罚犯罪功能的发挥。然而,长期以来,也未能妥当解决好这一困境。诸多学者仍然从平衡两者的思路出发,致力于平衡两者的关系,然而效果并不理想。与其如此,不如转换思路,将其置于刑法的治理功能之下,将其服务于社会治理的需要,如果社会治理现状恶化,那么适当的调适刑法的惩罚功能将成为必要,相反,如果社会治安环境良好,那么加大人权保障功能也成为必然。

总而言之,刑法的基本功能与派生功能之间不仅存在位阶关系,而且两者之间相互联系,相互影响。也就是说,刑法的"惩罚犯罪"与"人权保障"功

---

[1] [日]浅田和茂:《刑法总论》(补正版),东京:成文堂,2007 年版,第 13 页。
[2] [日]川端博:《刑法总论讲义》(第 2 版),东京:成文堂,2006 年版,第 3 页。

能是服务于刑法的治理功能，如果其发挥不当，就会影响刑法治理功能的效果；反之，如果其发挥得当，则刑法治理功能也能得到有效发挥。因此，刑法的治理功能处于刑法功能的统帅之地位。而刑法的治理功能之下，同样会产生刑法的两项一般功能，也即刑法的惩罚功能以及保障人权的功能。其具体关系可以通过图 1－3－1 来表示。

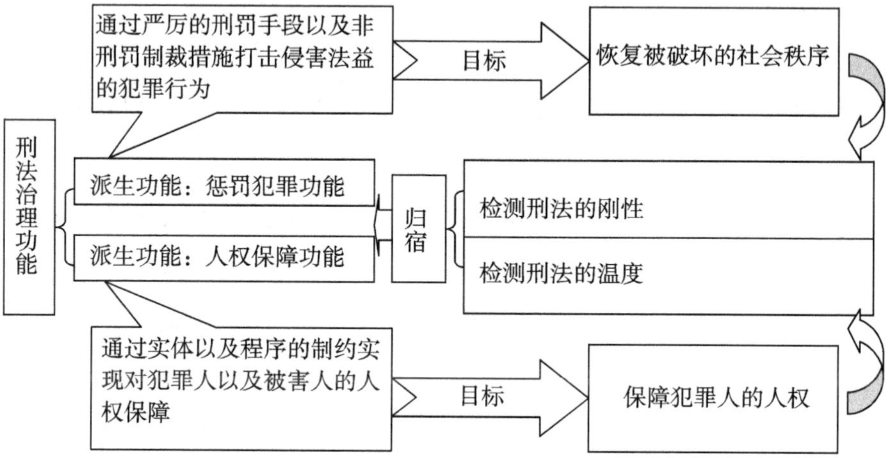

图 1－3－1　刑法治理功能与派生功能的关系

第二章　刑法治理功能的相关概念界定

发源于社会学以及政治学领域的“治理”，能否扩张到刑法学研究之中，不无疑问。“困难始于界说。界说一方面指使它的使用者，另一方面显现出使用者的取向。”[1]因此，在本章中，笔者将重点界定并阐释“治理”“功能”“刑法治理功能”的概念以及刑法治理功能的特征等重要问题。

第一节　“治理”的基本界定

“治理”一词在政治领域被广泛使用，例如，在美国政府成立之初，联邦党人就提出了一个国家治理的根本性问题——“人类社会是否真正能够通过深思熟虑和自由选择来建立一个良好的政府，还是他们永远注定要靠机遇和强力来决定他们的

---

〔1〕［美］尤劳：《政治行为论》，陈少廷译，台北，台湾商务印书馆1978年版，第22页。

政治组织”。[1] 显然此处只是显示出美国民众如何选择恰当的政治组织形式来实现国家治理的目标，尚未从真正意义上提及“治理理论”这一词汇的根本内涵。“正式出现‘治理’一词是在1989年世界银行的研究报告中，此后这一概念便广泛被用于全球治理、国家治理、社会治理等诸多领域中。”[2] 治理具有何种含义以及包含何种内容，目前并未取得一致性见解，因而在本节之中，笔者着重阐释治理的基本内涵和具体内容。

一、治理的概念界定

（一）概念的纷争

在社会科学的发展进程中，治理概念被运用的领域甚为广泛，正如鲍勃·杰索普所言，过去多年以来，“治理”概念在许多语境中大行其道，以至于成为一个可以指涉任何事物或毫无意义的“时髦词汇”。[3] 这足以说明给“治理”寻求一个全面概括的定义是较为困难的事情。

如果从词义学角度审视，“英语中的‘治理’（governance）可以追溯到古典拉丁语和古希腊语中的‘操舵’一词，原意主要指控制、指导或操纵，与‘政府’（government）的含义交叉。”[4] 除了最为原本的词义之外，关于“治理”的内涵还存在多种不同的理解。“社会学大师马克斯·韦伯从公共权力合法性的角度将治理形式分为三类：传统型治理；个人魅力型治理；法理型治理。其中传统型治理是基于人们认为这种统治具有合法性是基于古老规则和权利的神圣性，个人魅力型治理主要是源自被统治者对一种可以托付的领袖型人格的非凡力量及能力的——原始的非理性的——信仰，而法理型

[1] [美]汉密尔顿等：《联邦党人文集》，商务印书馆2013年版，第3页。
[2] 张小劲等编著：《推进国家治理体系和治理能力现代化六讲》，人民出版社2014年版，第77页。
[3] 参见[英]鲍勃·杰索普：《治理的兴起及其失败的风险：以经济发展为例的论述》，漆燕译，载《国际社会科学杂志（中文版）》1999年第1期。
[4] [英]鲍勃·杰索普：《治理的兴起及其失败的风险：以经济发展为例的论述》，漆燕译，载《国际社会科学杂志（中文版）》1999年第1期。

治理主要是指社会成员共同制定行为规范——法律,并只受该法律本身所引导的治理社会的结构。"[1] 而在马克斯·韦伯看来,传统型治理与个人魅力型治理的权威存在于个人,而法治国意义上的治理应当是法理型治理,因为该种治理的特点在于其具有不偏不倚的特点,因而其司法以及司法程序都具有理性的特点。[2] 詹姆斯·罗西瑙(James N. Rosenau)在其代表作《没有政府的治理》中主要从治理的类型出发对治理进行了界定,在其看来,"治理的范围应当是一种内涵极为丰富的现象,既包括官方(如政府)的机制,也包括不依靠国家强制力量来实现的非政府、非正式的机制"。[3] 福柯(Michel Foucault)对治理的定义表明了决策的结果:治理就是对他人可能行动的范围进行建构。[4] 格里斯·托克主要从治理主体、治理对象以及治理措施等方面对"治理"做了界定。[5] 罗伯斯·罗茨主要从"治理"一词的词源变迁中对其下了定义,其认为"治理是政府改变管理方式的一种状态,是作为一种新的管理社会的方式而存在"。[6] 全球治理委员会在《我们的全球伙伴关系》报告中认为,"治理是各种公共的或私人的总和,它是使相互冲突的、不同的利益得以调和同时采取共同行动的连续的过程"。[7]

虽然西方对于"治理"概念的阐释取得了实质性进展,但作为政治词汇,"治理"在中华文化语境中也可谓源远流长。在我国社会中使用"治理"一词

[1] 徐勇:《GOVERNANCE:治理的阐释》,载《政治学研究》1997 年第 1 期;另参见[德]托马斯·莱塞尔:《法社会学基本问题》,王亚飞译,法律出版社 2014 年版,第 69 页;[英]雷蒙德·瓦克斯:《法哲学:价值和事实》,谭宇生译,译林出版社 2013 年版,第 80 页。

[2] 参见[英]雷蒙德·瓦克斯:《法哲学:价值和事实》,谭宇生译,译林出版社 2013 年版,第 80 页。

[3] [美]詹姆斯·罗西瑙:《没有政府的治理》,张胜军等译,江西人民出版社 2001 年版,第 5 页。

[4] Michel Foucault, *The Subject and Power*, in Hubert Dreyfus and Paul Rabinow, eds., Beyond Structuralism and Hermeneutics, Chicago, University of Chicago Press, 1982, p. 21.

[5] 参见[英]格里斯·托克:《作为理论的治理:五个论点》,载俞可平主编:《治理与善治》,社会科学文献出版社 2000 年版,第 31~49 页。

[6] [英]罗伯斯·罗茨:《新的治理》,载俞可平主编:《治理与善治》,社会科学文献出版社 2000 年版,第 86~96 页。

[7] 俞可平:《治理和善治引论》,载《马克思主义与现实》1999 年第 5 期。

主要体现了三个层面的含义[1]:第一,指统治与管理。以孔子、孟子为代表的儒家主张"以礼治国""以德治国",追求的是确立一种"亲亲""尊尊""君君臣臣""父父子子"的社会秩序。[2] 以老子为代表的道家,主要是以"无为而治"为其核心思想。以韩非子为代表的法家主张以法术治国,"法不阿贵,绳不挠曲""明主之所导制其臣者,二柄而已矣。二柄者,刑德也。何谓刑德?曰:杀戮之谓刑,庆赏之谓德""治民无常,唯治为法"均是其"以法治国"的重要代表性思想。[3] 再如《荀子·君道》中的表述:"明公职,序事业,材技官能,莫不治理,则公道达而私门塞矣,公义明而私事息也。"[4]第二,指秩序安定,天下天平,与"乱"相对应。如《汉书》卷四《文帝纪第四》记载:"师古曰:'治安,言治理且安宁也。治音丈吏反。'"第三,指治理社会所产生的效果或政绩。如《蜀书》卷四十二记载:"泰始八年诏曰:'正昔在成都,颠沛守义,不违忠节,及见受用,尽心干事,有治理之绩,其以正为巴西太守。'"随着时代的变迁,治理在现代政治的语境中亦发生了演进和发展。例如,在新中国成立之初,治理的含义主要集中于治国理政的层面,主要体现在中央人民政府对地方政府的政治实践之中。其后,"治理"一词的使用范围有所扩大,对于自然灾害以及环境、生态的治理的提法也较为普遍。[5] 而在改革开放之后,治理的内涵和外延有存在进一步扩张的趋势,例如,社会治安综合治理、企业法人治理、基层群众自治等领域的广泛使用,使"治理"一词变得时髦起来。[6] 特别是中共十八届三中全会明确地将"推进国家治理体系

---

[1] 参见陈春常:《转型中的中国国家治理研究》,上海三联书店2014年版,第23页。

[2] 参见张文显主编:《良法善治:民主法治与国家治理》,法律出版社2015年版,第90页。

[3] 虽然法家提出的"以法治国"的重要思想,但是封建时期的"法"的本质性特征决定了其主要还是一种严刑峻法的治理,与我国现代提倡的"依法治国"存在本质性差别。

[4] 《荀子·君道》。

[5] 参见张小劲等编著:《推进国家治理体系和治理能力现代化六讲》,人民出版社2014年版,第14页。

[6] 参见张小劲等编著:《推进国家治理体系和治理能力现代化六讲》,人民出版社2014年版,第15页。

和治理能力现代化”作为深化政治体制改革的中心任务。[1] 关于国家治理现代化的命题作为我国治国方略的重要思想而备受瞩目。至此，对于“治理”也产生了不同的理解。例如，有学者指出，“治理概念应该包含以下特征：一是治理内容的共域性和多样性；二是治理主体的多元性；三是治理手段的多样性和人性化”[2]。另有学者从国家权力运行方式来界定治理的概念，其认为，“国家治理过程实质上是权力运行过程。因而，治理就是按照一定的规则体系并根据一定的原则，从而实现人民群众参与政治过程的一种方式”。[3]

（二）本书的界定

我国社会历经了古代时期的政治辉煌与近代社会的崛起，“治理”含义的历史沿革也就顺理成章。在以往全能治理主义时期，政府在社会生活中占据着绝对的主导性地位，在公共事务、社会运作以及法律运行的过程中，均是政府发号施令或运用权威以期达到管制的目的。而现代性的“治理”概念就是通过国家、社会和私人部门之间的互动来实现社会管理其经济、政治和社会事务所依靠的价值、政治和制度体系。[4]

对比东方与西方社会的治理概念的演进过程，明显可以看出我国“治理”所产生的时间早于西方社会。因此，在我国语境之下，用现代性的“治理”概念概括古代社会中的“治理”概念就会失之偏颇。因为古代社会与现代社会主要存在两方面的不同。

一方面，权力的运行机制表现的不尽一致。在古代社会中的治理表述的是一种奉命唯谨的阶层式的社会运行机制，社会成员与政府及其统治者

[1] 参见《中共中央关于全面深化改革若干重大问题的决定》(2013 年 11 月 12 日中国共产党第十八届中央委员会第三次全体会议通过)，载《人民日报》2013 年 11 月 16 日，第 1 版。

[2] 刘旭涛：《改革要更注重系统性整体性和协同性》，载人民网，http://politics. people. com. cn/n/2013/1116/c1001 -23562947. html。

[3] 竹立家：《着力推进国家治理现代化》，载《中国党政干部论坛》2013 年第 12 期。

[4] 参见周红云：《国家治理评估体系述评》，载俞可平主编：《国家治理评估——中国与世界》，中央编译出版社 2009 年版，第 362 页。

在地位上显然具有不对等性。而现代性的治理则蕴含于平等协商的民主制度之中。进一步说,致力于集体行动的组织必须依靠其他组织,为达到目的,各个组织必须交换资源、进行谈判。例如,根据马克斯·韦伯的研究表明,此处的治理包括公法的概念和私属的范围,例如,公家的管理则为通过国家机构组织或其他由国家赋予权限的他律性机构所实施的管理行为。[1]

另一方面,依靠的权威不尽相同。在古代社会中,治理手段的权威主要来源于国家的权威,是统治阶级所专有的特权。而现代社会中的治理意味着办好事情的能力并不限于政府的权力,尤其在公共事务的管理中,还存在其他的管理方法和技术。[2]

因此,笔者认为,在界定概念时为不同时期的"治理"一词寻求上位概念才具有妥当性。在上文提及的概念界定中,不存在根本性的对立,只是论述的角度不同而已。具体而言,西方不同的学者从不同的角度对"治理"一词的概念进行了界定,例如,鲍勃·杰索普主要从治理的词义学意义上对其进行界定;马克斯·韦伯从治理的类型出发概括出治理的不同的类型,并从不同的类型中提炼治理概念;而詹姆斯·罗西瑙、福柯以及格里斯·托克主要从主体与客体的互动关系中对治理概念进行了界定。而在我国,主要从治理的不同类型对其进行界定。

无论从何种角度而言,治理应当包含以下的内容:首先,"治理"是特定主体性的活动。在上述不同的定义之中,无论认为治理是政府性的活动还是除政府主体之外的活动,都表明了治理属于主体性的活动。其次,"治理"表明的是需要通过一定的手段施加一定的影响。无论是古代社会的治理还是现代社会的治理,均离不开治理手段,也就是说,如果离开一定的手段,就不会产生一定的效果,也不会产生一定的影响。再次,"治理"表明的是对另

---

[1] 参见[德]马克斯·韦伯:《法律社会学》,康乐等译,广西师范大学出版社2011年版,第8页。
[2] 参见张小劲等编著:《推进国家治理体系和治理能力现代化六讲》,人民出版社2014年版,第34页。

一方客体施加一定的影响。与主体相对的是客体，就“治理”活动而言，其是以主体对另一方客体施加影响。最后，从治理活动的目的来看，使客体走向主体所设定的发展道路。对于某对象需要进行治理，在一定程度上说明了该对象处于不太理想的状态，治理活动就是治理主体想要转变这种状态所实施的活动。

结合以上的论述，本书认为，所谓“治理”，是在一种既定的范围内，一方主体通过一定的手段对另一方客体施加的影响，从而使其走上预先设定的发展道路。

二、治理的基本内容

上述定义莫衷一是。由此可以看出，无论是西方国家还是我国，一直热衷于“治理”这一语词的本源含义与逻辑范式的研究，这足以表明“治理”一词所表现出的惊人张力。然而，随着现代型政府的成立，尤其是第二次世界大战之后，“治理”迅速成为批判政府失灵的理论的着力点。[1] 虽然笔者对治理概念从高度概括不同时期“治理”所具有的相似性的角度进行了界定，但不意味着不同历史时期的“治理”概念的内容就是一致的。但是，对比不同时期、不同地域对“治理”的不同定义，仍然可以看出它们之间的共性特征，即在现代社会中，作为一种治理体系，无论对“治理”下何种定义都会多多少少指涉到治理理念、治理主体、治理措施以及治理效果等重要内容。

首先，在治理理念上。在不同时期，对于治理的把握并不相同。在古代社会中，生产力水平低下，对于社会的治理也无任何经验可言，因而治理活动主要是以压制性的理念贯彻其中。在近代社会中，随着生产力水平的不断提高，社会治理也积累了相应的经验，因而逐渐摆脱了压制性治理理念。而在现代社会中，随着民主制度的不断发展，社会公众的权利范围也在进一

〔1〕 参见江必新、王红霞：《社会治理的法治依赖及法治的回应》，载《法制与社会发展》2014 年第 4 期。

步拓展,因而在治理理念上也呈现出较为先进的特点。在价值多元化的社会背景之下,需要树立更加科学的治理理念。[1]

其次,在治理主体上。居于支配性主体在不同的历史时期表现不一致。在古代社会中的治理的支配主体显然是国家,而其他社会中的个人只能作为被治理方而存在。而现代型的治理对传统的国家和政府权威提出了挑战,认为政府并不是国家唯一的权力中心,强调治理主体的多元化,表现为更多的社会群体加入社会管理之中,也就是说,不仅国家是治理的主体,社会乃至个人均是国家治理的主体。这种主体性地位的强调更加突出双方地位的平等。

再次,在治理措施上。无论是在古代社会还是在现代社会中,治理措施均呈现多样化的特点,只是在不同的时期,对于某种措施的青睐程度存在差别。在古代社会中,除了法律的治理措施之外,更多的是重视和贯彻道德在社会治理中的作用。特别是儒家思想得到了统治阶层的青睐而逐渐得以推广,无论是统治者还是被统治者都注重自身的道德修养。如汉文帝举贤重谏、勤俭节约、反躬自省,施德惠于社会各个阶层,取得了很好的效果,称得上以德治国的典范。而在现代社会中,治理社会的措施与古代相比呈现更加广泛的特点,如社会舆论、宗教信仰、法律、社会核心道德价值观等,均是社会治理的有效手段,但法律无疑在现代社会治理中取得了核心的地位,是社会治理的基石。[2] 在以往的社会治理中,为了提高效率,我国习惯于运用行政的方式,而现在更加注重法治方式的运用。[3] 例如,党的十八大明确提出"全面推进依法治国""法治是治国理政的基本方式"等具体方案,同样预示着法律在我国社会治理中发挥着重要地位和作用。[4]

---

〔1〕 参见许海清:《国家治理体系和治理能力现代化》,中共中央党校出版社 2013 年版,第 21 页。

〔2〕 参见何荣功:《自由秩序与自由刑法理论》,北京大学出版社 2013 年版,第 5 页。

〔3〕 参见许海清:《国家治理体系和治理能力现代化》,中共中央党校出版社 2013 年版,第 22 页。

〔4〕 参见姚万勤:《国家治理现代化视域下刑法治理问题研究——以理念转换与模式建构为视角》,载《晋阳学刊》2016 年第 1 期。

最后,在治理效果上。在不同时期、不同的国度,各国政府都希望能取得更好的治理效果,能够真正促进社会秩序和谐稳定,最终到达“善治”状态。也就是说,无论基于何种领域的“治理”,“善治”可以被视为治理的衡量标准和目标取向。〔1〕法国学者玛丽—克劳斯·斯莫茨主要从四个要素概括了“善治”的内容:“其一,主要通过法治来保障公民的安全;其二,公共机构正确而公正地进行有效的行政管理;其三,落实对人民负责的责任追究制;其四,通过公开相关信息实现政治的透明性。”〔2〕虽然在古代社会中,社会政权主要被少数阶层所掌控,但这不意味着统治者忽视了对“善治”的追求,例如,在古代社会中推行的“亲民”政策,均在一定程度上为了实现“善治”这一目标而服务。在现代社会中,对于“善治”的追求自不待言。“善治”所能带来诸多积极的价值贡献,如“有利于充分实现人的尊严和价值,有利于权利的保障,有利于调节公民与国家之间的良性关系并促进社会的良性发展”。〔3〕总之,无论是基于政府主导的治理还是基于无政府主导的治理,均会通过一系列措施来保障每个人享有基本权利,这是其自身的组织机体达到最佳治理状态的必备要件。

第二节　“功能”的基本界定

本书在前文中论述了“刑法机能”与“刑法功能”虽然只是一字之差,但是所要表达的含义与内容存在重大区别。〔4〕本书在此处意欲从词源本身的角度进行考察,目的对刑法学的通说——将刑法机能与刑法功能混用的现状予以纠正。

---

〔1〕参见魏治勋:《“善治”视野中的国家治理能力及其现代化》,载《法学论坛》2014年第2期。

〔2〕[法]玛丽—克劳斯·斯莫茨:《治理在国际关系中的正确运用》,肖孝毛译,载《国际社会科学杂志》1999年第1期。

〔3〕张文显主编:《良法善治:民主法治与国家治理》,法律出版社2015年版,第64~66页。

〔4〕具体参见第一章第一节“刑法功能的内容与局限”中的相关内容。

根据《辞海》的解释,“功能”有两种基本的含义,一是指事功和能力,二是指器官和机件的作用和功效。[1] 此外,“功能”(function)一词在不同的学科中有着不同的用法,例如,数学中的功能具有函数之义,即一个变量的值取决于另一个变量。“建筑学里的功能主要从房屋的形式设计为出发点,并以满足这些功能为导向的材料和结构等实际学说。”[2] 虽然各种学科对于功能所下定义不尽相同,但功能概念运用最为广泛的莫过于社会学以及法学领域。笔者拟就社会学以及法学领域的功能概念进行详细考察,并在此基础上进一步确立功能本身的维度。

一、功能的社会学之维

功能在社会学领域经过诸多社会学大师的发展与完善并最终形成了功能主义社会学。“在社会学家的眼中,功能不是事实产生的原因,而仅仅是事实得以存在的依靠。”[3] 也就是说,社会能够存在且按照某种既定的秩序存在,是因为它们之间存在某种功能性连接,正是这种功能性连接才是社会机体能够得到有效运转的必要条件。

首先,对连接这种社会机体的功能进行系统研究的是社会学的创始人孔德(Auguste Comte),其认为,社会作为一种有规律结构的存在,基于此点之上的任何社会现象都离不开社会规律的支配,社会学的任务就是将唯意志论以及个人作用论的观点从社会学研究视域中排除,从而确立那些社会现象之间经常的、重复出现的联系,即种种规律。[4] 对于社会机体,他通过较为典型的类比生物学的方法确立了社会静学与社会动学两个部分,与解剖学中的组织较为类似的是社会静学研究的社会存在状态,与生物学中的

---

[1] 参见《辞海》,上海辞书出版社1979年版,第1163页。

[2] 付子堂:《法律功能论》,中国政法大学出版社1999年版,第14页;另参见饶艾、张洪涛:《法社会学——社会学视野》,西南交通大学出版社2002年版,第251页。

[3] 付子堂:《法律功能论》,中国政法大学出版社1999年版,第15页。

[4] 参见宋林飞:《西方社会学理论》,南京大学出版社2000年版,第8页。

生命定律较为类似的是社会动学研究的社会变迁过程。[1] 相比之下,孔德对社会机体功能的论述相对粗糙,但对于确立功能主义方法论具有重要开创意义与价值。

随后,赫伯特·斯宾塞(Herbert Spencer)通过系统地比较社会和有机体,发展了孔德的有机体的类比。在其社会学叙事过程中,意在阐释社会机体的五种必要性关联,"其一,有机体和超有机体(社会)的结构是随着有机体和超有机体(社会)本身的增长而增长;其二,有机体和超有机体(社会)通过相互之间的配合以及依赖来实现整合;其三,社会分化是由功能的分化导致的;其四,有机体和超有机体(社会)整体总是受其组成部分的系统过程所影响;其五,即便有机体和超有机体(社会)解体也不妨碍其继续生存一段时间"。[2] 从其论述中,大致可以窥探斯宾塞所主张的必要功能主义是基于生物体与细胞之间的类比,人或事物引起了社会反应被称为功能,而导致社会最终解体的正是这些功能的分化。

迪尔凯姆(Durkheim)作为孔德有机体论的主要继承人,尤其在其《劳动分工论》《社会学方法的准则》等著作中阐释了其主要的社会学思想。"迪尔凯姆最为重要的功能主义观点来源于他对'整合'(将个人融入社会秩序中)这一概念的长期关注。"[3] 在迪尔凯姆看来,社会呈现过程性的发展特征,这一过程主要表现为从单一的机械团结的社会向分工协作的有机团结的社会转变。[4] 而社会由低层次向高层次转变的过程中,社会会出现"常态"与"病态"的状态,为了避免"病态"社会状态的出现,他将社会体系概念化,从

---

〔1〕 参见宋林飞:《西方社会学理论》,南京大学出版社2000年版,第9页。

〔2〕 [美]乔纳森·特纳:《社会学理论的结构(上)》(第六版),邱泽奇译,华夏出版社2001年版,第9~10页。

〔3〕 [美]鲁思·华莱士、[英]艾莉森·沃尔夫:《当代社会学理论——对古典理论的扩展》(第六版),刘少杰等译,中国人民大学出版社2008年版,第17页。

〔4〕 参见[美]鲁思·华莱士、[英]艾莉森·沃尔夫:《当代社会学理论——对古典理论的扩展》(第六版),刘少杰等译,中国人民大学出版社2008年版,第17页。

而强化了“功能需要”的观念。[1] 也就是说,从功能的角度考察社会的系统状态,“就意味着系统包含着一些均衡点,正常的功能围绕这些均衡点产生”。[2]

与此功能主义研究不太合拍的要算默顿(Merton)的保守主义了,也即反功能理论是其核心代表思想。在默顿看来,功能主义只有在两种情况下才能表现出保守主义色彩:第一,任何事情的结果通常只具有正功能(这正好是默顿的反功能概念所否定的);第二,把社会和社会成员混为一谈或者看作同一的(默顿试图通过提出“对谁具有正功能”的问题来推翻这一观点)。[3] 因此,在默顿看来,功能并不局限于帕森斯强调的社会行动的显功能,其观察到人们既没有意料到也不希望得到的结果是普遍存在的,只通过显功能显然无法对其进行适当的归类,因而其进一步将功能区分为显功能和潜功能。[4] 当然,默顿的这一理论并不是否定功能主义的价值,相反,默顿认为功能主义的分析范式将会有利于挖掘事物的所有潜功能,从而会不断加深我们对社会的理解。[5]

功能主义在西方社会学研究中呈现“百花齐放”的状态,对西方的功能主义可以做一些大致的总结。功能主义经历了生物学变体、规范化变体到社会控制变体的逻辑进程。[6] 总结这些不同功能主义的理论阐释,主要包含了以下内容:首先,社会学领域中的功能是将社会置于彼此关联的部分与

---

〔1〕 参见[美]乔纳森·特纳:《社会学理论的结构(上)》(第六版),邱泽奇译,华夏出版社 2001 年版,第 12 页。

〔2〕 [美]乔纳森·特纳:《社会学理论的结构(上)》(第六版),邱泽奇译,华夏出版社 2001 年版,第 12 页。

〔3〕 参见[美]鲁思·华莱士、[英]艾莉森·沃尔夫:《当代社会学理论——对古典理论的扩展》(第六版),刘少杰等译,中国人民大学出版社 2008 年版,第 41 页。

〔4〕 参见[美]鲁思·华莱士、[英]艾莉森·沃尔夫:《当代社会学理论——对古典理论的扩展》(第六版),刘少杰等译,中国人民大学出版社 2008 年版,第 42 页。

〔5〕 参见[美]鲁思·华莱士、[英]艾莉森·沃尔夫:《当代社会学理论——对古典理论的扩展》(第六版),刘少杰等译,中国人民大学出版社 2008 年版,第 42 页。

〔6〕 参见付子堂:《法律功能论》,中国政法大学出版社 1999 年版,第 15 页。

整体的关系之中；其次，社会学领域的功能关注的是系统之间的协调以及相互之间的动态状态问题；最后，从功能的角度看待社会变迁的方式，即主要强调社会变迁的渐进式方式。[1]

而目前，在社会学领域对功能主义的关注已大不如往日，但功能主义留给我们系统看待社会、研究社会的逻辑范式是一笔宝贵而丰富的学术遗产。当代日本社会学家富永健一赋予功能解释性概念的特征更加符合现代社会学中功能的常识化意义，其指出："所谓功能，是将系统的要素和多个作为要素集合体的子系统，或者说整个系统所担负的活动、作用、职能解释为与系统实现目标和系统适应环境所必须满足的必要性条件相关时，对这些活动、作用所赋予的意义。"[2]也就是说，首先，对功能的探讨是在一个系统之内。无论是在社会还是组织体系之中，如果离开了系统再去探讨功能必将是毫无意义的。其次，功能意味着行为主体实现目标时的一种作用。当然，这种作用并不只限于积极作用，甚至在某种情形下还会呈现消极的作用。

二、功能的法学之维

前文已经在社会学领域探讨了功能的含义以及历史延续。当然，功能之于法学意义上的争鸣亦是热闹非凡。当然对此问题的阐释离不开法社会学以及法理学的见解。

法社会学对于社会秩序的关注登峰造极，在其理论阐述中，总是或多或少的探讨法律在秩序控制中的作用。社会秩序是社会运行与发展的重要条件，而作为维持社会秩序的社会控制就显得很有必要。虽然对于社会秩序的控制手段呈现多样化的形式，但是法律在其诸多的手段中占据了重要的一席之地。例如，著名社会学家迪尔凯姆将社会划分为机械团结的社会和

---

〔1〕 参见童星主编：《现代社会学理论新编》，南京大学出版社2003年版，第18～19页。
〔2〕 [日]富永健一：《社会学原理》，严立贤等译，社会科学文献出版社1993年版，第162页。

有机团结的社会两种类型，[1]并认为法律在不同的社会类型中存在不同的特征。机械团结这种社会存在于简单、同质的社会，虽然缺乏任何重要的劳动分工，但有统一的价值标准。[2] 也就是说，机械团结的社会能够形成集体意识，恰恰由于集体意识导致需要通过较强的惩罚性的法律来实现集体意识的凝聚力，因为“集体意识越广泛、越强有力、越有特性，被认为触犯命令和戒律，甚至直接与集体意识相抵触的行为就越多”[3]。因而在机械团结的社会中，法律最为重要的功能在于实现惩罚。[4] 相反，有机团结是随着社会分工的出现而出现的，它是建立在社会分工和个人异质性基础上的一种社会联系。在有机团结形式的社会中，由于个人之间的差异性不断扩大，同时也使社会成员之间的相互依赖性越来越强。因而不再过于强调惩罚的威慑效果，随之而起的是恢复原状法，即须按照公正的原则将事物恢复到应有的状态。显然，在有机团结的社会中，法律的功能不再强调惩罚的必要性，这类法律功能在于表达井然有序、和平相处的基本原则和要求。[5]

而卢曼对法律功能认识存在不同，其旨在建构法律的双重效应功能。他认为，社会学家可能会更加注意到法律系统中的一个子系统，即只讨论法律的裁决系统，而忽视了规范化之双重模态化的其他领域。其进一步设想了一种双重效应来阐释其理论主张，即“一方面现行法律在组织上和职业上的严谨对规范性投射的任意滋长起着限制和惩戒作用；另一方面在法律系统中分立出一个裁决系统，这对规范地期望的普遍积极性可能产生负面影响，甚至可能出现在反照作用中腐蚀自身基础的趋势”。[6] 也就是说，在现代社会中，即便

---

〔1〕 参见[法]埃米尔·涂尔干：《社会分工论》，渠东译，三联书店2013年版，第33~92页。

〔2〕 参见[英]雷蒙德·瓦克斯：《法哲学：价值与事实》，谭宇生译，译林出版社2013年版，第76页。

〔3〕 [法]雷蒙·阿隆：《社会学主要思潮》，葛智强等译，上海译文出版社2013年版，第304页。

〔4〕 参见焦旭鹏：《刑法在社会中的角色》，载《中外法学》2009年第6期。

〔5〕 参见[法]雷蒙·阿隆：《社会学主要思潮》，葛智强等译，上海译文出版社2013年版，第305页。

〔6〕 [德]卢曼：《社会的法律》，郑伊倩译，人民出版社2009年版，第75页。

日常社会生活中以法律为依据在很高程度上得到了贯彻，但是几乎无法在运作上通过贯穿整个系统的对规范性期望的相互反照来达成系统的统一。[1]

美国社会法学家庞德主张法律的功能在于维护社会中的秩序、平衡各方的利益。其认为，一直困扰人们的一个重要的现象是，法律即为实施正义，而这里的正义是通过法律秩序进而通过司法、法学研究或者立法而达至的目的。[2] 但究竟法律的拘束力是否只是基于正义所具有的拘束力，除此之外，是否还具有强力说以及同意说，这是一个不能肯定回答的问题。[3] 对此，庞德只能另辟蹊径认为，不论法律秩序的正当权威的基础是什么，"法律维护秩序正是通过排除和调和各种相互冲突和重叠的利益来予以实现的"。[4] 因为在其看来，"法律秩序或作为决定争端之用的一整套权威性指示或根据这种意义上的法律，并不创造这些利益"。[5] "法律用惩罚、预防、特定救济和代替救济来保障各种利益，除此之外，人类的智慧还没有在司法行动上发现其他的更多可能性。"[6] 从庞德的论断中可以明确，其将法律一直视为维护社会秩序的工具，而对法律功能的理解也主要集中于法律的功能性概念的角度，即从法律的作用或任务上来研究法律功能问题。[7] 因此，在庞德看来，法律的功能就是利用其社会控制的手段尽可能地调节各种利益的冲突，满足社会公众的需求。

对于庞德的法律"维持秩序、平衡利益"的功能性定位不乏支持者，例如，劳伦斯·M. 弗里德曼同样认为，法律具有类似全球意义的功能是解决争端，对

[1] 参见[德]卢曼：《社会的法律》，郑伊倩译，人民出版社2009年版，第75页。
[2] 参见王婧：《庞德：通过法律的社会控制》，黑龙江大学出版社2010年版，第110页。
[3] 参见[美]罗斯科·庞德：《通过法律的社会控制》，沈宗灵译，商务印书馆2013年版，第26页。
[4] [美]罗斯科·庞德：《通过法律的社会控制》，沈宗灵译，商务印书馆2013年版，第26页。
[5] [美]罗斯科·庞德：《通过法律的社会控制》，沈宗灵译，商务印书馆2013年版，第33页。
[6] [美]罗斯科·庞德：《通过法律的社会控制》，沈宗灵译，商务印书馆2013年版，第28页。
[7] 参见[英]罗杰·科特威尔：《法律社会学导论》，潘大松等译，华夏出版社1989年版，第108页；另参见付子堂：《法律功能论》，中国政法大学出版社1999年版，第27页。

每个阶段的社会来说，产生矛盾实属不可避免，法律的一个基本功能是提供机制和场所，让人们去消除矛盾，解决争端。[1] 然而，其也进一步认为，这种解决争端只是古老社会的一种本能的反应而已，法律的另一基本功能在于对社会的控制。在其论述中，社会控制功能被区分为主要的社会控制功能和次要的社会控制功能。其中，主要的社会控制功能如警察和法官要逮捕小偷并将其送进监狱，而次要的社会控制功能便是如何教育、劝告和改造小偷。[2]

相反，托马斯·莱塞尔对法律功能的描述则显得更加宽泛和全面。在其看来，法律的功能主要包括七个层次，即"社会融合、行为控制、争议解决、社会统治的合法化、保障自由、生活条件的构造、教育"。[3] 对比可以发现，托马斯·莱塞尔除了论述"行为控制、争议解决、保障自由、教育"等传统的法律功能之外，还增加了法律存在的但相对较为陌生的功能。其中，对于社会融合，他认为法律为人们能够在社会中共同生活创造了可能性，而法律这一社会统治工具主要通过平衡相互冲突的利益来保持并促进社会的团结。[4] 对此，其进一步阐释到，即使在没有统治的社会，法律也要完成行为控制和争议解决的任务，而在所有现实社会中，法律总是对统治结构的产生予以稳定、部分予以限制，这是法律的特殊功能。[5] 最后，除了上述的基本功能之外，今天无数关于生存预先保障、经济调控和当代社会福利国家的任务，也成为法律调控的范围。[6]

---

〔1〕 参见[美]劳伦斯·M. 弗里德曼：《法律制度——从社会科学角度观察》，李琼英、林欣译，中国政法大学出版社2004年版，第20页。

〔2〕 参见[美]劳伦斯·M. 弗里德曼：《法律制度——从社会科学角度观察》，李琼英、林欣译，中国政法大学出版社2004年版，第20页。

〔3〕 [德]托马斯·莱塞尔：《法社会学导论》(第六版)，高旭军等译，上海人民出版社2014年版，第178～171页。

〔4〕 参见[德]托马斯·莱塞尔：《法社会学导论》(第六版)，高旭军等译，上海人民出版社2014年版，第169页。

〔5〕 参见[德]托马斯·莱塞尔：《法社会学导论》(第六版)，高旭军等译，上海人民出版社2014年版，第170页。

〔6〕 参见[德]托马斯·莱塞尔：《法社会学导论》(第六版)，高旭军等译，上海人民出版社2014年版，第171页。

在西方法社会学家对法律功能的阐释之中，可以窥见其大致将法律理解为控制社会秩序的手段，这种功能作为维系社会秩序正常运转的基本功能，同时也是最为重要的功能。只是在法律究竟通过何种途径维持这一功能的问题上产生了不同的认识。而我国多数教材将法律功能与法律作用等同视之。例如，有学者将法的作用与法的功能作为并列的概念并寻求同一的释义。[1] 有学者用法的功能来解释法的作用。[2] 有学者用法的作用来解释法的功能。[3] 当然，也有一些学者对法的功能作较为细致的划分，"认为法的功能具有广义与狭义之分，狭义的法的功能概念与法的作用概念能够等同使用，而广义的法的功能概念包含着并大于法的作用的概念"[4]。

笔者认为，法的功能与法的作用是两个既有联系又有区别的概念。两者的联系在于，功能作为事物本身的一种能力，而作用则是指对事物产生的一种实际影响，功能是产生作用的前提，具体而言，法的功能是产生法的作用的前提，法的作用是法的功能的外在表现。[5] 两者的区别在于：首先，法的功能内存于法本身，而法的作用则是外在的；其次，法的功能内存于法的本身，是一种实然的状态，而法的作用主要立足于社会行动之中，带有明显的应然性；最后，法的功能是一种"恒量"，受制于法的本质和属性，而法的作用是一种变量，受制于各种内在于外在的因素。[6]

---

〔1〕 持该种观点的是沈宗灵教授，其认为，"法的作用和功能是指法对社会发生影响的体现"。参见沈宗灵主编：《法学理论基础》，北京大学出版社1988年版，第37页。

〔2〕 持该种观点的是张贵成等学者，其认为，"法的作用是指法对人们的行为和社会生活的影响和功能"。参见张成贵等主编：《法理学》，中国政法大学出版社1992年版，第114页。

〔3〕 持该种观点的是马新福教授，其认为，"法的社会功能是多方面的，就法的整体和目的而言，法的社会功能集中体现在法的社会作用上"。参见马新福：《法社会学导论》，吉林人民出版社1992年版，第174页。

〔4〕 文正邦主编：《走向21世纪的中国法学》，重庆出版社1993年版，第60页。

〔5〕 参见公丕祥主编：《法理学》，复旦大学出版社2002年版，第65页。

〔6〕 参见魏清沂主编：《法理学》，北京大学出版社2011年版，第148页。

第三节 “刑法治理功能”的内容与特征

一、刑法治理功能的内容

结合上述“治理”“功能”的概念，笔者认为，所谓刑法的治理功能是指治理主体为了满足某种需要，基于一定的治理理念之下，以刑法这一特殊规范为依据，对被治理的一方（主要是自然人或者单位）施加影响，并最终使其走上预先设定的发展道路。具体而言，笔者对刑法治理功能所下的定义，包含了以下四个层面的内容：

第一，刑法治理功能产生于一定的理念之下。虽然刑法随着社会的发展而呈现不同的面貌，但是无论处于何种阶段的刑法治理均是出于一定的治理理念的支配。例如，在古代社会中，刑法治理功能主要产生于统治阶层的需要，古代的统治阶级往往代表的是少数人的集团利益，因而所彰显出的刑法治理功能不太重视对其他单个社会个体的人权保障。而随着社会的发展，刑法治理的理念偏向于二元保护的立场——在维护国家的统治的同时，也注重对社会中的个体的人权保障。而刑法治理功能的发挥主要立足于保障法地位，基于保障法地位的刑法更多地强调刑法发动的不得已理念，也即：“刑法调整的社会关系广泛，在其他部门法往往无法调整的情况下予以介入，进而最后实现社会治理的任务。”〔1〕刑法保护作为社会可以获得的最高等级的保护，在社会受到恰当准确的刑法保护的情况下，是现代社会发达程度的重要标志。〔2〕 可以说，基于不同的治理理念会产生不同的治理局面。

第二，刑法治理功能是由治理主体主导的过程。从马克思主义哲学角度来看，任何实践活动都离不开主体的影响，而人作为实践的主体能够发挥

---

〔1〕 孙道萃：《刑法“事先法”之理念导读》，载《福建警察学院学报》2013 年第 2 期。
〔2〕 参见王世洲：《现代刑法学（总论）》，北京大学出版社 2011 年版，第 16 页。

巨大的能动作用,从而改造自然以及人类社会。毫无疑问,刑法治理功能作为社会实践的一项重要内容,当然离不开治理主体。治理主体如同治理理念,会随着社会形态以及社会关系的变化而不断地发生变更。但无论如何,刑法治理主体总是带有明显的阶级性。例如,在古代社会中,治理主体带有明显的封建社会的局限;在近代社会中,虽然资产阶级对封建社会进行了必要的清算,但是也无法褪去资产阶级的局限性;同样,即便在现代社会中,刑法治理主体依然残存着某种阶级性。

第三,刑法治理功能是以刑法这一特殊的规范为治理依据。控制社会的手段形式多种多样,如美国学者爱德华·罗斯认为,控制社会的手段主要包括舆论、信仰、宗教、社会价值观、伦理,等等,但法律始终是社会治理的基石。[1] 自文明社会以来,随着社会分工的发展和社会管理运转的精致化,行为规范出现了分殊化,最为显著的特征就是道德规范和法律规范的分道扬镳。[2] 精致化的另一后果是导致了不同调整对象的部门法的产生。而刑法无疑是较早出现的部门法之一。虽然,每一个部门法都基于特定的治理手段承担着治理社会的功能,但本书论述的刑法治理功能主要是限于刑法这一特定的部门法所产生的功能。因为刑法特有的性质导致其治理的方式与作用与其他的部门法的治理存在较大差异。

第四,刑法治理的出发点是使社会机体走向治理主体设定的目标。作为社会治理方式的刑法,虽然在治理措施上的确存在较为残酷的一面,但任何形态的社会利用刑法治理社会的出发点都是社会各方利益能够最终趋于平衡、社会机体能够和谐健康发展。刑法主要通过规范的有效性规定了人们行为的边界,设定刑法规范的目的在于为人们的行为提供必要的指引,使人们能够对自己的行为有预见可能性,即哪些行为是国家或者社会所反对而不能为的,哪些行为是刑法未禁止而可以为的。治理主体如果认为某种

〔1〕 参见[美]爱德华·罗斯:《社会控制》,秦志勇等译,华夏出版社1989年版,第46页。
〔2〕 参见何荣功:《自由秩序与自由刑法理论》,北京大学出版社2013年版,第5页。

行为具有严重的社会危害性或者法益侵害性而必须对其进行控制和杜绝，可以通过刑法规范将其规定为犯罪，从而使社会机体走向治理主体所设定的目标。例如，鉴于环境污染问题严重，我国在《刑法修正案（八）》中对污染环境罪的构成要件进行了修改，目的在于使社会机体走向治理主体设定的保护环境这一目标。

二、刑法治理功能的基本特征

虽然刑法一直以来被认为是一种不得已的“恶”，对违反它的人甚至毫不留情地适用剥夺生命、自由、财产等刑罚措施，但是在当下仍然离不开利用刑法对社会进行有效的治理。在法律性质上，刑法与其他部门法存在较大的差别。例如，林山田教授认为，刑法系国家或地区行使刑罚权的法律依据，借公权力而制裁犯罪，实现法律正义，建立并维系社会共同生活所必须的法律秩序。因而，在法律性质上刑法就具有了公法、实体法、成文法、强行法、国内法以及继受法等属性特点。[1] 这些独特的刑法特性注定了刑法在治理社会中表现出与其他治理手段相比较为独特的一面，大致看来，刑法治理功能具有以下四个较为明显的特点。

（一）刑法治理的对象主要是犯罪现象

与其他社会治理措施相比，刑法在治理社会的过程中，涉及多方面的内容。有学者将刑法治理的内容划分为四个方面：对犯罪的治理、对犯罪者的治理、对被害人的治理、对社会关系的治理。[2] 笔者认为，其中居于首要的还是对犯罪现象的治理。因为对犯罪者、被害人以及社会关系的治理均是由对犯罪现象的治理而衍生的治理内容。在对犯罪现象进行治理的过程中，有以下几点值得注意：其一，与民事立法、行政立法以及其他形式的立法

---

〔1〕 参见林山田：《刑法通论（上册）》（增订十版），北京大学出版社2012年版，第14页。
〔2〕 参见何挺：《现代刑事纠纷及其解决》，中国人民公安大学出版社2011年版，第180～197页。

相比,刑事立法就表现了不同的特点,除了涉及国际犯罪外,一般都表现为一国刑事秩序的法律关切,是对犯罪的法律控制,正因如此,刑法首先映入人们视野的是打击犯罪、稳定社会秩序;[1]其二,在对犯罪行为进行治理的过程中,刑法的罪刑规范与其他法律存在较大差别。每一个法律文本都是通过法律规范来进行社会的治理,但在法律规范的设计上则存在较大的差别。依据法律规范的性质不同可以将其分为义务性规范和授权性规范。其中,授权性规范是指授于社会中的主体可以自行抉择做或不做某种行为的法律规范。义务性规范是指其行为模式中规定的主体必须为一定行为或不为某种行为的法律规范,一般使用"禁止""不得"等否定词汇加以限制。相比较而言,民事法主要是以创设权利来告知他人应如何行动,行政法对行政相对人的权利等均有细致的规定。而通过对刑法的罪刑规范分析来看,其中涉及的内容大部分是属于义务性规范中的禁止性规则,《刑法》第 232 条规定的不得杀人就是适例。但这并不是否定刑法有授权性规范,但在立法中所占的比重较小,《刑法》规定行为人在遭受他人不当侵害时有正当防卫的权利便是适例。

(二)刑法治理的手段主要是刑罚措施

显然,法律与其他非规范治理措施相比,主要不同在于法律属于强制性规范,因而在社会治理中显得力道十足。当然,法律所具有的强制性措施一般也称为不利的法律后果,即为惩罚。惩罚性的法律所带来的治理效果也较为明显,例如,福柯就曾从控制与权力的角度对惩罚做出了一番解读,其认为"一个愚蠢的君主会用铁链对他的奴隶进行控制,但一个真正的政治家会用思想的链条对他们进行控制,而这种控制会更加有力"。[2] 对于惩罚如何界定,在社会学与法学中存在较大区别,如沃克尔从规范性的角度对"惩罚"进行了一番考察,认为其具有以下几点特征,即"惩罚对被惩罚者来说施

---

〔1〕 参见蔡道通:《刑事法治:理论诠释与实践求证》,法律出版社 2004 年版,第 225 页。
〔2〕 Foucault, *Discipline and Punish: The Birth of the Prison*, Allen Lane, 1982, p. 102.

加了不受欢迎的东西;惩罚是由有权实施的主体基于一定的根据和理由故意为之的;惩罚的根据和理由是正当的;惩罚是其违反了特定的规范而产生的;被惩罚者基于自愿或者被迫接受了这种惩罚;是否对一种行为实施惩罚取决于被惩罚者的态度”。[1]

然而,即便刑法与其他法律均属于强制性的规范,但在惩罚的具体表现形式上大相径庭。刑法中的惩罚一般被称为刑罚,刑罚通常被视为刑法规范的首要特征,也是刑法与其他法律规范区别开来的最为显著的标志。例如,就刑法与民法的区别为例,“在刑事司法里,为维护公家利益(无论是伦理上还是功利上的利益),而对违犯客观规范者求偿,其方式是由国家司法机关对疑犯科处刑罚;反之,私人请求权的求偿则委诸被害者,但并非出之以刑罚,而是结果回复到法律所保障的状态”。[2] 在刑法之中,对于刑罚的界定也基本取得较为一致的见解,即刑罚是以犯罪这一违法行为为理由,由国家有意识地施加的害恶,其中内含对违法行为的非难。[3] 也就是说,对于刑罚可以从三个方面来加以理解,即刑罚的发动主体是国家机关;刑罚的对象是实施了犯罪行为的被告人;刑罚的结果是对犯罪人剥夺生命、自由、财产等相应的结果。刑罚的惩罚措施的力度与其他法律规范相比,往往显得较为残酷,对于保留死刑的我国来说,甚至触犯某类罪名还会付出生命的代价,这是其他社会治理措施完全不具备的。就刑法的治理功能而言,主要是通过刑罚来完成的,而这种治理功能正是借助刑罚功能发生的功效。质言之,为了预防犯罪、保护社会,恢复被侵害的社会秩序,使刑法最大化的发挥治理社会的功能,需要借助于刑罚的惩罚性功能(repressive Funktion)。[4] 刑法通过对犯罪者施加刑罚以期达到特殊预防的目的,与此同时,教育社会

---

〔1〕 See Nigel Walker, *Why Punish*? Oxford University Press, 1991, p. 1 – 2.

〔2〕 [德]马克斯·韦伯:《法律社会学》,康乐等译,广西师范大学出版社 2011 年版,第 14 页。

〔3〕 参见[日]松原芳博:《刑法总论重要问题》,王昭武译,中国政法大学出版社 2014 年版,第 1 ~ 2 页。

〔4〕 参见[韩]李在祥:《韩国刑法总论》,韩相敦译,中国人民大学出版社 2005 年版,第 5 ~ 7 页。

中的一般人不要重蹈覆辙,从而达到一般预防的目的。

（三）刑法治理的范围涉及多方面社会关系

“一般来说,法律应按照它们调整对象,或者说按照它们调整的社会关系的性质来划分的。”[1]虽然对刑法有无调整对象尚存多种不同之见解,例如持否定说的意大利学者杜里奥·帕多瓦尼就认为,刑法只是以特有的制裁措施作为与其他部门法律区分的标准。[2] 而持肯定说的苏联学者别利亚耶夫等认为,刑法是通过调整社会关系的办法来行使自己的职能。[3] 这种刑事法律关系,在其看来主要表现为国家与犯罪人之间的惩罚与被惩罚的关系。

目前在我国,刑法具有独立的调整对象的观点已经居于通说地位,只是不同的学者对具体的调整对象还存在较为分歧的见解。例如,有学者“将所有部门法的调整对象视为刑法的调整对象”。[4] 有学者认为,“将所有部门法的调整对象视为刑法的调整对象不具有妥当性,从而认为刑法应当以国家与犯罪人之间的关系作为独立的调整对象”[5]。另有学者将犯罪与刑罚的这种罪刑规范视为刑法的调整对象。[6] 笔者认为,刑法作为法律体系中的一部重要的部门法,理应有自身的调整对象,将调整对象只是简单地认为是其他部门法调整关系的条件反射的观点,实质上并未承认刑法的独立性,因而不具有妥当性。刑法是一种规定犯罪和惩罚的科学,犯罪作为一种社会现象,其本身就反映着不同的主体之间的某种社会关系。将刑法的调整对象理解为国家与犯罪人之间的关系,只是将刑法调整的外在表现视为刑法的调整的

---

〔1〕［意］杜里奥·帕多瓦尼:《意大利刑法学原理》(注评版),陈忠林译评,中国人民大学出版社2009年版,第1页。

〔2〕参见［意］杜里奥·帕多瓦尼:《意大利刑法学原理》(注评版),陈忠林译评,中国人民大学出版社2009年版,第2页。

〔3〕［苏］H. A. 别利亚耶夫等:《苏维埃刑法总论》,马改秀等译,群众出版社1987年版,第4页。

〔4〕高铭暄主编:《中国刑法学》,中国人民大学出版社1989年版,第12页。

〔5〕马克昌:《比较刑法学原理——外国刑法学总论》,武汉大学出版社2006年版,第5页。

〔6〕参见陈兴良:《刑法哲学(上)》,中国政法大学出版社2009年版,第3页。

内容,引导人们追求罪与刑的表面上的相应性,而忽视了刑法的真正本质。[1] 因而,对于何种行为是犯罪,何种行为应当受到惩罚,均是在罪刑法定原则指导下得以具体细化和明确。而这种冲突性的表达主要从两个方面显示出来:“其一,从个人方面来讲,主要通过犯罪现象表现出来;其二,从国家或者社会方面来讲,主要通过刑罚表现出来。”[2]

将罪刑关系理解为刑法的调整对象具体表现为两种属性。从国家和社会的层面来讲,刑法是一种高悬头顶的“达摩克利斯之剑”,[3] 警示人们不要有任何僭越之行为;从个人层面来讲,刑法便是对其越轨行为的一种“反应”。这种调整对象的特殊性也就注定了其治理触角的范围与其他治理措施存在较大差异。与其他治理措施相比,刑法治理社会涉及的社会关系必将更为复杂,因为其他法律的治理通常只涉及一方面的社会关系,而刑法是将每一领域中严重的侵害行为作为规制的对象,涉及其他部门法等涵盖领域的方方面面。例如,相对于民事领域中合同欺诈的行为规定了合同诈骗罪,相对于治安管理秩序的扰乱行为规定了破坏社会管理秩序罪这一章节,如此等等。针对涉及的社会关系的复杂性,有学者很形象的概括出刑法治理的结构,诸如民事法治理属于一种相对细密的“网状控制”,刑法治理则属于一种有限数量的“点状控制”,而这种“点状控制”正是由刑法的片段性与不完整性决定的。[4] 众所周知,由于刑法始终居于保障法地位,对于社会关系的调整不可能处于最前线,因而只能对具有严重的社会危害性的、值得动用刑罚予以制裁的行为规定为犯罪(刑法之不完整性);然则,“刑法之规制,不必企求囊括一切或及于生活领域之每一部分,反而应仅限于维持社会秩

〔1〕 参见陈兴良:《刑法哲学(上)》,中国政法大学出版社 2009 年版,第 3 ~4 页。

〔2〕 陈兴良:《刑法哲学(上)》,中国政法大学出版社 2009 年版,第 4 页。

〔3〕 达摩克利斯之剑,源自古希腊传说:迪奥尼修斯国王请他的大臣达摩克利斯赴宴,命其坐在用一根马鬃悬挂的一把寒光闪闪的利剑下,由此而产生的这个外国典故,意指令人处于一种危机状态。

〔4〕 参见周少华:《刑法理性与规范技术:刑法功能的发生机理》,中国法制出版社 2007 年版,第 57 页。

序所必要且最小限度之领域(刑法之片段性)”[1]。

(四)刑法治理的效果可能会产生多极化现象

默顿依据不同作用将功能划分为正功能、反功能和非功能。“正功能一般也称为积极功能,是指该事物有助于一体系的顺应和适应,而为我们所观察的结果;反功能一般也称为消极功能,即削弱一体系之顺应和适应,而为我们所观察到的结果;而所谓非功能就是处于正功能与反功能之间的、即与我们所考察之体系无关的后果。”[2]就刑法治理功能的效果而言,并不只产生积极的功能。一些罪名设置的不当,往往对于社会治理并无多少积极价值,相反,甚至还会产生诸多消极功能。就目前刑法治理的实际情况来看,以上三类功能在刑法治理社会的过程中都是真实的客观存在。

第一,刑法治理效果呈现积极的功能。由于历经了数十年的发展,目前刑法规定较为理性地把握了法律发展规律,因而刑法在社会治理中发生的积极功能占据了很大的比例。例如,自然犯的刑法规制基本呈现积极的功能。虽然自然犯与法定犯依据不同的标准划分的范畴并不一致,但是基于人们朴素正义理念的一般划分模式也不会产生多大的偏颇,尤其是将自古以来较为常见的故意杀人、故意伤害、盗窃、抢劫、强奸等设置为罪名,对于社会治理而言,显然利大于弊。又如,增设新的制度所带来的积极功能。与世界其他国家的刑罚种类相比,我国刑法创设了管制的刑罚种类,管制刑一般是对那些犯罪情节较轻的行为不予以收监处理,除了要求犯罪人履行法律规定的特定义务之外,犯罪人与社会上的其他人并无任何差别。管制刑的设置能够有效避免短期自由刑的“交叉感染”等弊端,有利于犯罪人重返社会。再如,《刑法修正案(八)》增加了社区矫正制度,在劳教废除这一特殊背景之下,有利于完善对违法犯罪行为的惩治和矫正。

第二,刑法治理呈现消极的功能。默顿的反功能包含了两个不同层次

---

〔1〕 陈子平:《刑法总论》(2008年增修版),中国人民大学出版社2009年版,第10页。
〔2〕 付子堂:《法律功能论》,中国政法大学出版社1999年版,第56页。

的内容:“首先,某些事物从其产生就只有反功能;其次,在事物的发展过程中所产生的反功能。”[1]刑法在社会治理过程中,消极功能也存在两种情形:其一,一个制度从设立之时起对社会治理而言就是消极的。《刑法修正案(八)》将醉驾行为入罪的做法即为适例。虽然对于醉驾是否入刑还存在不同的意见,而且还有越争越烈之势,但如果从社会治理效果来看,尽管醉驾现象得到一定程度的治理,但对其治理占用了大量的司法资源,对于有限司法资源的合理分配造成了一定程度的局限,且不利于应对其他传统型犯罪。所以,很多人也开始讨论醉驾入刑的负面效应问题。其二,从国家的层面来说是基于保护法益的需要,但从被害人角度而言是极为不利的制度设置。例如,从保护未成年人的需要,单独设置嫖宿幼女罪确有必要,但在刑法实施过程中,逐渐出现了诸多不协调的情形,且多数情形下反而不能有效保障未成年人的权利。因而,越来越多的学者主张需要废除“嫖宿幼女罪”的规定(该规定目前已经废除)。当然,除此之外,利用刑法的治理功能还可能使犯罪者被贴上罪犯标签,导致其更加难以回归社会。因为“标签理论”将每一个“初级越轨”都贴上有可能走上“越轨生涯”的标签。“传统理论会接受诸如逮捕或监禁这样的正式标签的准确性。而标签理论则挑战了这种观点并认为某些人及某些行为会比其他人或行为更有可能被贴上越轨的标签。”[2]社会中的人一旦被贴上犯罪标签,一般难以在世俗的观念下获得“新生”,更难以融入或回归到正常人世界。行为人也因被贴上“罪犯标签”而苦恼,因而难以回避如何去除罪犯标签化问题。“一条最为重要的社会学原则告诉我们:与他人的互动塑造了我们对自己的感知并且会影响我们的行为。”[3]一旦行为人

[1] [美]鲁思·华莱士、[英]艾莉森·沃尔夫:《当代社会学理论——对古典理论的扩展》(第六版),刘少杰等译,中国人民大学出版社2008年版,第39页。

[2] [美]斯蒂芬·E.巴坎:《犯罪学:社会学的理解》(第四版),秦晨等译,上海人民出版社2011年版,第267页。

[3] [美]斯蒂芬·E.巴坎:《犯罪学:社会学的理解》(第四版),秦晨等译,上海人民出版社2011年版,第269页。

被社会孤立不能和他人进行互动,那么原来被认为是有问题的那些人则很难恢复为“正常人”。

第三,刑法治理效果呈现的非功能。虽然刑法治理效果的非功能是一种较少存在的效果状态,但是由于刑法治理对象的特殊性导致刑法治理不可能预期到每一种犯罪的具体情形,相反在某些特定的情况下,由于立法的超前性特征或者某些条件不具备,导致了刑法对某些犯罪的治理会出现非功能的状态。例如,在日本1907年制定的《刑法》第二编第一章中规定了对皇室成员的特殊保护,但是当时的日本国民对于天皇的爱戴致使较少甚至没有出现任何侵犯皇室的犯罪,因而导致该规定形同虚设。在“二战”后,作为战败国的日本虽然保留着天皇制,但是受各种因素的影响还是废除了该章的规定。在我国《刑法》中,同样也存在一些刑法治理非功能的情形——一些即使规定但在司法实践中较少甚至从未使用的条文难以发挥治理效果。例如,我国《刑法》分则第十章中规定的大量在特定时期——“战时”才能构罪的条文,至少在目前和平时期,难以发挥其功能。

第三章　刑法治理功能的具体面相

刑法经历了何种发展阶段，对于研究刑法在不同社会历史阶段中所呈现的功能具有重要的价值。对此问题的探究，离不开对具体社会形态的发展历程的探讨，也就是说，刑法作为社会上层建筑的一个重要方面，随着社会形态的不同而呈现不同的治理面貌。本章按照刑法的阶段划分法，将重点利用比较分析的方法研究刑法治理功能在不同历史阶段所呈现的具体特点。具体来看，在西方社会主要历经了“古代刑法—近代刑法—现代刑法”的发展阶段，在我国社会中，刑法同样历经了“古代刑法—近代刑法—现代刑法”的发展阶段。[1] 因此，本章按照古

〔1〕 当然，对于我国刑法是否能如此划分，还具有探讨的余地，因为我国社会形态并不如西方社会具有连贯性，尤其在新旧民主主义革命中，呈现的特点就很非典型。笔者认为，即便我国近代史是在西方列强蹂躏下的“屈辱史”，但我国并没有放弃过任何通过“变法图强”走向近代化的努力和机会，同时也出现过近代化的刑法。对于“现代刑法”是否妥当？同样会引起质疑，因为从我国学术研究来看，似乎我国并无现代化的刑法，所以多数作品呼吁要学习西方的现代化来促进刑法的现代化。但笔者认为，我国刑法虽然还存在某些缺陷和不足，但不可否认的是，我国 1997 年通过修改后的刑法是以“打击犯罪”和“保障人权”并重的现代刑法。

代刑法—近代刑法—现代刑法的时间顺序对刑法治理功能的演进做一个全貌性的观测。

第一节　古代刑法治理功能的面相

古代社会中的刑法治理功能呈现“压制型”模式有其产生的基础。首先,随着私有制的发展,需要寻求一种特殊的制度确保这种暂时稳定的社会现状。从马克思主义的观点来看,在漫长的原始社会中,由于生产力无法满足社会自身的消费而生产,也就不能形成有效的交换关系。[1] 因而导致了在较为原始的西方社会,并没有形成较为统一的成文法典,这一时期的社会治理更多地依赖于习惯法,即解决争端的方式一般委以德高望重的族中长老调解,这种非正式的解决方式对于维护当时的社会稳定作用显著。对于发生的刑事案件,则更多使用“以眼还眼、以牙还牙”的同态复仇的方式予以解决。这种同态复仇方式表明了这样的观念:“受到攻击的受害者可以还击,但最多只能给对方造成与自己所受伤害相等程度的伤害。群体习惯禁止他进行无限度的报复。”[2] 如果是不同群族之间发生的刑事案件,如杀害其他群族的人员等,往往会引发双方之间的战争。然而,随着时间的推移,尤其到了原始社会末期,生产力的不断发展促使了“各不同部落的成员之间进行交换以及它作为一种经常制度来发展和巩固的一切条件都具备了”[3]。因而就会产生巩固私有制社会所产生的成果,避免部落间陷入循环往复的残酷斗争之中,逐渐出现了刑法对其加以限制的倾向。[4] 这便促成了法律

---

〔1〕 参见曾宪义、马小红主编:《礼与法:中国传统法律文化总结》,中国人民大学出版社2012年版,第85页。

〔2〕 [英]彼得·斯坦、[英]约翰·香德:《西方社会的法律价值》,王献平译,中国法制出版社2005年版,第46页。

〔3〕 《马克思恩格斯全集》(第21卷),人民出版社1965年版,第183页。

〔4〕 参见[日]大塚仁:《刑法概说(总论)》(第三版),冯军译,中国人民大学出版社2003年版,第30页。

规范的萌芽。特别是在国家出现以后,作为统治阶级维护社会秩序的重要手段之一的刑法,便成为较为固定的形式,在社会治理中有举足轻重之地位。

其次,为了巩固统治阶层业已取得的特权,必然需要借助严刑峻法来达到威慑的效果。无论是在古代西方社会还是古代中国社会,法的最早存在形式是习惯法,并以此来调整社会关系,维持赖以生存的氏族内部秩序。但是习惯法的存在更多的是一种隐形的状态,其效力范围只是涉及氏族内部而言,尤其是随着文字的发现与传播,早期形成的国家把法律到处铭刻在石碑上,向人民公布,以代替一个单凭特权的寡头统治阶级的记忆的惯例。[1]当然,这一时期由于受到社会存在的客观条件的限制,法律便成了统治阶层的另一层保护措施而已。

据此可见,刑法治理功能压制型模式在古代社会中得以盛行固然离不开具体的社会现实,但一旦刑法成为社会治理的重要措施,那么将会在具体运行中暴露出固有的本质特点。具体而言,古代刑法治理功能在其发挥过程中呈现出以下五种表现。

一、突出刑法治理的工具主义特性

在古代社会中,首次出现社会治理措施第一次文明转向的是国家的出现。正是由于较为稳定且强大的统治阶层的出现,将犯罪的处罚由私力救济逐步转变为国家惩治。在较为野蛮的原始社会,任何纠纷的解决都是基于私力救济来予以实现。也就是说,无论是民事案件还是刑事案件,在原始社会最为有效的解决途径是部落战斗或者血亲复仇。这种较为野蛮的处理方式不断将人类社会引向恶性循环的深渊,因而在国家出现之后,统治者便极力阻止这类私力救济的方式。例如,英国的《阿尔弗雷德法典》虽然明确

〔1〕 参见[英]梅因:《古代法》,沈景一译,商务印书馆2013年版,第10页。

规定了“以眼还眼、以牙还牙、以手还手、以脚还脚”等内容，但是这种同态复仇的实施主体必须是国家，且该法明显限制受害人通过私力报复的行为。[1]而在古罗马时期，这种情况更得到有效的纠正，明显带有从私法性刑法向公法性刑法转变的轨迹。在古罗马初期，由被害人以及公众追诉的、作为刑罚科处财产性赔偿的所谓私的犯罪乃是一般的情形，作为国家机关之手科处公刑罚的公的犯罪只不过有被例外的承认的谋叛和杀害罗马市民。[2] 在随后的共和时代以及帝政时代，对私的犯罪的范围有所限缩，取而代之的是逐步扩大公的犯罪的范围，如现代社会中的盗窃、欺诈、堕胎等犯罪均是由国家提起公诉。刑法在我国奴隶社会中就已现雏形，据沈家本的考证，“唐虞以前，刑制无闻，《舜典》所纪刑制，乃舜摄位时事，其时尧犹在位”。[3] 也就是说，从《舜典》开始，统治阶级已经用刑法介入社会生活的各个领域。

在古代社会中，由于被统治集团的脆弱与统治的正当性根据尚未能有效解决，因而也就从根本上缺乏统治的正当性根基。这一时期的刑法治理功能的发挥不仅将刑法作为治罪的手段，更是作为社会统治的重要工具。

然而，这种“诸法合体、以刑为主”的体例并非中华法系所独有。例如，代表西方较高立法水平的《十二铜表法》除规定犯罪之外，还具体规定了私有制、家长制、继承、债务和诉讼程序等重要内容。当然，这种“诸法合体、以刑为主”的立法体系在古代中国登峰造极。

首先，“诸法合体”体现了刑法治理的泛工具化色彩明显。其主要体现在为了控制古代王权的统治秩序，广泛使用刑法作为打击犯罪的手段，更有甚者，对于应当属于其他领域调整的行为，也由刑法予以干涉。例如，在唐代刑法中，规定了买卖不立券的行为，要处以笞刑。属于道德调整范畴内的

---

〔1〕 参见何勤华、夏菲主编：《西方刑法史》，北京大学出版社2008年版，第302页。

〔2〕 参见［日］大塚仁：《刑法概说（总论）》（第三版），冯军译，中国人民大学出版社2003年版，第31页。

〔3〕 沈家本：《历代刑法考》（上册），商务印书馆2011年版，第3页。

事项,刑法干预也颇为严重,例如,在守父母丧时,又生儿女的,判处一年徒刑;再如,知道自己丈夫去世的消息不报告,也要流放二千里。对于信仰问题,刑法之中也多有涉及,例如,对于私自入国家规定的国教之外的宗教,要"杖一百"。[1]

其次,"以刑为主"体现了刑法在法律体系中的突出地位。也即在封建社会治理措施中,刑法占据着重要角色。例如,在秦朝成立之初,继续沿用法家的治国思想,法律规定细密而繁杂,以至于后人在《盐铁论》中评论道:"秦法繁于秋荼,而网密于凝脂。"[2]相较于其他措施,秦始皇"乐以刑杀为威""遂毁先王之法,灭礼谊之官,专任刑罚,躬操文墨,昼断狱,夜理书,自程决事日县石之一。而奸邪并生,赭衣塞路,囹圄成市,天下愁怨,溃而叛之"。[3] 汉承秦制,成文刑法洋洋大观,总称《汉律》。晋、北齐、北周、梁、隋各朝代都有统一刑法典,虽原文佚亡,但篇目有史籍可考。自唐迄清,还留存不少法典。如代表封建社会最高立法成就的《唐律疏议》,宋朝编纂宋《刑统》三十卷,元代以中央机关名称为篇目的《典章》,明代有《大明律》《明令》《问刑条例》等,清代初期制定《大清律集解附例》后,从康熙时起先后制定了《大清会典》《雍正会典》《乾隆会典》《嘉庆会典事例》《光绪会典》等。

二、基于残酷的刑罚手段实现治理目的

限于当时社会治理水平的落后,而统治阶层对统治合法性问题又缺乏理论体系的支撑,因而为了逼迫他人臣服,除了在理论上制造统治的合法性理论根据之外,在秩序的维持上还是借助于刑法残酷的惩罚功能对社会以及社会成员产生威慑,从而使民就范。古代刑法的残酷性多表现为刑罚方式为死刑和肉刑,并且行刑方式十分残忍。例如,在《十二铜表法》中就规定

---

[1] 参见逄锦温:《刑法机能研究》,法律出版社2014年版,第47页。
[2] 桓宽:《盐铁论·刑德》。
[3] 《汉书·刑法志》。

了"生命刑、水火之禁、罚充奴隶、流刑"等极刑的方式。在罗马共和时期，由于政治进步而导致了死刑在一定范围内得以缩减，但是为了进一步维护国家的利益，重刑峻法在一定程度上得以恢复，不仅出现了五花八门的死刑执行方式，而且在社会中也被普遍适用。[1] 此外，在中世纪的西方，严刑峻法不仅逐渐成为治理社会的常态，而且也成为迫害其他异己分子的工具。

同样，在我国秦代刑法中，刑罚种类大致有8大类30余种，包括死刑、肉刑、流放刑、徒刑、笞刑、羞辱刑、经济刑、株连刑，其中死刑包括"绞刑、枭首、腰斩、磔、戮、车裂、弃市、族刑、具五刑"等19种。自我国汉代起，虽然有进行肉刑改革的尝试，但也呈现了一些新的问题：第一，将原刑罚中的"斩右趾"改为"弃市"，扩大了死刑适用范围；第二，以"笞"代替"劓刑""斩左趾"，结果受刑者活活被打死的情形时常发生。隋唐时期，改革了苛酷的刑罚内容，废除了不少残酷的生命刑，将死刑的执行方式规定为"绞""斩"两种，从而确立了封建五刑。有学者根据沈家本的统计得出：《唐律》共规定了233个死刑罪名，其中绞刑罪144个，斩刑罪89个。[2] 宋朝时期，虽然延续了封建五刑的基本框架，但在刑罚制度上有所创新，如规定了"刺配刑"、"凌迟刑"[3]和"折杖法"等，但从整体上来看，《宋律》共规定了死刑罪名293个，其中绞刑罪144个，斩刑罪89个，后来又增加了60个。[4] 元法由蒙古族建立时，初为习惯法，后逐渐向汉代的五刑体制过渡，并最终落实。而《元律》共规定了135个死刑罪名。在明清时期，刑罚的发展态势更加残酷，且复活

---

[1] 参见陈兴良：《从政治刑法到市民刑法》，载陈兴良主编：《刑事法评论》（第一卷），中国政法大学出版社1997年版，第33页。

[2] 参见曾赛刚：《死刑比较研究》，吉林大学出版社2012年版，第49页。

[3] 凌迟也称陵迟，即民间所说的"千刀万剐"。陵迟原来指山陵的坡度是慢慢降低的，用于死刑名称，则是指处死人时将人身上的肉一刀刀割去，使受刑人痛苦地慢慢死去。后来的统治者在执行凌迟时绞尽脑汁，竟然规定杀一个人要在其身上割3357刀，每刀割下来的肉必须只有指甲般大小。参见[法]马丁·莫西斯蒂埃：《人类死刑大观》，袁攸一等译，漓江出版社1999年版，第2页。

[4] 参见曾赛刚：《死刑比较研究》，吉林大学出版社2012年版，第49页。

了大量肉刑。关于死刑,《明律》共有282个罪名,分别为凌迟刑罪13个、斩立决刑罪38个、绞立决刑罪13个、斩监候刑罪98个、绞监候87个,另有《问刑条例》规定死刑罪20个、杂犯死刑罪13个。[1] 《大清会典》共规定死刑罪名813个,其中斩监候刑罪218个、绞监候刑罪272个、斩立决刑罪222个、绞立决死刑罪71个、凌迟刑罪30个。[2] 此外,明清时期的在"五刑"之外随意滥用刑罚也较为普遍。例如,在明朝时,为了威慑贪污犯罪,除用刑法规定的"五刑"之外,朱元璋还常常采用抽筋、挑膝盖、剁指、剁脚、剥皮等酷刑。在官衙前,往往有一个剥皮场,和一个专挑贪官人头的长杆;在官衙书案旁,通常有一个塞满稻草的人皮,刑罚手段残忍使人触目惊心。而在清朝时期,为了维护满族的统治地位,更是禁锢人们的言论自由而大兴文字狱,只要一经查办往往就会株连九族。

总而言之,虽然古代社会通过残酷的刑罚措施的威慑,对社会的治理效果十分显著,但是利用刑法的残酷性来对社会实施高管控,必然会导致一种奇怪社会现象的产生。这是古代西方以及古代中国都曾遇到的逻辑怪圈,即一旦刑法的治理超出了人们的极限,那么所带来的便是人们反抗暴政的斗争,一旦新生力量取得国家治理权后,竭尽全力废除前朝的残酷的刑法,并制定较为宽和的治理措施,当到该朝末期之时,必然又会再次采用残酷的刑法治理社会,人们不堪忍受这种压迫又开始揭竿而起、奋起反抗。考察这种现象的原因,笔者认为:其一,在生产力极为低下的奴隶社会、封建社会的背景之下,利用刑法治理社会能够起到立竿见影的效果,从而能够保证社会秩序进行,因而也备受统治者青睐;其二,在新生力量取得国家政权之后,往往会吸取前朝因为暴政走向衰亡的历史教训,因而在新朝代开始之际,刑罚较为缓和,而在王朝末期,各种社会矛盾集中爆发又会促使新的统治阶层采用残酷的刑罚予以镇压,而这种残酷的治理方式会进一步激发各种社会矛

[1] 参见曾赛刚:《死刑比较研究》,吉林大学出版社2012年版,第49页。
[2] 参见曾赛刚:《死刑比较研究》,吉林大学出版社2012年版,第49页。

盾,便加速了朝代的灭亡。无论古代西方还是古代中国均在这一逻辑怪圈中上演着朝代的兴衰变更。总而言之,“在极权独裁统治的政治体制下,国家或政权的安全与统治利益高于一切,个人仅属国家或社会微不足道的组成分子。个人的基本自由与权利,均沦为无关紧要的地位。统治者往往高举‘国家’安全的大旗,滥用刑法作为维护其统治权的法律手段,刑法自然沦为统治工具的可悲地位,其追求公平正义的崇高理念也就荡然无存”。[1]

三、强调政治权力在治理中的支配地位

如果将统治阶层的迫切需求当作社会的某种既定规律,那么产生刑法的压制性治理理念的最为普遍的根源在于当权者陷入某种困境之中,出于摆脱困境的唯一方式是寻求刑法的压制机制。或许统治阶层并非出于恶意的安排,但在其潜意识中早已认定可能没有其他有效的方法履行其职责。[2]这种制度性建构的必然结果是形成一套听命于自己的权力机构来确保各项命令能够得到最大程度的贯彻。

显然,即便在较为久远的古代,也需要确定法律能够得到贯彻。因此,在国家权力机构之中同样确立了司法机关以及司法官员的应有地位。由此而产生的辉煌成就莫过于古代中国的“三省六部制”。“三省六部制”作为中国古代封建社会一套组织严密的中央官制,对于不同部门的职权划分详细,因而能够确保国家体系有效运行。虽然该制度确立于隋朝,但延续至清末未有大改动。三省制主要包括尚书省、中书省和门下省。尚书省主要负责执行国家的重要政策和法令。中书省以及门下省设立的主要目的就是限制和分割尚书省的权力。其中,中书省负责起草法案、草拟皇帝诏令,且对皇帝负责;门下省负责审查中书省草拟的诏令的内容。在发展过程中,组织形

---

〔1〕 林山田:《刑法通论》(上册)(增订十版),北京大学出版社2012年版,第25页。

〔2〕 参见[美]P. 诺内特、[美]P. 塞尔兹尼克:《转变中的法律与社会》,张志铭译,中国政法大学出版社2002年版,第36页。

式和权力体系不断演变至隋朝才形成整齐划一的“三省六部”,其中刑部主要负责司法、审计事务。具体审判由大理寺负责。如果遇到案情复杂、关系重大的案件,还需要组织刑部、御史台、大理寺会审,这也被称为“三司会审制度”。

表面看来,如此运行得当、机构健全的司法机构以及司法官员的确能够确保国家有序的运行,但从实际结果来看,无论是中书省、门下省还是刑部,均产生于最高的权力掌握者——皇帝之手。机构的形成、司法官员的任命以及罢免均无任何程序性保障,因为他们只被认为是当权者的依顺的工具,完全受到政治权力的操控。一旦司法机构以及司法官员无独立性可言,那么其执行的法律便会退去神圣的光环而蜕变为统治阶层的工具。正如奥斯丁所言,如果一国的法官仅仅是政治的仆从,那么在他处置权中所存在的那部分主权也只是被授予的,而且还是来自国家赋予的权威。[1] 所以,在古代社会中的刑法治理更多是皇权支配下的功能的发挥。

四、刑法治理的道德主义盛行与滥觞

按照哈特的见解,法律与道德是不相同的,因而在社会治理的过程中发挥的作用应当区别对待。虽然,在某种程度上,由道德转化为法律的情况并不少见,但是其在整个法律体系中所占有的比重仍然较低。

追溯至西方的罗马法时代,罗马刑法,尤其是早期刑法,也包括查士丁尼时的刑法,对于具体犯罪行为的道德特性没有给予很大的关注;用今天的术语来表达,它更为关注的便是利益的保护和政策的实施。[2] 然而,在西方

〔1〕 参见[美]P. 诺内特、[美]P. 塞尔兹尼克:《转变中的法律与社会》,张志铭译,中国政法大学出版社 2002 年版,第 37 页。

〔2〕 参见[美]伯尔曼:《法律与革命——西方法律传统的形成》,高鸿钧等译,中国大百科全书出版社 1993 年版,第 234 页。

的中世纪时代,将道德置于刑法之中,随意处罚的现象便逐渐成为常态。[1]

那么与之不同的是,古代中国在维护统治的必要性原则之下,适度化将刑律儒家化的现象似乎要文明得多。“在古代中华法系,关于法化德义规范,如《律疏》所言,‘德礼为政教之本,刑罚为政教之用’。是以法为德教公权的规范,而又以孝为德行之本。故云,‘五刑之属三千,罪莫大于不孝’。”[2]因而,将占支配地位的儒家思想融入刑律,主要体现在刑法立法指导思想儒家化、刑法条文内容的儒家化以及刑法规范适用的儒家化三个方面。[3] 虽然在不同时期,刑法立法指导思想存在差异,但整体上贯彻了“礼法结合、德主刑辅、明刑弼教”等核心思想;在刑律的具体内容上,例如,“解官服丧”“五服制罪”“为亲复仇”等均是将儒家思想融入刑律中的重要体现;在刑律的司法适用方面,更是将“春秋决狱”“经义折狱”“曲法伸情”等深邃的儒家思想融入其中。[4]

当然,即便如此,也无法磨灭刑法治理的道德化的理论缺陷。首先,道德刑法化为随意出入罪大开方便之门。虽然在古代社会中尚未真正意义上确立罪刑法定原则,但或多或少对于断案的依据存在些许敬畏。一旦将道德刑法化之后,即便在刑律之中尚未找到具体的规制罪名,但也会从道德论的立场为其判罚找到恰当的支撑理由。笔者也不否认在古代社会中确实存在利用道德作为判罚理由所产生的积极效应,但一旦国家出现统治危机,转而对既有法律秩序的破坏将会变得肆无忌惮。其次,导致刑法适用的标准混乱。因为从具体涉及的内容来看,刑法的道德化盛行,最终倾向于刑法的惩罚性,而将道德强加于刑法这一强制措施之上,将会导致其启动的事由从

---

〔1〕 在西方中世纪时期,被称为统治的黑暗时期,此时的法律的道德主义情况也较为盛行,例如对行为人随意出入罪的情况较为普遍,更有甚至,还曾出现过对一只犯了错的鸡进行审判。

〔2〕 [日]穗积陈重:《法律进化论》(发源论),黄尊三等译,中国政法大学出版社 2003 年版,第 309 页。

〔3〕 参见陈红太:《中国刑律儒家化的标准问题研究》,中国政法大学出版社 2006 年版,第 33 页。

〔4〕 参见陈红太:《中国刑律儒家化的标准问题研究》,中国政法大学出版社 2006 年版,第 33 页。

遵守某种特定的义务演变为不服从某种道德的要求。最后，刑法的道德主义盛行比专司惩罚的恶法来得更为可怕。因为无论在古代西方社会还是古代东方社会，道德均会呈现多面性，即便在我国古代社会中确立了儒家的道德统治地位，但也不能涵盖社会生活的方方面面。道德的不确定性导致社会中的普通国民在社会生活中不敢"越雷池半步"。因为"在道德上的合意不充分以及占优势的道德与少数派的情感抵触的地方，它的代价是显而易见的"。[1]

五、以服从统治阶级利益为最高准则

按照马克思主义的观点看来，在社会形态尚未进入共产主义时期均会存在阶级。一方面，由于阶级的存在不断推动社会走向自我完善；另一方面，也正是由于阶级的存在也会制约社会进化的速度。在古代社会中，不同的社会阶层掌握的社会资源具有不均衡性，因而对于阶级的划分显得特别明确。掌握了大量的社会资源的统治阶层往往借助于社会个体的自我超越情绪，为极权主义的到来做好了充分且必要的社会心理上的准备，并由此构成了极权主义的社会心理基础。[2] 也就是说，在阶级社会中，较为底层的社会民众由于占有的社会资源匮乏而无力反抗统治阶层。伴随而来的后果是——刑法成为社会治理的权势之术，刑法治理的对象也就局限在较为底层的社会民众的范围。

这种现象在西方社会中也是客观存在的现实，例如，贵族阶层享有特殊案件的豁免权，即便能够进入到司法审判之中，但在程序上也不会让其过于难堪。在中国古代社会中，刑法治理的身份差异性更加明显。例如，中国古代大夫以上的阶层，享受的"刑不上大夫"的特殊优待。所谓"刑不上大夫"，

---

〔1〕［美］P. 诺内特、［美］P. 塞尔兹尼克：《转变中的法律与社会》，张志铭译，中国政法大学出版社 2002 年版，第 55 页。

〔2〕参见劳东燕：《罪刑法定本土化的法治叙事》，北京大学出版社 2010 年版，第 45 页。

不与贤者犯法，其犯法，则在八议轻重，不在刑书。而对于大夫以上的阶层的优待主要体现在两个方面，其一，其犯罪的种类的特殊限定。即按照古代社会中的"八议"制度，只要出现法律规定的八种犯罪，一般司法机关无权审判，必须奏请皇帝裁决，由皇帝根据其身份及具体情况减免刑罚。其二，执行上的优待。即便其被皇帝定罪后，也不能适用残害肢体的刑罚，而是首先选择或被劝自裁。或者直接"戮于朝"（杀死在朝廷），不能在其他公共场所执行。同姓贵族有罪，则由甸师执行，秘密暗杀于郊野。[1]

依附的国民被当作刑法治理的特殊对象，国家对于特权阶级的划分使普通的民众无缘跻身于国家给予特殊保护的行列。这种刑法适用的等级性在古代社会中显得毫无章法可循，君主成为统治国家最为直接的决定者。正如博登海默所言，或许一个人因为轻微的盗窃行为就被判处了死刑，而受宠的朝臣即便犯下严重的罪行，或许只是得到君主的首肯而会被无罪释放。[2] 在刑法治理的过程中，这种特权的存在致使特权阶层能够轻而易举脱逃严酷的制裁，因而会进一步加剧刑法适用的不公平，久而久之，致使刑法治理的阶级特性愈加明显。

当一个政权得以有效确立、统治阶级的稳定性得到维护，对于统治阶级的利益维护也会相应地减弱，这符合社会治理的大趋势。正如有些朝代实行的刑法制度的改革旨在淡化刑法的残酷形象，但是作为压制型刑法理念的治理似乎对刑法改革并不感兴趣。在很大程度上，通过刑法进一步巩固统治阶层业已取得的利益成为古代刑法治理的主要景象。正如日本学者庄子邦雄所言，在这样的社会结构中，君主就是社会的代表，因为他作为主权者的意思就是一切人的意思。君主是国家的第一仆人，因为君主是社会的第一保护人，通过君主，社会能够保持生命力，个人的意思能够得到协调，这

---

〔1〕 参见《周礼·甸师》。
〔2〕 参见[美]E·博登海默：《法理学：法律哲学与法律方法》，邓正来译，中国政法大学出版社2004年版，第244页。

两者的结合就接近完成。因此,在这一社会中,只要在能够做到的限度内,为了能够以完美的姿态来达到社会的目的,[1]维护君主的统治就似乎成了特定时期的历史必然。

以统治阶级的利益作为刑法保护的重点,在一定时期能够有效地促进国家凝聚力的提升,使国家的综合实力得以增强。例如,在商鞅变法时期,更加突出"刑"的重要性,在其看来,推行刑法治理具有多重意义。其一,能使国民受益,且相互敬爱。商鞅认为,以往国家不重视惩罚,而重视对国民的奖赏,这是极为不利的,因而倡导"重罚轻赏""行刑重其轻者",[2]因为"重罚轻赏,则上爱民,民死上;重赏轻罚,则上不爱民,民不死上;兴国行罚,民利且罚,行赏,民利且爱"。[3]其二,能使国民更加勇敢,国家更加强大。在商鞅看来,重赏之下必有勇夫并非空穴来风,然而如何使国民能够勇敢,离不开刑法的制定与实施。商鞅就此论述道:"怯民使以刑必勇,勇民使以赏则死。怯民勇,勇民死,国无敌者强。强必王。"[4]其三,能使国家更加富裕,国力更加强盛。在商鞅看来,一个国家依据国力不同,赏罚制度也就不一致,"王者刑九赏一,强国刑七赏三,削国刑五赏五"。[5]据此可见,通过惩罚有利于国民富裕,且最终能够增加国力,即"贫民使以刑则富,则国多力。多力者王"。[6]其四,重视刑法治理能够治理犯罪率问题。在商鞅看来,社会中犯轻罪者居多,而犯重罪者较少,只要对犯罪较轻的行为人从重论处,那么基于这种惩罚的威慑,其他人也就不敢犯重罪了。因此,商鞅主张"能为威者王",提倡重刑,只有罪诛,才能使法胜民。[7]法家思想的集大

---

[1] [日]庄子邦雄:《近代刑法思想史序说——费尔巴哈和刑法思想史的近代化》,李希同译,中国检察出版社2010年版,第88页。

[2] 《商君书·去强》。

[3] 《商君书·去强》。

[4] 《商君书·去强》。

[5] 《商君书·去强》。

[6] 《商君书·去强》。

[7] 参见姜丽萍:《中西法律思想源流解读》,黑龙江人民出版社2006年版,第109~110页。

成者韩非子同样主张以法术治国,“法不阿贵,绳不挠曲”“明主之所导制其臣者,二柄而已矣。二柄者,刑德也。何谓刑德?曰:杀戮之谓刑,庆赏之谓德”“治民无常,唯治为法”均是其“以法治国”的重要代表性思想。

即便从最终的结果来看,正是基于法家这种“以法治国”的主张,秦国国力迅速增强并一举歼灭其他六国,结束了长期战火纷飞的分裂局面,由此标志着我国正式步入了封建社会时期。但也不能忽视只关注统治阶级利益而引起的弊端,因为过于关注统治阶级的利益必然会压制其他社会成员的合法权益,甚至连其他社会成员的基本人权都得不到确实的保障,更何况涉及关乎安身立命的重大问题更是刑法治理的禁区。“因为纯粹的专制国家是根据统治者自由无限制的意志及其偶然兴致或一时的情绪颁布命令和律令的。”〔1〕因而在封建社会时期,普通民众往往惧于严刑峻法不得不举旗造反,而导致其“共商大计”的实质理由只能是——“官逼民反,民不得不反”。

第二节 近代刑法治理功能的面相

“虽然古代刑法治理功能的发挥为社会的秩序提供了便利的工具,但是它在求得以认同为稳定的基础上还远远不能胜任。因此这一阶段的刑法治理功能表现得既原始而又不安定。”〔2〕因工业革命而导致的思想解放运动促进了社会文明程度的提高,这是近代社会所呈现的最为耀眼的成就,在法学领域带来了革除封建刑法弊端的呼声终究得以落实。当然,这些成就的取得离不开近代西方社会中启蒙思想家们的推动,他们勇于批判封建刑法的

---

〔1〕[美]E·博登海默:《法理学:法律哲学与法律方法》,邓正来译,中国政法大学出版社2004年版,第244页。

〔2〕[美]P.诺内特、[美]P.塞尔兹尼克:《转变中的法律与社会》,张志铭译,中国政法大学出版社2002年版,第58页。

弊端与大力推崇文明的社会治理措施。相比较而言,我国当时由于封建社会思想根深蒂固,尤其在封建社会末期,遭到西方列强的蹂躏与殖民,西方传播的文明与本国固有的落后这两种势力相互交织,构成了中国无比艰难的近代化历程。自强不息的中国人民并未放弃努力,加上当时政府也采取了多种救亡图存的策略,在法律领域亦曾出现过短暂的春天。其中,在光绪时期掀起的"修法运动",意图改革我国封建时期较为落后的法制内容,虽然终究在当权者的镇压中以失败告终,但也促进了我国刑法近代化的发展。因此,在社会发展到较高阶段,必然会扭转压制性刑法治理理念支配下的治理无能而不得不寻求新的治理途径的局面,因而促进了近代社会刑法治理功能的兴起。近代刑法治理功能的发挥主要以先进的刑法规则为导向,因而在具体内容上呈现以下主要面相。

一、确立罪刑法定原则以限制刑法治理的向度

启蒙思想家们反对封建时期罪刑擅断的刑法,从而主张罪刑法定原则。"所谓罪刑法定主义,简单地讲就是,一个人的行为要构成犯罪,以及可以处以如何的刑罚,都必须有法律的规定。"〔1〕虽然罪刑法定原则可以追溯到1215年英国大宪章的相关规定,〔2〕但是在实体法中正式确立这一制度还是近代以来的事情,尤其是随着启蒙思想家们的论述,为罪刑法定原则的确立奠定了理论根基。例如,洛克认为,"国家应该以正式公布和被接受的法律进行统治"。〔3〕孟德斯鸠认为,"遏制法官擅断的最好办法就是在立法中明确规定犯罪与刑罚"。〔4〕贝卡里亚则认为,"一个社会稳定的管理形式取决

〔1〕黄荣坚:《基础刑法学》(第三版)(上),中国人民大学出版社2008年版,第73页。

〔2〕例如,英国《大宪章》第39条规定:"凡是自由民除经其贵族依法判决或遵照国内法律之规定外,不得加以扣留、监禁、没收其财产、褫夺其法律保护权,或加以放逐、伤害、搜索或逮捕。"

〔3〕何勤华、夏菲主编:《西方刑法史》,北京大学出版社2008年版,第232页。

〔4〕[法]孟德斯鸠:《论法的精神》(上册),商务印书馆1993年版,第178页。

于成文的东西”。[1] 在法国大革命取得正式胜利之后的1810年,《拿破仑刑法典》首次以成文法的形式正式确定了罪刑法定原则。

而从历史梳理中可以看出,我国在封建时期各个朝代刑法典规定的内容不尽一致,更有甚者,在封建刑法之中,对“比附援引”制度都有不同的保留和规定。在《大清律例》中对此亦有明文规定,如《大清律例·名例律》规定:“凡律令该载不尽事理,若断罪无正条者,引律比附。”所谓“比附援引”意指在断案定罪时,如果某种犯罪行为在律例的正式条文中没有明文规定,可以引用比照近似的法律条文和过去的判例来定罪量刑。“比附援引”制度存在将会导致即便刑法中没有规定的事项,也有可能因为其他原因而成为动用刑罚的事由。而在《钦定大清刑律》之中,引入西方先进制度,最终将罪刑法定原则写进刑法之中,对统治者随意出入罪进行了严格的限制,有利于缩小刑法在社会治理中的打击范围。

即便其后各国刑法规定的内容不尽相同,但该原则符合现代社会民主与法治的发展趋势,因而成为各国刑法最普遍、最重要的一条原则。因为“罪刑法定主义禁止刑罚的任意行使,使人民的行动能有所遵循,可以无所恐惧地开展其生活”。[2] 也即,在罪刑法定原则约束下的刑法治理的范围,应当以刑法有明文规定为限,对于刑法没有规定的事项,就不应当予以强行干涉。

但是,值得注意的是,现在学界通说的观点认为,清末修律是我国法制近代化的起点。清末修律的最直接的动因在于西方列强对中国“治外法权”的攫取和清王朝为取消领事裁判权所作出的应有回应。[3] 然而,这次运动的初衷并不在变革祖宗法制,而在于对外讨好西方列强,对内安抚国人,以

---

〔1〕 [意]贝卡里亚:《论犯罪与刑罚》,黄风译,中国法制出版社2009年版,第19页。
〔2〕 黄荣坚:《基础刑法学》(第三版)(上),中国人民大学出版社2008年版,第74页。
〔3〕 参见舒国滢主编:《法制现代化的理论基础》,知识产权出版社2010年版,第227页。

求缓和社会矛盾,却产生了意想不到之效果。[1] 中国刑法近代化的过程异常曲折,制度建设也非一帆风顺,在刑法的制定过程中也表现为西方话语体系,但在客观上还是推动了刑法法制的发展。但是,也应当认识到时代的局限性,"处于危机中的专制政权,往往会迅速地变为渴求变革成功的最为'真诚'的改革者。因为这种'真诚'实际上源于君主对延续其王朝生命的愿望的真诚"。[2] 虽然注定了这场变革会以失败告终,但是并不影响其为我国刑法近代化进程书写了浓墨重彩的一笔。

二、以提倡客观主义划定刑法治理的具体边界

在古代西方社会中,由于欠缺罪刑法定原则的保障,对于行为人随意出入罪的现象不胜枚举。在刑法涉及的领域,不仅要管国民的行为,更要控制国民的思想,对于邪恶思想也要论罪处刑。

在西方社会,随着思想启蒙运动的逐渐深入,在解放人们思想的同时,在社会政治、经济、文化等领域均带来了翻天覆地的变化。其中,反映在法律领域,更呈现"百花争鸣"的局面,涌现出大量的法律思想家、法律哲学家,他们对刑法在社会中的角色的研究对当时的刑事立法的走向起到了"推波助澜"之效应。尤其在近代西方社会,产生的新一轮刑事立法受到其他国家的积极效仿并带动了其他国家法典化的趋势。因而,在西方社会中,对于刑法的治理功能的把握已经有了较大程度的改变,由封建社会刑法万能主义转变为刑法有限理性。对于犯罪的治理不再一味追求打击,在人权保障等方面同样取得了较大的进步。

启蒙思想家们一致认为,惩罚是由邪恶行为招致的,只有行为才构成犯

---

〔1〕 参见田宏杰:《中国刑法现代化研究》,中国方正出版社2001年版,第38页。
〔2〕 萧功秦:《危机中的变革——清末现代化进程中的激进与保守》,三联书店1999年版,第146页。

罪,只有对犯罪行为才能科以处罚。[1] 例如,1789 年法国《人权宣言》第 5 条规定:“法律仅有权禁止有害于社会的行为。凡未经法律禁止的行为即不得受到妨碍,而且任何人都不得被强制去从事法律所未要求的行为。”日本 1880 年明治维新后的刑事立法就明显对封建社会时期刑法进行了较大程度的改革,并首次确立了客观主义的含义,明确限定惩罚的对象为犯罪行为。

正是这些启蒙思想的传播以及日本在明治维新后迅速崛起的客观现实进一步刺激了近代中国变法图强运动的兴起。而在我国近代社会中,提倡客观主义原则则是在国民政府制定的刑法之中,确立了“社会化的一般预防,尤其注意个别化的特殊防御”。[2] 之所以此时的刑法典完全朝着较为科学合理的方向发展,是由于在刑法的修改之中融入了西方国家的合理经验。而这种立法迹象表明法律的继受对于转变刑法的治理局面起到了关键性的作用。

旧民主主义革命取得阶段性胜利,必然会制定一系列的法律法规。在制定过程中,“以孙中山为代表的资产阶级革命的指导思想中本身就带有强烈的古典自然法学的思想,后在社会法学思潮的影响下,他的民主主义就带有社会利益学说的某些痕迹”。[3] 因而导致了:一方面,为了维护统治秩序的需要,需要对犯罪行为的治理确定科学而又明确的标准,这对新生的政权来说是很有必要的;另一方面,我国进行了多次的思想解放运动,民众的权利意识逐渐清醒,因而在保护国家利益、社会利益的同时,需要刑法切实保护个人利益,这是新生政权能否得以维持的关键所在。因此,在国民政府时期的刑法,更加强调刑法治理的客观主义的重要性。

---

〔1〕 参见何勤华、夏菲主编:《西方刑法史》,北京大学出版社 2008 年版,第 232 页。
〔2〕 韩忠谟:《刑法原理》,中国政法大学出版社 2002 年版,第 28 ~ 31 页。
〔3〕 舒国滢主编:《法制现代化的理论基础》,知识产权出版社 2010 年版,第 250 页。

三、以避免刑法治理手段的残酷性为改革方向

“避免刑法治理手段的残酷同样是启蒙思想家们倡导的结果。启蒙思想家们猛烈地抨击了封建社会的严刑苛罚，表达了社会对于罪刑均衡的基本要求。”[1]卢梭从社会契约论的角度认为，社会契约的目的是保全缔约者，刑罚的频繁使用，表明的是政府的软弱和无能。[2] 格劳秀斯主张罪行与惩罚应当处于一种等量关系，即“正义的首要原则之一无疑应是在惩罚与罪行之间建立一种等量关系”。[3] 贝卡里亚认为残酷的刑罚不当不能有效地避免犯罪，甚至还会出现“罪犯面临的恶果越大，也就越敢于规避刑罚”的情况，[4]从而进一步指出，“只要刑罚能够收到效果就足够了，除此之外，一切都是多余且蛮横的”。[5] 所以，“刑罚在强度以及方式上都要与犯罪相称”。[6]

避免刑法治理手段的残酷在近代西方立法中得到充分体现。例如，法国1789年《人权宣言》明确规定：“法律只应设立确实必要和明显必要的刑罚。”此外，法国在《拿破仑刑法典》编纂中，将以前刑法典中的绝对确定的法定刑改为相对确定的法定刑，就是为了避免刑法治理手段的残酷而赋予法条更大的弹性。

而在我国近代社会中，尤其是沈家本参与修法工作以后，对世界各国的刑法典均进行了比较考察。其认为，从总体上而言，中国的刑法处罚比西方刑法的处罚要重得多，虽然在古代西方社会中的惩罚措施比现在的刑法还要残酷，但是经过数百年的发展，现在已经逐步进行了相应的修改并采从轻

[1] 周少元：《中国近代刑法的肇端》，商务印书馆2012年版，第129页。
[2] 参见[法]卢梭：《社会契约论》，李平沤译，商务印书馆2013年版，第41~42页。
[3] [荷]格劳秀斯：《战争与和平》，何勤华等译，上海人民出版社2005年版，第278页。
[4] [意]贝卡里亚：《论犯罪与刑罚》，黄风译，中国法制出版社2009年版，第54页。
[5] [意]贝卡里亚：《论犯罪与刑罚》，黄风译，中国法制出版社2009年版，第53页。
[6] [意]贝卡里亚：《论犯罪与刑罚》，黄风译，中国法制出版社2009年版，第71页。

处罚的立法体例。所以，在刑法修改之中，沈家本提倡，“刑法之当改重为轻，固今日仁政之要务，而即修订之宗旨也。现行律例款目极繁，而最重之法，亟应先议删除者，约有三事”。“一曰凌迟、枭首、戮尸”“一曰缘坐”“一曰刺字”。[1] 因此，在《钦定大清刑律》之中，改变了封建“笞、杖、徒、流、死”五刑体系，建立了以自由刑为中心的近代刑罚体系。根据《钦定大清刑律》规定：“刑分为主刑及从刑。主刑之种类及重轻之次序：第一，死刑；第二，无期徒刑；第三，有期徒刑。从刑之种类：第一，褫夺公权；第二，没收。”除此之外，还废除了肉刑等酷刑措施，确立了死刑唯一的剥夺生命之刑，对于死刑的执行方法另作要求。如《钦定大清刑律》规定：“兹拟死刑仅用绞刑一种，仍于特定之行刑场所密行之。如谋反大逆及谋杀祖父母、父母等条，俱属罪大恶极，仍用斩刑，则别辑专例通行。至开战之地颁布戒严之命令，亦可听临时处分，但此均属例外。”[2]在刑罚执行制度方面，首次确立了缓刑、假释、时效制度。[3]

总而言之，“近代化的刑罚制度从给予肉体上的痛苦、给予身体以痛苦的感觉，改为禁闭，即对自由的剥夺。刑事体系从残酷惩罚犯人的肉体转到对犯人心灵进行牢牢控制”。[4] 当然，在其过程之中，对于直接惩罚肉体一般也通过保留死刑延续下来，但是近代刑法的死刑已然从古代死刑执行的残暴转向于文明，从执行的仪式感转向于保障犯罪人的人权。

第三节 现代刑法治理功能的具体面相

虽然近代刑法重视规则的重要性，并在古代压制型治理模式的清算中

---

〔1〕《修订法律大臣奏请变通现行律例内重法数端折》，《大清法规大全·法律部》（卷三），第1页以下。

〔2〕沈家本：《修订法律大臣沈家本等奏进呈刑律草案折》，《大清光绪新法令》（第19册），第26页以下。

〔3〕参见舒国滢主编：《法制现代化的理论基础》，知识产权出版社2010年版，第240页。

〔4〕孙运梁：《福柯刑事法思想研究》，中国人民公安大学出版社2009年版，第120页。

起到了决定性的作用，但不意味着发挥近代刑法治理功能就能对社会的治理带来多大的改观。因为“近代的刑法治理缺乏以社会事实为参照来检验规则本身的视角和方法，以致出现了刑法学理论异常发达而犯罪率居高不下的尴尬局面”。[1] 因而在现代刑法治理功能的发挥中，突出社会理性价值并将其作为建构刑法治理功能的根基，可以说，现代刑法治理功能的发挥来自对刑法理性的重新审视。具体来看，现代刑法治理功能具有以下的具体面相。

一、重视刑法治理的价值理性

尤其在西方社会中，即便还是需要刑法治理社会，但已经改变了古代社会以及近代社会刑法治理功能的不足，开始重视刑法的价值理性的一面。对于“理性”的认识一直存在较大的分歧，如柏拉图从认识论的视角将理性看作人的心灵的一个功能，与理智并存属于抽象思维的范畴；[2] 亚里士多德从行为的本体视角出发，将理性作为行为的准则；[3] 康德立足于实践论的视角，将理性看成与感性相对应的事物，构成“认识理性”与“实践理性”两种类型。[4] 但是，无论从何种视角看待理性，“理性只是人类所追求的一种状态，这种状态是以人对事物的本质及其规律性的认识为基础，并为自己设定合理的目的，且选择最适合目的实现的手段来实现这一目的”。[5] 如笛卡尔（Rene Descartes）所言，“一个主张，要合乎理性，就必须建立在类似数学家所具有的那种洞见的基础之上。只有那种被认为具有绝对必然性的而且不会

---

〔1〕 齐文远：《社会治理现代化与刑法观的调整》，载《法商研究》2014 年第 3 期。

〔2〕 参见张智辉：《刑法理性论》，北京大学出版社 2006 年版，第 18 ~ 19 页。

〔3〕 参见［古希腊］亚里士多德：《政治学》，吴寿彭译，商务印书馆 1995 年版，第 384 ~ 385 页。

〔4〕 参见［德］康德：《法的形而上学原理——权利的科学》，沈叔平译，商务印书馆 1991 年版，第 25 页。

〔5〕 张智辉：《刑法理性论》，北京大学出版社 2006 年版，第 25 页。

被质疑的东西,才属于理性认识的范围”。[1]

也就是说,在治理社会的过程中,刑法不仅关注犯罪行为并对其做出惩治,还需要在“介入社会生活,介入人类行为领域时,应具有尊重、保护、扩大公民自由,权利的极大同情心,自觉性和责任心,对于人性、人的价值和尊严、人的现实生活和幸福、人的发展和解放给予极大的关注并以此为自己的发展方向和奋斗目标。”[2]现代刑法改革关注对人性、国民自由、权利等内容的保护,这种注重对犯罪人人权保障的刑法观的落实,实质上已经表明刑法在社会治理中表现出价值理性的一面。

重视刑法治理功能的价值理性主要体现在——转变了国家中心主义的治理特性,在刑法治理社会的过程中融入了社会本位价值观。社会本位价值观是社会学派所倡导的理论主张,该主张的核心思想在于:人之所以称为人是由于生活在社会之中,个人只有在社会中才能实现价值,因而个人不必然从属于国家。对此,有较为精辟阐释的是法国社会学家迪尔凯姆,其认为,关于国家与社会对立理论的主流思想包括两种观点:一种是黑格尔的唯心主义,另一种是功利主义和社会主义。[3] 唯心主义(idealism)把社会现象及其发展的终极原因归结为精神因素的社会历史观,主要利用主观臆造的、人为的联系代替社会历史的真实的联系,因而在本质上是对社会历史本来面貌的歪曲。迪尔凯姆进一步认为,“其实,国家并不‘高于’社会,如果它所治理的不单纯是经济关系,那么它也不是社会的寄生虫”。按照他的观点,“国家确实必须实现道德功能(他认为这是一个有别于社会主义和功利主义的概念),但反过来,也不必要像黑格尔所设定的那样使个人从属于国

---

〔1〕 转引自[美]E.博登海默:《法理学:法律哲学与法律方法》,邓正来译,中国政法大学出版社2004年版,第270~271页。

〔2〕 陈正云:《刑法的精神》,中国方正出版社1999年版,第200页。

〔3〕 参见[英]安东尼·吉登斯:《资本主义与现代社会理论》,郭忠华、潘华凌译,上海译文出版社2015年版,第130页。

家”。[1] 唯心主义产生的源头可以追溯到奴隶社会，历经了封建社会，统治阶层为了论证其阶级统治的合理性，宣称自己的统治顺应天命，是按上天的意旨统治社会、教化国民。这种唯心主义观点在古代只涉及国家、政治等某些领域，还不是对人类社会整体的认识。在古代社会中，国家拥有绝对的强势统治地位，国民无任何参与社会政治生活的资格和权利，刑法的制定与实施的本质在于维护封建阶层的统治地位，因而在主要以刑法为主的治理措施中呈现以国家为中心的特征。

随着思想启蒙运动的发展，“人”得到了空前的解放，民众对政治的参与空前高涨，能够参与到国家政治事务过程中，因而在反映国民意志的法律之中，必然会改变国家的主导性地位，将“人”从残酷的刑罚之中解放出来。从整体上看西方或者中国的刑法面貌，基本可以认为，刑法在社会治理中的角色已经发生了改变，这也标志着刑法治理功能已经正式从野蛮向文明逐步过渡。

二、实现刑法治理手段的轻缓化

“在现代社会，人们的物资、精神生活水平不断提高，人道主义精神深入人心，将刑罚作为摧残人、折磨人的手段的时代已经一去不复还了。因此，任何残酷的、野蛮的刑罚，都不能成为与犯罪相适应的刑罚。”[2] 具体而言，在现代发达国家，实现刑法治理手段的轻缓化主要体现在以下两点：

首先，形成了运作得当的刑法治理机制。就社会治理而言，本身就是一个浩大的社会系统工程，不可能仅仅依靠某一种措施就能完成。法律只是作为这一系统工程中的一个重要环节，而刑法是法律中的一个重要分支，因而刑法在社会治理中所占的比重应该有所限制。在以往的社会治理过程

---

〔1〕［英］安东尼·吉登斯：《资本主义与现代社会理论》，郭忠华、潘华凌译，上海译文出版社2015年版，第130页。

〔2〕张明楷：《刑法格言的展开》（第三版），北京大学出版社2013年版，第101页。

中,由于统治阶级夺取政权的合法性问题一直没有得到妥当的阐释,只是借助于“上天意旨”“神明传说”等较为浓厚的迷信思想蛊惑人心,这显然是统治阶级不自信的另一种表现,因而需要通过较为残酷的刑罚来打击异己分子。而在近代以来,刑罚的残酷性得到一定程度的抑制,较为先进的国家也积极地通过刑事立法来确立这些制度。例如,1789 年法国《人权宣言》明确规定:“法律只应设立确实必要和明显必要的刑罚,而且除非根据在犯法前已经通过并且公布的法律而合法地受到科处,任何人均不应遭受刑罚。”受此规定影响,在现代西方国家,更是将刑罚的轻缓化作为刑法典的重要改革内容之一。例如,德国在 1975 年刑法修改中只是将无期徒刑作为本国的最高法定刑。此外,在司法的过程中,也积极追求轻缓化的判决。例如,在日本司法实践中,对于犯杀人罪的犯罪嫌疑人判处缓刑的现象并不少见。

其次,在刑法的适用中进一步加大对犯罪人人权的保障。虽然在刑法近代化时期就已经注重对犯罪人的人权保障,如假释等制度的创设,足以表明国家不仅在于惩罚犯罪嫌疑人,同时也在积极改造犯罪人,为其重返社会创造良好的机会。直至现代,国家在打击犯罪的同时,进一步加强了对犯罪人人权保障的力度。具体而言,在刑法的适用过程中加大对犯罪人人权保障主要体现在两个方面。一方面,进一步控制司法适用中的死刑判决,取而代之的是无期徒刑或者无期惩役。死刑这一古老的刑罚制度,从其产生之时就在存与废之间挣扎数千年。支持死刑的学者认为死刑制度的存在具有较大的威慑力,能够安抚被害人及其家属的情绪等,而反对死刑的学者总能找到更多的理由来否定死刑制度。“死刑是反人道的、野蛮的刑罚方法;死刑是反平等、反公平的刑罚方法;死刑是不能弥补的刑罚方法;死刑是不利于维护善良风俗的刑罚方法”[1],等等,通常是用来驳斥死刑支持者的重要理由。死刑存废之争不可避免地对刑事立法产生重要影响,也由此拉开了

---

〔1〕 张明楷:《外国刑法纲要》,清华大学出版社 2007 年版,第 374 ~ 376 页。

西方废除死刑的立法趋势。在其他尚未废除死刑的国家,也是通过司法控制死刑的执行数量。例如,在日本,"自第二次世界大战之后二十年期间,第一审宣告死刑的人数保持在两位数的水准,平成元年至平成十一年,还保持在一位数之内"[1]。日本最高裁判所还在选择死刑的标准上做出了具体的解释,即"一个死刑判决,除了综合考虑能影响定罪与量刑的一切情节之外,还要从一般预防与罪刑均衡的角度进行把握,只有在一切条件均满足时,才允许选择适用死刑"[2]。显然,这是导致日本死刑判决率较低的一个重要原因。另一方面,在最近的理论动向中,英美法系的国家正在努力践行"轻轻重重"刑事政策。即对罪行极为严重的犯罪分子采取较为严厉的打击力度以及适用较重的刑罚制度,而对于犯行较轻以及具有改善可能性的犯罪分子,适用较轻的刑法治理措施。正是受到"轻轻重重"刑事政策的影响,对于轻微的犯罪行为,在英美法系的国家主要采取了较为统一的处遇方法——在诉讼程序上采取速裁的方式。原本处于保障犯罪者人权的需要以及限制国家刑罚权的恣意,需要确立严格的诉讼程序来保障处于弱势地位的犯罪嫌疑人,然而在轻微犯罪,且在证据充分、犯罪嫌疑人又自愿认罪的场合,一般对其判处的刑罚较轻,因此采取速裁的方式也不会不当地侵犯犯罪人的人权。

三、以"良法善治"为终极追求

回本溯源,良法在古希腊时期就已经被亚里士多德提出并详细论述,在其看来,法治优于人治,并对法治的具体条件进行了说明。他说:"法治应包括两重意义:已成立的法律获得普遍的服从,而大家所服从的法律本身应该是制定得良好的法律。"[3]那么,哪种法律又属于良法的范围呢?在亚里士

---

〔1〕[日]西田典之:《日本刑法总论》,刘明祥、王昭武译,中国人民大学出版社2007年版,第8页。
〔2〕[日]西田典之:《日本刑法总论》,刘明祥、王昭武译,中国人民大学出版社2007年版,第8页。
〔3〕[古希腊]亚里士多德:《政治学》,吴寿彭译,商务印书馆2012年版,第199页。

多德看来,“法律同自由、平等、正义和善德等社会价值是紧密联系的,推行法治就是在促进和实现这些社会价值”。[1] 按照现代的观点看来,亚里士多德描述的良法,是包括“真、善、美”的法律,“‘真’是指法的内容的合规律性;‘善’是指法的价值的合目的性;‘美’是指法的形式的合科学性。”[2]就当代西方刑法来看,无论从内容到形式,均具备了“良法”的基本特征。

第一,刑法内容符合规律性。所谓合规律性,是指符合事物的发展规律,能够反映时代的精神,不会频繁的修改。[3] 也就是说,“刑法必须和我们能够知道和认识到的关于我们社会的生存条件和人类精神的作用方式的情况相一致”。[4] 就其立法现状考察,对犯罪圈的划定是较为适当的,对要保护的法益的把握也是较为精准的,个人自由的范畴与刑法禁止的范围并无多大的矛盾,这也是当代西方国家的刑法保持稳定性的一个重要原因。就目前西方刑法的体系而言,尤其是刑法分则按照法益的归类表现出了绝对的优势。例如,德国、日本刑法通过法益的不同,将犯罪分为针对国家法益的犯罪、针对社会法益的犯罪、针对个人法益的犯罪。“这种以法益归类的方法不仅是明确各种构成要件定型性的最重要的要素之一,而且也赋予了侵害法益的样态以及其他各种要素定型性的特征。”[5]因此,日本现行刑法自 1907 年制定后,纵然历经百余年尚未进行大幅度修改。

第二,刑法的合目的性。所谓刑法的合目的性,即是指刑法规定合乎人类的基本正义价值,能够促进社会进步。[6] 那么,何种规定又属于正义呢?在亚里士多德看来,“正义是指人们实施的正当行为,或以正当方式行事并

---

〔1〕 李龙、王进元:《良法标准初探》,载《浙江大学学报(人文社会科学版)》2001 年第 3 期。

〔2〕 李步云、赵迅:《什么是良法》,载《法学研究》2005 年第 6 期。

〔3〕 参见李步云、赵迅:《什么是良法》,载《法学研究》2005 年第 6 期。

〔4〕 [德]托马斯・魏根特:《论刑法与时代精神》,樊文译,载陈兴良主编:《刑事法评论》,北京大学出版社 2007 年版,第 285 页。

〔5〕 [日]関哲夫:《法益概念与多元的保护法益论》,王充译,载《吉林大学社会科学学报》2006 年第 3 期。

〔6〕 参见李步云、赵迅:《什么是良法》,载《法学研究》2005 年第 6 期。

希望有正当的东西”。[1] 从当代西方刑法规定的内容来看,对于正当的行为是绝对不能进行任何处罚的,因而为了实现这一目的,不仅在刑法典中延续规定了正当防卫以及紧急避险制度,对因在正当防卫或者紧急避险成立范围内对他人造成的损害,无论如何也不承担刑事责任。此外,还赋予了构成要件在刑法治理中的意义。在人类社会历史进程中,关于犯罪成立的判断与选择在很长时间里都完全掌握在少数当权者的手中,其判断充满了恣意与独断。[2] 正是在这种独断之下的犯罪认定可以完全忽视规则的有效性,因而导致犯罪的认定呈现出随意性的特点。例如,在古代社会中,随意出入罪的现象足以证实刑法难以发挥保障犯罪人人权的基本价值。要使刑法对犯罪的规定不变成立法者的恣意和对罪名的捏造,使刑罚对犯罪的惩罚不转化为更大的非正义,作为定罪标准就不应当为少数人所独断。[3] 为纠正这种理论的偏差产生的实定法意义上的构成要件理论,被视为刑法学中最为重要的发现之一。该理论最初是基于程序法中的纠问制的现实背景之下产生,其后经过费尔巴哈、梅兹格、威尔策尔以及李斯特等诸多学者的努力,逐渐赋予其实定法上的意义。即便从现实的情况来看,构成要件已然没有了程序法的色彩,但是从实质意义上来看,构成要件与程序法发挥的功能并无实质性差别。因为程序法最实质性的意义在于通过规范性的程序设定来限制国家权力,而构成要件在犯罪认定中的阶层性判断,通过层层筛选,逐渐达到将非犯罪行为排除在犯罪圈之外的目的。具体而言,将构成要件视为刑法中抽象规定可以作为科刑根据的行为类型或犯罪类型。按照大陆法系的三阶层理论来看,一个行为成立犯罪必须经过“构成要件符合性—违法性—有责性”的判断。也就是说,判断行为是否构成犯罪坚持三个判断步骤,即先判断行为是否符合刑法分则的具体犯罪构成,符合构成要件之后,

[1] 李龙、王进元:《良法标准初探》,载《浙江大学学报》2001 年第 3 期。
[2] 唐稷尧:《从文本中的刑法到司法中的刑法》,法律出版社 2014 年版,第 301 页。
[3] 唐稷尧:《从文本中的刑法到司法中的刑法》,法律出版社 2014 年版,第 302 页。

再判断行为是否具有违法性阻却事由，得出否定判断之后，才能判断行为人主观上是否具有责任以及是否存在责任阻却事由。其中，构成要件符合性是一种形式判断，违法性与有责性均是实质性判断。由于大陆法系的三阶层理论能坚持从客观到主观、从一般到特殊的认识逻辑，且在对犯罪的判断上经过层层筛选最终达到出罪目的，因而使刑法规范的正义性得到最优的检验。

第三，形成了一整套完整的刑法治理的组织系统。“徒法不足以自行，健全的组织系统的存在是刑法实现社会治理的基本前提。”[1] 在很大程度上，司法机关的设置以及运行得当将会促进刑法治理功能的最大限度的发挥，因为刑法规范的有效贯彻是以司法机关准确适用刑法为前提的。通过对现代社会考察，基本都设置了检察院、法院等组织系统。

第四，形成了一套严密的程序规则。与个人相比，国家永远处于优势地位，如果缺乏应有的限制和制约，很容易导致国家权力的恣意。因而在西方社会中，通过设立一定组织系统的诉讼制度的安排来保障犯罪人的人权保障就显得很有必要。一方面，确立了无罪推定基本原则。无论是《世界人权宣言》还是《公民权利和政治权利国际盟约》均确立了无罪推定原则，即受到刑事控告的犯罪嫌疑人，在未依法被确定为有罪之前，应当推定被告人是无罪的。可以说，无罪推定原则被西方社会视为保障犯罪人最为重要的制度创设之一，因而纷纷得到英美法系国家的青睐。我国诉讼法也吸收了无罪推定的基本精神。例如，根据我国《刑事诉讼法》的规定，在未经人民法院依法判决之前，对任何人都不得确立有罪。此外，在称呼上将那些带有有罪推定色彩的词语，如“人犯”“犯人”等改为“犯罪嫌疑人”“被告人”。[2] 另一方面，确立了“沉默权”制度。即在被告人处于不利的情况下，有权对控告方

---

〔1〕 周少华：《刑法理性与规范技术：刑法功能的发生机理》，中国法制出版社2007年版，第59页。
〔2〕 参见叶小琴：《论刑法的趋同——以当代中国刑法为视点》，武汉大学出版社2009年版，第146页。

的提问保持沉默,如果违反这一制度将会导致取证的无效。

第五,确立了一套科学的刑罚执行制度。“二十世纪以来,教育刑理论和行刑社会化思潮对西方行刑制度产生了重要影响,通过矫正使罪犯复归社会是行刑制度的最高理念。”〔1〕刑法作为社会治理的重要措施,只有被真实地投入到司法实践之中才能产生切实的治理效果。因而在当代西方社会,除了基本的警察、监狱等制度之外,还在积极创设一系列刑罚执行制度,并最终形成科学化的体系。如在美国,“社区处遇、替代性复归方案与监狱并存是现代刑罚执行制度的主要趋势”。〔2〕

〔1〕 周少华:《刑法理性与规范技术:刑法功能的发生机理》,中国法制出版社2007年版,第60页。

〔2〕 赵雍生:《社会变迁下的少年偏差与犯罪》,台北,桂冠图书股份有限公司1997年版,第499页。

第四章　刑法治理功能的生成机理

刑法作为社会制度的一种，本身不是目的，而是手段。[1]虽然对法律的应然和实然面貌有不同之见解和认知，且时至今日仍无定论，但是，"凭借法律的治理被我们视为现代社会不可更改的标志"。[2] 那么，由此产生的重要问题在于，刑法的这种治理社会的功能是如何发生的？这不仅涉及对刑法存在的正当性根据、刑法的价值等相关问题的把握，更涉及刑法治理功能生成机理等重要问题。所谓"机理"是指事物变化的理由与道理，所谓"生成机理"也就是形成的理由和道理。言下之意，本章将重点探讨刑法治理形成的理由和道理，以及这种生成机理最终该归为何种因素的作用。如马克斯·韦伯所言，"一个在近代欧洲文明中成长起来的人，在研究任何有关世界历史的问题时，都不免会反躬自问：在西方文明中而且仅仅在西方文明中才显

---

[1] 参见[英]伦纳德·霍布豪斯：《社会正义要素》，孔兆政译，吉林人民出版社2006年版，第1页。

[2] 周少华：《刑法理性与规范技术：刑法功能的发生机理》，中国法制出版社2007年版，第61～62页。

现出来的那些文化现象——这些现象(正如我们常爱认为的那样)存在于一系列具有普遍意义和普遍价值的发展中——究竟应归结为哪些事件的合成作用呢?”[1]“从本质上讲,法律(包括刑法)不仅是一种自组织的现象:因为法律(包括刑法)能够自我生长、自我发展、自己主动调整与环境的关系;但同时,法律(包括刑法)也是一种他组织现象,因为社会的变迁最终会对法律(包括刑法)产生深刻巨大的影响,社会是法律(包括刑法)的真正塑模者。”[2]这种社会决定法律发展的观点得到德国历史法学派萨维尼、美国社会法学家萨姆纳等学者的支持,他们总体上认为,许多法律往往只是对社会生活中通行的习惯及惯例的确认、总结、概括或升华。[3] 因此,此种情形下的法律(包括刑法)的发展都是由社会来决定的,如果将法律秩序作为一个整体来看待,那么社会决定的背后必将有一只看不见的手来调控着法律(包括刑法)的发展方向。[4] 作为人类理性化的创造,法律的存在总是为了回应人类社会生活的某种需要,刑法作为法律的重要组成部分,并不是毫无根据就被无端地创造出来,每一个阶段的刑法总是存在其产生的社会、经济、政治的因素,因素不同,所产生的效应也就表现的不一致。因而,在宏大的叙事背景之下,刑法是社会的产物,其社会治理的生成机理离不开以下因素的综合作用。

第一节 维护社会秩序之内在需要

从哲学的角度审视社会秩序,“其作为社会运行和发展中的稳定和协调状态,是价值内核、社会规则和社会权威的有机统一”。[5] 在一个有效的社

〔1〕 [德]马克斯·韦伯:《新教伦理与资本主义精神》,康乐等译,广西师范大学出版社 2007 年版,第 4 页。

〔2〕 许发民:《刑法文化与刑法现代化研究》,中国方正出版社 2001 年版,第 1 页。

〔3〕 参见李婉琳:《社会变迁中的法律》,中国人民公安大学出版社 2011 年版,第 180 页。

〔4〕 参见尹伊君:《社会变迁的法律解释》,商务印书馆 2003 年版,第 425 页。

〔5〕 高峰:《社会双重转型与当代中国社会秩序变革》,载《深圳大学学报》2008 年第 3 期。

会秩序构成中,在价值内核上寻求的是秩序的最主要的积极作用,目的在于建立放之四海而皆准的一套运行机制,从而最终形成对社会的治理。在任何社会中,社会秩序的建立方式都与社会生活方式相关联。即便在以狩猎与采集为主的原始社会,或许约束机制显得落后与松散,但这种保障社会秩序的机制断然不可或缺。而在其后,随着社会的发展,对于社会秩序的保障也呈现多样化的局面,但为了保证社会秩序能够有序进行,必然会出台更加强有力的约束机制。[1] 因而,“秩序的存在是一切社会得以合理存续和良性发展的基本前提,当然也是每一民众生活理想的基本构成要素,更是所有政治和法律形态孜孜以求的主要目标和梦寐以求的社会状态”。[2] 针对社会秩序最大破坏的犯罪现象,需要刑法发挥其治理功能。

一、社会发展与社会秩序

目前,犯罪已然成为困扰世界上每一个国家的一种重要的社会现象,“在犯罪存在的社会机理、个体原因消灭之前,犯罪总是与社会相伴而行。人们厌恶罪恶,但也离不开罪恶”。[3] 犯罪究竟从何时产生,现在并没有权威的考证以及确切的说法。有种观点认为,“犯罪是萌芽于母权社会,长成于父权社会……同犯罪作斗争是父权社会管理机关的重要职能”。[4] 另有观点认为,“犯罪是阶级社会的一种社会现象,是人剥削人的私有制度的产物”。[5] 无论存在怎样的争议,不可否认的是,自人类社会产生之后,随着秩序的逐步建立,犯罪就逐渐成为威胁社会秩序的重要诱因。

“‘秩序’的最基本含义是常规、次序,即事物存在和发展的稳定性、连续

---

〔1〕 参见赵旭东:《法律与文化:法律人类学研究与中国经验》,北京大学出版社 2011 年版,第 73 页。

〔2〕 蔡道通:《刑事法治:理论诠释与实践求证》,法律出版社 2004 年版,第 306 页。

〔3〕 蔡道通:《刑事法治:理论诠释与实践求证》,法律出版社 2004 年版,第 306 ~ 307 页。

〔4〕 赵廷光:《马克思主义犯罪观与传统犯罪概念》,载王牧主编:《犯罪学论丛》(第一卷),中国检察出版社 2003 年版,第 145 页。

〔5〕 高铭暄:《刑法学》,法律出版社 1981 年版,第 60 页。

性和一致性。"[1]秩序因其赋予存在的对象不同而被区分为社会秩序与自然秩序，自然秩序是按照自然界的内在规律而形成的运行机制，而社会秩序是指人类按照社会规则形成的稳定性、连续性以及一致性所形成的一种状态。在不同的历史阶段中，秩序内涵与外延并不相同，因而也就造成了维持社会秩序的手段不相一致。众所周知，人类社会主要是按照"原始社会—奴隶社会—封建社会—资本主义社会—共产主义社会"的顺序依次更替，在前文中，笔者将这种一次更替的逻辑过程归结为"古代社会—近代社会—当代社会"的发展形态，由于各个社会发展形态的生产力发展水平的局限，对于秩序需求以及秩序的形式也就表现得不尽相同。

在古代社会的初级阶段，由于社会发展水平的有限，为了对抗恶劣的自然环境以谋求生存的需要，结群、结成更好的群，就是人之为人的首要使命。[2] 因而，在原始社会中，以氏族部落为基础而形成的群居部落初现国家的雏形。有学者揭示出，此阶段的社会在氏族内部并无明显的阶级对立与斗争，国家的概念也即通过不同氏族之间的战争、最终由社会职能直接转化而形成的特征较为明显。[3] 在奴隶社会阶段，虽然国家概念已经形成，但是中央的绝对控制地位尚未确立，中央政权的运行需要依靠其他诸侯国的协助。而诸侯国形成的直接来源是氏族部落的发展，因而在奴隶社会建构的社会秩序中，均体现出对氏族部落的统治而实行的行政统治的痕迹。这一阶段的历史发展足以证明，以"氏族"为基础的社会秩序具有内部的超稳定性。

在奴隶社会的末期，随着地主制的逐渐兴起并成为当时社会最为重要的经济组成形式，政治社会变革逐步摧毁了以"氏族"为核心的超稳定的社会秩序，企图建立高度集中的中央政权。尤其是秦王朝统一六国之后，国家

---

[1] 曲新久：《论社会秩序的刑法保护与控制》，载《政法论坛》1998 年第 4 期。

[2] 参见姚中秋：《华夏治理秩序史》（第一卷），海南出版社 2012 年版，第 30 页。

[3] 参见晁福林：《先秦社会形态研究》，北京师范大学出版社 2003 年版，第 86 页。

由分裂走向统一,从而形成了超长期中央统治地方的行政体系,此时封建社会秩序也就具有典型的特征。其一,秩序的建构体现封建等级制度。封建社会的较大特点是个人无多少自由可言,这主要是基于封建社会等级制度的局限。处于这一等级制度顶级是君主为代表的皇权,其次是封建的官僚体系,而人在社会中只是被奴役的对象,因而在秩序的维护上也充分反映了这一自上而下的特点。其二,秩序的形成体现了较强的人身依附性。自给自足的自然经济特征造成了社会的封闭性,这种社会封闭性导致社会秩序的形塑具有较强的人身依附性,因为为了生存,人们不得不依附于土地,人们的社会生活就基本被限制在较为有限的范围之内。例如,"从国家与人民之间的关系重构和秩序重建的角度来看,法家代表人物韩非给定的治理目标是确定户籍人数",〔1〕由此确立了户籍制度,该制度对人口管理非常严格,包括如同现在的"流动人口"等也可能被严格的户籍制度所管理。其三,社会秩序与国家统治目标具有高度同一性。在封建社会,社会秩序较为单一,这是由国家统治的绝对权威性所决定的。也就是说,对于社会的控制的最终目的都是指向国家这一最高的统治目标,国家将整个社会置于其控制之下的手段就是维持这种社会秩序。

在封建社会终结之后的近代以及当代社会,社会秩序的形成不再依附于政治的主导。尤其受价值多元化因素的影响,基于各种不同价值观念可以形成较为多元化的社会秩序。例如,以国家统治为中心的秩序一般被称为统治秩序,以经济有序进展而形成的秩序一般被称为经济秩序。现代性的秩序形成并非一蹴而就,相反,其形成也是循序渐进的过程。"著名学者哈耶克针对理性的建构主义,强调人类社会的'自生自发的扩展秩序'。"〔2〕哈耶克认为的自生自发秩序的理念是自由主义社会理论的核心概念,或者说,社会理论的整个任务,乃在于这样一种努力,即重构存在于社会世界中

〔1〕 季卫东:《通往法治的道路:社会的多元化与权威体系》,法律出版社2014年版,第12页。
〔2〕 张曙光:《论秩序与社会历史秩序》,载《人民论坛·学术卷》2014年第7期。

的各种自生自发的秩序。[1] 自生自发的秩序理论表明的是一种动态化的秩序变化过程，秩序在某种情形下由某些具有开拓精神的个人所探究进而得以扩展被其他人所接收，因而也就形成大家所共有的行为准则。尤其在现代社会中，随着一系列新生事物的出现，对其规制后必然会出现新的秩序，如互联网的出现必然需要形成良性的互联网秩序才能保证该技术的有序健康发展。

总而言之，秩序是人类社会得以维持的重要因素，所谓"无规矩不成方圆"，意在表明在任何时期都需要秩序来确保社会正常有序的发展。中国从古代社会到现代社会，社会秩序的形成与发展均有其自身的规律。旧秩序的崩溃总是伴随着新秩序的建构而相生相长，而这种规律同样离不开人类的意识自觉性的创造力，正如有学者所指出的："在人类困境与灵长类动物的困境之间存在着关键的区别：如果说其他灵长类动物所遭遇的是不能言语的命运，那么，人类所面对的就是意识所造成的恐怖。"[2] 因而，作为与自然秩序相区别的社会秩序，其形成融入了人们的意识活动。英国学者科恩认为社会秩序具有以下几种典型的特征："秩序与社会生活中存在一定的限制、禁止、控制有关；秩序表明在社会生活中存在一种相互性；秩序在社会生活中捕捉预言的因素和重复的因素；秩序能够表示社会生活各组成部分的某种一致性和不矛盾性；秩序表示社会生活的某种稳定性。"[3]

从社会秩序的内容来看，主要包括两个方面："一是社会的结构秩序；二是社会的行为秩序。"[4] 所谓社会的结构秩序是指"社会是指人类共同体各基本要素之间相互联系、相互作用的过程中表现出的稳定性和一致性"。[5] 即所有社会成员都被纳入一定社会关系的体系中，每一个人都被置于一种

---

[1] 参见邓正来：《哈耶克社会理论》，复旦大学出版社 2009 年版，第 21 页。
[2] [美]R·M·昂格尔：《现代社会中的法律》，吴玉章等译，译林出版社 2008 年版，第 114 页。
[3] 转引自张文显主编：《法理学》（第二版），高等教育出版社 2003 年版，第 390 页。
[4] 曲新久：《论社会秩序的刑法保护与控制》，载《政法论坛》1998 年第 4 期。
[5] 曲新久：《论社会秩序的刑法保护与控制》，载《政法论坛》1998 年第 4 期。

确定的社会地位，各成员及各种社会地位之间的关系都被社会明确规定。古代社会初期的社会秩序、封建时期的社会秩序以及当代的社会秩序，就是指不同社会类型的社会结构的相对稳定。“行为秩序即社会行为的有序性，是社会依照一定的规范对人的行为加以控制而形成的一种相对稳定、协调的状态。”[1]

总而言之，“人类社会秩序是更为高级、复杂的秩序。各种不同的秩序构成一个总体上的、从而也是抽象意义上的社会秩序。”[2]它是人们交互作用的正常结果、过程和变化模式，是人们互动的状态和结果，具体包含经济秩序、政治秩序、文化秩序、生产秩序、工作秩序等。[3]

二、失序与犯罪的关系解读

事实上，作为抽象意义上的大秩序以及具体意义的社会秩序并不总是处于恒定的秩序状态中，也不可能总是伴随着人类的积极行为将无序创造到有序的状态。[4] 秩序反而可能会伴随着人类的积极行为而走向无序。众所周知，犯罪是导致秩序崩溃、秩序混乱的重要原因之一。那么，犯罪与失序又处于何种关系呢？

对这一问题的回答必然首先涉及对犯罪的本质问题的诠释。传统的观点认为，犯罪在本质上表现为对社会关系的破坏，如马克思、恩格斯认为，犯罪是孤立的个人反对统治关系的斗争。[5] 当然，站在阶级论的视角审视该种观点，具有可取之处，但在现代社会中，该种观点未必全面。首先，犯罪真的是孤立的个人为之的吗？从目前世界大多数国家规定的罪行关系来看，都是以一人犯既遂罪为蓝本，也就是说，刑法分则设定的罪刑模式是个人为

---

〔1〕 曲新久：《论社会秩序的刑法保护与控制》，载《政法论坛》1998年第4期。
〔2〕 尹伊君：《社会变迁的法律解释》，商务印书馆2010年版，第273页。
〔3〕 参见熊永明、胡祥福：《刑法谦抑性研究》，群众出版社2007年版，第420～421页。
〔4〕 参见尹伊君：《社会变迁的法律解释》，商务印书馆2010年版，第274页。
〔5〕 参见马克昌主编：《犯罪通论》，武汉大学出版社2013年版，第5页。

之的类型。但联系刑法总则的规定,还存在通过共犯的规定修正刑法分则的构成要件的类型,这是刑法学界普遍承认的修正的构成要件。修正的构成要件的存在表明犯罪并不是仅仅由个人为之的。况且有的国家在刑法分则中还规定了集团犯罪以及有组织犯罪的类型,这也进一步表明犯罪并不仅仅由个人为之。其次,犯罪只是针对统治关系的吗?在阶级对立较为突出的社会,统治关系往往被置于较高的地位,其他社会关系得不到应有的重视与保护,因而从表象上来看,犯罪侵犯的就是最为重要的统治关系。然而,事实并非如此,即便在古代封建社会,亦有侵犯他人的生命、财产等犯罪现象,这些犯罪在实质上并没有指向统治关系。

马克思、恩格斯从阶级论的角度来阐释犯罪的本质,在现在看来显得不合时宜。那么,犯罪侵犯的是什么呢?这在现代刑法学界还存在激烈的争辩和交锋。概观刑法学界,大致存在"权利侵害说""法益侵害说""义务违反说""折中说"等诸多观点的对立。其中,权利侵害说以费尔巴哈为代表,他以启蒙思想所倡导的人权思想为主导,认为犯罪就是对权利的侵害。对犯罪设定了"权利侵害"这一客观的范围,实际上宣告了保障市民的政治和经济自由,因而被认为自由主义的色彩极强。[1] 虽然在有些犯罪中的确体现了对某类权利的侵害,例如杀人就是侵害他人生命权利的行为,抢劫就是侵犯他人财产权利的行为,但在有些犯罪中,并不是"权利"一词就能明确涵盖全部内涵。[2]

囿于权利侵害说的局限性,"毕恩堡姆在 1834 年发表的《犯罪概念中法益保护的必要性等》一文中认为,法益恰恰不是权利,而是以国家强制力保护的个人或集体享有的、在自然意义上能受伤害的实体利益"。[3] 李斯特认为,所谓法益就是法所保护的利益。产生这种利益的不是法秩序,而是生

---

〔1〕 参见马克昌:《比较刑法原理——外国刑法学总论》,武汉大学出版社 2006 年版,第 83 页。
〔2〕 参见[日]大塚仁:《犯罪论的基本问题》,冯军译,中国政法大学出版社 1993 年版,第 4 页。
〔3〕 李海东:《刑法原理入门:犯罪论基础》,法律出版社 1998 年版,第 13 页。

活,但是法的保护把生活利益提高到法益。[1] 但是在不同的犯罪中,即便有的行为对法益造成了侵害,如果行为人并无特殊的义务,也是不能对其行为进行任何处断,而这种以义务为禁止违反的立法例在每个国家都是现实存在的。例如,我国刑法中的遗弃罪,即使没有抚养义务的人遗弃他人也能对法益造成侵害,但没有抚养义务的人不会构成遗弃罪的犯罪主体。因而法益侵害说的观点遭到了来自义务违反说的挑战。

而义务违反说是在德国纳粹时期较为盛行的观点,该种学说由 Friedrich Schaffstein 所创立,其认为犯罪的本质是行为人对法规范所要求的义务的一种违反,本身该种理论是在特殊时期产生,因而随着纳粹时期的结束而"寿终正寝"。乍看之下,义务违反说貌似把握了犯罪的共同性质,但是何为义务?这是一般的行为人难以把握的模糊点,因而"不能充分发挥认识各个罪的具体性质的机能"。[2] 在刑法中,多数观点将不作为犯的处罚根据理解为是对义务的违反,如果将其再嫁接到犯罪的本质认定上,会模糊作为犯与不作为犯的区分标准。

基于以上三种观点形成了拥有较多支持者的折中说的观点。其中影响较大的一种观点认为,犯罪的本质是法益侵害说与义务违反说的结合。该种观点认为,由于刑法规范对侵害法益的行为给予了无价值评价,因此对于其实体及本质应当理解为侵害及危害法益的行为,但是,有时单有这种侵害或危害社会利益的行为并不够,有的场合只有具有一定义务的人的行为才能被刑法规范作出无价值的判断,或者作出责任较重的判断。[3]

据此可见,目前在刑法学界对犯罪本质的争议并没有取得统一性意见,尤其是法益侵害说与各种折中说的观点孰优孰劣,仁者见仁、智者见智。当

---

[1] 参见[日]大塚仁:《刑法概说(总论)》(第三版),冯军译,中国人民大学出版社 2003 年版,第 103 页。

[2] 参见[日]大塚仁:《犯罪论的基本问题》,冯军译,中国政法大学出版社 1993 年版,第 6～7 页。

[3] 参见[日]野村稔:《刑法总论》,全理其等译,法律出版社 2001 年版,第 80～81 页。

然,无论犯罪的本质是出于对法益的侵害还是出于对法益的侵害和对义务的违反,其在结果上一般都表现为对社会秩序的破坏以及无序状态的逐渐形成。[1] 人类需要过有秩序的生活,因而社会共同体均已接受由主观意识创造的生活准则,并形成此阶段大家普遍遵守的一套规则。无论基于何种本质上的犯罪观,均是对这种生活准则的破坏,均会引起社会无序与失序的状态。因此,与古代社会中规定的犯罪种类相比,现代刑法规定的犯罪圈往往较大,意在维持的社会秩序也较为繁多。例如,经济犯罪在古代刑法中并没有任何规定,但在现代社会中,往往视为对经济秩序的破坏。犯罪不仅能够威胁、破坏个人与个人之间、个人与群体之间、个人与社会之间的良好关系,也能够威胁、破坏群体与群体之间、群体与社会之间的良好关系,还能够破坏人与自然之间的良好关系。[2] 随着社会的变迁和发展,秩序观在不同时期表现并不一致,即便改变的社会秩序观,也因不符合当时的生活准则而被赋予负面评价。例如,在古代社会中,通奸行为往往视为违反伦理道德的严重犯罪而被处于较重刑罚,而在现代我国社会看来,通奸行为仅仅是违反社会良善风俗的不道德行为,我国刑法不再将其视为犯罪行为。

从马克斯·韦伯论述的法社会学和统治社会学之间的关联可以看出:一方面,法律是统治阶级使用法律机制保障的社会秩序;另一方面,法律也确定了这种社会秩序的合法性。[3] 因而,法律在保障社会秩序方面的作用是不言而喻的。在西方社会中,有学者认为,"冲突本身并不会被彻底根除。冲突实际上会产生许多能使人类生活更具实际意义的东西。没有冲突,社会就会灭亡"。[4] 即便冲突存在使社会不断得到进化和保持活力的诸多优

---

〔1〕 参见蔡道通:《刑事法治:理论诠释与实践求证》,法律出版社2004年版,第308页。

〔2〕 参见李宝忠:《刑法的价值体系及其取向》,人民出版社2010年版,第51页。

〔3〕 参见[德]托马斯·莱塞尔:《法社会学导论》(第6版),高旭军等译,上海人民出版社2014年版,第84页。

〔4〕 [英]彼得·斯坦、[英]约翰·香德:《西方社会的法律价值》,王献平译,中国法制出版社2005年版,第45页。

点，但是如果听任冲突破坏社会秩序，恣意蔓延，特别是那种严重破坏社会秩序的行为发生，那么人类必将会重新遭受失序和混乱带来的一系列恶果。在所有威胁和破坏社会秩序的行为当中，犯罪无疑成为破坏社会秩序挥之不去的障碍。所以，对于这种严重破坏社会秩序的行为，理应予以预防和处治：一方面要努力预防破坏社会秩序的行为的发生，另一方面要积极恢复被破坏的秩序。[1]

总之，“犯罪作为一种越轨的社会病态现象，其行为及结果总是表现为某种权益关系正常性的断裂和非连续性，表现为某种程度上人们的行为预期的中断与丧失，因此，犯罪总是与无序有关联”。[2]“尽管从形式上来看，犯罪总体现一定的无序而应当加以控制，但人们对待犯罪又不必视之为洪水猛兽。犯罪意味着冲突与对抗，但这种冲突和对抗的社会控制本身，尤其是公正、有效率的控制、预防、矫正本身更是社会秩序的一部分。”[3]

三、维护社会秩序需要法律控制

有群就有治理，群的存在依赖于治理。只有治理才能维护社会的基本秩序。而治理活动至少可以区分为两大类：第一，人们——无论是全体还是个人——构造群，包括建立邦国的活动；第二，在群存续期间，群内之众也通过各种制度进行常规性治理。[4] 在国家业已形成并逐步成为社会发展常态之时，建立邦国活动就显得不再频繁。因而，对于群族的治理最终还是以群内之众的治理为常态。而作为群族纽带的最基本的组成元素——人，“始终寻求生活在秩序中，因为，惟唯如此，个体的、短暂的生命才具有意义。秩序是人通过治理而获得和保持的，因此，人间的秩序本质上就是治理秩序”。[5]

---

〔1〕 参见李宝忠：《刑法的价值体系及其取向》，人民出版社2010年版，第51页。
〔2〕 蔡道通：《刑事法治：理论诠释与实践求证》，法律出版社2004年版，第310页。
〔3〕 蔡道通：《刑事法治：理论诠释与实践求证》，法律出版社2004年版，第327页。
〔4〕 参见姚中秋：《华夏治理秩序史》（第一卷），海南出版社2012年版，第35页。
〔5〕 姚中秋：《华夏治理秩序史》（第一卷），海南出版社2012年版，第26页。

而如何才能获取一种有力的治理手段来维护业已形成的社会秩序，便成为人类社会不断探求的方向。

在庞德看来，社会控制的主要手段是道德、宗教和法律。显然，道德的形成属于非规范的范畴，因而就会呈现不稳定性。也就是说，在社会控制手段中，往往会依据主流道德对社会进行压制，从而抹杀了其他非主流道德的社会控制力，因而显得很不全面。相比之下，宗教的社会控制力比道德更要狭窄，因为在社会中，宗教信仰不会植根于每一个社会成员的心中，即便社会成员会受宗教观念潜移默化的影响，但仅此而全面控制社会就显得很局限。相反，"法律自产生之日起，就是无序的克星。法律可以防止无政府状态和专制政府的暴政，可以将有序关系引入人们的交往之中，并给人们如何行为提供一种标准、规制和尺度。"[1]因而，在近现代以来，法律成为调整社会关系、维持秩序的最重要的有效工具。离开法律，要维护秩序，又是何等之困难。[2]

众所周知，"一部人类法律发展史，从某种意义上来说，就是人类利用刑法同犯罪作斗争的历史，刑法始终是法律体系中的重要组成部分。同犯罪作斗争的刑法可以说是产生最早、历史最久远的一种法律"。[3] 也即，在人类发展的历史长河中，为了预防犯罪和处治犯罪采取了各种各样的措施，但刑法始终处于绝对突出的地位并成为统治阶级惯于使用的手段。"刑法的目的是使用法律手段，以抗制犯罪，确保社会共同生活的基本价值，以建立并维系社会共同生活所不可或缺的和平与秩序"。[4] "社会秩序是所有其他各种权利赖以保持的神圣权利。然而，这项权利绝不是来自自然，它是建立在许多约定的基础之上的"。[5] 因而，必然会存在由于认识观点的不同而

---

〔1〕 陈金钊：《法理学——本体与方法》，法律出版社1996年版，第291页。
〔2〕 参见李宝忠：《刑法的价值体系及其取向》，人民出版社2010年版，第49页。
〔3〕 李宝忠：《刑法的价值体系及其取向》，人民出版社2010年版，第51页。
〔4〕 林山田：《刑法通论》（上册）（增订第十版），北京大学出版社2012年版，第20页。
〔5〕 [法]卢梭：《社会契约论》，李平沤译，商务印书馆2013年版，第5页。

无法达成共识的局面,如此,对于不服从秩序的一方也会存在其他自认为合理的理由,随意破坏秩序的行为如同“破窗效应”一样恣意蔓延。所以,“良以社会共同生活为人类生存之要件,犯罪之滋生足以危害共同生活秩序,社会之权力机构自不得不谋所以应付之方”。[1] 因而,对于社会秩序的维持离不开刑法的保驾护航。

四、维护社会秩序与刑法治理功能的生成

从法律的角度看,法所追求的价值意义上的秩序是一种有益于人类的社会秩序,具有“安宁性、协调性、规律性以及稳定性”的特征。[2] 因此,“有序的社会状态是需要一种具有合法性的强力维持的。没有强力维持的社会控制,社会就会出现霍布斯在《利维坦》中所描绘的自然状态中人与人各自为战的状态”。[3] 那么,又该需要何种强力的维持?历史与现实告诉我们,高压统治的社会,缘于金字塔的控制方式,犯罪率往往很低,社会安定,尤其是社会治安安定。但这不意味着已然取得了有序的治理,起码不能说是高层次秩序。[4] 因此,无论是在西方还是我国,如何通过刑法维持社会秩序便成为重要的选择方向。那么,刑法在治理社会过程中会涉及何种秩序,又该如何维持?笔者认为,刑法对社会秩序的治理内容主要涉及以下几个方面。

(一)对统治秩序的治理

在阶级社会中,最根本的冲突是阶级冲突。在以往,刑法只是作为维护统治秩序的纯粹工具,只重视统治阶级是否处于绝对优势以控制被统治阶级,因而不仅未能妥善处理阶级之间的关系,相反,另一阶级无法承受刑罚

[1] 韩忠谟:《刑法原理》,北京大学出版社2009年版,第7页。
[2] 参见熊永明、胡祥福:《刑法谦抑性研究》,群众出版社2007年版,第421页。
[3] 赵旭东:《法律与文化》,北京大学出版社2011年版,第71页。
[4] 参见蔡道通:《刑事法治:理论诠释与实践求证》,法律出版社2004年版,第329页。

的残酷而时常揭竿而起成为旧制度的掘墓人。所以,“处在当今世界,环顾发展的冲击,刑法虽仍以秩序为本,但把社会秩序控制到何种状态却大有讲究”。[1] 弱化强调刑法的秩序维护价值势必会强调刑法治理本能。“然而,人类对秩序的追求,时常会为偶然情形所阻碍,有时还会被普遍的混乱状况所挫败。这种规律层面上的混乱与失调的情形似乎在人类生活中要比在非有机的自然界中发生得更为频繁”。[2]

因而在现代国家,一方面,将刑法作为统治阶级的一个重要手段,将统治的触角延伸到社会的各个层面,使统治阶级的利益得以最大化的实现;另一方面,又把国家的权力限制在一定范围内,避免国家滥用刑罚权对其他社会成员造成无辜的伤害。据此可见,刑法在如何实现对统治秩序的治理方面常常处于矛盾之中,如何在治理中消解这样的冲突至为关键。在现代国家的刑法典中,一般通过有限打击危害国家安全的行为来确保统治秩序的合法化以及将阶级冲突降至最低。对于统治秩序的治理,虽然体现出国家居于绝对的主导性地位,但是发动刑罚权也需受罪刑法定原则的制约。

(二)对社会生活秩序的治理

如果没有一个安全的环境保障人们享受合法权益的话,那么,人类的一切活动就失去了最起码的条件,所以,刑法需要保障建立一个正常的社会秩序。[3] 因而,对社会生活秩序的治理成为刑法治理的另一重要领域,其主要体现在以下几点:

其一,摒弃了以前社会较为粗暴的解决方式,而以文明手段解决犯罪问题。现代刑法治理的关键在于治理手段或方式的转变。原始社会中对于犯罪的治理多数表现为同态复仇;封建社会时期虽然不再以原始手段解决问

[1] 文海林:《刑法科学主义初论》,法律出版社2006年版,第101页。

[2] [美]E·博登海默:《法理学:法律哲学与法律方法》,邓正来译,中国政法大学出版社2004年版,第234页。

[3] 参见张文显主编:《法理学》(第三版),法律出版社2007年版,第340页。

题,但执行刑罚方式也较为野蛮和残酷;在现代刑法中,对于犯罪问题的治理不再延续以往的残酷手段,刑罚进化成为社会文明的重要标志。

其二,对自然人的生命权、健康权等重要的自然权利进行治理。治理的重点在于其内容具有选择性。从古代社会到现代社会的历史延续中,刑法对于自然犯的关注并没有发生丝毫的改变,因而在现代刑法治理过程中,人的生命权、健康权等依旧是治理的重点,从而确保刑法能够真正实现保障社会生活秩序的价值。

其三,对涉及社会基本安全的秩序加以特殊治理,以求维护整体的社会秩序的稳定。现代刑法治理的范围不再面面俱到,而在于保护最为重要的利益。在古代刑法治理社会的过程中会将触角尽量伸得更长,而在现代刑法治理之中转变了这种无限扩张的现象。在我国《刑法》中,对于社会秩序的治理主要规定在刑法分则第六章"妨害社会管理秩序罪"中,其中又区分出九个较为重要的领域进行重点治理,即公共秩序领域、司法秩序领域、国境管理领域、公共卫生领域、环境领域、公众健康领域、社会风俗领域。对于公众健康问题,主要通过打击走私、贩卖、运输、制造毒品的行为来保障公众健康免遭侵害;对于社会风俗领域,主要通过打击打击"组织、强迫、引诱、容留、介绍卖淫"以及"制作、贩卖、传播淫秽物品"等行为来进行具体治理。

(三)对社会经济秩序的治理

古代社会基本是以自给自足的自然经济为主要形式,尚无资本经济可言。而在现代社会中,经济成为国家能否得以支撑的重要命脉,成为一个国家是否能够跻身发达行列的重要因素。因而,经济秩序需要法律保障和调控,尤其是现代国家,对于严重危害经济秩序的行为均需要刑法进行有效治理,对社会经济秩序的治理成为现代刑法治理的独特内容。

同样,在我国刑法分则第三章中规定了"破坏社会主义市场经济秩序罪",从八个主要方面对严重违背经济秩序的行为予以重点治理,如对商品的质量,特殊物品的海关管理,公司、企业的管理秩序,金融管理秩序,金融秩序以及知识产权领域等侵害法益的行为予以打击。此外，损害商业信誉、商品声誉，虚假广告，串通投标，合同诈骗，非法经营，强迫交易等扰乱市场秩序的行为也是重点治理的内容之一。

当然，经济的创造离不开社会中“人”这一主体，因而，对于经济秩序的治理不仅针对经济秩序本身，还需涉及参与这一活动的劳动者的劳动安全以及权益保障等问题。我国刑法分则在第二章中对于劳动安全以及劳动者权益提出了新的要求，例如，对强令违章冒险作业的行为要被处以刑罚，同样对不报、谎报安全事故的行为也以犯罪论处。为了保障劳动者获得报酬的权利、全面杜绝拖欠农民工工资现象，刑法修正案增设了“拒不支付劳动报酬罪”。

第二节 “国家—社会”本位观兴起之必然逻辑

立足于现代法治主义的时代背景，如果只是一味热衷于利用惩罚措施最为严厉的刑法对犯罪现象进行绝对的控制，有可能导致诸多的负面效应，产生悲剧性的结果，这不仅是控制犯罪路径的根本错误，更有可能动摇社会稳定的根基。[1] 尤其在刑法的社会本位观兴起的时代背景下，寻求刑法的治理功能就显得很有必要。

一、本位观的内涵与基本类型

“‘本位’是一种研究范式和研究方法，就其内涵而言，是指重心和立足点。”[2]言下之意，法律本位观指的是法的重心或者法的立足点。在不同的社会阶段，法律本位观表现的并不一致。大致看来，法律本位观经历了由国

---

〔1〕 参见张远煌：《犯罪解释论的历史发展与当代趋势——社会反应与犯罪关系论要》，载《法学家》2004年第5期。

〔2〕 何挺：《现代刑事纠纷及其解决》，中国人民公安大学出版社2011年版，第149页。

家本位观、个人本位观以及社会本位观主导的不同发展历程，因而形成了法的国家本位观、法的个人本位观以及法的社会本位观的逻辑延续。

国家本位观是以国家权力为核心，以权力至上为价值追求的观念，[1]因而法律的国家本位观就是利用法律实现统治阶级的统治秩序的需求，目标在于维护其阶级统治。以权力的绝对追求的思想根源可追溯至前资本主义的启蒙阶段，尤其是以社会契约论为基础。以霍布斯为代表的社会契约论是建立在人性之恶的基础之上。他认为，在国家产生之前，人们为了维持生存，不断处于相互争斗的自然状态，而这种不稳定因素的存在时刻将自己置于较为危险的境地，因而为了企求最终得到永久性的和平和安全，就必然需要一个强大的组织出面，对每一个孤独的个体进行绝对的保护，而这种组织首先应该是人们公认的值得信赖的组织。因此，基于对该组织组成形式的要求，人们处于同一的目的将自己的自然权利转让出来，交由该组织代为行使，这种交付自然权利的过程就是社会契约形成的过程。[2] 在社会契约订立之后，便组成了国家，进入了政治社会。因而法的国家本位观主要特征体现在：首先，法律的制定、废除均是由国家居于主导性地位。国家本位观强调的是国家主权者具有绝对的地位，因而在法律的国家本位观视域下，主权者在高兴时废除妨害自己便利统治的旧法而重新颁布新法，使自己彻底摆脱法律关系的束缚。[3] 其次，法的国家本位观突出法的工具性。尤其在启蒙思想之后，人治带来的负面效应不断警示世人，只有通过法律确定的制度才是最为坚实可靠的，因而国家的组成形式以及国家推行政策的手段更需要确定而稳定的法律作为支撑，最终使法律成为国家治理的一个重要的工具。特别是在资本主义发展前期，为了维护新生力量获得统治的地位，统治阶级更多将“法作为控制民众的和制裁违法行为的工具，片面突出社会民众

---

〔1〕 参见王启富、刘金国主编：《法律之治与道德之治》，中国政法大学出版社2008年版，第231页。
〔2〕 参见[法]卢梭：《社会契约论》，何兆武译，商务印书馆2011年版，第18~20页。
〔3〕 参见张宏生、谷春德主编：《西方法律思想史》，北京大学出版社1990年版，第104~120页。

的守法,忽视对权力运行的约束”。[1]

随着启蒙运动的不断深入发展,一味强调维护国家威权的国家本位观本身就充满了随意侵犯人权的事实漏洞,因而成为洛克等启蒙思想家着重批判的对象,从而掀起了个人本位观的思潮。个人本位观是一种以个人权利为核心、以权利至上为价值追求的观念。个人本位观以限制国家权力而保障个人的自然权利为理论根基。在极力倡导的思想启蒙家看来,由个人组成社会而最终形成的国家,虽然在某些领域处于绝对的统治地位,但其仍然是每个社会成员所构成,这些个人本身就存在与生俱来的自然权利,如果处于绝对强势的国家侵犯了这些权利,那么就视为对社会契约的违反,个人也不必再遵守该契约,从而可以与国家相对抗。以个人本位观为基础形成的法的个人本位观,更加重视法在保护个人权利方面的作用,从而确立法律的统治地位。对此,洛克认为:“统治者应该以正式公布的和被接受的法律,而不是以临时的命令和未完成的决议来进行统治。”[2]在对保障个人的自由等方面,洛克认为:“法律的目的不是废除和限制自由,而是保护和扩大自由。这是因为在一切能够接受法律支配的人类状态中,哪里没有法律,哪里就没有自由。”[3]法的个人本位观更加契合了启蒙思想的真正目的,更加符合社会大众的利益需求,因而对其后的西方立法产生了重要的影响。更有学者认为,20世纪前的欧美立法完全贯彻了这一思想,无论从实体法到程序法,均是以个人的权利为其立法宗旨而时刻限制国家权力。[4]

社会本位观则认为,随着社会利益多元化的格局已经基本形成,只是强调国家的威权或者一味提倡个人的权利都是片面化的结果,否则会最终致使社会呈现畸形化发展趋势。因而为了纠正上述两种本位观的不足,社会

---

〔1〕 何挺:《现代刑事纠纷及其解决》,中国人民公安大学出版社2011年版,第150页。
〔2〕 [英]洛克:《政府论(下)》,叶启芳等译,商务印书馆1981年版,第86页。
〔3〕 [英]洛克:《政府论(下)》,叶启芳等译,商务印书馆1981年版,第35页。
〔4〕 参见薛克鹏:《论经济法的社会本位理念及其实现》,载《现代法学》2006年第6期。

法学派立足于社会现实而提出了一些具有针对性的改革思想,强调"社会是一个有机的整体,社会的利益本不等同于所有个人利益的总和,而是存在社会所特有的利益"。[1] 虽然在19世纪末20世纪初,"社会本位观"成为很时髦的词汇而备受不同社会阶层关注,但何为社会本位观并未取得突破性的统一认知。对此,在实践中存在"唯名论"与"唯实论"的对立。"唯名论"的观点认为,社会存在是以个人的真实存在为其主要特征,社会也就成为一群"同心人"的集合体,是空名而非实体;[2] 相反,"唯实论"的观点则认为,社会是客观现实的存在,而非个人简单的集合。[3] 由于受马克思主义思想的"物质论"的影响,我国学界较为接受的是"唯实论"的理论主张。基于社会本位观视域下的法的社会本位观,是在原有的权利清单中加入社会公共权利内容,从而形成个人权利、集体权利、国家权利和社会公共权利四权并存的新权利体系。[4]

二、本位观之于现代社会的阐释

可以说,基于三种不同的本位观而形成的刑法本位观主导的刑法制度并不一致。无论是国家本位的刑法观、个人本位的刑法观还是社会本位的刑法观均存在较大的理论缺陷。

首先,在国家本位的刑法观中,国家始终处于社会治理中的核心地位,因而在使用刑法这一治理手段时,更多表现出刑法的工具性,并随心所欲使用控制和惩罚犯罪的权力,进而出于维护统治秩序的需要而随意扩大处罚范围,对国民实施高镇压态势。这种国家本位的刑法观具有诸多的理论缺陷:其一,对国民缺乏应有的保护,会不断激化国家与国民之间的对立情

---

〔1〕 何挺:《现代刑事纠纷及其解决》,中国人民公安大学出版社2011年版,第150页。
〔2〕 参见薛克鹏:《论经济法的社会本位理念及其实现》,载《现代法学》2006年第6期。
〔3〕 参见薛克鹏:《论经济法的社会本位理念及其实现》,载《现代法学》2006年第6期。
〔4〕 参见薛克鹏:《论经济法的社会本位理念及其实现》,载《现代法学》2006年第6期。

绪。按理说,国家作为国民让渡部分自然权利组成的代为行使国民权利的机构,在最终目的上不是限制和惩罚守法的国民,而是对国民基本权利进行各种措施的保障。然而在事实上,国家本位的刑法观在动用刑法时,一般会出于惩罚、报复的需求,在惩罚的方式、惩罚的强度、惩罚的理由上不加任何限制,如此常常会出现赤裸裸侵犯国民权益的现象。这种现象的结局便是将国家与国民原本保护与被保护的关系推向相互对立的地位。而从历史的经验中也可明了,国民会迅速成为推翻合法统治的"掘墓人"。其二,为国家随意侵犯国民人权找到合法的借口。众所周知,国家必须基于正当合理的理由才能发动刑罚权,刑罚权的发动又必须经过一定的诉讼程序。而国家本位的刑法观指引下的刑事司法程序明显是从刑事法律严惩犯罪和保障统治秩序的利益这一目标进行设定,为了实现这一既定的目标,刑事诉讼程序的运作必须高效且由国家专门机关主宰。[1] 因而,国家便为刑罚权的随意发动摆脱了程序法上的限制,为随意出入罪找到了最为直接的借口。

其次,个人本位的刑法观过于强调对犯罪人人权的保障而限制国家刑罚权的恣意发动,因新旧两派的理论主张不同而建构不同的刑法制度。例如,在旧派看来,个人本位的刑法观应通过诉讼制度来确保对犯罪人权利的保障,而新派学者则直接从犯罪人着手,着力建构一套行之有效的处遇方式。当然,这种个人本位的刑法观同样充满了理论弊端。其一,忽视了国家的本体性地位,使刑法逐步丧失应有的惩罚性色彩。刑法是国家基于一定程序制定的法律规定,在性质上属于公法,本身就带有强烈的惩罚性色彩,如果立足个人本位的立场,对犯罪人过多关注势必会与刑法的本质产生冲突,以至于使其惩罚性色彩逐渐黯淡。其二,过于关注犯罪人的人权保障,忽视了对被害人的情绪安抚,容易引起新的矛盾。很明显,在有些犯罪中,

---

〔1〕 参见何挺:《现代刑事纠纷及其解决》,中国人民公安大学出版社2011年版,第150页。

是犯罪人攻击被害人而引起的,因而刑法在一定程度上是基于对犯罪人的惩罚来安抚被害人的情绪,如果只是强调对犯罪人的权利保障,会使被害人的情绪得不到安抚而引起其对国家的不满。久而久之,会进一步孕育新的矛盾。

最后,社会本位的刑法观虽然在内容上照顾到了国家利益、个人利益等部分,但还是以社会为其主要组成部分,因而在具体的权利分配上就会不自觉地偏向社会部分,也会显示出一定的弊端。其一,缺乏国家的参与,社会本位的刑法观难以落到实处。正如个人本位的刑法观一样,过于强调社会本位,而忽视国家参与刑法的重要性,最终会致使社会本位的刑法观难以落到实处。其二,分配内容比例失衡,会导致刑法结构的不合理。众所周知,目前在大陆法系的国家,对于刑法的保护内容一般分为国家法益、社会法益以及个人法益三个组成部分,虽然对各自的规制内容没有什么特别明确的划分,但很显然三个部分的内容都是刑法极为重要的组成部分,因而应呈现均衡性的特点。如果过于强调社会本位观,将会导致刑法在内容结构上丧失合理性。

三、本位观的转变与多元刑法治理模式的形成

虽然社会本位观成为目前较为有力的学说主张,但这并不表明国家本位观在社会中并不重要,尤其是世界发达国家过于强调有限政府的做法逐渐暴露出治理的弊端,现在也逐渐变革治理方式而趋于强调政府的调控作用。由此导致的国家本位在目前阶段也占据一定的地位。笔者认为,在目前社会中,应当提倡“国家—社会”二元的刑法本位观。具体理由如下:

首先,即使社会发展到程度较高的阶段,国家利益也是刑法必须要保护的客体之一。毋庸置疑,无论社会处于何种发展阶段,刑法均会作为维护社会秩序的重要工具,这是其政治属性得以彰显的重要原因。虽然在现代刑法话语表述中,关于刑法法益的划分还存在细微的差别,但基本是以“国家

法益”、“社会法益”以及“个人法益”三元划分为其理论通说，且“国家法益”作为首要法益居于其他法益之上。对于侵犯国家的犯罪，往往表现为破坏性更大、性质更为恶劣的特征，涉及的内容多为颠覆国家政权的类型，这是任何国家都绝对不能容忍的。例如，《德国刑法典》将“危害和平、叛乱、危害民主法治国家”规定在刑法分则第一章，且最高法定刑为剥夺终身自由。我国《刑法》在分则第一章中同样规定了危害国家安全的犯罪，其中，某些“对国家和人民危害特别严重、情节特别恶劣的”犯罪，可以判处死刑。

其次，国家是社会以及个人赖以存在的基础，如果国家的主体性地位得不到突出，其他的权利将无法保障。众所周知，我国目前的法律近代化，尤其刑法的近代化历程异常曲折。特别是鸦片战争以后，在西方坚船利炮之下被迫打开国门，随之而来的怪诞现象是，在西方列强划分的租界之内我国根本无法行使司法主权。因而，如果不顾国家主体性地位，势必会使本土刑法丧失维护社会秩序的原始治理动力与本性。

最后，“国家—社会”本位观并不会导致刑法抛弃保障人权的需要。现代刑法不同于古代刑法的是，其设立的目的不再是仅凭统治阶级个人意志制裁危害其利益的行为，而是注重保障公民个人合法权利不受肆意侵害，主要表现在扩张刑法在保护公民个人利益层面的处罚范围，减少死刑的适用罪名，明确兜底条款的具体情形，等等。而“良法是善治之前提”，刑法为发挥更强的治理功能，在立法上，国家必须要坚持在罪刑法定原则的理念下重视保障公民重要领域的基本权利，进一步明确具体的定罪量刑标准；在司法上，社会要重视舆论监督和个人监督，积极听取和吸收有益的民众意见，让每一个公民在个案中感受到公平正义。所以，刑法在以“国家—社会”本位观的支配下会进一步重视人权保障，而不会限制人权保障功能的发挥。

“国家—社会”本位观表明，在国家结构中，刑法不能仅仅作为维护社会统治的工具。在社会越发落后、原始的阶段，对于刑法的依赖程度越高，这有其历史的必然性。其一，统治阶层的保守与维护统治秩序的必然。国家的以及民族的命运往往掌握在某个人或者某个利益阶层的手中,由此导致其将社会稳定视为最高的政治诉求,因而对于任何违反秩序的行为出现“零容忍”的打压态势。其二,限于当时治理工具以及治理手段落后的无奈。在落后的原始社会中,由于受有限的社会发展水平的限制,且社会内部成员往往遭到自然灾害、国家战事等困扰,统治阶层无法在国家治理中展现出惊人的抱负与作为,结局是,将刑法作为统治的工具来治理社会显得简单明快。然而,在“国家—社会”本位观之下,一味的高压政策无法实现国家的长治久安,因此,需要修正以往以刑法为统治阶级工具的历史弊端。在“国家—社会”本位观之下,社会和个人的利益同样是统治阶层需要考虑的重要对象。因而,如何通过刑法实现对其他社会利益的广泛保护就成为现代社会中亟须重点探讨的议题。从目前世界主要国家来看,针对社会以及个人权益的刑事立法的范围不尽一致,但是仍然有诸多的共性可循。即在现代社会中,均突出社会利益以及个人利益的重要性,并将其作为重要内容予以保障;积极转变刑法惩罚功能,努力向“惩罚犯罪与保障人权”并重的趋势发展;虽然保护的范围有宽有窄,但对于自然犯的打击却呈现惊人的一致。通过历史的对比也可发现,引入刑法的治理功能能够有效减少犯罪人对国家以及社会的攻击,从而能够更好地促进社会的治理。例如,在中国古代的秦朝,正是由于秦法严酷导致了陈胜、吴广等社会义士揭竿而起,动摇了国家统治秩序,在法国大革命时期,也存在较为相似的情况。相比之下,现代社会中较少出现由于刑法残酷而导致大规模的国民反抗的现象。因而,在“国家—社会”本位观之后,强调刑法的治理功能有利于国家的长治久安。

“国家—社会”本位观的内容表明,社会和谐有序以及个人平衡发展才是国家得以存在以及发展的重要因素。虽然国家与社会对究竟如何划分权利与义务还存在不同的认识,但社会发展的自然规律已然表明,国家与社会的权利与义务最终能否分配均衡将是社会和谐有序发展的重要保障。重视国家的绝对优先地位,将不利于社会和个人的权利保障,最终可能由于得不到社会和个人的积极支持而使国家逐渐步入寡头政治的尴尬局面,相反,过于重视社会和个人权利的保障,而使国家的权力得不到有效行使,最终会使社会治理陷入更加无序的状态。无论出现上述任何一种局面,必然会使国家作出一定的反应,尤其会利用刑法应对这些无序的局面。“国家—社会”的本位观对权利和义务的划分较其他的划分显得更为科学合理,因而无论是国家、社会还是个人均能得以和谐发展,这样的局面必然会使以往重视刑法惩罚性的现象得以缓解。由此而出现的新问题便是,刑法在缓解了惩罚性的功能之后,又该实现其何种功能呢?笔者认为,刑法并不是仅仅具有惩罚性,相反,制定刑法的目的在于最终使社会成员得以和平共处。一个高度文明的理想社会应该是刑法处于备而不用的状态,这还需要刑法积极发挥其治理功能才能得以实现。

第三节 行为向行为人主义刑法观转变之应然趋向

“犯罪是刑事责任的前提,刑事责任是犯罪的法律后果,刑事责任针对犯罪而发动,犯罪决定刑事责任的施加。”[1]起初刑法对犯罪行为的规制实质是为了抑制罪刑擅断,为了限制公权力的行使,从而更好地实现罪刑法定原则。然而,限制司法者的权力仅仅是刑法实现打击犯罪与保障人权功能的一项重要内容,过多强调对犯罪行为的惩治、过分强调对司法权力的限制,将无法真正实现刑法对犯罪的惩治以及对犯罪者人权的保障,因而最终也无法真正实现预防犯罪的价值目标。在严格遵循行为刑法的前提下,不仅无法明确犯罪产生的原因,而且也无法清楚地判断犯罪行为的性质及其危害程度。因此,对刑法学的研究正经历着一场从行为主义向行为人主义

[1] 张小虎:《主观主义与客观主义之分野及趋同》,载《法律科学》2002 年第 4 期。

转变的过程。

一、行为主义刑法观的发展与基本主张

行为主义刑法观是一种基于法定规则的意识，依据此规则作为刑事可罚性的逻辑起点，是与在行为构成方面加以限定的单一行为（或者可能情况下的多个行为）相联系的，因而惩处的是行为人征表出的行为本身，而不是对行为人整体生活导向的反应，更不是对行为人未来危险的反应。[1] 据此可见，行为主义刑法观强调的是行为的客观性与司法者根据客观行为适用刑法规则的法治思想，其目的在于禁止罪刑擅断，确保刑法在适应时能够将罪刑法定原则贯彻到底。行为主义刑法观的发展与古典犯罪学派的崛起有着紧密的联系，可以说，其发展历程与基本主张主要受古典犯罪学派主要代表人物刑法思想的推动以及与实证学派的博弈而不断走向自我完善。由于受实证主义犯罪学派的影响，后期古典犯罪学派内部出现了新派和旧派，相应的在行为主义刑法观亦出现了不同的理论分野，在不同的主张下判断行为的不法的要素呈现不同的变化。主要存在"以行为及其实害作为独立判断要素的行为主义刑法观""犯罪行为与主观构成要件要素相结合判断的行为主义刑法观""以犯罪行为目的为判断前提要素的行为主义刑法观"。

"以行为及其实害作为独立判断要素的行为主义刑法观"是古典刑法学派的理论主张。古典刑法学派（旧派）将犯罪行为及其造成的危害结果（包括实害结果与危险结果）作为判断行为违法的独立的、唯一的要素。其判断的独立性在于，行为人的主观危险除故意、过失之外，均被忽视在刑法的判断之中，而行为人的主观意思以及人身危险性等难以进入旧派学者的研究

[1] 参见[德]克劳斯·罗克辛：《德国刑法学总论》（第1卷），王世洲译，法律出版社2005年版，第105～106页。

领域。[1] 在此种行为主义刑法观的支配之下，表现于行为人主观犯罪意思之外的外部行为是犯罪的基石，犯罪行为及其造成的实害后果是体现犯罪的最直接、最直观形式。旧派在行为人具有意志自由论的前提下，认为犯罪是行为人在权衡利弊之下的自由意志产物，任何人都能从自己的本性出发，根据自己的意愿决定是否实施某种行为。

"犯罪行为与主观构成要件要素相结合判断的行为主义刑法观"是相对于古典刑法学派而言，新古典刑法学派下的犯罪论体系。它主张某些犯罪的构成要件要素中除了有规制行为类型的行为，还要有主观的构成要件要素。这种主观的构成要件要素是行为本身无法涵盖的，也是行为本身无法替代的，因为某些行为不法判断的根据在于主观上与行为人相关的精神要素。[2] 这里的精神要素通常是指与行为人主观相关的行为目的、内心倾向以及心理状态等。新古典刑法学派在某些犯罪构成中突破了只关注行为的犯罪构成模式，开始关注行为人本身的精神要素，可以说这是与实证学派博弈的必然结果。

"以犯罪行为目的为判断前提要素的行为主义刑法观"以行为人客观行为确定的行为目标作为判断行为不法的基本要素。该主张打破了行为刑法观起初所主张的"违法是客观"的这一命题，在违法性的判断中加入行为人的目的要素，同时在判断行为的构成要件符合性时主张将故意和过失作为划分犯罪构成类型的基本要素，不能仅从行为造成的客观结果的角度判断行为是否符合构成要件。以犯罪行为的目的为判断前提要素的行为刑法观进一步扩大了新古典刑法学派下的犯罪判断，主张某些犯罪的构成应当与主观构成要件要素相结合进行判断的模式，认为所有的犯罪判断中都应当包含主观构成要件要素，即犯罪的故意和过失。同时在违法性的判断中也

---

〔1〕 参见刘艳红、梁云宝：《犯罪行为与犯罪人格的关系：或联说之提倡》，载《法学评论》2010 年第 6 期。

〔2〕 参见马克昌主编：《近代西方刑法学说史》，中国人民公安大学出版社 2008 年版，第 331 页。

要考虑人的不法要素。

总而言之,行为主义刑法观存在的依据被域外的学者概括为典型的四个特征:“第一,自由意志只是一种幻想。因为人类的行为总是由人力所不能及的力量所决定的。第二,道义责任相应地也是一种幻想,因为不能被必然被决定的行为予以责难。第三,人类行为作为被原因决定的行为,能够并且应当被科学地研究和控制。第四,刑法的功能应当仅限于矫正反社会行为者的人格及其行为,以使其将来不再犯,或者在所有这些努力都失败之时,至少可以实施外部强制(诸如监禁)来遏制他们继续实施犯罪。”[1]

二、行为人主义刑法观的兴起与基本主张

刑法理论随着社会的发展一直不断地变化。近代学派(新派)则是基于对前期旧派理论的不满而形成的。理论学界一般认为,新派的产生有当时社会背景的现实原因,即19世纪中叶以后欧洲大陆特别是德国社会、经济的变化。德国从19世纪中叶开始,自然科学的发达与技术的进步引起了产业革命,由原来的农业国转变为工业国;自19世纪70年代开始,资本主义制度经过原来的自由竞争联合体而进入垄断帝国主义阶段。其结果是,近代的大工业都市的发展、工厂和工人的增加、工人阶级与资产阶级的对立、抗争的激化、大众的贫困化、失业人群的泛滥、家庭的崩溃、帝国主义战争等现象出现了;犯罪率上升,累犯特别是常习犯与少年犯急剧增加。然而,德国于1870年制定、1871年施行的德意志帝国刑法典(当时的新刑法典),对于作为新的犯罪现象的累犯、常习犯、少年犯罪没有做出任何考虑,使人们痛感旧的刑法理论在新的犯罪现象面前无能为力。从此,人们发出了对以往刑法思想即古典的刑法理论的批判声音,这是导致学派之争的现实原因。不难看出,犯罪现象的增加对社会造成了严重威胁,因而必然导致社会防卫的

[1] [美]哈伯特 L. 帕克:《刑事制裁的界限》,梁根林等译,法律出版社2008年版,第10页。

呼声高涨,社会本位的新派刑法观便应运而生。新派对前期旧派仅关注犯罪行为的事后制裁思想进行反思,主张决定论、行为人主义、社会的责任、改善刑、特别预防,否定没有原因的自由意志。因此,催生了以犯罪人与犯罪原因为研究对象的犯罪学的出现,并涌现出一大批实证主义法学派代表人物,比如,提出天生犯罪人论的龙勃罗梭,把犯罪原因分为人类学、社会学和物理学的菲利,将犯罪原因分为个人和社会的原因,并主张消除社会原因靠社会政策、消除个人原因靠刑罚的李斯特。

行为人主义刑法观的发展与实证犯罪学派的崛起有着紧密的联系,行为人主义刑法观的发展历程和基本主张受实证犯罪学派主要代表人物刑法思想的推动,在与古典犯罪学派的相互对立、相互融合中不断发展。行为人刑法学说的发展同样经历了三个不同的阶段,但是其最基本的主张是一致的,即将刑罚与行为人的人格紧密联系,认为刑罚是由行为人对社会的危害及其程度决定的,行为只是构成犯罪的前提,而实质意义上能受刑法谴责的是因为他是"这样的人",在这种情况下,刑罚就适用于行为人本身。[1] 行为人主义刑法观的发展主要经历了激进派主张和缓和派主张两个阶段,在这两个阶段中,对犯罪的判断也呈现不同的特征,因而其内部也就出现了"行为仅仅是行为人犯罪意思征表的行为人主义刑法观"与"行为人要素与行为要素二元的行为人主义刑法观"的对立。

"行为仅仅是行为人犯罪意思征表的行为人主义刑法观"是实证犯罪学派从犯罪预防的角度出发,认为犯罪的根基在于行为人的犯罪意思及其人身危险性。所以行为人要素作为独立判断要素的行为人主义刑法观,仅仅将犯罪行为视为行为人的意思征表。持这一主张的代表人物是李斯特,其主张的以行为人要素作为独立判断要素的行为人主义刑法观就曾提出,行为人构成犯罪的实质根据是行为人的人格,或者说是行为人的主观动机以

---

〔1〕 参见[德]克劳斯·罗克辛:《德国刑法学总论》(第1卷),王世洲译,法律出版社2005年版,第106页。

及犯罪态度,而罪刑轻重的划分依据也应当是行为人犯罪的动机及犯罪态度,尽管行为人最终是因为其作出的犯罪行为而受到惩罚,但是在描述犯罪构成要件时,重心应当在行为人的主观方面。[1] 将行为作为犯罪意思征表的行为人主义刑法观主要提倡的理论有"犯罪征表说""性格罪责观"等。

"行为人要素与行为要素二元的行为人主义刑法观"认为,无论刑法如何重视行为人的犯罪意思,也无法脱离行为去判定是否构成犯罪。只是说行为在犯罪构成中的地位存在轻重之别。将行为视为行为人犯罪意思征表的主张极易导致"主观归罪",随后行为人刑法观开始将"行为"与"行为人"放在同等重要的地位以判断犯罪的成立。如坎托罗维索(Kantorowicz)对可罚行为的认定即从行为和行为人两方面进行构建,在客观行为方面要有行为、构成要件符合性、阻却违法事由欠缺;在行为人层面要有行为、责任以及阻却责任的处罚事由之欠缺。[2] 随后的拉德布鲁赫(Raclbruch)以及米特迈尔(Mittermgie)更进一步地在"行为"与"行为人"要素上进行二元的划分,拉德布鲁赫构建的犯罪论体系中包含了客观的构成要件与主观的构成要件,同时将犯罪人这一要件界定为包含归责能力与归责可能性两部分,这与行为刑法观视野下的行为人的有责任内容一致;[3] 米特迈尔构建的二元的犯罪论体系,明确地将行为者人格作为犯罪成立的一个要件,应该说其构建的犯罪论体系是二元性特征最明显的犯罪构成体系。[4] 总之,这种以行为人要素与行为要素二元的行为人刑法观,将犯罪行为的客观面与行为人的主观面放在同等重要的位置进行考虑,是法治进程中的必然产物。

---

[1] 参见[德]克劳斯·罗克辛:《德国刑法学总论》(第1卷),王世洲译,法律出版社2005年版,第106~107页。

[2] 参见陈兴良:《人格刑法学:以犯罪论体系为视角的分析》,载《华东政法大学学报》2009年第6期。

[3] 参见陈兴良:《人格刑法学:以犯罪论体系为视角的分析》,载《华东政法大学学报》2009年第6期。

[4] 参见陈兴良:《人格刑法学:以犯罪论体系为视角的分析》,载《华东政法大学学报》2009年第6期。

从行为主义刑法观以及行为人主义刑法观的论述之中,可以看出,两者存在以下方面的对立。第一,关注的重点不同。即便行为主义刑法观抑或行为人主义刑法观的内部均存在不同的理论主张,其核心观点也并未超出其理论范畴的核心内涵,从上述“行为主义刑法观”逻辑观点阐释之中,基本可以明确,即便从最先的古典刑法学派均将行为人的主观意思完全排除在犯罪之外;而新派主张的行为人主义刑法观不仅看到了行为人在刑法中的特殊地位,而且还将行为人作为刑法观的中心予以对待。第二,刑法治理的侧重点不同。无论是行为主义刑法观最初将行为视为行为惩治的唯一要素,还是其后将故意、过失均纳入犯罪的判断之中,但呈现的基本倾向是,对于犯罪者具体情状的考虑微乎其微。这种行为主义刑法观恰恰也表明了刑法治理的最初模式只是关注行为本身,对于行为之外的行为人则一般视为与刑法无关,而行为人主义刑法观明确践行以行为人为中心建构刑法的惩罚模式,因而关注的不仅仅是行为本身的可罚性,还存在为何需要惩罚“这样的人”的深层次的考虑。

三、刑法观转换下的刑法治理功能的生成

从以上的判断模式中也可看出,行为主义刑法观由于过度强调刑法惩罚的刚性特征而忽视对行为人的人文关怀。对行为实施惩罚并不是刑法得以存在的最终目的,通过对行为惩罚使犯罪之人能够幡然悔悟而重新回归社会才是刑法的特殊预防价值。因而,在行为主义刑法观的支配之下,纯粹以犯罪行为作为刑法治理功能实现的逻辑起点是不存在的、虚无的理论幻想。理由如下:其一,犯罪行为与犯罪人存在天然的联系。尽管不同的理论学派对于犯罪者的实然含义以及存在的范围存在不同的理解,但是犯罪行为与犯罪者之间存在不可割裂的天然关联,脱离犯罪行为的犯罪者是不存在的,同样脱离了犯罪者的犯罪行为也是不存在的。因而,脱离了犯罪者本身来研究犯罪行为就容易失去价值。其二,脱离了犯罪者来探求犯罪行为

隐藏着法律虚无主义的巨大风险。[1] 将哲学之中的虚无主义引入法律之中考察，发现只是注重行为的行为主义刑法观，极易导致法律虚无主义的巨大风险。因为，当任何人都可能被刑法贴上犯罪的标签，犯罪认定的标准就会陷入模糊不清之中，刑法惩治犯罪的唯一的标准就是行为的恶害，因此，会逐渐使刑法陷入一种恶性循环之中。其三，导致刑法规范的无限膨胀。正如有学者所言，脱离了犯罪者来研究行为与刑罚，强调罪刑均衡，只会造就理论的苍白和立法的繁盛。[2] 因而在刑法治理的过程之中，随着危害行为不断出现而刑法又无法应对之时，扩大犯罪圈、增设新罪名便成了“头痛医头脚痛医脚”的无奈之举，最终影响刑法治理功能的发挥。

虽然新派学者发现了犯罪者在刑法治理中的重要价值，将行为人主义刑法观引入刑法治理之中。此举不仅可以避免行为主义刑法观的理论缺陷，而且还能有效地实现犯罪预防的价值。但是，行为人主义刑法观在批判行为主义刑法观时矫枉过正，认为刑法就是对行为人实施的正当举措，而忽视了行为本身在刑法之中的重要地位。因而，只是一味强调行为者在犯罪认定中的地位和作用，存在侵犯人权的风险。例如，在现行德国刑法之中，主张以保安处分矫正犯罪者的措施，在目前学界看来，即存在侵犯人权的事实，因为罪刑法定原则形式侧面的重要体现是符合明确性的要求，刑期的确定性就是明确性的重要内容之一，因而为了防卫社会的需要，对行为人适用不定期刑的保安处分，不仅违背了罪刑法定原则的基本内涵，而且也侵犯了犯罪者的基本人权。

在最新的理论发展中，已经意识到将行为与行为人决然分离的观点不具有可取性。因为从本质上来说，行为人是实施行为的主体，而行为是行为人危险性的征表，将两者结合的观点取得了通说地位。可以说，目前刑法由以前较为单一的行为主义刑法观向行为人主义刑法观转变而趋于二元的立

〔1〕 参见刘艳红等：《犯罪行为与犯罪人格的关系：或联说之提倡》，载《法学评论》2010 年第 6 期。
〔2〕 参见刘艳红等：《犯罪行为与犯罪人格的关系：或联说之提倡》，载《法学评论》2010 年第 6 期。

场。在二元制的立场之下，刑法的治理功能的生成包含两个重要方面。

一方面，刑法的启动应当是以行为为根基的犯罪认定过程。犯罪行为发生后，刑法是如何针对犯罪事实而实现治理目标的？在笔者看来，特别是古典刑法学派的犯罪论构成体系，就为刑法如何具体操作提供了较为成熟的认定模式或观念指导形象，这也被称为犯罪的构成要件理论。在目前大陆法系之中，现在通说的观点认为，一个行为是否符合犯罪，必须符合“构成要件符合性、违法性和有责性”的判断。其中，构成要件的符合性是一般的价值判断，违法性是个别的事实判断，有责性是个别的责任判断。只有符合了这三个要件的行为才符合犯罪的形式特征。三要件判断是有序进行的价值判断过程，例如，对于一个行为首先考虑的应当是其是否符合刑法分则罪名所能涵盖的内容，如果符合，再进行违法性判断，如果符合违法性则进行有责性的判断。表面看来，行为在刑法治理过程中，只是承担着极为有限的作用，其实不然。因为，无论是何种阶段的判断，均是围绕行为而展开，如果离开了具体的犯罪行为再来判断“构成要件符合性、违法性和有责性”的相关内容，那么，会因为缺乏必要的评价对象而最终使刑法治理陷入不现实的境地。

另一方面，刑法治理功能的实现还需站在行为人主义的立场，实现对行为人的矫正，使其能够顺利回归社会，从而实现防卫社会的目的。对于犯罪者的关注并非如最初的新派学者走向理论的极端，将其作为判断犯罪能否成立的第一层次的构成要件要素。在笔者看来，对于行为人的关注主要是基于刑法治理社会不仅是惩罚犯罪的需要，同样是矫正犯罪者的过程。虽然刑法发挥了制裁规范的本质，将犯罪者绳之以法，实现了惩治犯罪的目标，但这不意味着刑法治理的结束。从社会防卫理论来看，实现制裁措施以及执行措施的人道主义，最终使犯罪者顺利回归社会才能最终实现防卫社会的目的。因而，对行为人的关注是刑法治理功能能否得到有效发挥的重要体现。

第四节　犯罪不可消灭性之现实无奈

虽然古代社会的统治者惯于利用残酷的刑法对社会进行高度管控，在短期之内能够维护社会秩序、满足统治者需要，但是愈发严酷的刑罚措施的频繁适用，往往使统治者逐步演变为暴君的典型，而这恰恰又是被统治者无以忍受并作为反抗暴政的重要理由。通过这些司空见惯的逻辑怪圈，我们也可发现，对于犯罪现象的"零容忍"或许不能成为消灭犯罪的最佳方案。在第二次世界大战之后，美国政府实施的一系列意在缓和的刑事政策未能取得实际效果之后，为了回应重罪以及暴力犯罪给民众心理造成的不安全感的困扰，转而采取高压的治理措施，对犯罪的控制也未能取得实质性进展。在现代刑法运行的逻辑过程之中，受新派学者菲利的犯罪饱和理论的启发，防控犯罪的关键不在于对犯罪现象进行围堵，而在于合理并理性地对待犯罪现象，即对犯罪现象应当进行治理而非对其进行一味地"惩罚"。

一、"犯罪不可消灭性"与"犯罪饱和理论"

对于犯罪现象原因的阐释在新派学者之间就存在不同的认识，例如肇始于龙勃罗梭的"天生犯罪人"理论认为，人是否犯罪完全取决于其自身的生理状况。尽管其后的研究已经表明犯罪现象产生的原因取决于行为人所处的社会环境的影响，但这不意味着犯罪只是一种纯社会现象。如果只是将犯罪视为社会环境的产物，社会中每一个单独的个体均能成为犯罪实施的主体，而现实是，基于同样的社会环境因素毕竟还有很多社会个体能够控制自己不实施犯罪行为。因此，新派学者菲利通过研究大量的统计数据逐渐认识到：除了社会环境之外，犯罪人的生理和心理的异常在犯罪形成过程之中也扮演着重要的角色，而其必须与社会环境共同作用、相互影响才可能使行为人最终走上犯罪的道路。因此，在菲利看来，每一种犯罪均是个人因素、自然因素与社会因素共同作用的结果,[1]只是在最终结论上,三者所占的比例不同而已。

菲利正是基于以上具体犯罪原因的研究,通过犯罪资料的统计并结合化学中饱和定律的相关理论的启发,在犯罪学中提出了"犯罪饱和理论"。其认为,每一个国家的犯罪发生率受一定的法则支配,具体而言,由于犯罪在客观上受上述"个人因素、自然因素与社会因素"共同影响,而此三类因素又处于不断的变化之中,因而最终犯罪发生率呈现此消彼长、不断变化的特征。而这"就像我们发现一定数量的水在一定的温度之下就溶解为一定数量的化学物质但并非原子的增长一样,在一定的自然和社会环境中,我们会发现一定数量的犯罪"。[2]

依据不同的犯罪原因的影响,"犯罪饱和理论"具有两种典型的表现:其一,犯罪的周期性变动。在菲利看来,在犯罪总量不变的情况下,一类犯罪率的上升会导致另一类犯罪率的下降。但该类犯罪急剧上升到一定程度会出现"短暂的过度饱和",随后也会出现新一轮的下降。[3] 其二,犯罪的周期性增长。在菲利看来,影响犯罪周期性增长的关键因素是社会因素,某些社会因素的变化会导致犯罪呈现周期增长的趋势,例如,大规模的移民以及持续增长的出生率,会促进犯罪呈现周期性增长的特点。[4]

总而言之,根据菲利的"犯罪饱和理论"可以得出以下的逻辑结论:其一,犯罪不可能呈现出无限增长的趋势,总是在达到最大的饱和状态时呈现

---

〔1〕 参见[意]恩里科·菲利:《犯罪社会学》,郭建安译,中国人民公安大学出版社2004年版,第52~53页。在菲利看来,这三个因素的主要内容有:(1)犯罪的人类学因素,包括罪犯的生理状况、心理状况、个人状况;(2)犯罪的自然因素,包括气候、土壤、昼夜、四季、气温等;(3)犯罪的社会因素,包括人口、舆论、公共态度、宗教、家庭、教育、工业、经济、政治、司法、刑事制度、民事制度等。

〔2〕 [意]恩里科·菲利:《犯罪社会学》,郭建安译,中国人民公安大学出版社2004年版,第58页。

〔3〕 参见汪明亮:《论犯罪饱和性生成模式:犯罪宏观生成模式研究》,载《刑事法评论》第19卷,第611页。

〔4〕 参见汪明亮:《论犯罪饱和性生成模式:犯罪宏观生成模式研究》,载《刑事法评论》第19卷,第611页。

下降的趋势；其二，犯罪也不可能消失，在一定的社会因素、自然因素以及个人因素的影响之下，犯罪总是围绕着最高犯罪率与最低犯罪率之间来回波动。[1]

二、“犯罪饱和理论”与犯罪存在的必然性

菲利的“犯罪饱和理论”还存在诸多的不完善之处，正如有学者所指出的，其一，该理论未能阐释犯罪的“个人因素、自然因素以及社会因素”究竟处于何种关系、对三种因素所占有比例的划分也不明确；其二，菲利对“犯罪饱和理论”的形成过程以及对犯罪饱和的量均缺乏具体的阐释，因而究竟如何得出的结论会使人错愕。[2] 但是，作为犯罪学研究领域中突破性的理论创造，“犯罪饱和理论”不仅改变了以往犯罪学领域中犯罪原因探求的单一性向多元性的转变，而且从更加科学的角度解释了犯罪的现象。其睿智的理论构造至少有利于社会更加理性地对待犯罪现象。

（一）犯罪存在的价值

提到犯罪行为，尤其是恶性犯罪所造成的极其严重的危害社会的后果，我们无不显示出不满和愤慨，以至于我们一再强调需要对行为人进行惩治。因而，尚未发现犯罪现象不可避免之前，我们似乎一直主张“以暴制暴、以牙还牙”。自“犯罪饱和理论”诞生以来，人们更加认识到犯罪是人类社会中不可避免的社会现象。那么，犯罪就一定是负面的吗？答案是否定的。根据目前的见解来看，犯罪至少存在以下价值。

首先，犯罪能够促进社会机体增强抵御社会风险的能力。犯罪存在并非一律就是洪水猛兽，如果从人的机体视角来看的话，就如人身体遭受了病

---

〔1〕 参见汪明亮：《论犯罪饱和性生成模式：犯罪宏观生成模式研究》，载《刑事法评论》第19卷，第610页。

〔2〕 参见汪明亮：《论犯罪饱和性生成模式：犯罪宏观生成模式研究》，载《刑事法评论》第19卷，第613页。

毒侵害一样,如果能够处理妥当,反而对人的身体来说好处大于坏处。至少其获得了抵御类似风险的能力。例如,随着风险社会的到来,人类抵御风险本身就呈现脆弱的一面,显然在首次遭受犯罪的侵害之后,不可避免地会发生相当程度的危害,但是,也使社会公众获得了如何应对该类风险的经验。如果还存在进一步的侵害的话,那么相关的社会民众无疑增强了抵御该类风险的能力。

其次,犯罪的存在能够使治理主体迅速反观社会现状,能够迅速采取措施予以应对。对不同的犯罪现象采取不同的预防对策,是犯罪学领域经常采用的方法。在刑法制定之后,遵循罪刑法定原则的制约,如果某人触犯了刑法,必然会受到刑法的制裁。通过对每一个犯罪行为进行分门别类的分析,可以根据犯罪的具体比例情况制定不同的治理对策。例如,随着互联网时代的到来,在网络上实施的金融诈骗的发案率越发高涨,那么,就此可以向相关的主体传达出这样的一个信号:针对网络的不同特点而实施有针对性的预防对策势在必行。以此观之,不一而足。

最后,犯罪的概念本身会随着时代的变迁而不断变化,而一些昔日的犯罪行为或许会逐渐成为对社会有益的行为。时代不同,对于犯罪圈的划定必然存在差异。特别是对经济犯罪的规定。如通过比较 1979 年《刑法》与 1997 年《刑法》来看,1979 年,在计划经济尚未完全消退的年代,“投机倒把”行为显然与市场经济存在吻合,但是与当时的社会基础相抵牾,因而在 1979 年《刑法》之中被作为犯罪对待。但是即便实施高惩罚的态势,也无法压制该类行为的发生。时至今日来看,发展市场经济必然需要“倒卖商品”。至少当时“投机倒把”的犯罪行为对促进经济的发展存在一定的好处。因为法律是上层建筑,刑法作为发挥重要标志性作用的法律,必然随着社会经济基础的发展变化而不断变革。随着社会的不断变迁,刑法应改变认定犯罪的标准。当某些行为不再对法益造成侵害时,可以及时调整以及删除相关罪名。

(二)理性对待犯罪的必要性

理性对待犯罪现象的结果,不仅在理论研究中应更加关注犯罪的必然性,而且在实践中也应改变较为落后的治理措施。具体而言,在理论上,诸多学者已然突破了对犯罪现象认识的局限,一方面,强调犯罪现象带来的一系列负面效应;另一方面,又在犯罪现象中找寻有益的价值成分。在这种逻辑之上诞生的"犯罪相对性理论"认为,对于犯罪现象要有正确的认识态度,犯罪现象虽然会对社会造成破坏,但也会对社会带来一定的积极作用。当然,这种"犯罪有利论"的观点真正用意不是在鼓吹犯罪的优越性。在此层面上该观点具有两个方面的重要价值:一方面,统治者自身基于犯罪现状的分析并对原有的统治措施做出适当的调整。迪尔凯姆曾说:"当犯罪率下降到低于一定水平时,那不但不是一件值得庆贺的事情,而且可以肯定,与这种表面的进步同时出现并密切相关的是某种社会紊乱。"[1]另一方面,某种偏离社会的行为能够刺激统治阶层对现有的治理措施作出调整。

理性对待犯罪现象的另一表现,就是对犯罪者表现出更大的宽容性。在以往的司法实践中,犯罪者往往被视为绝对恶的化身。如社会启蒙思想家卢梭,在对待犯罪者的态度上并不宽容,在其看来,一个为非作恶、随意破坏社会秩序的人,破坏的是国家的法律,也就意味着向国家开战,代表的是对国家的叛逆,因而他是国家的敌人。[2] 从其论断中,完全可以看出其将罪犯直接视为敌人的判断,更加确立了个人与国家相互对立的二元格局。因而,在较早的刑法治理过程中,犯罪者的权利可能得不到应有的保障。一方面,在诉讼程序中,个体性地位孱弱,不能与强大的国家进行对抗,诉讼权利的缺失致使其不能享有自我辩护的渠道,因而也就无力对抗国家机器的各种不公正的对待,如刑讯逼供等非法取证的情形。另一方面,刑罚本身的严酷,往往使犯罪者处于"万劫不复"的境地。如古代社会规定的诸多酷刑,在

---

〔1〕［法］迪尔凯姆:《社会学方法的准则》,狄玉明译,商务印书馆1985年版,第87页。

〔2〕参见［法］卢梭:《社会契约论》,何兆武译,商务印书馆1980年版,第46~47页。

今天看来仍然还会使人心有余悸。然而,“随着人类理性的提高,犯罪被视为相对的恶和社会矛盾的产物,犯罪者本身也是社会机体的成员,是刑事法律关系的利益主体,有其特定的利益存在”。[1] 正如黑格尔所说:“由于文化的进步,对犯罪的看法比较缓和了,今天刑罚早已不像百年以前那样严峻。犯罪或刑罚并没有发生变化,而是两者之间的关系发生了变化。”[2]

理性看待犯罪者必然产生两个方面的改变,一方面,有利于促进对犯罪者的人权保障。改变了对犯罪者的仇恨敌对的态度可以使国家乃至社会更加公正地对待犯罪者,这主要表现在国家设计了一整套较为完备的诉讼程序,力求对犯罪者进行公正的审判,不至于一个无辜的人因为程序的原因遭到严酷的刑罚惩处。除此之外,在犯罪者的被执行的场所——监狱方面也出现了改良化运动。另一方面,有利于促进刑罚的轻缓化。在以往的社会之中,对难以矫治的犯罪者往往采取淘汰的执行措施。例如,根据福柯的考察发现,原来在某些偏远地区修建隔离麻风病的建筑,随着麻风病的消失而逐渐被遗弃,而过了好几个世纪后,往往在相同的地方,人们使用相似的方式将罪犯排斥出正常的社会关系之中,罪犯逐渐成了麻风病的接替者。[3]

三、犯罪的不可避免促进治理功能的优化

在较早的时代,“宿命论”的观念十分普遍。根据“宿命论”的基本主张,作为伴随着社会产生而出现的较早的社会问题,国家与社会对于犯罪这一现象更多表现出束手无策。因而在以前的论调中,犯罪现象也是一种宿命。这也造成了原本对于犯罪缺乏了解的统治阶层,基于“消灭犯罪”的迫切需求,更愿采用野蛮的方式予以治理。无论在古今中外,刑法都“一马当先”成为社会治理的重要工具并居于社会治理的最前端。

---

〔1〕 张建军:《论犯罪的相对性——从绝对理性到相对理性》,载《法商研究》2008 年第 1 期。
〔2〕 [德]黑格尔:《法哲学原理》,商务印书馆 1961 年版,第 99 页。
〔3〕 参见[法]福柯:《疯癫与文明》,刘北成等译,三联书店 2003 年版,第 4 ~5 页。

虽然菲利主张“犯罪饱和理论”，但是其并不认为犯罪是一种宿命的安排，在其看来，只要能够把握犯罪的基本特征和规律，犯罪是完全可以预防的一种社会现象。回归犯罪产生的宏观原因，或许对于探寻问题的答案能够找到一条新的途径。犯罪原是由个人因素、自然因素与社会因素共同作用的结果，因此，我们只要能够摸准犯罪产生的原因，也就意味能够从源头上对犯罪进行预防。对于由社会因素以及自然因素等促成的犯罪，可以通过改善社会的就业状况、生存条件以及教育状况或者可能影响犯罪的不公正的社会制度来预防其发生，而不是将刑罚作为预防犯罪的唯一方法。在菲利看来，对待不同的犯罪应当按照不同的原因“对症下药”才能取得效果，如对犯罪人进行矫正时，必须首先对其进行诊断，而后进行分类，对不同类型的犯罪人施以不同的矫正方案。[1]

至少在目前，承认犯罪的不可消灭性改变了我们利用刑法消灭犯罪的初衷。犯罪并不是洪水猛兽，犯罪作为社会现象有其自身的发展规律。例如，美国犯罪学家露易丝·谢利的研究表明：现代化进程对于犯罪率和犯罪方式存在明显的、普遍一致的影响。也就是说，在社会化进程中，犯罪已经成为现代化方面明显和主要的代价之一。[2] 因而，如菲利所言：“一个真正文明的立法者，可以不过多地依赖刑法典，而通过社会生活和立法中潜在的救治措施来减少犯罪的祸患。”[3]

显然，刑法作为社会统治阶层惯于使用的一个重要的工具，基本是以否定的姿态来对待犯罪现象。当然，作为社会强制力的法，具有谴责与否定的功能本身也无可厚非，但是谴责是社会化训练经常用到的一种无形工具。在一定程度上，对在社会化进程中违背社会化要求的人进行的道德谴责与

---

〔1〕 参见[意]恩里科·菲利：《实证派犯罪学》，郭建安译，中国政法大学出版社 1987 年版，第 43 页。

〔2〕 参见[美]路易丝·谢利：《犯罪与现代化：工业化与城市化对犯罪的影响》，何秉松译，群众出版社 1986 年版，第 156～158 页。

〔3〕 [意]恩里科·菲利：《实证派犯罪学》，郭建安译，中国政法大学出版社 1987 年版，第 43 页。

对罪犯进行的谴责存在较大的差异。[1] 道德谴责在不知不觉中以诱导的方式完成了许多社会化的任务,例如,通过对反社会的行为人施以一定的惩戒方式降低其社会性地位,而对一些有益于社会的行为提高其道德地位,因而,谴责不是目的,只是改善人类自我社会化的一种手段。[2]

我们习惯于将对犯罪行为进行谴责作为刑法的目的。刑法不能只停留在谴责的过程中,对犯罪行为以及犯罪者进行过多的谴责和否定,而不善于推崇刑法的激励机制,可能会导致国家与犯罪处于尖锐的对立之中,无法在道德的驯化之中完成行为人自我的社会化改造。因而,重塑刑法的治理功能就显得很有价值。尤其是在越来越宽容的社会,社会已经能够逐渐接纳犯罪现象以及犯罪者。刑法应当从社会化再造的立场对行为人重塑谴责的标准。自古以来因果循环报应论的思想在人类进化过程中占据了重要的地位,但这是一种较为低级的心理趋势体现。而随着社会的不断进化,人性的善良光辉最终会走上心理的最高阶段并占据主要的地位。随着这一认识提高,刑事政策领域也发生了较大的改变。最终落实的刑事政策,“不仅要考虑犯罪人的重返社会,更须考虑刑罚的一般预防效果和以犯罪动向的预测为基础的预防犯罪组织活动以及运用立法、司法和行政的策略等”。[3]

然而事实上,刑法作为一种来自外部的心理威慑力量,显然不可能与促成犯罪的深层次原因相抗衡。[4] 正是基于此点,刑法的治理功能与犯罪预防存在实质的联结点。因而导致对犯罪的治理“不仅包括预防方面的,也包括处罚犯罪方面的;既包括刑法方面的,也包括刑法之外的”。[5] 对于某些可感性较差的犯罪,惩治所带来的实际效果并不明显,那么在对不同的越轨

---

[1] 参见高艳东:《从仇恨到接纳罪犯:个人与社会立场间的刑法抉择》,载《环球法律评论》2006年第3期。

[2] 参见高艳东:《从仇恨到接纳罪犯:个人与社会立场间的刑法抉择》,载《环球法律评论》2006年第3期。

[3] [日]大谷实:《刑事政策学》,黎宏译,法律出版社2000年版,第14页。

[4] 参见高铭暄等:《论社会管理创新中的刑事法治问题》,载《中国法学》2012年第2期。

[5] 高铭暄等:《论社会管理创新中的刑事法治问题》,载《中国法学》2012年第2期。

现象的惩治意义已经有所下降的情形下，强调过多的惩治容易造成社会与个人的对立。而以治理为目的的刑事立法已经悄然兴起，例如，根据我国相关的法律规定，对于刑满释放的人员一律不能歧视，其仍然享有就业、学习的机会，其作为人的基本公民权不应受到剥夺。显然，我国最近的刑法修正案中同样体现出了这些内容的变化，例如，《刑法修正案（八）》规定的社区矫正制度就是对已经犯罪的行为人的一种再社会化的重要措施。

第五章　刑法治理功能发挥不足的制约因素

虽然刑法治理功能存在于每一个时代、每一个国家，但从整体上来看，不同时期不同国家的刑法治理功能的表现并不一致。然而，我国刑法的治理功能还未能得到有效发挥。作为国家政治权力强制执行的刑法规则，都是一国之中有权制定法律的社会群体所需要的东西。因而，惩罚的特性不仅与国家的文化价值密不可分，还以它为存在的基础。[1] 虽然我国的经济、社会均发生了巨大的变化，然而刑法的惩罚性还占据主导地位。

刑法治理功能表明的是刑法作为治理措施所应当达到的一种理想的目标状态。按照摩尔的理解，任何机能性的描述都应当包含两个要素。第一个要素是"关于能力的判断：能够导致什么后果？"第二个要素是"善"：在某件事情的能力范围之内，存

---

〔1〕 参见[美]彼得·德恩里科等编著：《法的门前》，北京大学出版社2012年版，第139～140页。

在一些“本质上是善的”情势吗？[1]无论是从后果还是从“善”的视角考察我国的刑法治理功能，其均未能得到很好的发挥。考察我国目前刑法治理功能尚不能有效发挥的制约因素，应当从刑法治理功能的概念中汲取有益成分。从前文笔者所界定的刑法治理功能的概念可以看出，刑法治理功能的内涵涉及多层次的内容，刑法治理功能的发挥是由一系列因素共同作用的结果。具体而言，这些要素包括刑法治理的理念、刑法治理的措施[2]、刑法治理的手段、刑法治理的主体以及刑法规范。也就是说，上述因素是组成刑法治理功能的核心要素，因而也是主导刑法治理功能能否发挥作用的关键。下文将着重从我国的视角来具体分析制约我国刑法治理功能发挥的因素。

第一节　治理理念的相对落后

所谓刑法的治理理念就是在社会治理过程中对待或者依赖刑法的态度。表面看来，刑法治理理念呈现的是一种静态化的过程，似乎与刑法治理功能的实现这种动态化的过程格格不入，其实不然。如果一个社会缺乏良好的理念作为支撑，那么即便社会制度能够运转，其所产生的功能也会朝着反面的方向发展。重视刑法治理理念能够为刑法治理功能的实现提供理论指导价值。

一、治理理念相对落后的表现

虽然在现代社会中对于传统可以依据新、旧两种学派进行阐释，特别是

---

[1] 参见[英]艾伦·诺里：《刑罚、责任与正义：关联批判》，中国人民大学出版社2009年版，第120页。

[2] 值得注意的是，按照基本词义的释义，措施与手段似乎差别不太明显，但是本书中所提及的治理措施与治理手段是两个不同的概念，刑法治理措施是从宏观层面上阐释刑法如何与其他治理措施并用的问题，而刑法治理手段主要是从微观层面阐释刑罚该如何运用的问题。所以还是需要合理区分的。

刑法作为一种历史的延续,在我国呈现工具主义的倾向。例如,在我国古代社会中,“诸法合体”的现象导致“法即是刑”的整体印象,因而法的最为重要的价值就是惩暴禁奸。即便在现代社会中,关于刑法治理功能虽然向着现代化路径转变,但是治理理念依然残留着工具主义的倾向。笔者之所以如此论断我国刑法治理理念呈现出工具主义的倾向,主要是基于对法律工具主义的基本特征进行考察而得出的结论。具体而言,法律工具主义主要特征体现在以下几点:“首先,强调法律的阶级性,认为法律是阶级斗争的工具。其次,重视法律的义务而忽视法律的权利规定,忽视对权力的制约。最后,简单地理解法律的功能,认为制裁与惩罚是法律的主要特征,其他功能只是制裁功能的延伸。”[1]从我国目前刑法的客观表现来看,刑法治理理念呈现工具论的倾向,具体体现在以下几点。

(一)将刑法作为统治阶级的工具

新中国刚成立之时,突出刑法治理的工具性有其历史的必然,如以刑为主的传统法律文化、阶级斗争为纲的法学范式等都是重要的原因。到1979年颁布了第一部刑法典,在第1条的规定中就蕴含着社会主义初级阶段阶级斗争和人民民主专政的理论,且我国刑法把对敌人的专政同人民的民主紧密地结合起来,这实际上体现了我国刑法作为人民民主专政的工具,保护人民,打击犯罪,惩罚犯罪的作用。[2]

虽然1997年《刑法》对1979年《刑法》进行了全面修改,但实质上,我国依然存在将刑法作为阶级统治工具的理念。例如,在我国《刑法》第2条表述的任务中,学界一般将其概括为“惩罚犯罪与保护人民的功能”,而且一直以来该条规定被视为我国刑法最主要的功能,其他的功能的都是为这两个功能服务的。因此,在许多人的内心深处,仍然认为刑法是阶级专政和统治阶级的工具。

---

〔1〕 参见熊永明等:《刑法谦抑性研究》,群众出版社2007年版,第399页。
〔2〕 参见高铭暄:《新中国刑法学研究综述(1949—1985)》,河南人民出版社1986年版,第19页。

（二）将刑法作为保护市场经济的工具

如前文所论，随着市场经济的确立，需要强化现代刑法治理功能。随着我国改革开放的逐步深入，市场经济已经在我国确立并得到逐步发展，因而在1997年《刑法》修改之际，对于计划经济时代的刑法制度也进行了相应的修改。例如，在《刑法》中重新设置的“破坏社会主义市场经济秩序罪”这一章节就是结合了1979年《刑法》中惩治经济犯罪的一些罪名并重新规定了一些新的罪名整合而成。其中，修改了一些不符合市场经济的罪名，废除了一些较为落后的罪名。

虽然我国罪名体系出现了较大的变化，但是在原有的一些罪名中仍然保留了相对“高管控”的特点，即强调刑法对市场经济的工具性价值。

（三）刑法作为推行道德观念的工具

在前文中，笔者重点交代了在古代社会中刑法发挥治理功能存在道德主义盛行的特点（具体可参见本书第三章第一节的相关论述）。而在我国现代社会中，一方面，虽然对于道德的立法并不如古代社会中普遍，但是道德立法的呼声并不少见。例如，在1997年《刑法》修改之前以及在讨论的过程中，不少人提出要将违反道德伦理的行为入罪化，如通奸、卖淫等。[1] 而在现代刑法立法实践中，更有不少学者主张将见危不救、吸毒行为予以犯罪化处理。虽然上述主张最终并没有成为现实，但至少在某种程度上显示出了刑法有作为推行道德观念工具的可能。另一方面，我国立法对于某些道德性的考量也存在不足。

再如，“据2009年某检察院统计，在此前3年间发生的12起包庇窝藏罪案件中，全部涉案的24名被告人中，21人是亲属，3人系朋友。也即是说，因打击范围过宽往往导致多数家庭未能幸免窝藏、包庇罪的处罚。如刘某一

---

〔1〕 参见熊永明等：《刑法谦抑性研究》，群众出版社2007年版，第404页。

案,全家6兄妹中竟有4兄妹和2姐夫共6人因包庇窝藏入狱。”[1]显然,在古代社会中存在的“亲亲相隐”原则,是否有促进窝藏、包庇罪除罪化的可能,值得进一步探讨。

二、理念落后衍生的制约

无论在古代西方还是古代中国,从某种程度上来说,将刑法视为统治工具都具有现实土壤而备受推崇,西方受中世纪禁锢的法制影响,我国受战国时期法家“治乱世用重典”的教条主义影响颇深,因而将刑法作为统治秩序的工具,从而发挥刑法的治理作用也就不难理解。工具主义治理理念对刑法治理产生的负面效应具体包含以下几个方面。

(一)弱化了法治的基础

人治作为与法治相对的概念,主要特点在于夸大个人在社会中的地位和作用,因而人治视野下的法律往往处于屈从的地位,因而表现出“人高于法、权大于法”的消极印象。“人的统治带来人的依附,使得人们无法进行自我统治。法律的统治程度越高,人就能获得更高程度的自治和自由。”[2]虽然工具主义的刑法观也强调刑法的重要性,也突出刑法在社会治理过程的重要价值和地位,但是过于强调刑法的工具价值,往往潜藏着人治的风险。具体理由如下:

首先,将刑法作为工具是以维护阶级统治为基础,这就意味着统治阶级的利益高于其他利益,而权力是统治阶级运行的重要保障,因而在运行过程中,“结果必然会产生权力高于刑法、权力可以取代刑法、压制刑法的局面出现,反之,如果将刑法视为工具,一旦刑法达不到统治阶级所要求的目标,那

[1] 范忠信:《“亲属容隐”原则与当代中国刑事法制的人伦回归》,载《法学》2015年第1期。

[2] Richard Dagger & Civic Virtues, *Rights, Citizenship, and Republican Liberalism*, Oxford University Press, 1997, p. 16 - 17.

么刑法就会被统治阶级弃而不用。"[1]

其次，突出刑法的工具主义理念，在进一步抬高权力地位的同时，对权力的运行过程也就丧失了必要的监督。[2] 因此，从表面看来，重视刑法的工具价值似乎在强调刑法的积极价值，然而在不知不觉中反而强化了人治的理论基础。

（二）突出刑法的惩罚性

作为公法性质的刑法，理应对社会秩序做出调整。工具主义刑法治理理念在社会治理中，过于重视刑法的惩罚功能。正如有学者认为，造成这种现象的有其历史性根源，因为"现实问题与刑法规范都只是相对表面化的影响因素，犹如浮在水面上的冰山一角，而潜在水下的则是更为有力的、更稳定的民族精神"。[3] 古代社会的统治者为了维护社会秩序，不惜使用高压甚至酷刑威慑每一个潜在的具有威胁统治根基的个人，刑法政治功能发挥到极致从而使刑法一般预防功能无从发挥，更无法实现刑法教育刑的目的。工具主义刑法理念突出国家的主体地位、强化对国家的保护，并通过高管控的方式来压制其他主体的行为。

继续以我国惩治金融犯罪为例进行分析。以民营企业为例，其并不具备较强的实力，往往局限于资本的限制，在企业举步维艰之时，又难以获得正规金融机构的融资，因现实的内在需求可能致使中小企业主铤而走险，一旦经营失败或者资金链发生断裂，均被科处较重的刑罚。

笔者通过对S省近10年间43起集资诈骗罪的判决分析，重刑化倾向同样较为明显。其中，1起案件的被告人被判处死刑，12起案件的被告人被判处无期徒刑，19起案件的被告人被判处十年以上有期徒刑，8起案件的被告人被判处五年以上十年以下有期徒刑，3起案件的被告人被判处五年以下有

---

[1] 熊永明等：《刑法谦抑性研究》，群众出版社2007年版，第401页。
[2] 参见熊永明等：《刑法谦抑性研究》，群众出版社2007年版，第401页。
[3] 齐文远、周详：《刑法、刑事责任、刑事政策研究》，北京大学出版社2004年版，第176页。

期徒刑,尚未发现被判处拘役或者管制的案件。(如表5-1-1所示)

表5-1-1 S省近十年集资诈骗罪具体刑期幅度判决数

单位:件

具体判决刑期幅度	案件数
死刑(含死缓)	1
无期徒刑	12
十年以上有期徒刑	19
五年以上十年以下有期徒刑	8
五年以下有期徒刑	3
拘役	无

显然,在上述的43起案件中,被判处十年以上有期徒刑、无期徒刑以及死刑的占据了很大的比重,其中,被判处死刑的案件占到了案件总数比例的2.3%,被判处无期徒刑占到了案件总数比例的27%,被判处十年以上有期徒刑占案件总数比例竟然高达44%。而被判处五年以下有期徒刑的案件只是占到了案件总数比例的6.9%,判决在五年以上十年以下的案件占到案件总数的18%。通过对这些案件的基本案情进行梳理后发现,被判处相对较低的法定刑(如五年以下有期徒刑)是由于存在以下法定或酌定从轻、减轻事由:涉案金额较小,被告人具有自首情节,能够积极变卖资产对被害人予以一定的经济赔偿。

正是由于对民间融资重视刑法的惩罚性,可能会产生以下负面效应。其一,致使充足且闲散的民间资本无法发挥作用,从而使中小企业的处境更加艰难。效率作为金融领域所追求的重要价值目标,其目的在于最大限度地利用和优化配置资源,实现经济利益的最大化。从资本的另一个特性来看,实现经济效率实质上是为了追求利益的最大化,对于一个企业乃至一国经济而言,如果资本没有效率或效率过低,那么也就意味着资本丧失了固有的本性特征。在强调金融效率的重要性的时代背景之下,如果只是维护正规金融机构的垄断地位,在一定程度上无法适应现代金融市场的发展,一些弊端逐渐凸显,由此造成了社会资本分配的"马太效应"更加明显。也即,掌握社会资源较大的国有大型企业即便在金融压制的环境下,依然可以获取较大的支持,相对而言,对于资金需要较为旺盛的中小型企业而言,在金融压制的夹缝中越发生存艰难。

其二,强调压制性的理念会弱化我国金融市场的抗风险能力。正是由于非正规金融机构(如民间融资)缺乏社会信用担保,使我国金融业抵御金融风险能力本身就呈现较弱的特点。而国家为了维护金融安全,又进一步加大对正规金融机构的扶持力度,其结局往往事与愿违。因而,在金融领域,一旦民间融资的资金链发生断裂,造成的危害波及面将会较广。例如,有学者对S省2008~2009年发生的擅自发行证券犯罪涉案金额及被害人人数进行过统计,一旦民间融资资金链发生断裂,经济损失多达数千亿元,波及人数动辄上百甚至数千人之多。[1]

其三,不加区分地突出刑法的惩罚性会影响经济创新性行为。最早在产业经济与实体经济领域提出"创新理论"的是美国学者约瑟夫·熊彼特。最初的"创新理论"主要用于详细而准确地解释经济周期、经济增长与发展问题,其后该理论获得了学界的一致认可。[2] 在20世纪70年代,随着世界经济合作化趋势不断加强,无法有效解决金融产品的局限与日益增长的金融需求之间的矛盾,因此,加快金融创新就显得很有必要,该理论也正式被引入金融学界。金融创新在最终结果上不仅有利于提高金融效率,而且还能优化资源配置。在民间金融领域,中小企业日益高涨的资金需要与金融机构能够提供的金融服务之间同样存在尖锐的矛盾。按理说,应该进行更多的创新性行为解决该类矛盾。通过民间融资的方式将社会闲散的资金集

---

〔1〕 参见姚万勤:《民间融资刑法规制的具体面相与趋势前瞻》,载《金陵法律评论》2015年第2期。

〔2〕 参见尹龙:《金融创新理论的发展与金融监管体制演进》,载《金融研究》2005年第3期。

中起来,不失为有效解决我国中小企业发展过程中资金链短缺问题的一种重要的金融创新行为。

(三)剥夺了人们对刑法的尊重感

“社会秩序要靠一整套普遍性的法律规则来建立。而法律规则又需要整个社会系统地、正式地使用其力量加以维持。”〔1〕法与其他社会控制手段的不同在于,“其他秩序规定以奖赏而不是以惩罚作为 sanctiong,特别是有些秩序根本不规定任何 sanctiong,而直接依赖直接动因的技术”。〔2〕也就是说,“刑法本身作为维系社会秩序的重要手段,是以强制措施来威胁危害社会的行为”。〔3〕

因而,刑法一般通过“有罪必究,罚当其罪”得到世人的尊重,与其他法律制裁措施相比,刑法主要通过残酷的手段迫于国民遵守。〔4〕在现代文明程度较为发达的时代,尽管刑法在适用过程中使用的手段较为残酷,但它受到罪责刑相适应原则的制约,也就是说,对犯罪分子适用的惩罚限度与其所犯罪行存在适当的比例关系。司法机关在案件判决的过程中,不仅要考虑行为的社会危害性,还要考虑行为人的人身危险性。除此之外,在刑法的适用过程中,还应当考虑刑法发动的正当性基础,否则可能会导致刑法在社会治理过程中为随意侵犯他人人权找到了合理借口。

“刑法反映的是文化基础中的价值,是该时代的文化的镜子。因此,价值观发生变化的话,刑法也应当发生变化……这样,在重建刑法的时候,就面临两个基本问题:一是新世界中最为重要的价值是什么?二是这种价值是应当用刑法来加以保护,还是应当用其他方法来加以保护?”〔5〕就上述的民间融资类犯罪而言,在很多案件中,虽然存在行为人无法返还被害人钱款

〔1〕[英]彼得·斯坦、约翰·香德:《西方社会的法律价值》,中国法制出版社 2005 年版,第 45 页。
〔2〕[奥]凯尔森:《法与国家的一般理论》,沈宗灵译,商务印书馆 2013 年版,第 49 页。
〔3〕[奥]凯尔森:《法与国家的一般理论》,沈宗灵译,商务印书馆 2013 年版,第 49 页。
〔4〕参见游伟:《重刑威慑思想的消极影响》,载《人民法院报》2012 年 8 月 31 日,第 007 版。
〔5〕[日]平野龙一:《刑法的基础》,黎宏译,中国政法大学出版社 2016 年版,第 75 页。

的客观事实，但这不意味着行为人的客观行为的社会危害性就足够严重。因为在相当一大部分的案件中，即使行为人在客观上造成了较为严重的损害结果，最终无法返还欠款的结果也并不是行为人主观上故意为之抑或积极追求的结果，因为在行为人进行相应的民间融资时，其主观上并不具有非法占有的目的。例如，在吴英案中，即便从客观来看，吴英民间融资额高达数亿元之多，但是在其资金链尚未发生断裂之前，一直承认借款的存在并积极主动地还本付息，由于其经营不善导致资金链发生断裂才是其最终不能还本付息的根本原因。如果一律对民间融资类犯罪判处较重的刑罚，会偏离刑法治理功能的本质要求。

刑法在规制民间融资的过程中，在优化民间融资规制的制度同时，应当认识到，刑法仅仅是规范民间融资并防范其风险的一个重要方面，并不意味着可以解决民间融资的所有问题。[1] 现有的民间融资规制体系主要是为了维护金融监管秩序，客观上创设和维护了金融垄断。[2] 泛化的刑法规制是以丧失刑法应有的体系性价值为代价，影响刑法在社会治理中制度性功能的发挥。因此，不能正确确立刑法规制的应有理念，会偏离刑法功能的本质要求，会使刑法在罪与非罪的纠缠之中举步维艰，使民间融资类犯罪不能得到有效控制。

第二节　治理措施的单一

虽然稳定的秩序对于国家、社会以及个人的发展至为关键，但是对于社会秩序的维持也存在必要的限度，这在密尔看来，凡使属社会以强制和控制方法对付个人之事，无论所用措施是法律惩罚方式下的物质力量或者是公

〔1〕 参见岳彩申：《民间借贷的激励性法律规制》，载《中国社会科学》2013年第10期。

〔2〕 参见岳彩申等：《民间借贷与非法集资风险防范的法律机制研究》，经济科学出版社2017年版，第209页。

众意见下的道德压力，都需要以自我防卫为最高的准则。[1] 密尔所主张的自我防卫实质是呼吁宽容异议、鼓励人的个性和多样性，因此在其看来，除了防止他人伤害目的之外，对一切人施加制裁的方式都是错误的。[2] 特别是现代社会中，对于纠纷解决的方式并不局限于法律本身。相比较而言，用法律解决纠纷不仅社会成本较高，而且所能带来的社会效益也许并不显现。而用惩罚措施更加严厉的刑法来维持抑或恢复被破坏的社会秩序，忽视了社会治理多手段并用的治理措施。因此，过多强调刑法维护社会秩序的重要性，则忽视了社会秩序的本身规律性。与纯粹的自然秩序相比较，社会秩序除了自然秩序的普遍性、绝对性、恒长性、连续性等特征之外，它还具有可预测性。[3] 也就是说，人们可以根据对时空中某个部分的特征进行全面了解后，对其余的部分做出至少希望能被证明的预测。[4] 但是从目前情况来看，我国刑法还有很大的改进空间。

一、刑法成为“最先”保障法

通过前文的论述已知，在刑法理论中关于现代刑法角色的定位早已达成共识性见解——作为公法性质的刑法应当具有保障法的地位，即在其他法律制度难以调控之时，才能动用惩罚措施最为严厉的刑法。因而，刑法是其他法律得以运行的重要保障，应当具有其他部门法的最后保障性。然而，正是过于强调秩序论刑法治理理念的重要性，导致刑法逐渐成为社会治理的“最先”保障法。

从世界其他国家来看，对于犯罪现象的憎恶也是异常强烈，因而导致在

---

[1] 参见[爱尔兰]约翰·莫里斯·凯利：《西方法律思想简史》，王笑红译，法律出版社2014年版，第287页。

[2] 参见[爱尔兰]约翰·莫里斯·凯利：《西方法律思想简史》，王笑红译，法律出版社2014年版，第287页。

[3] 参见尹伊君：《社会变迁的法律解释》，商务印书馆2010年版，第273页。

[4] 参见[英]弗里德里希·冯·哈耶克：《法律、立法与自由》（第一卷），邓正来译，中国大百科全书出版社2000年版，第54页。

西方社会早期的立法中，过多强调刑法治理的有效性。例如，对于自杀行为，英国早期立法也是将其作为犯罪论处。在美国，对于毒品泛滥的社会现实，也是采取较重的打击措施，即便是吸食行为在有些州也被视为严重的犯罪。而随着社会秩序的逐步建立和稳定，目前在社会治理中单纯依赖刑法治理措施的重要性应逐步降低。然而在当前我国刑法治理过程中，刑法往往在其他措施尚未能有效发挥治理效果之时，就一马当先地成为治理社会的“最先”保障法。

其一，就刑法与行政法的发动而言，刑法往往一马当先。醉驾入刑无疑就是最好的佐证。所谓醉驾是指因饮酒而完全丧失或部分丧失个人意志，在这种状态下驾驶机动车的行为。特别是因醉驾导致恶性交通事故频发，因而《刑法修正案（八）》采纳了多数代表的提议，将“醉驾”纳入刑法之中。

表面看来，用刑法治理酒驾行为能够维护社会秩序，然而现实情况真的如此吗？有学者对我国某直辖市自醉驾入刑后的案件数进行统计后发现，将醉驾入刑后并未带来犯罪率的实质性降低，因而从整体预防效果来看不容乐观。某市人民法院2010年、2011年、2012年判处交通肇事罪的人数分别为1152人、1641人、1398人。通过以上统计可以发现，自醉驾入刑后的前后三年间，该市的交通肇事案件数并未出现大比例的下降。[1] 对于醉驾现象屡禁不止的原因并非缺乏刑法规定。因为“基于行为的流行性，有相当一部分行为即使有害，也未必是刑法所能调控的”。[2] 法律的威信来源于效力，而法律的效力来源于法律能否在实践中得到有效贯彻。

纵观我国行政法的相关规定，对于酒驾的规制不能说不严格，那么，值得我们思考的是，在行政法规制时出现了执法不严等原因才导致酒驾屡禁不止，将由此导致的一系列后果归因于缺乏刑法规定，显然难以成立。醉驾

---

〔1〕 参见袁林等：《用刑法替代劳教制度合理性质疑》，载《法商研究》2014年第6期。

〔2〕 邢馨宇、邱兴隆：《刑法的修改：轨迹、应然与实然——兼及对刑法修正案（八）的评价》，载《法学研究》2011年第2期。

入刑后,在理论上不仅难以区分醉酒与饮酒的边界,而且在实践中还会进一步造成处罚范围的扩大。刑法的最后保障法地位要求,应当将刑法作为最后的手段加以使用,只有在其他法律难以对该现象进行调控,才是刑法介入之时。因此,在刑法干预之前,在行政法上至少有诸多值得完善的地方,只要将行政法执行到位,同样能带来治理效果的改观。

其二,就刑法与民法的发动而言,刑法提前发动的势头依旧不容小觑。实践中同样存在民事案件中刑法率先发动充当"最先"保障法的范例。随着我国市场经济的迅速发展,公民之间的经济交往越发频繁,通过民法维护正常交易秩序的重要性不言自明。如在合同法领域,对于当事人之间合同的订立、履行、合同的效力以及违约责任等都进行了详细的规定。例如,基于民事欺诈订立合同效力的规定,当事人以欺诈的手段订立的合同,若损害国家利益的,合同无效;若损害其他人利益的,受欺诈方有权请求人民法院或仲裁机构予以撤销。与此同时,对经济秩序的维护也是刑法的主要任务之一,对于经济领域的具有严重社会危害性的行为,刑法也将其规定为犯罪行为,如关于诈骗罪的规定。不难发现,上述的民事欺诈和诈骗犯罪的范围存在一定的交叉部分,从而导致刑法会将诈骗罪犯罪圈扩展至民事欺诈的领域。

以"赵某利案"为例[1],1994 年,赵某利在担任集体所有制企业厂长期间,在东北风冷轧板公司四次提货,拿走价值 134, 189 万元的冷轧板但未结算。第二年其向辽阳惠州联合冷轧板矫直厂出具45 万元的汇票委托书存根后,又拿走了价值 448, 292 元的冷轧板。同年,检察院以赵某利构成诈骗罪向人民法院提起公诉,一审法院审理后以证据不足认定赵某利无罪,并驳回刑事附带民事诉讼请求。判决作出后检察院提起抗诉,二审法院最终认定赵某利构成诈骗罪。直到 2018 年最高人民法院才启动再审,认为其在多次

---

〔1〕 参见赵某利诈骗刑事案判决书,(2018)最高法刑再 6 号。

提货期间,仍持续进行转账支付货款,具有积极履行支付货款义务的意思表示,因而主观上不具有非法占有目的。同时,赵某利在客观上从未否认提货事实的发生,亦未实施逃匿行为,故不能认定为是虚构事实、隐瞒真相的行为,因而不构成诈骗罪。类似的案件还包括“耿某喜诈骗案”[1]、“张某中诈骗案”[2]等,不一而足。

对于民事欺诈和刑法中的诈骗罪的认定,只有厘清二者之间的界限,在实践中才能遏制刑法率先发动。民事欺诈与诈骗罪的行为结构具有相似性,均表现为行为人实施了虚构事实、隐瞒真相的欺骗行为,但构成诈骗罪还需要满足主观上具有非法占有目的和达到值得刑法处罚的严重的社会危害性程度这两个要件。对于这两个要件的认定,由于其本身标准的模糊性,在认定中往往表现为把握不严的趋势,极易造成动用刑事强制手段介入正常民事生活,侵害平等、自愿、公平、自治的市场营商环境。因此,应当避免将刑法作为社会防卫法制,只有坚守刑法“最后”保障法的地位,才能激发市场主体创新的积极性和主动性,进而增强经济发展的活力。

总而言之,某一行为是否能被规定为犯罪,社会危害性并非唯一的考量因素。“刑事立法与其他立法活动的不同在于,它是以犯罪与刑罚这一特殊性质的内容设定方式界分了与一般违法行为的不同所在。”[3]也就是说,刑法所抑制的是一种罪行,而其他规范所抑制的是一种罪恶。“罪恶的概念显然大于罪行的范围,罪行属于罪恶的一种,而罪恶并非都是罪行。”[4]基于此种关系考量,刑法与其他规范所规制的内容应当存在质与量的差别。相反,我国立法机关恰恰将社会危害性作为设立新罪考量的最重要标准。也就是说,“习惯以严重的社会危害性为核心思考问题,某种行为具有严重的社会

[1] 参见耿某喜诈骗刑事案判决书,(2018)最高法刑再5号。
[2] 参见张某中诈骗、单位行贿、挪用资金刑事案判决书,(2018)最高法刑再3号。
[3] 陈伟:《刑事立法的政策导向与技术制衡》,载《中国法学》2013年第3期。
[4] [英]霍布斯:《利维坦》,黎思复等译,商务印书馆1985年版,第226页。

危害性动辄成为立法者和主张某种行为入罪者的首要理由。”[1]如果刑法不再是作为社会治理手段中不得已而为之的最后手段，那么结局只能沦为如同《治安管理处罚法》同等地位的“危害防治法”。也即，只要出现了任何危害社会的行为，无论刑法是否有必要介入，均能从社会危害性以及处罚必要性中找到立法的正当理由。如此泛立法化的做法是以刑法丧失应有的体系性价值为代价，最终导致刑法在社会治理中难以发挥应有的制度性功能，反而会在罪与非罪的纠缠之中举步维艰。

二、刑法成为社会危害防治手段趋势加强

虽然犯罪是对社会秩序的破坏，但并不是任何具有危害性的行为均能进入刑法治理的范围。过于强调刑法惩罚功能的理念，必然导致一些轻微的行为进入刑法治理的范畴，进而在刑事立法与刑事司法中造成“过度刑法化”的局面。主要表现为以下几点：

（一）刑法中新增罪名罪状不断增加

从我国单行刑法以及十一次《刑法修正案》涉及的内容来看，刑法成为社会危害防治手段趋势增强的表现特别明显。其主要表现为两个方面：

其一，增设大量新的罪名。通过对 1997 年《刑法》通过之后颁布的单行刑法以及刑法修正案的梳理，可以看出我国历次发布的刑法修正案中新增罪名的势头强劲，大部分罪名是因为对于原有法律条文增加了部分要素从而导致原先罪名的修改，并非真正意义上的取消，真正意义上取消的罪名屈指可数。

其二，修改罪状内容，扩大处罚范围。从我国开始颁布刑法修正案以来，多次对 1997 年新刑法中的法律条文进行修改，其具体修改的内容大致可以概括如下：

---

〔1〕 参见刘艳红：《当下中国刑事立法应当如何谦抑？》，载《环球法律评论》2012 年第 2 期。

《刑法修正案(一)》主要对7个罪名的罪状进行了修改,其中5个罪名扩大了处罚的范围,如第4条将处罚的范围由“证券”扩充为“证券、期货”。2个罪名对于刑法条文中特定概念的范围进行列举式明确化,如第7条明确列举了金融机构的范围。

《刑法修正案(二)》只对1个罪名的处罚范围进行扩大。从只惩罚“非法将耕地占做他用”,到扩大为“非法占有耕地、林地等农用地”。

《刑法修正案(三)》中主要对6个罪名的罪状进行修改,其中有1个罪名增加了处罚的力度,提升法定刑。5个罪名扩大了处罚的范围,最为典型的是修改了《刑法》第125条第2款,其既在行为方式上增加了“非法制造、存储”的行为,又在犯罪对象上将“核材料”修改为“危险物质”。

《刑法修正案(四)》中对4个罪名的罪状进行了修改。2个罪名扩大了处罚范围,其中第5条将处罚的对象从“固体废物”扩大到“固、液、气”三种存在状态的废物,使得处罚对象更为周延。同时有2个罪名删除了某些不合理的规定,如第7条,取消了“以牟利目的”。

《刑法修正案(五)》扩大了1个罪名的处罚范围,如第2条中增加了行为方式,将“使用虚假的身份证明骗领的信用卡”包含在妨害信用卡管理罪中。

《刑法修正案(六)》中对10个罪名的罪状进行修改。其中8个罪名扩大了处罚范围,具体表现为扩大犯罪主体、增加行为方式和犯罪对象。2个罪名删除了一些不必要的罪状,如第13条删除了具体列举的违规发放贷款的情形。

《刑法修正案(七)》中对9个罪名的罪状进行了修改。其中第12条1个罪名删除了部分罪状,避免了与新增第3款规制行为的交叉。8个罪名通过增加行为方式扩大了处罚范围,较为特殊的是该8个罪名中有1个罪名(第3条)以新增条款的方式规定了不予追究刑事责任的情形。

《刑法修正案(八)》中对12个罪名的罪状进行了修改。其中7个罪名增加了部分罪状,最为典型的为第 39 条增加了盗窃罪的行为方式,将“入户盗窃、携带凶器盗窃、扒窃”纳入其中。5 个罪名对不合理的罪状进行了删除。如第 21 条中删除了“掌握国家秘密工作人员犯本罪必须在履行职务期间”的规定。

《刑法修正案(九)》中对 19 个罪名的罪状进行了修改。其主要是通过增加罪状扩大行为方式和行为对象的方式实现的,并且有 3 个罪名增加了单位犯罪主体,最典型的是第 34 条的修改,将“盗窃、侮辱尸体罪”变更为“盗窃、侮辱、故意毁坏尸体、尸骨、骨灰罪”,增加了“故意毁坏”的行为方式,将对象扩大为“尸体、尸骨、骨灰”;单位也可成为侵犯公民个人信息罪的主体等。

《刑法修正案(十)》中对 1 个罪名的罪状进行修改。将“侮辱国旗、国徽罪”的罪名变更为“侮辱国旗、国徽、国歌罪”,扩大了处罚的对象范围。

《刑法修正案(十一)》中修改的 14 个罪名的罪状都对处罚范围进行扩大。其中 12 个罪名增加了行为方式,如第 5 条和第 6 条增加“提供假药”“提供劣药”的行为方式,并将罪名分别变更为“生产、销售、提供假药罪”和“生产、销售、提供劣药罪”。2 个罪名扩大了处罚的犯罪对象,如第 45 条将行为对象由“食品”扩展到“食品、药品”,并将罪名变更为“食品、药品监管渎职罪”;第 47 条将适用的对象扩张至具有军籍的“文职人员”,扩大了处罚的对象。

当然,限于成文法的滞后性,对于某些严重的危害社会的行为需要及时修改刑法、进行规制也无可厚非。但是,一方面,限于刑法资源有限性的客观现状;另一方面,限于其他规范能够有效解决问题等客观现实,不能将任何有害的行为均纳入刑法中进行调控。例如,《刑法修正案(九)》将代替考试罪入刑就是适例。根据《刑法修正案(九)》第 25 条第 4 款规定的“代替他人或者让他人代替自己参加第一款规定的考试的,处拘役或者管制,并处或者单处罚金”。[1] 众所周知，我国自开创科举制度以来，关于人才的选拔一般采取考试的方式进行，即便在当下社会，对于考试这种方式的青睐丝毫没有减弱。参加不同的考试所需要的条件并不一致，有的考试需要具有一定的主体资格，有的考试需要具有过硬的专业素养。无论是哪种考试，在道德要求上都是共同的，即要求每一个考生能够诚信参加考试，不使用禁止使用的作弊器材等。代替他人考试或者让他人代替自己参加考试的，显然违反的是考试制度中的诚信原则，这种替考方式明显属于道德层面的事项。基本理由如下：首先，尚未达到我国刑法中的严重的社会危害性的程度。根据我国《刑法》第 13 条的规定，犯罪是具有严重的社会危害性的行为。我国通说的观点认为，“需要结合客观行为造成的损害与行为人的主观要件来具体把握社会危害性”。[2] 就代替考试而言，虽然主观上具有一定的恶性，但这种恶性与犯罪所要求“禁止恶”相比存在较大的不同，且在客观上对法益造成的侵害也未必达到严重的程度。其次，在目前制度下，替考实现的可能性很小。在我国目前越来越规范的考试制度之下，尤其是在法律规定的国家考试中，监考老师需要认真核对身份证、准考证，还要和现场的考试人员的面貌进行比对核实，这种现场核实的做法使替考的可能性几乎降到最低。最后，存在其他的治理措施。对于不诚信的考试行为，一旦发现，将会有其他严重的惩罚措施，这种惩罚措施虽不如刑罚般严厉，但对一个人的人生将会造成无法估计的负面影响。例如，在有些考试中存在作弊等行为会被禁止在一段时间内参与该类考试，且不诚信的行为会被记录到个人诚信档案中，这就意味着，无论该人以后从事何种工作和事业，这种不诚信的记录也

---

〔1〕《刑法修正案(九)》完整的内容如下：在刑法第 284 条后增加一条，作为第 284 条之一：“在法律规定的国家考试中，组织作弊的，处三年以下有期徒刑或者拘役，并处或者单处罚金；情节严重的，处三年以上七年以下有期徒刑，并处罚金。为他人实施前款犯罪提供作弊器材或者其他帮助的，依照前款的规定处罚。为实施考试作弊行为，向他人非法出售或者提供第一款规定的考试的试题、答案的，依照第一款的规定处罚。代替他人或者让他人代替自己参加第一款规定的考试的，处拘役或者管制，并处或者单处罚金。”

〔2〕马克昌主编：《犯罪通论》，武汉大学出版社 2013 年版，第 21 页。

会伴随一生,处罚不可不谓严厉。

(二)刑法中“兜底性条款”大量存在

兜底性条款因其本身弹性大的特点使得其在弥补法律漏洞方面具有不可替代的优势,但也正是由于其模糊性的特征,使刑法将其处罚的“触角”一伸再伸,确定性较低。一定程度上讲,兜底性条款的规定导致刑法条文本身不具有明确性。

在我国兜底性条款存在两种形式:其一,作为定罪条件的兜底性条款,其中主要包括行为人、行为手段、行为对象等要素的选择性。例如,《刑法》第263条关于抢劫罪的行为方式“以暴力、胁迫或者其他方法抢劫公私财物”的规定,其中的“或其他方法”具有概括性和抽象性,需要在具体适用法条时按照同类解释的标准予以说明。其二,作为量刑情节的兜底条款。在刑法条文中主要表现为“或者有其他严重情节”“或者造成其他严重后果”。此种情形一般不会影响罪名的认定,但是对量刑起到了决定作用。通过对我国刑法典和十一个刑法修正案进行梳理后发现,我国目前存在作为定罪条件的兜底性条款的罪名69个,[1]占我国刑法条文总数的14.20%,作为量刑条件的兜底性条款的罪名44个,占我国刑法条文总数的9.05%。因此我国存在兜底条款的刑法条文数占刑法条文总数的比例为23.25%。由此观之,兜底性条款在我国刑法条文中占比较大。

兜底性条款的存在有其优越性和必然性,但由于其本身具有的内在局限和容易异化的特质,导致兜底性条款在维护法律稳定性、赋予法官自由裁量权的同时,在司法实践中也经常被当作“万能条款”。下文主要以非法经营罪在司法实践中的具体运用情况[2]来分析兜底性条款、兜底性罪名的存

---

〔1〕由于存在有的条文中既有作为定罪条件的兜底性条款,又存在作为量刑条件的兜底性条款,笔者将该部分刑法条文全部归入作为量刑条件的兜底性条款中,以上数据之间不存在重合的地方。同时在原先刑法条文后通过修正案的方式新增的条文,笔者全部当作一个条文计算。敬请读者甄别。

〔2〕以下数据均来源于聚法案例数据库,最后访问日期:2021年12月6日。

在导致刑法过度适用的情况。

非法经营罪的前身为1979年《刑法》中的投机倒把罪，因没有规定明确的行为类型而被人称为"口袋罪"，直到1997年《刑法》废除了投机倒把罪，代之以非法经营罪试图改变其适用弊端。然而非法经营罪采取"空白罪状+兜底性条款"的立法模式，即构成该罪的前提必须是违反国家规定，同时又以《刑法》第225条第4项"其他严重扰乱市场秩序的非法经营行为"作为定罪条件的兜底性条款。根据同类解释的规则，该项的行为社会危害性程度必须达到与前3款所列举行为的社会危害性相当。然而通过对司法实践进行观察，修改后的非法经营罪并没有完全摆脱之前的弊端。

以"非法经营罪"为关键词在聚法案例数据库检索到的2012年到2021年司法文书的数量，排除2021年可能存在的裁判文书上网不及时的情形，总体上除了2017年案件文书数量有所下降之外，其他年份非法经营罪的判决数量呈上升趋势。再对判决结果进行比较，判处无罪的案件数量为87件，占案件总数的比例为0.19%；免于刑事处罚的案件数量为347件，占案件总数的比例为0.75%；判处拘役的案件数为2419件，占总案件数的5.23%；判处有期徒刑的案件数为43,354件，占总案件数的93.93%。因此，行为人一旦以非法经营罪为由被提起公诉，裁判结果无罪的可能性仅为0.19%，而被认定构成非法经营罪的概率却高达99.81%。（见表5-2-1）

表5-2-1　以"非法经营罪"为关键词检索案件裁判具体情况

裁判结果	案件数量/件	占总案件数比例/%
无罪	87	0.19
免予刑事处罚	347	0.75
拘役	2419	5.23
有期徒刑	43,354	93.83

笔者再次以"非法经营罪"和"第二百二十五条第四项"作为关键词进行

检索,得到有效司法案例 560 篇,[1]案件数量的总体趋势与上面大致相同。在适用兜底性条款作为裁量案件依据时,判处无罪的案件数仅为 3 件,占总案件比例为 0.54%;免于刑事处罚的案件数为 6 件,占总案件比例为 1.07%;判处拘役的案件数为 31 件,占总案件比例为 5.53%,判处有期徒刑的案件数为 520 件,占总案件的比例为 92.86%(见表 5-2-2)。同样可以看出,一旦将某行为解释为适用非法经营罪第四项兜底性条款的情形,该行为被认定为犯罪的可能性高达 99.46%,因而该罪也一直被视为企业以及企业家的"噩梦"。

表 5-2-2　以"非法经营罪"和"第二百二十五条第四项"为关键词检索案件裁判情况

裁判结果	案件数量/件	占总案件数比例/%
无罪	3	0.54
免予刑事处罚	6	1.07
拘役	31	5.53
有期徒刑	520	92.86

因此,面对日新月异的社会现实,既然兜底性条款的存在在所难免,那么在适用兜底性条款时,应当严格坚持同类解释规则。正如有学者认为,"'兜底性条款'的解释,必须重视其同质性,同质性的认定可以参考下列标准:(1)行为的危害后果。(2)行为的危险程度。(3)行为和危害结果间发生的高度盖然性。(4)是否存在介入因素及其作用力的大小。(5)行为发生的普遍程度等。"[2]在处理疑难复杂纠纷时,对于行为是否符合犯罪构成要件,只有进行实质性违法性认定,才能更加合理地划定犯罪圈的范围,进而实现刑法人权保障的目标。

---

〔1〕由于各法律文书中的具体表述不同,有的裁判文书中直接引用"第二百二十五条第四项"作为裁判依据,有的裁判文书虽然属于适用兜底条款的情形,但是直接援引"第二百二十五条",因此统计的具体案件数量存在误差,但是笔者主要根据总占比得出结论,因而总体上不会存在太大出入。

〔2〕何荣功:《刑法"兜底条款"的适用与"抢帽子交易"的定性》,载《法学》2011 年第 6 期。

（三）积极刑法观导致处罚早期化现象明显

《刑法修正案（十一）》的出台，引发了对积极刑法观的激烈讨论，[1]反观当下现实，积极的刑法观已经对现有的传统刑法观造成一定的冲击，主要表现为新增罪名罪状的势头明显。而且“对《刑法修正案（十一）》进行结构化分析可知，整部修正案就是积极预防性刑法观的立法实践”[2]。

无论是论述刑法的谦抑性[3]，还是强调“刑法不得已”原则[4]，抑或直接表明刑法处于保障法的地位[5]，刑法的事后法定位一直是学界的主流观点。问题在于，在《刑法修正案（十一）》的修法中体现的积极刑法观，是否对这一通说形成了挑战，是否意味着不应“对传统刑法的社会根基以及由此确立的绝对‘事后保障法’地位紧抱不放”[6]，对此，需要对刑法的事后法地位重新进行考量。

1. 积极刑法观对《刑法修正案（十一）》的影响

“积极刑法观主张通过积极的刑事立法扩大刑法处罚范围，使刑法满足不断变化的社会生活事实的需要。”[7]其意义则在于在宏观层面体现出刑法应对风险社会的价值取向，在微观层面解决具体规范于“评价不足”与“评价

---

〔1〕 在知网以“主题：积极刑法观”或者“主题：预防刑法观”为关键词在总库中进行搜索，排除掉明显与此问题的讨论无关的文献，能发现中文文献：2017 年有 1 篇论文发表；2017 年、2018 年、2019 年共有 11 篇论文 +1 篇博士学位论文共 12 篇；2020 年共有 9 篇论文 +1 本专著 +1 篇报纸 +1 篇硕士学位论文 +1 篇博士学位论文共 13 篇；2021 年则有 25 篇论文 +1 篇报纸 +1 篇硕士学位论文共 27 篇。2021 年 12 月 8 日检索。

〔2〕 刘艳红：《积极预防性刑法观的中国实践发展——以〈刑法修正案（十一）〉为视角的分析》，载《比较法研究》2021 年第 1 期。

〔3〕 参见张明楷：《刑法格言的展开》（第三版），北京大学出版社 2013 年版，第 167 页。

〔4〕 参见童春荣：《刑法不得已原则之提倡——与刑法谦抑性比较的抉择》，载《湖北社会科学》2015 年第 7 期。

〔5〕 参见刘艳红：《当下中国刑事立法应当如何谦抑？——以恶意欠薪行为入罪为例之批判性分析》，载《环球法律评论》2012 年第 2 期；参见张明楷：《刑法学（上）》（第六版），法律出版社 2021 年版，第 24 页。

〔6〕 高铭暄、孙道萃：《预防性刑法观及其教义学思考》，载《中国法学》2018 年第 1 期。

〔7〕 张明楷：《增设新罪的观念——对积极刑法观的支持》，载《现代法学》2020 年第 5 期。

缺失”角度上的供给不足。[1] 其对《刑法修正案(十一)》的具体影响则是:“在刑事实体领域,通过对新型行为的犯罪化强化对侵犯集体法益的犯罪治理;在刑事制裁领域,通过提升法定刑加大处罚力度。”[2]

“刑法修正案可以通过三种途径来扩张刑法进而实现对社会的保护:(1)刑法处罚范围的扩张,主要表现就是直接增设罪名(前文已经详细梳理);(2)刑事处罚时间的提前,实现刑事处罚早期化,主要表现就是预备行为、准备行为犯罪化;(3)刑事处罚标准降低,主要表现就是入罪数额或情节标准降低。”[3]对已有犯罪提升法定刑,并不抵触刑法的事后法地位,且《刑法修正案(十一)》并没有在立法上降低刑事处罚标准,因而在这里仅需要讨论“刑法处罚范围的扩张”以及“处罚早期化”与刑法作为事后法之间的关系的问题。

2. 增设新罪的属性

《刑法修正案(十一)》通过之后,“两高”又新修了25个罪名[4],除了与《刑法修正案(十一)》无关的修改,纯新增罪名为17个,因为处罚范围扩大而修改罪名为5个。[5] 虽然未修改罪名但是增加了罪行的部分犯罪也会体现“刑法处罚范围的扩张”,但因为刑法所增设的新罪和修改罪名的犯罪最能体现积极刑法观的思想,同时考虑到篇幅所限,故下文只分析这22个罪名的属性。对这22个犯罪,可以分类为:

(1)对其他法领域的法益在刑法上的重要性的承认的犯罪(“非法引进、释放、丢弃外来入侵物种罪”“非法采集人类遗传资源、走私人类遗传资源材

---

〔1〕 参见付玉明:《立法控制与司法平衡:积极刑法观下的刑法修正》,载《当代法学》2021年第5期。

〔2〕 刘艳红:《积极预防性刑法观的中国实践发展——以〈刑法修正案(十一)〉为视角的分析》,载《比较法研究》2021年第1期。

〔3〕 王强军:《社会治理过度刑法化的隐忧》,载《当代法学》2019年第2期。

〔4〕 参见最高人民法院、最高人民检察院《关于执行〈中华人民共和国刑法〉确定罪名的补充规定(七)》(法释〔2021〕2号)。

〔5〕 第五章第二节第二点已经进行了详细的梳理,在此不再赘述。

料罪”“非法植入基因编辑、克隆胚胎罪”)；(2)对刑法原来所保护的法益在行为、对象、主体上的扩张的犯罪[“为境外窃取、刺探、收买、非法提供商业秘密罪”“负有照护职责人员性侵罪”“组织参与国(境)外赌博罪”“非法猎捕、收购、运输、出售陆生野生动物罪”“破坏自然保护地罪”“食品、药品监管渎职罪”“欺诈发行证券罪”“强令、组织他人违章冒险作业罪”“生产、销售、提供假药罪”“生产、销售、提供劣药罪”]；(3)对曾经一同保护的法益的分离以实现更好的效果的犯罪(“袭警罪”“冒名顶替罪”“侵害英雄烈士名誉、荣誉罪”“催收非法债务罪”)；(4)处罚的早期化的犯罪(“危险作业罪”“妨害药品管理罪”“高空抛物罪”“妨害安全驾驶罪”“妨害兴奋剂管理罪”)。

在(1)这一类犯罪中，前两个犯罪其实是刑法为了配套于2020年10月17日通过、自2021年4月15日起施行的《生物安全法》而制定的。其中第56条体现了对人类遗传资源的保护，第60条体现了对外来入侵物种的警惕。[1] 非法植入基因编辑、克隆胚胎罪的设立不能否认受到了贺某奎案的影响，但《民法典》第1009条也对此予以了规定。[2]

刑法对其他法领域存在的法益进行保护，体现了其保障法的要求。虽然因为这些法益处于新兴领域，其他法律是否足以对其进行调整还有待检验，但本身生物安全等领域所涉及的利益、可能造成的危害很大。将基因编辑、克隆的动物胚胎植入人体内的，也会产生不可预测的危险，进而危及人

[1] 《生物安全法》第56条第1款规定：“从事下列活动，应当经国务院科学技术主管部门批准：(一)采集我国重要遗传家系、特定地区人类遗传资源或者采集国务院科学技术主管部门规定的种类、数量的人类遗传资源；(二)保藏我国人类遗传资源；(三)利用我国人类遗传资源开展国际科学研究合作；(四)将我国人类遗传资源材料运送、邮寄、携带出境。”第60条规定：“国家加强对外来物种入侵的防范和应对，保护生物多样性。国务院农业农村主管部门会同国务院其他有关部门制定外来入侵物种名录和管理办法。国务院有关部门根据职责分工，加强对外来入侵物种的调查、监测、预警、控制、评估、清除以及生态修复等工作。任何单位和个人未经批准，不得擅自引进、释放或者丢弃外来物种。”

[2] 《民法典》第1009条规定：“从事与人体基因、人体胚胎等有关的医学和科研活动，应当遵守法律、行政法规和国家有关规定，不得危害人体健康，不得违背伦理道德，不得损害公共利益。”

类的繁衍,[1]故一般而言,使用刑法规制很有必要。所以这类新罪的设立并未破坏刑法的事后法地位。

在(2)这一类犯罪中,有个共同特点,那就是对于侵害商业秘密、赌博、性侵、危害野生动物、破坏环境、监管渎职等行为便要刑法本身予以调控。只是为了遵守罪刑法定原则,当需要将这类犯罪扩张到原有条文不能涵盖的新的行为方式、行为对象、行为主体时,立法者只有通过修法的方式才能完成,并且为了表述准确,还需要新设或修改罪名。因为刑法本身便需要保护此类法益,故增加行为方式、行为对象、行为主体并不涉及抵触刑法事后法地位的问题(除非认为对这类法益的保护本身便不符合刑法的事后法地位,但这便不是本部分要讨论的内容了)。

需要单独强调的是,"负有照护职责人员性侵罪"涉及的是对处于特殊关系的双方,是否承认女方对男方依然具有正常的行使"性自主权"的能力问题。如果认为没有此种能力,结果自然是因为侵犯了性自主权而应入罪;如果具有此种能力,也就不应入罪,只能使用其他法律进行调整——但这是一个立法的价值判断问题,在不否认"性侵"本身应当用刑法进行调整的前提下,这不会抵触刑法的事后法地位。

在(3)这一类犯罪中,攻击警察的行为本身便触犯了原有的妨害公务罪,只是因为警察属于高危职业,经常可能遭受人身侵害或威胁,故为了对其进行特殊保护,以及对犯罪分子的合理量刑,刑法将其独立出来设立新罪。

"冒名顶替罪"的行为类型在《刑法修正案(十一)》出台以前,便多以原有的"使用虚假身份证件、盗用身份证件罪"进行处罚,但因为仅凭"使用虚假身份证件、盗用身份证件罪"无法充足地评价行为人的行为,法定刑的严

---

〔1〕 参见周光权:《刑事立法进展与司法展望——〈刑法修正案(十一)〉总置评》,载《法学》2021年第1期。

厉程度也不足，[1]故《刑法修正案(十一)》对此新设了罪名。

侵害侮辱英雄烈士名誉、荣誉的行为在以前便能够以寻衅滋事罪进行处罚[2]，新设此罪名则是为了“维护社会主义核心价值观，保护英雄烈士名誉，与英雄烈士保护法相衔接”[3]，同时“英雄烈士个人的名誉权和社会公共利益均是在我国宪法体系中具有宪法地位的权益，故我国立法者出于保障这些利益的目的在刑法中增设侵害英雄烈士名誉、荣誉罪，整体而言具有合宪性”。[4] 所以刑法需要单独设立此罪予以更好的保护。

至于“催收非法债务罪”，“从非法催收债务的行为看，该罪与寻衅滋事罪并无本质区别，以往司法实践对于采用不当手段催收合法债务的，就已经按照寻衅滋事罪处理，那么，对于采用不当手段催收非法债务，按寻衅滋事罪处理并不存在构成要件适用上的问题”。[5] （至于催收非法债务行为从寻衅滋事罪中分离出来有无必要则是另一个问题）

可见以上罪名的新设也不代表刑法将原先不予处罚的行为新纳入了刑法规制，故也不会抵触刑法的事后法本性。

在(4)这一类犯罪中，“妨害安全驾驶罪”“危险作业罪”“高空抛物罪”

---

〔1〕 参见付玉明：《立法控制与司法平衡：积极刑法观下的刑法修正》，载《当代法学》2021年第5期。

〔2〕 例如，经常有新闻指出某人侮辱烈士以寻衅滋事罪判刑。参见《网上辱骂凉山灾烈士构成寻衅滋事罪，男子获刑七个月》，载中青在线，http://news.cyol.com/app/2019-08/24/content_18126934.htm；《1年2个月！那个侮辱凉山救火烈士的万宁男子被判刑了！》，载搜狐网2019年9月26日，https://www.sohu.com/a/343702800_815633；《网络发言侮辱消防烈士，山东一男子被判寻衅滋事罪》，载搜狐网2020年3月23日，https://www.sohu.com/a/382456844_114988；《男子微博侮辱火灾烈士获刑2年在国家级媒体公开道歉》，载凤凰网2019年6月30日，https://news.ifeng.com/c/7nurBhl9ne4。

〔3〕 李宁：《关于〈中华人民共和国刑法修正案(十一)(草案)〉的说明》，2020年6月28日在第十三届全国人民代表大会常务委员会第二十次会议上。

〔4〕 王钢：《刑法新增罪名的合宪性审查——以侵害英雄烈士名誉、荣誉罪为例》，载《比较法研究》2021年第4期。

〔5〕 刘艳红：《积极预防性刑法观的中国实践发展——以〈刑法修正案(十一)〉为视角的分析》，载《比较法研究》2021年第1期。

是预防性刑法规范，[1]其体现了处罚早期化。“妨害药品管理秩序罪”除了规定以前也“按假药论处”构成犯罪的“生存、销售国务院药品监督管理部门禁止使用的药品”“未取得药品相关批准证明文件生产、进口药品或者明知是上述药品而销售”的情形为犯罪外，其新增加的对“药品申请注册中提供虚假的证明、数据、资料、样品或者采取欺骗手段的”和“编造生产、检验记录”的处罚，则也体现了“从源头出发”对药品犯罪进行治理以维护药品管理秩序和公众身体健康的目的，故也意味着处罚的早期化。

至于“妨害兴奋剂管理罪”，因为“将此类涉及兴奋剂的行为规定为犯罪，强调‘国家形象’‘竞赛公平’等过于抽象的‘集体法益’欠缺刑法规制的正当性”。[2] 能够想到的立法理由其实也是在于：通过对引诱教唆使用、提供兴奋剂等行为进行事前规制，从而达到在早期便能制止滥用兴奋剂的目的。因而依然体现了处罚的早期化。

不过处罚早期化并不一定意味着与刑法的事后法地位相抵触。如果长期以来其他法领域的手段无法制止这类行为的常发，在其他措施乏力的情况下，刑法即便提前介入，也并不抵触其事后法本性。“高空抛（坠）物行为在某些地方成为顽疾，成为社会各界都非常关心的问题，在治理上需要多管齐下，综合运用各种法律手段，因为民事侵权行为的治理手段毕竟效果有限，不足以发挥法律的一般预防效果，而且侵权责任赔偿有时不足以弥补被害人的物质损失，更难以抚慰被害人及其家属内心所受的伤害”[3]。而且，“一种药品完整的产业链通常包括研发、生产、包装、质检、贮藏、运输、销售、监管、召回等环节，行为的作用对象既可能是药品也可能是药品原料，整个链条相互影响、相互制约，任何一个环节出现问题都可能导致危害药品安全

---

〔1〕 参见曲新久：《〈刑法修正案（十一）〉若干要点的解析及评论》，载《上海政法学院学报（法治论丛）》2021年第5期。
〔2〕 付玉明：《立法控制与司法平衡：积极刑法观下的刑法修正》，载《当代法学》2021年第5期。
〔3〕 周光权：《刑事立法进展与司法展望——〈刑法修正案（十一）〉总置评》，载《法学》2021年第1期。

事件的发生,因而有必要对其进行周延的保护。然而,现行刑法……这种以单一行为为规制重心的立法体系难以覆盖药品安全的全过程,在犯罪日益集团化、网络化的当下,可能会造成诸多司法适用困境。"[1]除此之外,长期以来,在有关生产作业特别是矿山、化工行业的生产作业过程中,重大安全事故已经成为一个较为严重的社会问题。如2020年下半年发生的湖南耒阳源江山煤矿"11·29"透水、重庆永川吊水洞煤矿"12·4"火灾两起重大事故。[2] 故"高空抛物罪""妨害药品管理罪""危险作业罪"这三个新罪的设立并不抵触刑法的事后法本性。

然而,对于"妨害安全驾驶罪"而言,其之所以立法,是因为受到了"万州公交车坠江案"的影响。对于公交车坠江此类严重危及公共安全的行为,如果产生了具体危险,造成了实害结果,完全能以"以危险方法危害公共安全罪"进行充分评价。只是因为在司法实践中,行为人对驾驶人员实施暴力行为然后抢夺汽车操纵装置的,在没有仔细考量行为类型及其危险性的情况下,就相对容易地得出行为危害公共安全的结论,从而大量认定"以危险方法危害公共安全罪"的成立,可能出现定性不当的问题。[3] 所以,增设新罪"能够有效化解司法恣意扩大以危险方法危害公共安全罪适用空间所带来的罪刑法定的危机"。[4] 但没有考虑行政处罚等其他手段是否能够对其进行规制的问题,故不能否认其具有突破刑法事后法本性的嫌疑。"妨害兴奋剂管理罪"也同样面临没有解答对这类行为的规制是否通过其他法领域的手段也能达到合理效果的问题。

综上,虽然对于"妨害安全驾驶罪"和"妨害兴奋剂管理罪"而言,其设立可

---

〔1〕 王禹、卢有学:《危害药品安全犯罪圈实质划定的向度》,载《行政与法》2019年第7期。

〔2〕 参见黎宏:《安全生产的刑法保障——对〈刑法修正案(十一)〉相关规定的解读》,载《中国刑事法杂志》2021年第2期。

〔3〕 参见周光权:《论通过增设轻罪实现妥当的处罚——积极刑法立法观的再阐释》,载《比较法研究》2020年第6期。

〔4〕 周光权:《论通过增设轻罪实现妥当的处罚——积极刑法立法观的再阐释》,载《比较法研究》2020年第6期。

能有违背刑法的事后法本性。但就《刑法修正案(十一)》整体新设罪名来看,依然维持了刑法的事后法地位。故积极刑法观并非改变刑法的事后法定位,然而不能否认,积极刑法观依然使刑法的“处罚早期化”现象更加明显。

3. 处罚早期化的不足

但是,处罚早期化本身存在诸多不足。如前所述,也不能否认《刑法修正案(十一)》存在没有充分考虑刑法事后法定位的处罚早期化立法,且刑法原先便有“预备行为实行化”“既遂形态的前置化”“行政民事违法行为进入刑法制裁领域”[1]等立法前置化、处罚早期化的现象。这类措施本身存在的问题主要表现在以下两个方面:

(1) 实质预备犯的可罚性缺失

一般不会认为我国的立法规定表明犯罪预备绝对不可罚,因此理论上要么认为我国对犯罪预备采取的是处罚原则,[2]要么认为我国是以不处罚为原则、处罚为例外。[3] 因此便可以将依照总则确定处罚的预备犯称为形式预备犯,将根据分则确定处罚的“实行化的预备犯”称为实质预备犯。但实质预备犯的规定会引发三个问题:①形式预备可以成立犯罪中止,且实践中一般认为缺乏刑事可罚性,但是作为实质预备犯,即便停止,也已经构成犯罪既遂。但这是否合理?②在实质预备犯的认定过程中,是否可以存在预备形态?如果可以存在预备形态,则实质预备犯与形式预备犯是一种什么样的关系?实质预备是否意味着与形式预备并不相矛盾?③一个预备行为的实行化应该预示着与实质危害性正相关,但是从逻辑上说实行化的处罚结果并不必然比原本作为普通预备犯时的处罚更重。[4]

---

[1] 孙万怀:《违法相对性理论的崩溃——对刑法前置化立法倾向的一种批评》,载《政治与法律》2016 年第 3 期。

[2] 参见潘弘、王亚楠:《犯罪预备形态的价值分析》,载《法学杂志》2012 年第 12 期。

[3] 参见王志祥、郭健:《论犯罪预备行为的处罚范围》,载《政治与法律》2005 年第 2 期。

[4] 参见孙万怀:《违法相对性理论的崩溃——对刑法前置化立法倾向的一种批评》,载《政治与法律》2016 年第 3 期。

以《刑法》第 287 条规定的非法利用信息网络罪为例,其“立法的基本思路显然是:出于‘打早打小’的政策,将一些原本属于预备阶段的网络犯罪行为单独入罪处罚”。[1]

首先,即便不谈此犯罪行为的危害程度是否达到了足以入罪的程度,这种犯罪的设立也会首先使“设立用于实施诈骗、传授犯罪方法、制作或者销售违禁物品、管制物品等违法犯罪活动的网站、通讯群组的”的行为,不被允许成立犯罪中止,无法鼓励行为人放弃犯罪。其次,还会因为我国《刑法》第 22 条关于犯罪预备的规定,而导致这类实质预备犯的预备行为也可能遭受刑法打击——但“设立违法犯罪活动群组”的预备行为是否具有足够的侵害法益的危险性是存疑的。最后,此罪的法定刑为三年以下有期徒刑或者拘役。而如若我们依照总则的预备犯的规定对这类用于诈骗的网络犯罪进行处罚,当准备诈骗的数额“特别巨大”(处十年以上有期徒刑或者无期徒刑)时,依照形式预备犯判处刑罚是可能比依照“非法利用信息网络罪”定罪更重的。换言之,如若一个预备行为具有严重的可罚性,实质预备犯的规定反而不利于对其罪刑进行充分评价。

(2)刑法独立性判断的削弱

“一旦刑法极度扩张,那么必然侵蚀原本属于民法、行政法、治安管理处罚法等法律部门的调控范围,从而出现‘刑法扩张、其他部门法不扬’的局面。”[2]

但是,“刑法扩张”的局面是通过削弱刑法的独立性判断实现的。当出现“既遂形态的前置化”情形,比如,《刑法修正案(八)》将生产假药罪由具体危险犯修改为抽象危险犯,虽然考虑的是“受制于现有的技术水平,在很多案件中司法机关根本无法查明假药是否会导致何种人体危害,

---

〔1〕 孙万怀:《违法相对性理论的崩溃——对刑法前置化立法倾向的一种批评》,载《政治与法律》2016 年第 3 期。

〔2〕 王强军:《社会治理过度刑法化的隐忧》,载《当代法学》2019 年第 2 期。

或者在假药和严重后果之间无法建立确切的因果联系"[1],所以,规定为抽象危险犯有利于缓解司法实践的证明难题。但是,由此带来的问题是:"抽象危险犯具体个罪的最终目的在于警示人们遵守规范,也即通过惩罚抽象危险行为,警示人们遵守前置法规范……立法者在设置抽象危险犯个罪时,并未提示违反前置法的规定与刑事违法性的关系,并且前置法的规定往往将违反前置法的特定规定直接等同于刑事违法。"[2]学界对此并没有找到完善的解决方案。

"抽象危险是抽象危险犯的实质处罚根据,对抽象危险进行具体判断,是将抽象危险犯区分于行政处罚的重要环节。与此同时,如何避免与具体危险犯的混淆则成为重要问题。换言之,既要守住入罪的门槛,又要实现抽象危险犯这一特定形态的立法目的。"[3]而针对抽象危险的判断方法,也无法超脱允许反证与实质判断这两条路径。

允许反证类观点认为,"由于抽象危险犯中的危险是推定的危险而非拟制的危险,因此应当允许反证危险不存在而出罪"。[4] 这类观点看似既坚守了立法者设置抽象危险犯之目的,又保留了出罪途径,限制了处罚范围。然而,这一理论在实践中能否正常运行却值得怀疑。我国刑事诉讼程序确立了"疑罪从无"的原则,原则上,证明被告人有罪的责任由检察院承担,被告人并不负证明自己无罪之责任。纵观刑法条文所设置的罪名,除了"巨额财产来源不明罪"要求被告人自己作证证明财产来源,否则即有构成犯罪之风险外,均坚守了这一原则。我国刑法中所设置的抽象危险犯数量越来越多,倘若统一采取允许反证类观点,则不可否认会对"疑罪从无"的规则造成一定的冲击——因为这会使得被告人自己承担证明自己无罪的责

[1] 王小军:《生产、销售假药犯罪的实证分析与应对——基于百例生产、销售假药罪案件的分析》,载《法律适用》2017年第6期。
[2] 王飞跃:《论抽象危险犯个罪裁判规范的续造》,载《中国法学》2022年第2期。
[3] 于润芝:《抽象危险犯的解构:从法益关联和危险控制展开》,载《南大法学》2022年第3期。
[4] 付立庆:《应否允许抽象危险犯反证问题研究》,载《法商研究》2013年第6期。

任。况且,设立抽象危险犯的重要理由之一,即释放司法实践的证明压力。既然司法机关面对这类案件,都会对证明问题感到些许束手无策,那么,反过来要求普通公民分析自己的行为何以没有危险,未免强人所难。

实质判断类观点内部可以分为四类路径。第一类路径,通过考察"有无法定的足以侵害法益的行为事实"来间接地加以判断抽象危险是否存在。此时,不能仅仅根据刑法法条之规定,而且,"必须结合行为本身发生时的各种客观事实情况,如行为时的环境情况、行为对象、行为引起的外界变动等要素,从生活经验法则即从以一般生活的经验进行全面判断"。〔1〕第二类路径,通过《刑法》第13条的"但书条款"以限缩抽象危险犯,从而在个案中,将由于存在特殊情形而不具有法益侵害的可能性的某种行为排除在犯罪处罚范围之外。〔2〕第三类路径,通过引入"准抽象危险犯",从而在理论上确认应当对危险进行实质判断。这类观点的基本理由是,学界现在所理解的抽象危险犯,其中有部分实则属于"准抽象危险犯"。对于准抽象危险犯而言,"需要司法机关根据个案事实对行为本身是否具有危险性进行具体判断,只有行为本身的危险性达到了刑法规定的'足以'致生危害的程度,或者虽然并无明文规定但暗含了'足以'致生危险要求的实质标准,才能认定犯罪成立"。〔3〕第四类路径,通过"续造裁判规范"来予以判断。该学者认为旧有观点大多倚重个体裁量权,既存在规范供给不足,又存在刚性约束不够的问题。因此,应当续造抽象危险犯的裁判规范,"以抽象危险犯个罪共同具有的组成要素的齐整性、致险程度的相当性、规范违反的同质性三个特征为指导,针对个罪的规制对象进行,以司法解释、司法文件等方式指导法官办理个案"。〔4〕然而,具体而言,该类观点依然需要对危险进行综合判断,需要围

〔1〕黎宏:《论抽象危险犯危险判断的经验法则之构建与适用——以抽象危险犯立法模式与传统法益侵害说的平衡和协调为目标》,载《政治与法律》2013年第8期。
〔2〕参见苏彩霞:《"风险社会"下抽象危险犯的扩张与限缩》,载《法商研究》2011年第4期。
〔3〕熊亚文:《抽象危险犯:理论解构与教义限缩》,载《中国刑事法杂志》2021年第5期。
〔4〕王飞跃:《论抽象危险犯个罪裁判规范的续造》,载《中国法学》2022年第2期。

绕危险类型的识别、保护法益是否存在、行为是否达到致险的程度、致险程度的判断应基于客观事实这四个方面补足裁判规范。[1]

其实,无论是个案裁量,抑或规范建构,这类实质判断类观点的共同不足在于:对危险进行了实质解读,依然要求司法机关证明危险的存在。而这便与设置抽象危险犯的立法目的存在偏离:在刑法基于风险预防理念而出现"预防性犯罪化立法"这一新的立法趋势后,[2]正是因为抽象危险犯不同于具体危险犯,无须纠缠于具体危险的证明困难,从而得以发挥刑法打击犯罪的强大效果。因此,对危险作出实质判断的方案,可能难以得到司法实践的认可。

故而,才会出现司法实践直接依照"按假药论处"的规定,将药品案件移送给公安机关作为刑事犯罪予以追诉,而不会再考虑是否以行政罚处罚更为合适的现象。这虽然代表着刑法的扩张,但实质上刑法在"刑事违法性"上却失去了自己的独立判断能力,完全依照前置法规进行处理。然而,"构成要件是违法类型。对于犯罪的构成要件要素,必须根据刑法的特有目的进行解释与判断,而不能直接援用行政机关的解释与判断"。[3]

第三节 治理手段的严厉

刑法治理与其他治理措施不同之处在于需要通过刑罚发挥治理功能。即通过刑罚对犯罪人适以惩罚、对被害人被侵犯的权利予以国家救济。如果适用刑罚不当,不但不能对犯罪分子追究恰当的刑事责任,也不利于恢复业已受损的社会关系,使社会治理不能取得预期效果,不利于解决社会矛

---

[1] 参见王飞跃:《论抽象危险犯个罪裁判规范的续造》,载《中国法学》2022 年第 2 期。

[2] 参见张永强:《预防性犯罪化立法的正当性及其边界》,载《当代法学》2020 年第 4 期。

[3] 张明楷:《避免将行政违法认定为刑事犯罪:理念、方法与路径》,载《中国法学》2017 年第 4 期。

盾。在我国刑法中,不仅确立了死刑、无期徒刑、有期徒刑、管制、拘役五种主刑,还确立了配套主刑适用的缓刑以及假释等制度。但是从我国刑法治理的现状来看,治理手段的严厉主要表现为对主刑适用的青睐,而忽视了其他刑法治理措施的重要性和作用。“达到特定目标的手段合适与否,这最终是个实证性的问题。”[1]因此,在本节之中,主要通过实证研究的方法,从以下三个方面来揭示刑法治理手段的严厉:其一,刑罚重刑条文较多;其二,司法出罪率较低;其三,非监禁刑的司法适用率较低。

一、刑法重刑条文繁多

从1997年《刑法》修订至2020年12月26日第十三届全国人民代表大会常务委员会第二十四次会议通过《刑法修正案(十一)》,结合我国最高人民法院和最高人民检察院对司法解释的罪名规定,我国目前总共有486个罪名。笔者对我国的刑法罪名的法定最高刑进行统计(见表5-3-1),大致可以发现以下特征:

表5-3-1　我国刑法条文中的法定最高刑数量

最高刑	罪名个数/个	百分比/%
死刑	46	9.47
无期徒刑	56	11.52
15年有期徒刑	64	13.17
10年有期徒刑	68	13.99
7年有期徒刑	109	22.43
5年有期徒刑	38	7.82
3年有期徒刑	87	17.90
2年有期徒刑	11	2.26

[1]　[德]希尔根多夫:《德国刑法学:从传统到现代》,江溯等译,北京大学出版社2015年版,第216页。

续表

最高刑	罪名个数/个	百分比/%
1 年有期徒刑	4	0.82
拘役	3	0.62

注:参见李永升主编:《刑法总论》(第二版),法律出版社 2016 年版,第 290 页。注意此部分数据笔者在其统计数据的基础上加入《刑法修正案(十)》和《刑法修正案(十一)》的相关规定,敬请读者甄别。

首先,我国的刑法条文主要以自由刑为主。具体就刑罚规范来看,目前尚未规定自由刑的罪名主要有“危险驾驶罪”“使用虚假身份证明、盗用身份证件罪”“代替考试罪”三个罪名之外,其余的 483 个罪名均规定了自由刑,所占总条文的比例为 99.38%。

其次,我国的刑法条文所规定的死刑条文的比例较大。众所周知,死刑是最为严厉的刑罚方式,这不仅体现在刑罚执行方式的残酷性,而且一旦判决有误,将会造成不可扭转的后果。在一些规定了死刑的国家,一方面,在死刑的数量上有所限制;另一方面,也通过执行程序来限制死刑的执行。然而,通过对我国目前的刑法条文进行梳理后,可以发现,我国仍然有 46 个罪名保留了死刑的规定,所占的比例大约为 9.47%,比例依然较高。

最后,我国刑法条文的重刑条款所占比例较高。按照大陆法系较为通说的观点,法定最高刑为 3 年以上有期徒刑的一般被称为重刑,而此外被称为轻刑。通过对我国刑法的条文进行梳理,明显可以发现,我国法定最高刑在 3 年以上有期徒刑的罪名就有 468 个,占总罪名的 96.29%(见表 5-3-2)。

表 5-3-2 法定刑起止情况(纵列为起刑点、横排为止刑点)

	拘役	1 年	2 年	3 年	5 年	7 年	10 年	15 年	无期徒刑	死刑	合计
剥夺政治权利				8	2	5	10	9	4	3	41
罚金	2	2	2	30	15	26	18	8	13	2	118
管制		1	2	15	5	11	13	10	8	3	68
拘役	1	1	7	30	14	56	26	29	19	5	188
6 个月有期徒刑				2	3	2	3	8	6	2	26

续表

	拘役	1年	2年	3年	5年	7年	10年	15年	无期徒刑	死刑	合计
2年有期徒刑									1		1
3年有期徒刑							1	2	5	25	33
5年有期徒刑							1	1	3	3	8
10年有期徒刑										3	3
合计	3	4	11	85	39	100	72	67	59	46	486

注：参见李永升主编：《刑法总论》（第二版），法律出版社2016年版，第291页。注意此部分数据笔者在其统计数据的基础上加入《刑法修正案（十）》和《刑法修正案（十一）》的相关规定，敬请读者甄别。

“刑法的扩张和灵活化可以归因于常被称作为‘重刑化’的社会整体倾向。人们将其理解为一种未经省察的亲近刑法的态度，它表现为要求增加并加重刑罚。”[1]当然，一味地加重或者扩大处罚范围，并不能对刑法治理的效果带来实质性的改观，甚至在某些情形下，由此而产生的刑法治理的负功能显著。“就刑罚威慑力的持久性而言，一个规律的现象是：每当国家将某一犯罪行为纳入刑罚打击的范围或者加重处罚时，在短期内往往会有明显的效果，犯罪率会下降；但是经过一段时期之后，刑罚的威慑力就会减弱，犯罪率又趋于回升。”[2]

二、司法出罪率较低

在刑法学界，“出罪”一般包含两种意义，“其一是不构成犯罪，其二是把有罪归为无罪”。前一种“出罪”的情形本来就不在犯罪圈内，从严格的意义说来并非“出罪”，[3]现在一般所言及的“出罪”是指将有罪归为无罪的情形。通过对我国的司法出罪率进行实证分析后可以发现，我国刑法的司法出罪率较低。

---

〔1〕［德］希尔根多夫：《德国刑法学：从传统到现代》，江溯等译，北京大学出版社2015年版，第36页。

〔2〕熊永明、胡祥福：《刑法谦抑性研究》，群众出版社2007年版，第171页。

〔3〕参见夏勇：《试论“出罪”》，载《法商研究》2007年第6期。

(一)司法出罪率的现状:以《最高人民法院工作报告》为样本的实证分析

笔者将我国的司法无罪判决作为分析样本。首先,在时间的跨度上选取的是从2000年到2007年,[1]以及中断后又重新公布的某些年份,时间跨度能够反映出我国司法实践中无罪判决的整体水平,也能反映出我国无罪判决的整体变化趋势。其次,在地域上,不仅有基于全国的司法案件的无罪判决数,还有我国某些省级行政区域公布的无罪判决数。最后,除了尚未公布的数据来源于其他学者的统计,其他数据主要来源于《最高人民法院工作报告》,可以在较大程度上增强结论的可靠性。

其一,无罪判决的人数呈每年下降的趋势。通过相关的数据统计可以看出:2000年无罪判决的人数为6617;2001年无罪判决的人数为6597;2002年无罪判决的人数为4936人;2003年无罪判决的人数为4835;2004年无罪判决的人数为2996;2005年无罪判决的人数为2162;2006年无罪判决的人数为1713;2007年无罪判决的人数为1417;2008年无罪判决的人数为1373;2009年无罪判决的人数为1206;2010年无罪判决的人数为999。[2](如图5-3-1所示)

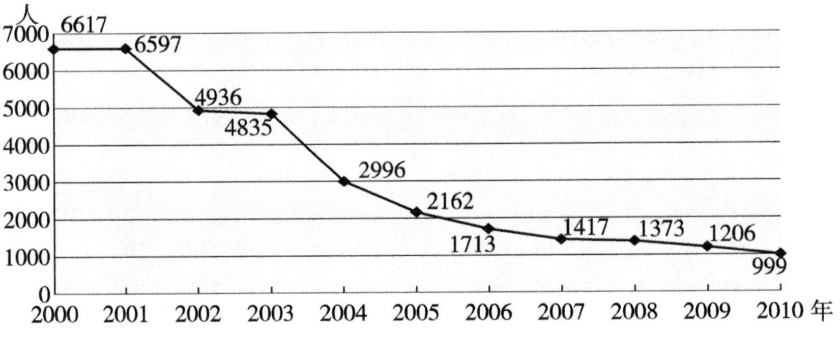

图5-3-1 我国近11年无罪判决人数

---

[1] 自1988年起到目前的《最高人民法院工作报告》共有两个时间段没有公布相应的无罪判决情况,其中1997~1998年以及2009~2013年尚未公布相关数据。但是有学者通过相应的途径获取了2008~2010年无罪判决相关的数据,笔者将以作为借鉴,特此进行说明。2014年《最高人民法院工作报告》重新恢复公布无罪判决的相关情况。

[2] 其中2008~2010年的数据来源于王禄生:《极低无罪率背后的四大真相》,载上海刑事辩护律师网2018年5月25日,https://falv119.net/xingshianli/yuananlu/n1728.html。

2014 年《最高人民法院工作报告》显示，2013 年无罪判决的人数为 825。其中，有 15 个省级辖区的高级人民法院公布无罪判决人数总计 344，另外尚未公布相关数据。其中北京 26、天津 25、河北 28、上海 5、江苏 19、福建 30、山西 2、安徽 19、江西 12、湖南 18、贵州 5、陕西 26、甘肃 42、新疆 54、重庆 5。[1]

其二，在所有的无罪判决案件中，公诉案件的无罪判决率较低。[2] 以 2006～2010 年的相关数据为例，其中 2006 年公诉案件无罪的人数为 617，2007 年为 379，2008 年为 306，2009 年为 269，2010 年为 202。与判决无罪总人数的比例分别为 36.01%、26.75%、22.29%、22.3%、22.22%。

（二）司法出罪率较低的成因

我国虽然在诉讼法中赋予了检察机关较大的裁量权，例如，检察院可以根据案件的性质以及具体的犯罪事实作出不起诉的决定，但是还难以将其归入出罪机制的范畴，因为根据我国刑事诉讼法的规定，人民法院是唯一的审判机关，有罪以及无罪的判决只能由法院为之。那么必然需要回归到刑法中寻求出罪的理论依据。具体考察我国刑法之中是否存在出罪机制，则有不同的理论主张。第一种观点，有学者认为我国刑法的“但书”规定就充当了司法出罪的功能，“因为目的论二阶层体系也能为可罚的责任理论提供清晰的体系性地位并能够在可罚的违法性与可罚的责任意义上发挥出罪的功能”。[3] 第二种观点，有学者主张从罪刑法定原则的规定中寻求正当性根据，在该学者看来，“罪刑法定只是限制法官对法无明文规定的行为入罪，但并不限制法官对法有明文规定的行为出罪”。[4]

---

〔1〕 2014 地方司法观察：《中国无罪率持续趋零》，载财新网，http://china.caixin.com/2015-02-12/100783530.html。

〔2〕 此部分的数据来源于王禄生：《极低无罪率背后的四大真相》，载上海刑事辩护律师网 2018 年 5 月 25 日，https://falv119.net/xingshianli/yuananlu/n1728.html。

〔3〕 刘艳红：《目的二阶层体系与“但书”出罪功能的自洽性》，载《法学评论》2012 年第 6 期。

〔4〕 陈兴良：《入罪与出罪：罪刑法定司法化的双重考察》，载《法学》2002 年第 12 期。

上述的第一种观点，虽然为我国的出罪机制的建构提供了方案，但是仍有值得商榷之处。这种出罪方案是以犯罪论体系为基础。众所周知，我国犯罪论体系仍然以四要件犯罪构成理论为理论通说，即便引领我国刑法进行改革的德日三要件理论体系，也并未将可罚的违法性理论作为基础。相反，多数学者认为，可罚的违法性理论虽然以被害的轻微性或者追求正当的目的和容许与之关联的脱逸程度的限度为理由，作为适用无罪判决的一种理论，但是在实务中也面临基准不明确等批判。从20世纪40年代到现在，日本最高裁判所对其采取了较为慎重的态度，几乎不再以其作为判决的理由。[1] 是其一。其二，如果确立了违法性的客观判断基础，那么可罚的违法性理论也就没有存在的理论空间。因为违法性在判断上只是存在有无的判断，并无程度的差异。

对于上述第二种观点，以罪刑法定原则为基础建构的出罪机制也存在不适当之处。首先，我国在《刑法》第3条[2]中确立的罪刑法定原则先强调的是“有法有罪有刑”，而后才是“无法无罪无刑”，正如有学者批判的，“有法有罪有刑”体现的是一种出罪禁止机能，它强调有罪必罚。其次，要求法官对法有明文规定的行为出罪并不是出罪机制的问题。在我国现行刑法之下，犯罪构成是认定犯罪的唯一标准，如果某种行为虽然符合了犯罪客体、犯罪客观要件、犯罪主体、犯罪主观要件四个要件，也有可能因存在可被法律宽恕的事由而否定犯罪的成立。说到底，该种情形属于排除犯罪的事由问题，而非出罪机制的问题。

(三)司法出罪率较低的不利影响

无罪判决不仅与社会公平正义、人权保障关系紧密，而且还能反映出我国整体法治水平。无罪判决较少的客观现实反过来会直接影响刑法治理功

---

〔1〕 参见[日]井田良：《讲义刑法学总论》，东京：有斐阁，2008年版，第246~247页。

〔2〕 《刑法》第3条规定的罪刑法定原则的具体内容为：“法律明文规定为犯罪行为的，依照法律定罪处刑；法律没有规定为犯罪行为的，不得定罪处刑。”

能的发挥。

首先,使刑法仍旧停留在惩罚的功能上。正是由于刑法治理社会的内部生成机理使人类需要刑法治理,而刑法的存在是否只是简单地完成报复,这在高明的哲学家看来,答案似乎再明显不过,如在柏拉图勾勒的理想国中,圣明的德行必将使法律与国家无以为存。罗素在论述权力和缓的条件时也曾谈道:“在某些正当竞争领域不要求一致性,如艺术、科学和党派政治……而民主政治若要取得成功和持久,需要一种宽容精神,对于暴力不能过分的爱,也不能过分的恨。”[1]而存在于刑法学内部的是古典学派与新派学者无休止的争议。然而,无论基于何种立场下,促进刑法治理功能的有效发挥是两者的共识,也即,刑法不仅能够惩罚犯罪,同时通过惩罚犯罪来恢复被侵害的社会秩序,使社会秩序因为有刑法的存在而得到充分的保障。那么,刑法之下的法治又该呈现何种面貌?正如英国思想家洛克的名言所指出的:“个人可以做任何事情,除非法律禁止;政府不能做任何事情,除非法律许可。”因而,刑法法治的真谛是要限制自身的刑罚权力。严厉化的治理措施的推进由于过于膨胀的国家惩罚权所带来负面效应有目共睹。刑法的社会治理功能的发挥不是刑罚权得以无限扩张的基本事由,刑罚的正当性是人类社会保证对犯罪的有效治理的关键所在。无论以任何借口为名,推动刑法的高压打击态势,不仅难以取得治理效果,还会使刑法停留在惩罚的功能之上。

其次,不能有效的保障犯罪嫌疑人的人权。通过对司法实践中发生的冤假错案进行分析,一起无罪案件迟迟得不到纠正,对犯罪嫌疑人的危害不言而喻,轻则会导致犯罪嫌疑人的家庭变故、身体健康恶化,重则会直接导致其命丧黄泉。

---

〔1〕［英］罗素:《走向幸福》,中国社会出版社 1997 年版,第 378 页。

三、非监禁刑适用的不足

按照是否对犯罪人进行关押可以把刑罚分为监禁刑与非监禁刑。对非监禁刑的内涵如何界定主要存在广义说与狭义说的对立。广义说认为一切不剥夺自由的措施都可成为非监禁刑,非监禁刑既包括刑法中的不剥夺自由的刑罚,也包括诉讼法中的相关措施,如取保候审、监视居住。狭义的非监禁刑主要是以刑法规范为依据,认为非监禁刑仅限于单纯的非监禁刑种,如管制、罚金等。笔者认为,从本质上来说,刑罚是对被告人确定是否有罪的一种惩罚制度,因而从广义的角度将刑事诉讼中的制度包含在内有所不妥。而狭义的非监禁刑将执行中的非监禁刑制度排除在监禁刑的范围之外同样失之偏颇。因此,本书认为,非监禁刑应当包含两个层次的含义,一是刑罚种类中的非监禁刑,二是刑罚执行方式中的非监禁刑。根据各个国家的具体刑罚制度规定的不同,其具体的内容也就存在差异。例如,美国的非监禁刑主要包括罚金、缓刑和假释;日本的非监禁刑除包括罚金、缓刑和假释之外,还包括特别法规定的保护观察、改造紧急保护和恩施。而在我国刑法之中,笔者认为,作为刑种的非监禁刑包括管制、罚金、剥夺政治权利、没收财产以及驱除出境,作为执行方式的非监禁刑主要包括缓刑、假释。

(一)非监禁刑司法适用现状:以S省近5年判决为分析样本的实证分析

如上文所论,在我国作为刑种的非监禁刑主要包括管制、罚金、剥夺政治权利、没收财产以及驱除出境,作为执行方式的非监禁刑主要包括缓刑、假释。笔者主要通过对S省2009~2013年的判决数据以实证分析的方式对其适用的现状进行研究。对其研究样本进行必要的说明:

首先,在刑种的选择上。由于笔者目前掌握的数据,刑种主要是管制、缓刑以及单处附加刑三个种类,其中,单处附加刑是将罚金、剥夺政治权利、没收财产以及驱除出境等作为分析的一个项目。尚未涉及假释的相关情况。如果从刑种的角度而言,也可视为具有全面性。因此,本书主要就该三个种类进行分析。

其次,在地域的选择上。本书对地域的选择主要是以独立行政单位的某省级区域为数据的来源,虽然该省的特殊性可能会导致其与其他省份相比,在犯罪人数以及犯罪数量等方面呈现差异,但是笔者主要从比例关系进行分析,因而不会导致太大的出入,可以保证结论的可靠性和代表性。

最后,在时间的选择上。本书主要选取的是2009年到2013年5年的时间区域,对于时间的选取也非任意为之,因为在该时间段,城市化迅速发展、外出务工人员增加,在经济、社会因素共同作用的情况下,犯罪率呈现较快的发展态势,因此,以此作为样本分析的时间参考,具有典型性。

1. S省的犯罪非监禁刑总体呈现以下状况:2009年,全省法院生效刑事案件53,951件,共判处被告人89,695人;2010年,全省法院已生效刑事案件52,208件,共判处被告人86,298人;2011年,全省法院已生效刑事案件62,213件,共判处被告人99,681人;2012年,全省法院已生效刑事案件78,807件,共判处被告人118,548人;2013年全省法院已生效刑事案件78,900件,共判处被告人113,700人(如图5－3－2所示)。其中,2009年非监禁刑18,679人,占给予刑事处罚犯罪总人数的20.9%;2010年非监禁刑17,447人,占给予刑事处罚犯罪总人数的20.29%;2011年非监禁刑21,922人,占给予刑事处罚犯罪总人数的22.09%;2012年非监禁刑29,275人,占给予刑事处罚犯罪总人数的24.78%;2013年非监禁刑31,700人,占给予刑事处罚犯罪总人数的28.04%。(如图5－3－3、图5－3－4所示)

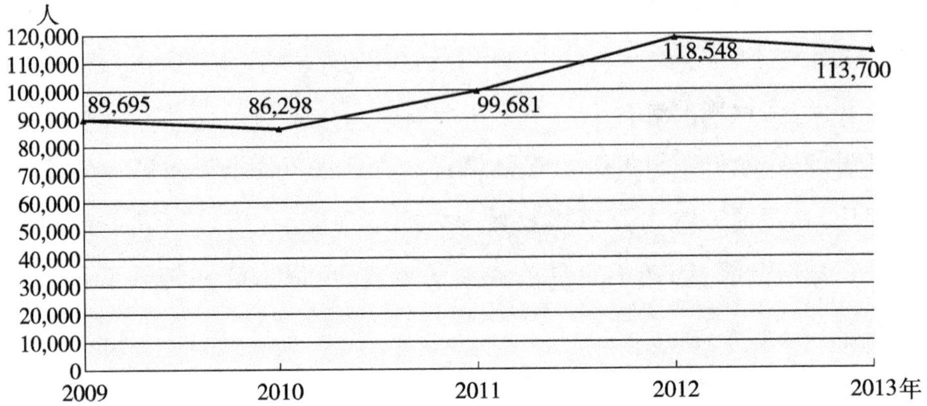

图5－3－2　S省近5年被判刑总人数

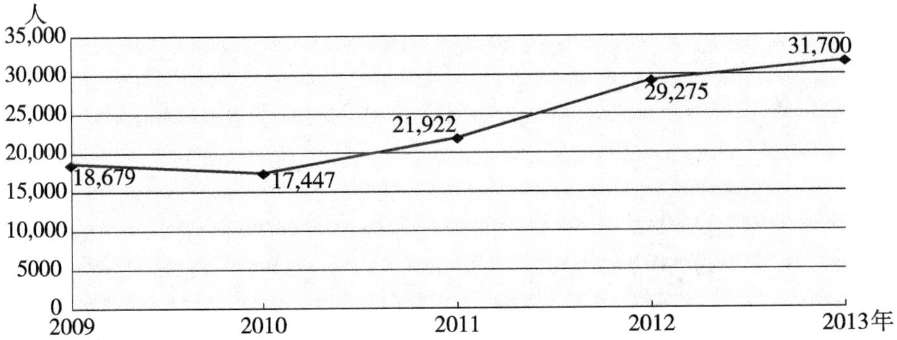

图5－3－3　S省近5年被判处非监禁刑总人数

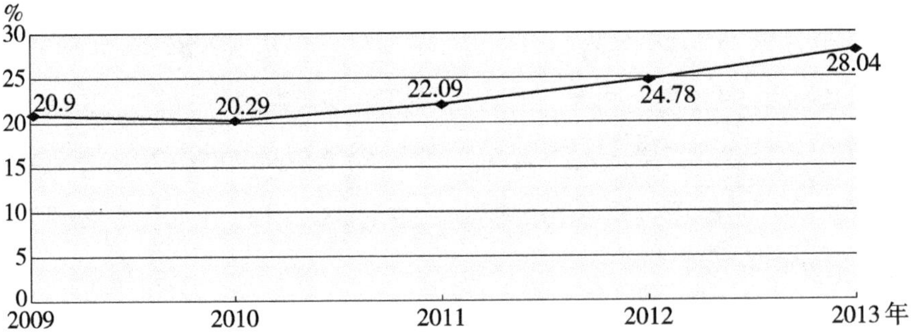

图5－3－4　S省近5年被判处的非监禁刑占总判决人数的比例

2. 缓刑。S省法院在2009年判处缓刑17,332人，占刑事处罚的

19.4%；2010 年，全省法院判处缓刑 16,118 人，占刑事处罚的 18.75%；2011 年，全省法院判处缓刑 20,493 人，占刑事处罚的 20.65%；2012 年，全省法院判处缓刑 27,667 人，占刑事处罚的 23.42%；2013 年，全省法院判处缓刑 30,100 人，占刑事处罚的 26.47%。（如图 5－3－5、图 5－3－6 所示）

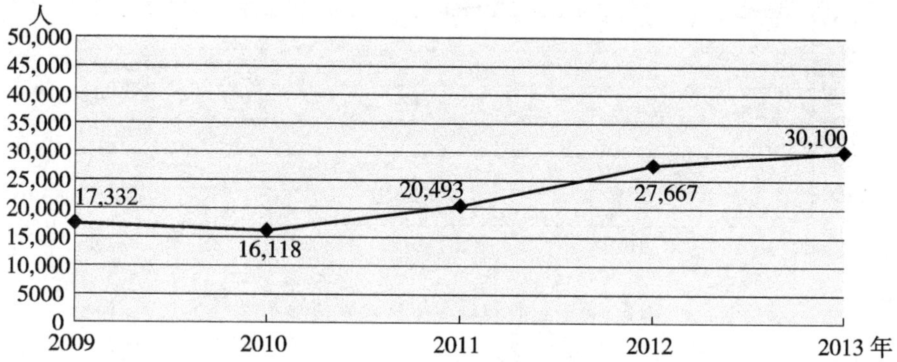

图 5－3－5　S 省近 5 年判处缓刑的总人数

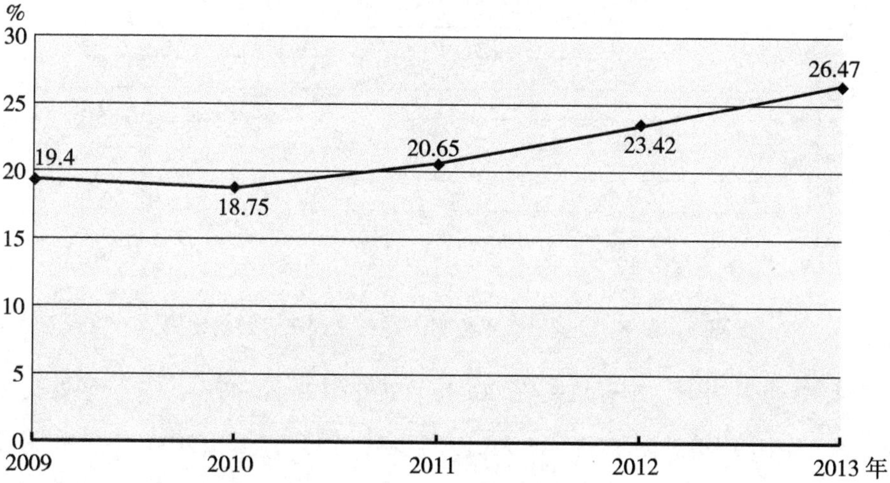

图 5－3－6　S 省近 5 年缓刑人数占总判决人数的比例

3. 管制。S 省法院在 2009 年判处管制 598 人，占刑事处罚的 0.67%；2010 年判处管制 687 人，占刑事处罚的 0.80%；2011 年判处管制 615 人，占刑事处罚的 0.62%；2012 年判处管制 478 人，占刑事处罚的 0.40%；2013 年

判处管制 424 人，占刑事处罚的 0.37%。（如图 5－3－7、图 5－3－8 所示）

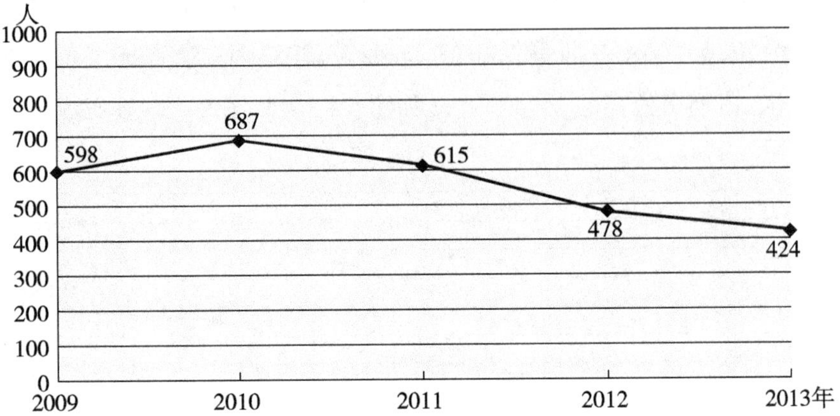

图 5－3－7　S 省近 5 年判处管制的人数

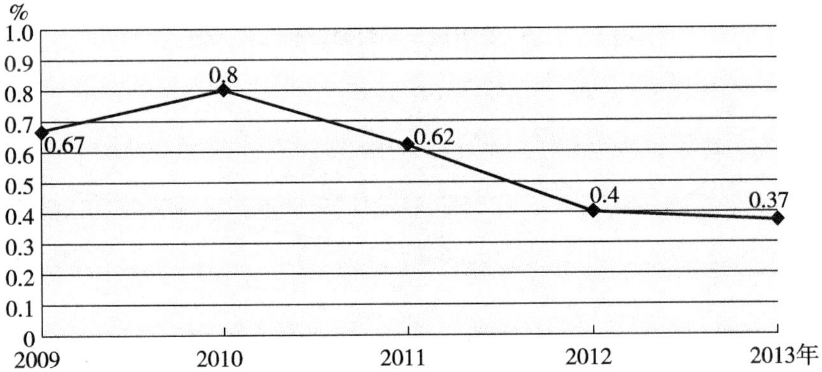

图 5－3－8　S 省近 5 年管制人数占总判决人数的比例

4. 单处附加刑。S 省法院在 2009 年单处附加刑 749 人，占刑事处罚的 0.84%；2010 年单处附加刑 642 人，占刑事处罚的 0.74%；2011 年单处附加刑 814 人，占刑事处罚的 0.82%；2012 年单处附加刑 1130 人，占刑事处罚的 0.95%；2013 年单处附加刑 1128 人，占刑事处罚的 0.99%。（如图 5－3－9、图 5－3－10 所示）

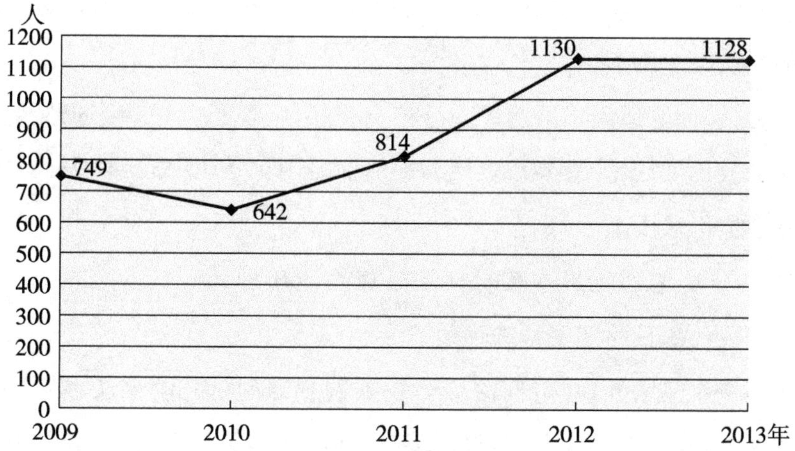

图 5－3－9　S 省近 5 年单独判处附加刑的人数

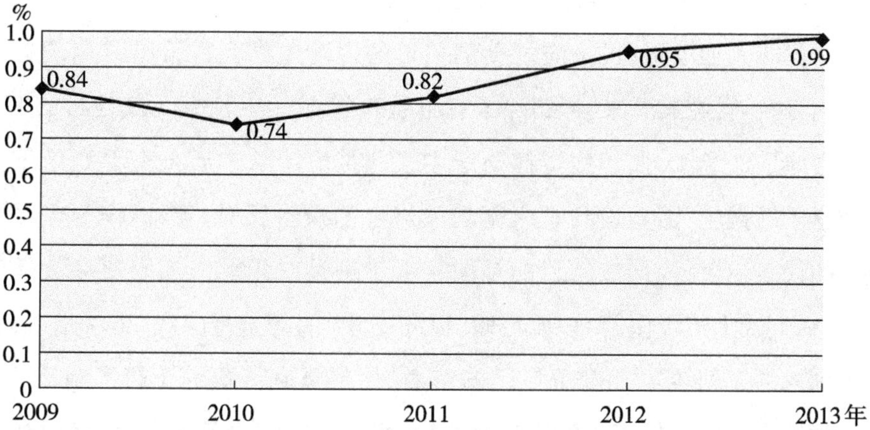

图 5－3－10　S 省近 5 年单独判处附加刑占总判决人数的比例

通过对 S 省的非监禁刑的数据，可以得出以下结论：

首先，S 省的非监禁刑适用率虽然在整体上呈现上升的态势，但整体的上升幅度不大。S 省法院从 2009 年整体非监禁刑的适用率 20.9% 提升到 2013 年的 28.04%，每一年的上涨幅度约为 2%。

其次，在横向比较上，缓刑的适用率远远高于管制、单处附加刑的适用率。通过数据可以看出，缓刑的适用率呈每年上升趋势，而判处管制以及单处附加刑的适用率仅仅维持在不到1%的水平。据此可见,管制刑以及单处附加刑在我国适用不足。

最后,缓刑的适用率虽然呈现每年上升趋势,但是其适用率仍然呈现不足。从S省的实际情况来看,虽然缓刑的适用率到2013年达到26.47%,但是这一数据仍显不足。

(二)非监禁刑适用不足对刑法治理功能的制约

1.重视一般预防还是特殊预防

按照费尔巴哈的理解,刑法应当是抑制犯罪的,因此,刑法在人们决意犯罪的那一瞬间,就必须发挥威慑作用让其终止实施犯罪行为,打消其欲望的实现。[1] 归根结底,刑法如何发挥抑制犯罪的功能实质是刑罚目的问题,不同学派的学者对此存在不同的认识。在以往的古典法学看来,刑罚的目的是对犯罪人加以报应,报应主义刑罚目的说可追溯到古希腊时期的哲学家毕达哥拉斯,在其看来,刑罚除了对犯罪的单纯报应外,别无其他目的。[2] 早期古典刑法学派,如毕达哥拉斯所主张的报应论从本质上来看是属于基于神意下的报应,因而遭到了康德与黑格尔的极力反对。康德作为等量报应论的代表,其认为刑法的目的是国家基于理性对犯罪人加以道义责任的非难,在方式上需要坚持“以眼还眼,以牙还牙”的等量报应观,也就是说,你偷了别人的东西也等于偷了自己的东西,你打了别人也等于打了自己。[3] 而作为等质报应论代表的黑格尔则认为,犯罪是对社会的一种恶,是对社会的否定,而刑罚是犯罪的一种害恶,是对犯罪的否定,通过否定之否定,使被侵害的行为恢复到原来的状态。[4] 因而基于刑罚理性的要求,只要在制裁上予以否定评价就足够了,不一定非要进行等量的计算。

---

〔1〕 参见[日]庄子邦雄:《近代刑法思想史序说——费尔巴哈和刑法思想史的近代化》,李希同译,中国检察出版社2010年版,第35页。

〔2〕 参见杨春洗主编:《刑法基础论》,北京大学出版社1999年版,第413~414页。

〔3〕 参见马克昌主编:《近代西方刑法学说史》,中国人民公安大学出版社2008年版,第120页。

〔4〕 参见[德]黑格尔:《法哲学原理》,范扬等译,商务印书馆1961年版,第104页。

当然,无论是“等量报应论”还是“等质报应论”,均是将刑罚的目的作单一化理解。也就是说,从早期古典学派的观点来看,刑罚的目的就是报应,除此之外别无其他目的。然而,事实并非如此。尤其是随着刑事实证学派研究的推进,人们逐渐发现刑罚具有预防犯罪的实效,而非单纯对犯罪进行报应。在预防刑论内部主要存在一般预防论、特殊预防论以及折中说的理论对立。特殊预防论认为,对犯罪人实施刑罚的目的是预防犯罪人重新走上犯罪的道路;一般预防论认为,刑法的目的是对犯罪人实施惩罚以期警示社会一般人重蹈覆辙;折中说的观点认为,对犯罪人施加刑罚的目的,不仅直接地惩罚了犯罪分子,预防其重新犯罪,而且对社会其他人也起到了警戒和抑制作用。

基于以上的一般预防论与特殊预防论,均是把握了问题的某个方面,所以,“要想确立一种正确的惩罚观念,我们就应该把两种对立的理论调和起来:一种理论只看到了惩罚的抵偿性,另一种理论只把惩罚当作保护社会的武器。确切地说,惩罚之所以能够具有一种保护社会的功能,是因为它具有一种抵偿性”。[1] 刑罚抵偿性实质上是刑罚报应性的征表,如康德所言:“任何一个人对别人所作的恶行,可以看作他对自己作恶。”[2] 而将惩罚当作保护社会的目的,更多体现的是一般预防理论,如贝卡里亚所言:“刑罚的目的仅仅在于:阻止罪犯再重新侵害国民,并规诫其他人不要重蹈覆辙。”[3] 因而调和两者的折中说具有妥当性。为了更好地发挥刑法的治理效果,不能将刑法作为简单实施惩罚的工具,需要把握两个方面的平衡。一方面,对于已经犯罪之人,在惩罚的同时还需要考量其在刑罚执行完毕后能否重返社会的问题。如果实施惩罚的代价是使犯罪人从此难以复归社会,那么这样的刑法治理是失败的。另一方面,对犯罪人适用刑法,能够起到威慑的作

---

〔1〕［法］埃米尔·涂尔干:《社会分工论》,渠东译,三联书店2000年版,第71页。
〔2〕马克昌主编:《近代西方刑法学说史》,中国人民公安大学出版社2008年版,第120页。
〔3〕［意］贝卡里亚:《论犯罪与刑罚》,中国法制出版社2009年版,第52页。

用。如果适用刑法难以实现刑罚的一般预防,那么这样的刑法治理因缺乏实效性而注定被淘汰。因此,“想要将积极的一般预防论确立为刑罚理论的基础的人,并不能成功根据他本人的规范标准来评价他所主张的关于人民(BevÖlkerung)的观点”。[1] 基于刑罚目的折中说的观点,刑法在发挥治理功能的过程中,需要刑法发挥社会治理的功能,就需要建构一种既能发挥刑罚的效果,又能改造犯罪人的治理方式。

2. 适用不足对其制约的具体表现

刑罚发展与人类文明同步,文明程度越高,刑罚方法就越合乎人性。同时,随着人们对刑罚效果认识的提高,也将积极探求更为合理的刑罚方法。然而,正是由于非监禁刑的适用率不高,刑法治理功能的发挥会进一步受到影响。具体而言,其主要在以下方面影响刑法治理功能的发挥:

第一,不利于犯罪人再社会化。发挥刑法的治理功能就是要实现刑法对犯罪人的再社会化。从目前司法判决结果来看,非监禁刑适用率较低的反面现象是有期徒刑的适用占据很大的比例,尤其是大量短期自由刑的适用更引发了对刑法治理问题的深思。其一,由于短期自由刑执行期限较短,而对犯罪人的改造需要耗费一定期限,因而在执行期限与改造期限之间存在难以调和的矛盾。[2] 其二,被执行短期自由刑的犯罪人,极易与其他犯罪人“交叉感染”。在我国目前司法环境中,不得不承认这样一种事实:犯罪发生后,罪犯的尴尬(embarrassment)和社会对罪犯的疏离(alienation)都是不可避免的。而且这成了犯罪发生之后出现的普遍现象。[3] 即使刑满释放后的犯罪人也难以重返社会。因而,在刑罚的执行过程中,注重犯罪人重返社会的客观现实就会显得无比重要。正如新社会防卫论者所言,犯罪人有复

---

[1] [德]米夏埃尔帕夫利克:《人格体 主体 公民——刑罚的合法性研究》,谭淦译,中国人民大学出版社2011年版,第31页。

[2] 参见翟中东:《论缓刑的四大价值》,载《青少年犯罪问题》2001年第1期。

[3] 周光权:《刑法学的向度》,中国政法大学出版社2004年版,第246页。

归社会的权利，社会有使犯罪人复归社会的义务，把犯罪人改造成新人，从而使其能够顺利复归社会才是真正的人道主义。[1]

第二，不利于社会的和谐发展。和谐社会是人类孜孜以求的一种美好社会，无论在古代中国还是西方社会中，对于和谐社会的向往早已存在。以孔子代表的儒家主张以“和而不同”为理论基础建构的社会以及柏拉图的乌托邦社会的构想都是典型的事例。进入21世纪后，党的十六大和十六届三中全会、四中全会明确将社会主义和谐社会的建设作为中国共产党执政能力建设的重要内容。和谐社会中的“和谐”是个内容极为丰富的概念，不仅包括个人、个人与他人、个人与社会之间的和谐，而且还包括社会各系统、各阶层之间的和谐以及整个国家与外部世界的和谐。犯罪人也是社会的主体，对于犯罪人的主体性意识的尊重同样是和谐社会建设的重要内容。如果过分依赖刑罚的惩罚性措施，忽视非监禁刑的合理价值和成分，会进一步加剧国家与个人的对立关系，反而会不利于和谐社会的建设。“刑罚的有限性和犯罪的无限性是一对无法克服的矛盾。刑罚量和严厉程度的过度增加，时间一长，反而会导致刑罚的贬值，造成刑不压罪的尴尬局面。”[2]正如洛克所言，“不能将刑罚视为支配人们生命财产的绝对的、专断的权力，如果不是为了保护社会的目的，任何严刑峻法都不是合法正当的”。[3]刑法治理功能的最为核心的价值在于使社会达到善治。准确的适用非监禁刑不仅可以促进社会的和谐发展，反过来也会促进刑法治理功能的发挥。

第四节　社会公众参与度不足

如前文所论，治理主体的多元化是发挥刑法治理功能的重要基础。因

〔1〕参见马克昌：《比较刑法原理》，武汉大学出版社2006年版，第48页。
〔2〕熊永明、胡祥福：《刑法谦抑性研究》，群众出版社2007年版，第171页。
〔3〕曲新久：《刑法的精神与范畴》，中国政法大学出版社2003年版，第576页。

而,刑法治理功能能否有效发挥在很大程度上受制于多元主体的参与程度。在专制社会中,确定刑法治理主体的一元结构有其历史的必然,因为刑法制度作为国家设计的结果,在适用上不仅需要确立其高效性,而且还需要确立规范的有效性。基于一元主体之下的刑法治理的结果往往会偏离公众的期待,致使刑法的社会公信力不高。

虽然现阶段在刑法学领域是否应重视"民意"还存在较大的争议,但无论如何,重视民众参与刑法的治理、建构刑法治理的多元主体模式能够彰显实质法治的基本要求。现代社会的法治应当包含形式意义的法治和实质意义的法治。形式意义的法治强调治国方式、制度及其运行机制符合"以法治国""依法办事"的要求。实质意义的法治,强调"法律至上""制约权力""保障权利"的价值、原则和精神,[1]虽然从我国目前刑法治理所确立的原则而言,已经基本确立了形式意义上的法治,如"罪刑法定原则""法律面前人人平等原则""罪责刑相适用原则"的确立,但这不意味着我国刑法治理已经实现了实质法治。刑法作为社会民众普遍遵守的社会规则,是社会民众意志高度统一后所形成的规范的总和,因而在刑法治理的过程中,理应符合民众的常识、常情、常理的判断,如果与公众的基本价值相违背,也不可能产生良好的治理效果。

在现实中,虽然我国在相关的法律中确立了公众参与机制,但是从整体上公众参与度不足。

一、社会公众立法参与度不足

(一)社会公众立法参与不足的表现

"按理说,立法过程是基于公共理性的讨论和协商的过程,也是一个公

---

〔1〕 参见姜明安:《国家治理现代化过程中国家治理要素的转变》,载《法制与社会发展》2014年第5期。

共意志凝结的过程,是一个公共利益的形成过程。”[1]在立法过程中需要吸纳社会公众参与其中以保证立法的质量。其主要体现在两个方面:一方面,社会中立法过程的公众参与的制度化程度应当较高。一是对于公众参与的事项进行了专门的立法规定,二是成立专门负责公共咨询的机构。[2]另一方面,社会公众的参与度较高。正是由于公众参与的制度性保障的优势使社会公众能够参与其中,这不仅大大提高了社会公众的参与热情,还能为国家治理获得较为重要、较为直接的建议。然而,我国在立法过程中,社会公众参与度还存在以下不足:

1. 立法动意的来源形式较为单一

立法的启动要受理智的控制,不能任意启动立法程序。立法动意是在反复研究的基础上、认为确实有必要增设相关规范的情况下,根据立法权限的划分,由有权提出立法动意的机构提出的。[3]谨慎的立法动意是基于刑法的最后手段原则支配下的确信,也就是说,刑法的规范是否有必要进行设定不是基于某类人的喜好而任意为之的结果,而是在大家都认为需要进行立法的时候才能为之。

我国的立法动意带有一定的随意性。一方面,在加强法制建设的同时,刑法本身所具有的规制的高效性可能成为人们趋利避害的“法宝”;另一方面,在尚未理性分析刑法规范的合理与否的前提下,加快补充修改刑法的呼声此消彼长。一旦司法实践中出现一时半会难以化解的疑难问题,那么要求补充修改刑法的呼声会随处可见。

其一,立法活动的频繁。从1997年刑法修订颁布之后到2020年《刑法修正案(十一)》通过实施,在短短的23年间我国共进行了12次立法活动

[1] 叶传星:《转型社会中的法律治理——当代中国法治进程的理论检讨》,法律出版社2012年版,第385页。

[2] 参见李拓等:《中外公众参与体制比较》,国家行政学院出版社2010年版,第145页。

[3] 参见张智辉:《刑法理性论》,北京大学出版社2006年版,第233页。

(一部单行刑法与十一部刑法修正案)。这就意味着平均两年就要进行一次立法,当然,对于刑法的修改时间也未有任何强制性规定,但是如此频繁的修改刑法确属罕见。

其二,立法的时间较短。以最近两次颁布的《刑法修正案》为例进行说明。2010 年 8 月 23 日《刑法修正案(八)(草案)》首次提交审议,其后全国人大法律委员会于 2011 年 1 月 27 日召开会议,根据常委会组成人员的审议意见和各方面的意见,对草案进行了再次审议,最终于 2011 年 2 月 25 日第十一届全国人民代表大会常务委员会第十九次会议通过《刑法修正案(八)》,据此可见,从其提交审议到最终出台只用了半年时间。《刑法修正案(九)(草案)》于 2014 年 10 月正式进入立法审议程序,2015 年 8 月 29 日第十二届全国人民代表大会常务委员会第十六次会议通过,从其提交审议到最终通过不足一年。无论是《刑法修正案(八)》还是《刑法修正案(九)》,涉及的内容都非常庞杂,[1]例如,在两次修改中,均涉及刑罚结构的调整、新罪名的增设、死刑的废除等重要内容,存在操之过急的嫌疑。

2. 社会公众对立法过程的参与热情不高

虽然在刑事立法模式的选择上一直以来就存在精英立法模式与民众立法模式的理论对立,精英立法模式主张法律的制定、修改乃至废除应当由熟知法律知识的专家进行,而民众立法模式强调的是一种民众自主创制法律的模式,主张刑法应当由社会民众参与讨论,并在充分尊重民意的基础之上最终出台。精英立法模式的过程往往具有封闭性和神秘性,且不是基于社会共识的基础之上创设相关的法律规定,[2]因而精英的意愿往往凌驾于社会民众的意愿之上,[3]最终往往导致某些立法规定理想化色彩较

---

〔1〕《刑法修正案(八)》正式通过的条文为 50 条,而《刑法修正案(九)》正式通过的条文为 52 条,在两次修改中,均涉及刑罚结构的调整、罪名的增设、死刑的废除等重要内容。

〔2〕参见马荣春:《共识刑法观:刑法公众认同的基础》,载《东方法学》2014 年第 5 期。

〔3〕参见陈正云:《刑法的精神》,中国方正出版社 1999 年版,第 106 页。

为浓厚。

显然,我国属于典型的社会主义国家,人民参与重要事务是我国国家性质的应有之义。目前我国通常采用的立法吸纳民意的做法是,在网络上公布《刑法修正案(草案)》的征求意见稿,然而,社会公众参与程度并不高,究其原因在于:

其一,网络普及化人群的局限。虽然我国已经进入自媒体时代,但用户主要集中于农村地区的手机用户,此类群体对于刑法修改问题并未表现出更多的热情。其二,参与透明度的欠缺。虽然每次刑法修改之前,全国人大网站上均会公布与之相关的《刑法修正案(草案)》的内容,并设置参与者提出意见的程序。社会公众参与并提交了相应的意见,但其后并不能得到回复,而且也不会有任何官方数据说明社会公众对该条修正案表达意见的情况,欠缺透明度的参与影响着人们参与的热情。

(二)社会公众立法参与不足的负面效应

1. 不利于提高刑法的公信力

按照《现代汉语词典》的释义,所谓公信力就是使公众信任的力量。在笔者看来,获取刑法的公信力最为有效的方式是获得社会公众的积极参与和认可。如果刑法能够获得社会公众的认同,社会公众也会反过来支持依据刑法处理的结论,这对于提升刑法公信力较为有利。反之,如果在立法过程中忽视公众参与的重要价值和意义,必然不利于形成刑法的公信力。

2. 不利于提高公民的守法意识

所谓守法意识是指守法主体行为的合法程度或者是对现行国家法律的认可程度。虽然在现实生活中对于公民的守法意识存在不同等级的认识,如有学者指出,公民的守法意识有最低形态、中层形态和高层形态这三种类型,[1]但是无论处于何种阶段,守法意识对于法治的重要意义不言

[1] 参见郑杰:《论守法意识之形成》,载《大江周刊(论坛)》2011年第2期。

而喻。

例如,亚里士多德就曾指出,“法律能见成效,全靠民众的服从”。[1] 守法意识的形成能够切实实现法律制度的社会功能,有利于推进法律治理的作用。也就是说,守法意识是法律能否实施的关键,关乎法律在实践中能否取得良好的效果。虽然在守法意识的形成上,有“公民基于自主意识自觉形成的类型”与“政府利用其他手段形成的守法意识的类型”之别,但就刑法的守法意识的形成条件来看,除了具有道德层面的最低要求的守法意识是公民容易基于自主意识所形成的之外,还有就是要求社会公民对于法律的熟悉程度以及由此而形成的尊重程度。社会公众能够参与到刑法的制定过程中,无疑是公民了解刑法知识的重要途径之一,也是政府向社会公众普法的重要途径。反之,如果社会公众不能参与立法过程,无疑会丧失一条提高社会公众守法意识的途径,会进一步影响刑法治理功能的实现。

3. 可能导致社会公众失去对刑法的信仰

在美国学者伯尔曼看来,“确保遵从规则的因素如信任、公正、可靠感和归宿感,远较强制力更为重要。法律只在受到信任,并且因而并不要求强制力制裁的时候,才是有效的……总之,真正能阻止犯罪的乃是守法的传统,这种传统又植根于一种深切而热烈的信念之中”。[2] 从伯尔曼论断之中不难看出,伯尔曼此处强调的“热烈的信念”实质上就是“法律信仰”问题。伯尔曼的名言——“法律必须被信仰,否则它将形同虚设”就表明了法律信仰形成过程和获取这一状态的主体性。[3] 因而,要想使法律获得公众认同,法律必须得到社会公众的信任,刑法信仰是刑法治理使公众认同心理因素得以产生的重要动力。[4]

---

〔1〕 [古希腊]亚里士多德:《政治学》,吴寿彭译,商务印书馆1983年版,第81页。
〔2〕 伯尔曼:《法律与宗教》,梁治平译,三联书店1991年版,第47页。
〔3〕 参见陈世伟:《刑法信仰的根基》,载《西南政法大学学报》2004年第3期。
〔4〕 参见马荣春:《刑法司法公信力:从基础到进退》,载《现代法学》2013年第2期。

总而言之，刑法的公信力、公民的守法意识以及社会公众对于刑法的信仰都能影响刑法治理功能的实现，而产生这些问题的根源与社会公众参与刑事立法的程度不高密切相关，因此，其对刑法治理功能所产生的负面效应也可见一斑。

二、社会公众司法参与度不足

（一）社会公众司法参与不足的表现

为了摆脱较早时期中国社会遗留下的积贫积弱的现状，由知识精英主导的司法变革成为了主旋律。刑法自从诞生之日起就被认为是最残酷的部门法，一旦运行不当将会对犯罪嫌疑人造成无法弥补的损害，因此，为了将出错比例降至最低，需要普通民众参与到刑法的实施过程中，如此才能真正落实并发挥现代刑法的治理功能。

虽然在我国诉讼法中设置了人民陪审员制度，但是，我国的人民陪审制度存在社会公众参与度不足的问题，主要体现在以下两点：

第一，参与案件的性质有限。通过对 Z 省法院适用的数据来看，其中，对于较为轻微的刑事案件适用陪审团的数据占到一半以上，而对于故意杀人以及故意伤害致死案件适用人员陪审制的数量较为有限。

第二，参与审理的权限有限。2014 年笔者参与对 Z 省法院人民陪审员制度调研并与相关人员进行座谈会时发现，很多人民陪审员在案件审理过程中并没有获得相应的独立表决权，按照司法工作人员的解释，由于人民陪审员自身的专业素质有限，对于一些案件事实以及法律问题无法进行独立判断。而人民陪审员对此解释为，由于刑事法律知识的欠缺，不敢贸然的行使表决权，对于很多案件的表决也是请教了法官之后才为之。据此可见，我国人民陪审员参与审理的权限并未得到有效贯彻。

（二）社会公众司法参与不足的负面效应

从人性的角度而言，每个社会个体会对社会未知的事项具有强烈的好奇心,本能论的学者认为好奇是人类的原始动力,“好奇就像饥饿一样,当个体体验到饥饿时会寻求食物,而当个体体验到好奇时,就会探索周围的环境”。[1] 一旦社会个体无法从现有的信息状态中满足其对于该事物的认知,将会进一步刺激其探索其中的真相。而正是社会公众在刑事司法过程中参与度不足,因而导致社会公众对于刑事司法的信息获取渠道较为有限。众所周知,为了还原事件的真相,往往需要进行大量的调查工作,而在我国目前机制之下,完成这种调查活动不仅需要花费较高的成本,还存在较大的难度,因而导致社会公众一般习惯于对互联网上碎片化的信息进行拼凑,然后得出一个似乎能够说服自己的结论。社会公众基于窄口径的信息渠道最易得出片面化的结论,以至于基于固有思维定式产生的结论不断在时间的沉淀中得以强化,即便通过多方主体相互辩论也很难使社会公众改变其原有的认识,如同心理学中“惰性理论”所强调的——“如果我们坚持某种观点,那么坚持它就是合理的,而在没有理由的情况下放弃它就是不合理的”。[2] 社会公众信息来源的有限性最终会催生其产生在“个体理性”以及“短期理性”支配下的错误结论。虽然在通常情况下,“赞成者多的主张比赞成者少的主张的正确性可能性更大,但刑法治理的正当性不能单纯依靠公众赞同声音的多寡强弱来决定,其最终的依据还是要看这种声音是否代表了集体理性”。[3] 我国社会公众在司法过程中参与度不足主要表现为两种现象:一是社会公众对司法判决的罪名难以认同,二是社会公众对判决的量刑结果无法认同。

1. 社会公众对司法判决的罪名难以认同

判决罪名如同赋予犯罪者一个得以执行的“身份”,因而在定罪量刑过

〔1〕 李天然等:《人类为什么会好奇？人际好奇的概念、功能及理论解释》,载《心理科学进展》2015年第1期。

〔2〕 CH. Perelman, *The New Rhetoric and the Humanities*: *Essays on Rhetoric and Its Applications Dordrecht Holland*, Boston: D. Reidel Pub Co. , 1979, p. 130.

〔3〕 雷振斌:《司法共识的理性逻辑——基于判决合法性的视角》,载《法律方法》第12卷。

程中应居首位。一个公正的判决结果,不仅要求能够实现罪刑的均衡,还要求选择恰当的罪名。众所周知,我国刑法法条不仅数量较多,而且法条之间的关系错综复杂,例如,有基于对象的包容关系形成的法条竞合,有基于法条内涵与外延的交互关系形成的法条竞合,此类情况难以一一列举。

在北京首起以危险方法危害公共安全罪判处"汽车碰瓷案"中,汽车碰瓷的手法较为简单,就是由作案团伙先确定非北京的中高档轿车为目标,一直尾随跟踪,待其变道之时,抓准时机迅速冲向前,与其轿车尾部相撞,造成转弯车辆未避让直行车辆的假象,待交警对被害人做出负事故全责的认定书后,犯罪团伙将以此为要挟,从被害人处获得相关财物。[1]

从最终结果来看,通过以危险方法危害公共安全罪对行为人论罪处刑,能够起到很好的威慑作用,该罪的法定刑较重,判处的刑罚自然不轻。但是,之所以该判决遭受质疑的不是对行为人的判决的刑期问题,或许说,从其实施的碰瓷行为可能造成的恶性交通事故的盖然性而言,法院以该罪名判处行为人八到十二年不等刑期的结果也无可挑剔。该判决以此罪名论罪处刑显然缺乏必要的阐释,致使判决罪名难以得到缺乏法律专业知识的"社会公众"的理解。为何对于被害人的取财行为可以忽略不算?想必成为社会公众难以认同的重要原因。正如有学者指出,前几年发生的在城市主干道上的汽车"碰瓷案"均是以诈骗罪和敲诈勒索罪对行为人论罪处刑。[2]其实不然,此处存在一个隐形的司法适用的方法论问题,就"碰瓷案"而言,行为人实施的碰瓷行为只是一种手段行为,而其目的在于获取被害人的财物,两者之间存在明显的手段与目的的牵连关系,对牵连犯如何处断?刑法理论的通说观点认为应当"从一重罪论处",因而该案最终以危险方法危害公众安全罪论罪处刑也并非难以理解。在多数情形下,法律精英主义主导

---

〔1〕 参见佚名:《北京以新罪名重判"碰瓷"京城最大"碰瓷"案宣判 31 人被判以危险方法危害公共安全罪》,载新浪网,http://news.sina.com.cn/o/2007-09-28/040812648533s.shtml。

〔2〕 参见马荣春:《刑法司法公信力:从基础到进退》,载《现代法学》2013 年第 2 期。

下的司法运行方式,不会出现明显背离基本法律素养的罪名选择问题,但可能省略相当重要的思维过程,社会公众不能或者难以认同判决的罪名也在情理之中。

2. 社会公众对判决的量刑结果难以认同

对于被告人而言,对罪名有时难以认同的最为直接的根源是其对基于该罪名下产生的宣告刑难以接受。也就是说,量刑作为刑事判决最能涉及被告人利害关系的活动,时刻牵动着被告人的神经。随着现代网络传播工具的发展,量刑不公问题不断引起了社会公众的普遍质疑。例如,由于ATM出错而连续取款的许霆被一审法院判处无期徒刑;因资金链断裂而无力还款的吴英被一审法院判处死刑等案件都在一定程度上引发了公众的质疑。因此,在当时,量刑指导意见以及量刑规范化意见不断出台,以求在具体的个案中获取相对合理的量刑结论。

从理论上观之,"量刑规范化作为罪刑法定原则下的司法能动活动,它应在尊重量刑实质和遵循量刑规律的前提下……生产出公正有效及符合刑罚目的之量刑判决"。[1] 也就是说,罪刑法定原则指导下量刑规范化不是单纯的"刑之量化",其必须赋予法官一定程度的自由裁量权,以期在最终的宣告刑中能够平衡量刑结论,使其合理化。保证量刑结论的合理性在我国有实定法的依据,如我国《刑法》第5条规定:"刑罚的轻重,应当与犯罪分子所犯罪行和承担的刑事责任相适应。"基于罪刑均衡原则支配下的量刑规则有利于实现刑法正义与刑罚个别化的统一。"一方面,罪刑均衡原则要求首先应满足分配正义的要求,刑罚的量与行为的社会危害之间取得对应的平衡,做到有罪必罚、无罪不罚,重罪重罚、轻罪轻罚;另一方面,实现刑罚个别化的过程,必须考虑行为人的人身危险性的大小以及心理因素等个别量刑因素。"[2]

---

[1] 石经海:《"量刑规范化"解读》,载《现代法学》2009年第3期。
[2] 周光权:《刑法总论》(第2版),中国人民大学出版社2012年版,第40页。

随着自媒体时代的到来,一些可能与社会公众认知不一致的判决结论能够迅速被社会公众所知悉,可能导致的事件发酵速度难以控制。而这些判决结论大多存在一个明显的共同特征:法官适用法律完全正确,但是判决结论却难以得到社会公众的认同。因此,在司法实践中,要想实现量刑公正,除了法官正确且妥当地适用刑法之外,如何提升判决结果的公众认同感,也是重要的因素。

第五节　刑法规范的科学性不足

“刑罚及其前提条件在法体系内的含义,大体上要与公民‘携有的(mitgebrachten)’规范确信相一致。”〔1〕刑法规范是刑法治理功能能够有效发挥的基本前提。如果离开刑法规范本身来谈刑法的治理功能,本身就是较为空洞的。刑法治理功能能否有效发挥不仅需要刑法规范,而且对刑法规范的内容也提出了较高的要求。从人类社会发展历史中可以窥视出这一观点的正确性,例如,即便在井然有序的原始社会状态之下,通过氏族的内部成员而形成的治理秩序也未能形成刑法的治理,导致这一现象的最根本的因素在于——缺乏刑法这一有效的规范。而在专制社会时期,刑法规范也会导致刑法治理功能朝着较为负面的方向发展。无论是将刑法规范划分为行为规范与裁判规范,都需要以科学性为设置目标。科学性作为判断事物是否符合客观事实的标准,对事物的产生依据以及逻辑发展均提供了理论支撑。如果刑法规范缺乏科学性,刑法的规范性程度将会降低,公民将不知道该如何行动,法官也不能正确掌握法律条文的真实含义以及设立目的,由此而需要建立的法治社会也难以最终形成。〔2〕因而按照科学性的标准来

〔1〕［德］帕夫利克:《人格体主体公民——刑罚的合法性研究》,谭淦译,中国人民大学出版社2011年版,第28页。

〔2〕参见周少华:《刑法之适用性:刑事法治的实践逻辑》,法律出版社2012年版,第200页。

设置刑法规范的要求是充分发挥刑法治理功能的重要保证。通过对我国刑法规范进行系统的考察,发现我国刑法规范在内容设置和体系之间的衔接方面存在诸多完善的空间。

一、刑法规范科学性不足的表现

(一)内容设置的科学性不足

就刑法规范内容设置的科学性而言,笔者认为,包含的含义十分广泛,这不仅涉及刑法设置的内容与上位法——宪法之间不能存在冲突,还包括刑法规范本身是否具有合理性的问题。当然,随着目前立法水平的不断提高,立法内容与上位法存在明显冲突的情形已经较少发生甚至不复存在。然则就刑法规范本身合理性与否的问题,还没有得到妥当解决。例如,刑法规范的犯罪化问题就是刑法规范内容设置科学性与否的重要体现。

在我国刑法通说理论中,刑法规范内容的设置一直以犯罪行为社会危害性为基准。社会危害性是指对刑法所保护的社会关系的破坏。在多数学者看来,我国刑法之中确立的社会危害性不仅具有指导司法实践的司法功能,亦能为我国刑法犯罪化提供了基本原则。也就是说,在刑事立法过程中,社会危害性大小对于判定行为是否构成犯罪以及责任大小的认定具有决定意义。因此,在目前的立法理由阐释中,全国人大及其常委会也习惯于将行为的严重社会危害性作为表述的范式。但是以社会危害性作为犯罪化的理论依据也存在不足。我国对于犯罪概念主要从两种立场予以把握——形式犯罪概念与实质犯罪概念,正如有学者批判的,虽然社会危害性能够较好地切合实质犯罪概念的基本特征,但能否与形式的犯罪概念存在契合不无疑问。也就是说,社会危害性与征表犯罪的形式特征的刑事违法性之间存在难以化解的矛盾是一种实然的状态。由此产生的难题在于,在形式犯罪与实质犯罪两者存在不可调和的冲突之时,究竟何种立场居于首要的地位。问题的答案显然是,在持形式优先的学者看来,贯彻社会危害性的负面效应使犯罪入罪化的概率大大提高。[1] 抛开形式优先还是实质优先的争论不述，[2]如果将社会危害性作为犯罪化理论根基，即便存在其他措施能够有效治理的行为，往往也会以行为具有严重的社会危害性作为刑法创设、修改的重要依据。除此之外，社会危害性概念本身较为空泛，不仅不能提供自身的认定标准，还会借助于刑事违法性这一概念来作为阐释的假借，不免会陷入循环论证的逻辑怪圈之中。[3] 本书试以《刑法修正案（八）》规定的扒窃入刑为例进行具体分析。

在《刑法修正案（八）（草案）》提交审议阶段，立法者释明扒窃入刑的基本理由为："有关部门提出，实际中一些盗窃行为，虽然达不到'数额较大或者多次盗窃'的入罪门槛，但严重危害广大人民群众的财产安全，并对群众人身安全形成威胁，具有严重的社会危害性，应当予以刑事处罚。"[4]当然，更有学者主张扒窃入刑应当在难以化解的司法背景之下寻求正当性，因为：其一，在司法实践中，扒窃案件的发案率一直居高不下；其二，扒窃本身具有"团伙性、流动性以及惯犯性"特点，且在科技技术的推动下手段翻新，难以通过其他手段有效治理；其三，在侵害对象上往往针对弱势群体，所征表的人身危险性更为严重；其四，对不能查实行为人扒窃达到原有盗窃罪入罪标准的——"数额较大"或者"多次盗窃"，通常只能给予治安处罚，一些犯罪分子甚至钻法律空子，形成"抓了放、放了抓"的恶性循环，从而致使实务机关对于打击扒窃行为力有不逮。[5] 当然，除此之外，有学者立足于其他国家的立法实践，认为扒窃入刑与美国等国家的微罪制度具有异曲同工之妙，似乎

---

〔1〕 参见陈兴良：《社会危害性——一个反思性检讨》，载《法学研究》2000年第1期。

〔2〕 当然，以陈兴良教授为代表的形式优先论的学者认为，坚持形式优先体现了刑事法治的要求、体现了人权保障的要求、体现了一般公正的要求。参见陈兴良：《社会危害性——一个反思性检讨》，载《法学研究》2000年第1期。

〔3〕 参见陈兴良：《社会危害性——一个反思性检讨》，载《法学研究》2000年第1期。

〔4〕 全国人大常委会法制工作委员会刑法室编：《中华人民共和国刑法修正案（八）条文说明、立法理由及相关规定》，北京大学出版社2011年版，第143页。

〔5〕 参见张军主编：《〈刑法修正案（八）〉条文及配套司法解释理解与适用》，人民法院出版社2011年版，第266页。

能够为扒窃入刑找到立法上的正当根据。[1] 然而,以上的立法理由以及学者主张,仍然存在诸多商榷之处。

首先,扒窃行为是否必然会对群众人身安全造成威胁?从盗窃罪的保护法益进行考量,任何形式的盗窃行为均会对他人的财产权造成侵害,这是不争的事实。那么,盗窃是否会对他人的人身安全造成威胁,不无疑问。如果按照我国目前盗窃罪的立法规定,答案是肯定的,例如,行为人携带凶器进行盗窃,必然会对他人的人身安全造成一定程度的威胁。但问题是,扒窃行为会对他人的人身安全造成威胁吗?从我国对盗窃罪类型的细致划分以及由盗窃行为而引发的其他犯罪来看,其实不尽然。然而在实践中,多数学者认为肯定说的结论具有合理性也并非无章可循,一方面,多数学者对扒窃的社会危害性设置过多的限定条件。除了上述的立法理由的具体阐释之外,更有学者主张这样一种逻辑结论,即将扒窃行为置于特殊的环境之下——公共场所、光天化日,并借助于特定的假定条件——一旦对被害人发现,有可能转化为对被害人的人身安全法益的侵害。[2] 另一方面,多数学者对扒窃行为的特征做扩张式的解读并引申出较为严重的危害结果。例如,有学者认为,由于扒窃者多为团伙作案的特点,致使被害人即使发现犯罪事实也不敢反抗或不能反抗,一旦反抗也会随之带来极为严重的人身伤害的后果。[3] 针对上述的两种事由,有学者对上海市法院在 2011 年 5 月 1 日至 2013 年 5 月 1 日两年间判决的 324 件有效扒窃案件进行实证分析后发现,“被害人在扒窃的同时造成被害人人身伤害的案件极为罕见——仅为 5 件,占全部刑事案件的 1.54%;而团伙作案的特征也不显著——仅为 60 件,占全部刑事案件的 18.52%。在团伙作案中使用暴力等危害被害人人身安全

---

〔1〕 参见储槐植:《解构轻刑罪案,推出“微罪”概念》,载《检察日报》2011 年 10 月 13 日,第 003 版。

〔2〕 参见罗欣:《“扒窃”入刑:寻求刑法谦抑与保障公众安全感的平衡》,载《人民检察》2013 年第 8 期。

〔3〕 参见李振林:《盗窃罪中的法律拟制问题研究——以〈刑法修正案(八)〉第 39 条的规定为视角》,载《西南政法大学学报》2011 年第 3 期。

的情形也较为罕见”。[1] 然而事实上由于我国刑法理论中转化犯以及立法中法条竞合的存在，致使我国扒窃的成立范围十分狭窄。如果行为人扒窃了数额较大的财物，那么直接会以数额型盗窃罪论罪处刑；如果行为人扒窃时被被害人察觉而继续实施该行为，则有可能构成抢夺罪；[2] 如果行为人扒窃后被被害人或者他人当场发现，行为人为了窝藏赃物、抗拒抓捕或者毁灭罪证而当场使用暴力或者暴力相威胁的，根据我国《刑法》第 269 条的规定，则直接转化为抢劫罪。据此可见，我国刑法规定的扒窃应当仅仅是指未达到数额较大并且行为人没有使用暴力或者暴力威胁的情形。[3] 显然，这种扒窃行为还难以对人身安全造成严重的威胁。

其次，增设刑法规定真的能遏制“扒窃”泛滥现象吗？揣度立法者以及部分学者的主张，无非在于强调刑法的惩罚性比其他措施更为严厉，所以借助于刑罚的严厉惩罚措施将有助于化解扒窃行为这一久治不愈的疑难杂症。然而，事实真的如此吗？关于刑法有无足够的威慑力的探讨已经历时较久，虽然古典学派全力支持，认为惩罚强度与威慑效果之间存在正相关。[4] 但是如此复杂的关系难以通过只字片语说得清、道得明。以刑法就盗窃罪规定死刑为例，[5] 按理说，以死刑作为威慑惩治盗窃行为，犯罪率应当呈现下降趋势才为合理。然而事实并非如此，据某县法院统计：2005

---

〔1〕 俞小海：《扒窃的司法实践分析与规范含义界定》，载《苏州大学学报（法学版）》2015 年第 1 期。

〔2〕 因为按照我国刑法通说的理解，在被他人察觉之后，行为人实施盗窃的秘密性将不存在，而是具有公然盗窃的性质，所以应当构成抢夺罪。参见赵秉志：《侵犯财产罪》，中国人民公安大学出版社 2003 年版，第 171 页。

〔3〕 参见石聚航：《刑法谦抑性是如何被搁浅的？——基于定罪实践的反思性观察》，载《法制与社会发展》2014 年第 1 期。

〔4〕 参见姚万勤：《“欠债偿命”的逻辑悖论与刑法危机》，载《重庆大学学报》2015 年第 2 期。

〔5〕 此处需要注意的是，笔者并不是确定刑法没有威慑力的观点，刑法对于犯罪或多或少是有威慑力的，如死刑在违反人伦的犯罪上肯定存在足够的威慑力。因而此处笔者质疑的是刑罚强度与威慑效果之间是否真的存在正相关的观点。当然，《刑法修正案（八）》已经彻底废除了盗窃罪的死刑规定，此处只是为了考察盗窃罪的刑罚强度与威慑效果之间是否存在必然的关系而旧题重拾。

年,盗窃案件占案件总数的 9.1%;2006 年,盗窃案件占案件总数的 12%;2007 年,盗窃案件占案件总数的 12%;2008 年,盗窃案件占案件总数的 13.7%。[1] 从该县法院逐年增高的犯罪比例来看,至少能够说明治理手段的强度与威慑效果之间并不必然存在正相关关系。那么,也不能就此轻易断定将扒窃入刑就能带来治理的转机。[2]

通过全国已判决的案例可以看出,在既缺乏数额限定又没有次数要求的情况下,扒窃入刑着实存在进一步扩大处罚范围的嫌疑。例如,在义乌"扒窃入刑"第一案中,义乌市检察院对扒窃 40 元的龙某炳以涉嫌盗窃罪批准逮捕。[3] 在湖南"扒窃入刑"第一案中,衡阳市祁东县检察院依法将扒窃现金 554 元、储蓄卡若干的陈某依法批捕。[4] 在天津"扒窃入刑"第一案中,天津和平区检察院以涉嫌盗窃罪批准逮捕了扒窃诺基亚牌 2610 型手机、价值人民币 40 元的穆某某。[5] 在四川省成都市金牛区,法院毫不犹豫地将扒窃 1.5 元的马某认定为盗窃罪,并判处六个月的有期徒刑。[6] 如有学者对上海市法院在 2011 年 5 月 1 日至 2013 年 5 月 1 日两年间判决的 324 件有效扒窃案件进行实证分析后发现,除 5 件未记明具体扒窃数额(仅表明"数额较大"或只列明扒窃财物)的案件之外,其中,"扒窃数额在 100 元以下的有 8 件,扒窃数额在 100 ~ 500 元的有 28 件,扒窃数额在 500 ~ 1000 元的有 62 件,扒窃数额在 1000 ~ 2000 元的有 102 件,扒窃数额在 2000 ~ 3000 元的

---

[1] 参见王越江、陈新利:《近五年来盗窃案件情况统计分析》,http://dyzy.chinacourt.org/public/detail.php? id = 27870。

[2] 参见贾宇:《从"严"打到"宽严相济"》,载《国家检察官学院学报》2008 年第 2 期。

[3] 参见张帅:《义乌"扒窃入刑"第一人被批捕》,载《金华日报》2011 年 5 月 27 日,第 2 版。

[4] 参见陈文广:《"扒窃入刑"实施后 湖南入刑第一人被批捕》,载新华网,http://www.xinhuanet.com/chinanews/2011 - 05/24/content_22843093.htm。

[5] 参见佚名:《津城"扒窃入刑"批捕第一人偷了"40"元》,载新华网天津频道,http://www.tj.xinhuanet.com/2011 - 05/26/content_22861337.ht。

[6] 参见秦莹等:《"扒窃"定罪争议也不小》,载《检察日报》2011 年 9 月 14 日,第 005 版。

有 42 件，扒窃数额在 3000 元以上的有 77 件”。[1]

当然，从以上的论述之中，至少可以看出扒窃入刑后治理效果并不乐观，因为刑法的严厉惩罚性并未压制持续增长的扒窃犯罪率，反而造成处罚范围的进一步扩大，因而寻求各种途径在司法层面上进行一定的限缩显得恰当其时。但这并不意味着通过司法途径限制扒窃入刑就能得到贯彻与执行。尤其在以罪刑法定原则为刑法制定乃至实施的最高准则的当下文明时代，司法机关根据刑法的规定论罪处刑也无可厚非。因此，回归扒窃入刑出现处罚范围过大的问题，不能归咎于司法论的问题，根源应当在立法论中寻找。

（二）刑法规范的体系协调性存在不足

从语义学上讲，“协”和“调”具有相同或类似的含义，亦即均衡、统筹、和谐、一致、恰当等意思。因而协调就要求没有重复、没有矛盾冲突、前后一致、配合恰当，避免忽左忽右、忽上忽下等极端状态。[2] “实际上，刑法规范本身就是人类为了简单而有效地管理社会才产生的，因此，一切规范与生俱来便具有节约的品性，简单的规范不失其庄重和威严，体系化的规范更是一种精巧智慧的结晶。”[3]因此，对于刑法规范应当置于体系性的思维之下进行思考，用体系性来思考刑法规范，至少表达了单一规范的内部之间是相互联系、有机统一的关系。[4]

笔者考察了我国刑法规范，发现体系性协调不足的一个重要体现在于，刑法总则未能很好地指导分则规范的设置。就目前世界的立法而言，一般采用的是总则与分则相结合的方式设置法条。那么，刑法总则与刑法分则

---

〔1〕 俞小海：《扒窃的司法实践分析与规范含义界定》，载《苏州大学学报（法学版）》2015 年第 1 期。

〔2〕 参见曹玉玉：《刑法修改过程中的协调性问题分析》，载《广东法学》2013 年第 2 期。

〔3〕 周少华：《刑法理性与规范技术：刑法功能的发生机理》，中国法制出版社 2007 年版，第 298 页。

〔4〕 参见周少华：《刑法理性与规范技术：刑法功能的发生机理》，中国法制出版社 2007 年版，第 309 页。

究竟处于何种关系？有的学者承认刑法分则对刑法总则存在排斥适用的情况，进而认为刑法总则与分则并不必然存在抽象与具体的关系。[1] 而另有学者认为，“总则规范是对分则规范的抽象，它所设立的原理与原则寓于分则所规定的各种具体犯罪与刑罚之中”。[2] 也就是说，在刑事立法中，总则对分则具有指导意义，分则规定不能脱离或违反总则规定。[3] 而现在刑法通说理论认为，刑法总则对分则具有概括、指导以及制约作用。然而，在我国刑法规范中未能很好地体现总则对分则的概括、指导以及制约作用。限于篇幅，笔者拟就两个问题进行深入探讨，一是刑法规范设置的死刑适用条件问题；二是刑法规范涉及的过失共同犯罪问题。

首先，就刑法规范设置的死刑适用条件而言。根据我国《刑法》第 48 条的规定，我国死刑只适用于“罪行极其严重的犯罪分子”。也就是说，在刑法分则中设置死刑条款也应当是以行为的性质极为严重作为重要的指导原则，然而事实上，我国在很长的一段时期内，对刑法分则条款内容的设定未能坚持这一标准。例如，在《刑法修正案（八）》尚未出台之前，我国对盗窃罪设置了死刑规定，以及在《刑法修正案（九）》尚未出台之前，我国对集资诈骗罪同样设置了死刑规定。就盗窃罪适用死刑条件而言，只要行为人盗窃金融机构或者数额特别巨大的财物就能被判处死刑，而就集资诈骗罪适用死刑的条件而言，只要行为人诈骗“数额特别巨大并且给国家和人民利益造成重大损失”即可。无论在盗窃罪还是集资诈骗罪中，将经济损失作为死刑设置的条件并不妥当。第一，侵犯财产型犯罪的手段行为不属于严重的暴力犯罪的手段行为。按照联合国《公民权利和政治权利国际公约》第 6 条明确规定：“在未废除死刑的国家，判处死刑只能是作为对最严重的罪行的惩罚，判处应按照犯罪时有效并且不违反本公约规定和防止及惩治灭绝种族罪公

[1] 参见聂昭伟：《刑法分则对总则排除适用现象探析》，载《法律适用》2011 年第 4 期。
[2] 陈兴良主编：《刑法各论的一般理论》（第二版），中国人民大学出版社 2007 年版，第 2 页。
[3] 参见姚万勤：《“欠债偿命”的逻辑悖论与刑法危机》，载《重庆大学学报》2015 年第 2 期。

约的法律。”所谓最严重的罪行一般是指手段属于严重的暴力行为，而对于经济犯罪来说，显然不符合上述的特征。第二，从价值比较的角度来看，即便造成巨大经济损失也不能作为死刑的设置标准。其实，“这里蕴含了一个价值比较的问题，生命权与其他权益孰轻孰重，如果因为罪犯侵犯了公民的非生命权益，剥夺罪犯的生命，这是不等价的”。[1] 例如，从日本刑法的规定来看，死刑只规定在暴力型犯罪并致他人死亡、重伤等情形中。总而言之，对涉及经济的犯罪设置死刑规定，显然背离了总则关于死刑设置的条件。

其次，就刑法总则设置的共同过失问题而言。根据《刑法》第 25 条第 2 款的规定，“二人以上共同过失犯罪，不以共同犯罪论处；应当负刑事责任的，按照他们所犯的罪分别处罚”。也就是说，在我国刑法总则中对共同过失犯罪持否定的态度，然而根据最高人民法院《关于审理交通肇事刑事案件具体应用法律若干问题的解释》[2] 第 5 条的相关规定，承认过失共同犯罪情形，即发生交通肇事后，单位主管人员、机动车辆所有人、承包人或者乘车人指使肇事人逃逸，致使被害人因得不到救助而死亡的，将对其以交通肇事罪的共犯论处。众所周知，我国的交通肇事罪是典型的过失犯罪，因此，虽然该条司法解释的目的在于明确交通肇事罪的共同犯罪的范围，但在不觉中与《刑法》第 25 条的立法规定产生冲突。我国有学者秉承“解释优先论”的观点，认为一切问题的根源不是来源于立法，而是来源于解释者的偏差，认为承认共同过失犯罪是基于“犯罪论、刑事责任以及刑事政策”的考量。[3] 另有学者认为，我国立法中明确否定了“共同过失犯罪”，但并未否定“过失共同犯罪”的情形，因而主张对过失共同犯罪的情形按照共犯论处具有合理

---

〔1〕 王占启：《死刑适用研究》，中国民主法制出版社 2013 年版，第 71 页。

〔2〕 值得注意的是，虽然此处笔者只是以司法解释为例进行分析，并没有从刑法分则入手分析，用意在于：其一，说明我国司法解释目前呈现泛化现象；其二，说明我国的司法解释有替代立法功能的倾向。所以，在目前情形下，司法解释的功能有时比立法的作用还要突出。

〔3〕 参见李云龙等：《共同过失犯罪应成立共同犯罪》，载《政治与法律》2005 年第 5 期。

性。[1] 笔者认为,无论是从何种角度而言,在我国立法已经以明确的方式规定了过失共同犯罪的情形,试图通过解释论的立场自圆其说都是徒劳且缺乏说服力。将其区分为“共同过失犯罪”与“过失共同犯罪”两种不同的情形,有背离了总则的立法规定之嫌。

(三)刑罚规范之间的衔接不当

作为刑法规范的有效组成部分的刑罚规范,是决定对行为人处刑的依据,因而刑罚规范设置的科学化与否直接关系到对行为人量刑以及实际执行刑罚的公正与否。我国刑罚规范的内容目前主要根据刑种的不同区分为五种主刑和三种附加刑,因此在不同的刑种之间如何形成有效衔接是检验刑法规范科学化与否的另一重要内容。按理说,刑种不但能够衔接妥当,而且不同的刑种所设定的刑期之间也能形成相互咬合的排列状态。也即,不仅低一级刑种所设定的刑期与高一级刑种所设定的刑期能够相互衔接起来,而且实际执行的刑期也能相互衔接。[2]

从我国目前刑法规范的实际情况来看,从静态层面就自由刑以及生命刑的相关规定的实际情况来看,我国的刑种所设定的刑期之间能够较好地实现衔接。首先,自由刑之间实现了有效的衔接。根据我国《刑法》第 42 条的规定,拘役的刑期为 1 个月以上 6 个月以下;根据我国《刑法》第 45 条的规定,有期徒刑的刑期为 6 个月以上 15 年以下。两者之间的“咬合状”的衔接不言自明。其次,在自由刑与生命刑之间的衔接,主要通过缓刑 2 年制度来实现。[3] 所以,从整体上来看,我国刑法制度呈现的是一种相互衔接的状态。最后,在具体罪名的法定刑的设置中,也能把握刑种与刑期的衔接。例

[1] 此处是冯军教授的主张。参见张明楷:《共同过失与共同犯罪》,载《吉林大学社会科学学报》2003 年第 2 期。

[2] 参见申林:《论我国刑法中各刑种实际刑度之间的不衔接及对策》,载《甘肃政法学院学报》2008 年第 1 期。

[3] 参见蔡一军:《论刑阶动态衔接中的刑罚刚性》,载《内蒙古社会科学(汉文版)》2010 年第 4 期。

如，以报复陷害罪为例，国家机关工作人员只是实施一般的报复性行为，处2年以下有期徒刑或拘役；情节严重的，处2年以上7年以下有期徒刑。就刑种而言，有期徒刑与拘役实现了衔接，就刑期而言，从拘役的起刑点1个月到有期徒刑7年。

然则，在司法适用中，由于存在减刑、假释的制度的存在，实质上导致刑罚规范之间的衔接并不如静态状态下衔接完美。从动态化的机制进行考察，我国刑罚规范的实际执行刑期之间的衔接还存在不足。首先，无期徒刑与有期徒刑之间的衔接呈现交叉式衔接，因而可能会导致即便是性质恶劣的被判处无期徒刑的罪犯的实际刑期比判处有期徒刑罪犯的实际刑期要低的不合理现象。根据我国刑法的规定，有期徒刑的最高刑期为15年，在数罪并罚情形下，如果综合刑期超过35年，其判处的最高刑期不能超过25年。而根据减刑等制度导致无期徒刑实际执行的刑期在10～22年。[1] 也就是说，甲原本犯罪行为性质严重被判处了无期徒刑，而行为人乙因为性质较轻，则被判处了有期徒刑15年，但是甲在监狱服刑期间因为表现较好，被减刑为13年有期徒刑，而乙因为表现一般，未能减刑，最终服刑15年。显然，产生如此现象导致刑罚的性质不能得以有效发挥。

其次，生刑制度的衔接不当，导致死刑与无期徒刑、有期徒刑之间的实际执行情况差别较大。在我国，死刑本身就包含了两种执行方式：死刑立即执行与死刑缓期执行。虽然形式相同（属于死刑），但是实质差别较大。例如，只要罪犯在缓刑考验期未故意犯罪就被减为无期徒刑，而一旦死刑立即执行的判决生效后，罪犯往往无力回天。据陈兴良教授统计，被判处死缓、无期徒刑以及有期徒刑的实际执行期限分别为18年、15年、12年不等。[2] 也就是说，生刑制度的衔接不当致使刑法治理也不能有效发挥。

---

〔1〕 参见蔡一军：《论刑阶动态衔接中的刑罚刚性》，载《内蒙古社会科学（汉文版）》2010年第4期。

〔2〕 参见陈兴良：《刑罚改革论纲》，载《法学家》2006年第1期。

（四）犯罪轻重层次的设置不当

刑法分则的条文一般都是由罪状和法定刑两个部分所构成。对于罪状所反映的是犯罪的基本构成，而法定刑反映的是犯罪的轻重情况。这种规范也被称为典型的罪刑规范。当然，理想化的法定刑轻重的排列是以犯罪的轻重为依据。就目前世界上典型国家来说，无论是以德国为代表的二元模式（重罪或轻罪的划分），还是以法国为代表的三元模式（重罪、轻罪或者违警罪），均是以犯罪的严重程度或者刑罚的轻重为标准。以此作为标准，一方面具有明确、直观的优点，另一方面刑罚的轻重也很容易认识，且界限明确。[1]

因此，刑法学界很多人想当然地认为，我国刑法规范是判定犯罪轻重的唯一标准，刑法规定的重罪就一定是重罪，刑法规定的轻罪就一定是轻罪。[2] 然而事实并非如此，在我国刑法之中可能存在两种较为极端的现象，一是有些社会危害性较重的犯罪，却存在法定刑的设置上过轻；二是某些社会危害性较轻的犯罪，却存在法定刑设置过重的情况。例如，以我国已经废除的嫖宿幼女罪为例。在我国 1979 年《刑法》中，并未涉及对幼女性权利的特别保护，而在 1997 年《刑法》修订之际，考虑到对幼女实行全方位保护的现实需要，嫖宿幼女罪成了与原来刑法中的强奸罪（含奸淫幼女）相区别的单独罪名。按理说，嫖宿幼女罪不仅侵犯了幼女身心健康，而且在明知的情况下反而去实施该类行为，反映出的行为人主观恶性也较大。因此导致该罪名不但未能有效保护未成年人，反而为犯罪分子逃避处罚创造了漏洞。[3] 更有甚者，在个别判决中暴露出的“幼女污名化”的倾向日趋

---

〔1〕 参见卢建平：《犯罪分层及其意义》，载《法学研究》2008 年第 3 期。

〔2〕 参见王占启：《论判定犯罪轻重的标准》，载《海南大学学报》2017 年第 1 期。

〔3〕 在我国，较为典型的案例当属 2007 年至 2008 年发生的“贵州习某嫖宿幼女案”，该案最终是以嫖宿幼女罪定罪处刑。遭受到了诸多批判的原因在于，违背了基本的罪刑相适应原则，因为强奸幼女情节严重的，最高法定刑可以判处死刑，而按照嫖宿幼女罪判处，最高只能判有期徒刑 15 年。其后，围绕该问题而产生了诸多的改革方案，具体文献可参见车浩：《强奸罪与嫖宿幼女罪的关系》，载《法学研究》2010 年第 2 期；劳东燕：《强奸罪与嫖宿幼女罪的关系新论》，载《清华法学》2011 年第 2 期。

严重。[1] 直到 2015 年通过的《刑法修正案(九)》才正式删除了存在了近 20 年的嫖宿幼女罪。再如,我国《刑法修正案(八)》和《刑法修正案(九)》共废除了 22 个罪名的死刑规定,则足以说明该类犯罪的社会危害性原本并未那么严重。

二、科学性不足对治理功能的制约

为使刑法的治理功能得以充分发挥,刑法规范的科学与否起着极为重要的作用。一个科学性的刑法规范能够使部分之间相互配合,大大提高了刑法治理的效果,有利于更好发挥刑法的治理功能。相反,刑法规范的科学性不足也会对刑法治理功能产生负面效应。主要有以下两点:

(一)导致刑法治理的“成本与效益”的失衡

“资源稀缺性论断”一直以来是经济学基本的判断命题之一,因而在经济学研究中,任何资源都具有价值,经济学使用“成本—效益”分析模式解释人们经济行为实际发生的基本理由,指导人们对于经济活动的选择或决策,并由此衍生出一套经济行为的指南。[2] 国家在对社会进行治理时,需要付出一定的知识和资源,这就是社会治理的成本;治理的结果即社会冲突化解或减缓、违法犯罪减少、社会和谐稳定等,这就是社会治理的效益。尽管法律中主要蕴含着道德因素,而不是经济思想,但是刑法具有深刻的经济逻辑。虽然法官和立法者不经常使用经济方面的语词,但经济分析有助于他们解释包括刑法在内的法律的基本结构。[3]

“当代制度经济学派进一步运用这种经济分析方法来研究制度变迁,通过成本/收益分析来判断一个制度的运作是否有效率,即该制度对所投入资

---

〔1〕 参见但未丽:《嫖宿幼女罪存废之再思考》,载《中国刑事法杂志》2012 年第 12 期。
〔2〕 参见陈彩虹:《经济学的视界》,中国发展出版社 2002 年版,第 8 页。
〔3〕 参见钱弘道:《法律的经济分析》,清华大学出版社 2006 年版,第 130 页。

源的利用能否实现效用最大化。"[1]事实上，人类社会相当部分的制度设计都在追求净收益最大化的倾向，在刑法制度设计中，也不可避免会利用经济学对其合理性进行考量。但是，一个社会的制度是否有效率，或者财富最大化的判断因素又是什么？在波斯纳看来，"这样的评价取决于你认为什么因素是外生因素（也就是说，把什么视为社会制度不能改变而必须尽可能予以适应的因素），以及什么因素是内生的因素（也就是说，什么是可能通过制度选择予以改变的因素）"。[2] 刑法不同于其他部门法的主要特征在于其严厉的制裁措施，这一特征注定了刑法制度设计的经济目标与其他部门法不一致。

刑法治理功能的实现离不开对"成本—效益"分析范式的考察。然而，根据传统刑法理论考察，实现这一目标主要有三种路径：一是发挥刑法特殊威慑的方式，二是通过普遍威慑的方式，三是通过彻底剥夺犯罪人犯罪能力的方式。[3] 通过法经济学视角下的"成本—效益"范式检验刑法治理功能的实现的目的不是消灭犯罪，每一种威慑方式的采用都带有较大的社会成本，或者正是由于威慑成本的存在使得一个理性的社会将会在打击犯罪的实际支出与产出之间寻求一种平衡。也即，如果创设的法律制度能为社会带来诸多的效益，那么这种法律制度就应得到支持，相反，如果一项法律制度创设之后，不但不能发挥预期的社会效应，反而阻碍了社会的有效治理，那么这样的法律制度因不符合经济学中成本与效益判断原则而应摒弃。从经济学成本与效益的角度审视，刑法治理功能的效益应当表现为以下三个方面的内容：刑法的成本投入合理；刑法实施符合立法者、执法者以及守法者的目的；刑法的治理效益实现了最大化。因而，从最终目的追寻刑法治理功能的效果评估的价值，应当与经济学中的"成本—效益"分析范式在逻辑

---

〔1〕 左卫民：《刑事诉讼的经济分析》，载《法学研究》2005年第4期。

〔2〕 [美]波斯纳：《正义、司法的经济学》，中国政法大学出版社2002年版，第212页。

〔3〕 参见陈国富：《法经济学》，经济科学出版社2006年版，第199页。

结论上“殊途同归”。也就是说,刑法治理功能的效果评估机制作为检视社会治理效果的重要工具,在价值目标上最终检视刑法自制定以后在社会治理中的实际效果,即刑法制度的实际效益是否处于最优化状态。

利用“成本—效益”的分析范式进一步具体考察刑法规范的科学性,可以发现,科学性不足的刑法规范必然使社会投入的成本较大,而产出的效益并不显著。正如有学者所指出的,“不考虑成本收益分析的刑事法律必然难以将刑法作为最后手段,其实际运作的结果必然是低效的,甚至导致较大的负面效应”。[1] 例如,以1979年《刑法》规定的投机倒把罪为例,原本对于资本市场具有促进作用的买卖行为,在通过刑法规定之后,不仅需要花较大的成本来治理该类犯罪,而且该罪名本身又进一步对我国市场经济建设造成了阻碍作用。所以,无论从何种角度来看,刑法治理的“成本—效益”失衡,会使刑法治理功能呈现反功能。

(二)不利于刑法治理范围的设定

由此反映在刑法之中,必然会涉及我国犯罪圈该如何设定的问题。我国目前犯罪圈到底是严密还是疏漏,以及未来我国的立法应当走何种路径,目前在刑法学界依然存在较大争议。例如,有学者认为,我国在1997年《刑法》颁布之前,刑事立法基本趋向于“厉而不严”,在1997年《刑法》出台之后应当将刑法的立法原则调整为“严而不厉”。[2] 虽然这种观点得到了诸多学者的重视和呼应,但也遭到了某些学者的质疑。例如,有学者基于我国某些犯罪的特殊性,认为“对某些进入刑事司法程序极低的案件的犯罪人还一味强调从宽处罚,国家的刑罚权也会大打折扣,难以充分发挥一般预防的效果”。[3]

如果只是通过增设罪名以及现有罪名的个数为标准来加以考证,且从

---

〔1〕 蔡道通:《刑事法治:理论诠释与实践求证》,法律出版社2004年版,第161页。
〔2〕 参见储槐植等:《刑法机制》,法律出版社2004年版,第8页。
〔3〕 参见郑延谱:《论有限刑法的有所作为》,载《政治与法律》2010年第2期。

纵向之维,与我国较早阶段相比较来看,目前我国刑法犯罪圈确实存在进一步扩大的趋势;但是如果从横向之维,与世界发达国家相比较来看,由于与域外立法模式存在较大差异,我国只是通过一部刑法典将全部罪名均罗布其中,而国外(如德国、日本等国家)在刑法典规定犯罪之外,还另外颁布了轻犯罪法,将类似我国的行政处罚的行为罗列其中,因而只是通过罪名的多寡作为标准,可能我国犯罪圈还存在过小的问题。

如果没有一个正确而又令人信服的方案,恐怕上述争议将会一直持续下去。就犯罪圈而言,其不仅具有相对稳定性,而且具有绝对的变动性,在一定程度上还具有可调节性。如果对犯罪圈的大小缺乏一定的标准予以评估,可想而知,只是通过学者的推论得出的逻辑结论也不会特别精准。笔者认为,“犯罪化”与“非犯罪化”作为调节犯罪圈的途径,能够调节犯罪圈的合理范围。而如果刑法规范科学性不足,显然不能为刑法治理设定一个合理的范围圈。

第六章 完善刑法治理功能的制度性建构

第一节 刑法治理理念的转变

自国家治理现代化理论作为战略思想提出之后,如何运用法治思维和法治方式来维持和推进社会的良性运行,实现国家治理体系和治理能力的现代化转型,是当前理论界亟待阐释的重要理论问题。在政治学领域,多数学者认为,国家治理强调的是在党的领导下的社会共治,治理的方式是法治。[1] 治理理念的变革导致刑法由原先的管制工具逐步向治理手段的过渡,因而需要强调运用国家强制力的社会控制向社会治理转变。在国家治理现代化理论基础之上,笔者应当转变刑法的治理理念,因为,作为治理活动的思想和灵魂,治理理念对治理措施、治理手段乃至治理结果都有决定性的意义,也即"什么样的治理理念

[1] 参见周红云:《从社会管理走向社会治理:概念、逻辑、原则与路径》,载《团结》2014 年第 1 期。

就会产生什么样的治理行为,因而就会导致什么样的治理结果”。[1] 在具体内容上,应当树立多元治理、以人文本、公众参与等刑法治理理念。

一、树立多元治理的理念

拉德布鲁赫曾言:“法律科学的任务是对材料的双重加工,是将法律表现为概念的实现和在法律概念内部包含的法律范畴性加工,是将法律描述为尝试实现法律理念的目的性加工。”[2] 因而,在刑法治理过程中,刑法治理理念的实现不仅有利于刑法概念的设置,还会促进刑法范畴的确立。回归问题的实质在于,实现刑法治理理念就是将刑法作为何种地位以及在社会理论中保持何种制度本质的重要问题。通过前文的论述可知,虽然突出刑法的地位和作用日益显著,但也暴露出过于依赖刑法工具主义的不足。

治国安邦是一个浩大的系统工程,涉及方方面面,其中,法律作为重要的手段而备受青睐。刑法作为保障法的地位的特殊性决定了刑法在治理过程中涉及的范围要比任何一个部门法涉及的范围更宽泛,例如,从我国目前刑法保护体系来看,不仅涉及国家政治、经济、文化等宏观的层面,而且还涉及个人人身、财产、婚姻家庭等微观的层面。“但这不意味着刑法是法益保护的唯一措施,刑法以外的法规范(如民法和行政法)和其他社会规范,都能起到维护社会秩序、保护法益的作用,法的制裁方式除了刑罚之外,还存在损害赔偿、无效合同、行政罚、惩戒等,在社会规范中,也包含着各种各样的制裁方式。”[3] 在社会治理的宏大叙事体系之中,刑法的角色只能偏居一隅,曾经一度夸大刑罚万能主义的理念必然与社会治理的效果产生偏差而最终走向自我省思。刑法规范的内容和功能效力的范围是有限而不是全面的,

---

〔1〕 刘文光:《践行社会治理理念的路径探索》,载《黑龙江社会科学》2015 年第 4 期。
〔2〕 [德]拉德布鲁赫:《法哲学》,王朴译,法律出版社 2013 年版,第 134 页。
〔3〕 [日]井田良:《讲义刑法学 总论》,东京:有斐阁,2008 年版,第 16 页。

具体包括刑法触角的有限性和刑罚发动的有限性。[1]

事实上,“法律实际上是社会价值的反映,有什么样的社会价值,便会产生什么样的法律。要做到法律自身的完整性和达到更大的司法确定性,必须要注重共同的社会价值的培育”。[2] 因此,在公共事务的治理过程中,国家有责任使用这些新的方法和技术来对公共事务进行控制和引导。[3] 众所周知,刑法本身作为一种“恶”,表现为“双刃剑”的属性,如果过多使用,也会对社会产生新的恶害。刑法治理的目的是在各种不同的制度关系中运用权力去引导、控制和规范公民的各种活动,最大限度地增进公共利益。根据社会治理理论,国家不是社会治理的唯一主体,只要其他各种主体行使的权利获得法律或公众的认可,就可能成为不同层面上的治理主体。因此,社会治理的主体呈现多元化,政府之外的社会治理主体应参与到公共事务的治理中;治理的方式与手段应表现为多层次的治理与多种治理工具的使用并存。

二、树立以人为本的治理理念

在当代西方国家,人本主义已成为与科学主义并驾齐驱的两大主要社会思潮之一。在古罗马时期,人本主义一般是指通过教育的手段使人得到全面的训练和发展。而在近代时期,启蒙思想的兴起使人本主义与科学主义相互结合,提倡自由、平等的基本价值理念作为反对封建特权时期的重要武器。

从根本上,人本主义所具有的思想倾向包括两个方面的内容:一方面,人本主义作为一种思潮,维护作为人的基本权利,如自由、平等、价值以及尊严等;另一方面,人本主义是以人这一主体为核心,承认人是一切行动的出

---

〔1〕 参见熊永明、胡祥福:《刑法谦抑性研究》,群众出版社2007年版,第67页。

〔2〕 付子堂、赵树坤等:《发展中法治论:当代中国转型期的法律与社会研究》,北京大学出版社2013年版,第70页。

〔3〕 参见俞可平:《治理和善治引论》,载《马克思主义与现实》1999年第5期。

发点，人具有道德伦理上的意义，人的利益才是社会需要保障的最为根本的利益。[1] 马克思主义在扬弃西方人本主义抽象人理论的基础上，也提出了人是本位、人是目的的人本观。中国共产党对马克思的人本观进行发展，提炼为“以人为本”，并将以人为本作为我们党的执政理念和实践原则。

然而，即便如此，人本主义思想的渊源，并非来自西方，人本主义思想的渊源在我国古代社会中也早已存在。例如，在春秋战国时期，百家争鸣，但在关于刑罚的目的与作用上，仍然主张通过运用刑罚最终达到无刑的效果。古代思想家早认识到人是万物之灵，人是世界的主体，应当尊重人的个性与欲求。据《尚书》记载，周武王曾说“惟天地万物父母，惟人万物之灵”，这是我国古代最早以文字记载的对人的价值的肯定。在我国春秋战国时期，先哲们认识到人的力量及人在宇宙中的地位和作用，强调人为“神之主”和“国之主”，[2]“霸王之所始也，以人为本。本治则国固，本乱则国危”。[3] 这些思想家还主张尊重个体人的独立性和主动性，尊重人的尊严。我国古代思想家的上述以人为本的思想，在我国古代的刑法思想中也得到了充分体现，并对我国古代刑法制度产生了重要影响。[4] 此外，在古代社会中，为了维护正常的伦理，家庭成员之间的隐匿行为也不得以犯罪论处（亲亲相隐原则）。

现代刑法治理，强调的不仅是对犯罪的惩罚，还强调对犯罪人的治理，贯彻“以人为本”的治理理念，不仅需要将罪犯当作社会中的主体来予以平等地看待，而且还保障其基本的权利。总而言之，树立“以人为本”的刑法治理理念，更加有利于保障犯罪人乃至社会中一切人的人权。

---

〔1〕 参见袁林：《人本主义刑法解释范式研究》，西南政法大学刑法学专业 2010 年博士学位论文，第 13 页。

〔2〕 参见《左传》。

〔3〕 《管子》。

〔4〕 值得注意的是，虽然古代社会中的刑法治理社会表现的更多的是落后的一面，但这不意味着笔者对古代刑法中优秀的制度均持否定的态度，尤其某些治理理念，在现代社会看来仍有诸多可圈可点之处。

三、树立公众参与的治理理念

拓展我国刑法治理功能、树立公众参与的理念，是基于民主政治发展的必然要求，也是协商民主在刑法治理过程中的体现。公民参与刑法治理的过程，强调的是社会公众作为与国家相平等的主体实行以前专属于国家行使的权力事项。充分发挥刑法治理功能就意味着提升刑法治理能力不能过于依赖国家基于刑法权而产生的治理权威，而是基于社会公众参与刑法的实施过程，因而有助于社会公众自愿接受刑法治理的结果，从而有利于提高刑法公信力和刑法的权威。

树立公众参与的治理理念，存在两个明显的优势：其一，有利于培养公民意识或公民精神。"所谓公民意识是指社会个体对自己在国家和社会中所处政治地位的现实感受和应有的认识。"[1]公民意识通过参与意识、法律意识以及责任意识来予以体现。在刑法的治理过程中要求社会公众广泛参与，显然超越了个人私利的狭隘视角，从而能够有效鼓励参与者用一种更加开阔的视野来看待社会公共利益，形成公民的公共理性。而这种公民精神的形成，需要以公共协商这种方式达成共识予以实现。[2] 因此也更有助于公民意识以及公民精神的培养和达成。其二，有利于推进刑法的社会治理。根据社会学家莱赛尔指出，"如果法律中的条款与得到社会民众普遍认可的风俗、宗教、政治或社会的法律观或价值观相一致，而且也是以此为基础而制定的，那么，该法规被自愿遵循的机会就很大。相反，如果法规与非法律的社会规范相违背，那么只能依靠强制手段才能得以实现。日常经验可以证明这一抽象表达的正确性"[3]。因此，社会公众参与刑事立法以及刑事司法，会树立良好的守法意识，从而从另一方面推进刑法的社会治理功能的

---

〔1〕 魏健馨：《论公民、公民意识与法治国家》，载《政治与法律》2004 年第 1 期。

〔2〕 参见应克复等：《西方民主史》（第 3 版），中国社会科学出版社 2012 年版，第 463 页。

〔3〕 [德]托马斯·莱赛尔：《法社会学导论》，高旭军等译，上海人民出版社 2014 年版，第 233 页。

实现。

然而,在不同的制度之下,公民具有典型的双重身份:一方面,公民可以作为社会的管理者参与到社会治理过程中;另一方面,公民作为社会管理的对象,其不能参与到社会治理之中,只能由其他人代为行使权力。作为社会管理的主体,公民可以直接参与到国家事务与社会事务之中,这是直接行使权利的方式,而作为社会的被管理者,由他人代为行使权利是一种间接行使民主权利的方式。[1] 如达尔所论,民主能为公民带来诸多的好处,作为公民,他们拥有保护和增进他们最重要的个人利益的手段,他们也将参与制定与他们生活息息相关的法律。[2] 虽然从历史的视角来具体审视,"似乎法治的实现与民主之间并不存在必然的互为条件的关系,在特定的条件下,一种民主制度可以存在于没有法治的社会,而一个法治社会也可能不需要公众的政治参与"。[3] 然而,从现代社会的视角进行审视,法治的目标只有在社会广泛参与的情况下才能实现。

第二节　刑法治理多措施并用机制的建构

传统的国家治理习惯于采用人治、礼治或权势权术之治等措施[4],因而在刑法治理过程中,往往将刑法摆在社会治理的最前面,最终使其他法律治理措施难以发挥应有的价值。实现刑法治理功能不是为了更大范围地打击犯罪、惩罚罪犯,刑法在社会治理过程中仍然需要以是否达成善治为最终的衡量标准与价值取向。而善治就是使社会公共利益最大化的社会治理过程,善治的本质特征就是在于实现国家、社会与个人的合作模式,以使三者

---

〔1〕 参见王周户主编:《公众参与的理论与实践》,法律出版社2011年版,第218页。

〔2〕 参见[美]罗伯特·A.达尔:《论民主》,李风华译,中国人民大学出版社2013年版,第63页。

〔3〕 梁治平:《在边缘处思考》,法律出版社2010年版,第50页。

〔4〕 参见姜明安:《国家治理现代化过程中国家治理要素的转变》,载《法制与社会发展》2014年第5期。

关系达到最优状态。也就是说,善治实质是国家将原本集于一身的权力不断归还于社会以及社会个体的过程,善治能否实现,依赖于国家、社会以及个人是否形成了良好的合作关系并对刑法权威是否产生自觉的认同。因此,一方面,善治约束下的刑法治理方式,“不是国家统包统揽的治理,更不是权力压制、单向施恩,而是建立在契约基础上的合作。刑法治理的过程,是多中心良性互动的过程,是政府不断回应公众需求的过程”。[1] 另一方面,善治约束下的刑法治理,“是一种多元治理、和谐治理的社会形态,虽然矛盾与冲突仍会频繁出现,却能最大限度地被社会所包容、被制度所接收、被机制所化解”。[2] 因此,在民主形式得以确立的当下,实现刑法治理功能需要扭转社会过于依赖刑法治理的局面,这就需要通过刑法治理措施与其他治理措施并用来实现对社会的治理。[3]

一、刑法治理措施与民法治理措施的并用

因为调整对象不同,有必要将法律体系区分为不同的部门法。尽管如此,但是不同的部门法之间并非处于决然的对立关系,尤其在刑事立法中,存在大量的空白罪状的立法,更加说明了刑法与其他部门法处于彼此的联系之中。Victor Tadros 更是直截了当地指出,“只有能够产生某种效益的刑罚惩罚才是正当的,首先也是最为重要的一点就是刑罚惩罚必须能够减少犯罪。相应地,如果认定为犯罪并进行刑罚惩罚的效果并不明显和充分,民事制裁就应当优先”。[4]

---

〔1〕 陈广胜:《走向善治:中国地方政府的模式创新》,浙江大学出版社 2007 年版,第 2 页。

〔2〕 陈广胜:《走向善治:中国地方政府的模式创新》,浙江大学出版社 2007 年版,第 2 页。

〔3〕 按照现代汉语对“并用”的含义解读来看,有“全都使用”或者“一同使用”的含义,值得交代的是,本书中使用“并用”这一语词,并不是在最终的适用上必然要采纳多种方式共同惩罚的意思,只是特指在对该行为进行处罚时,应当要考虑多种处罚措施,而非只考虑使用刑罚这一措施的意思,敬请各位读者甄别。

〔4〕 Vera Bergelson, *Book review*: *The Boundaries of the Criminal Law*, 7 Crim Law and Philos 385 (2013).

那么,哪种行为应当属于民事法律适用的范围,哪些又是刑事法律适用的范围呢?回归该问题的本质,其实是以何种标准区分刑事犯罪以及民事不法的问题。在古代社会,可以说民事不法与刑事不法存在一定的纠葛,因而不存在明确的界限,或者说"古代社会的刑法不是'犯罪法';而是'不法行为法',或用英国的术语,就是'侵权行为法'"。〔1〕当然,将刑事不法与民事不法混为一谈限于古代立法技术以及社会阶段的局限,虽然它反映的是古代社会的一种客观现实,但现在看来,刑事不法与民事不法必然存在不同。

尤其随着经济交往进一步密切,社会分工进一步细化,刑事不法与民事不法的区分也出现了新变化。对此,康德认为,应当从受害的范围来进行具体的界定,刑事不法是侵犯范围较广的类型,不仅涉及个别的人,更涉及对社会共同体的侵害;而民事不法是当着受害人的面实施的。〔2〕具有相同论述的还有维也纳学派的学者,例如,Wahlberg 认为,两者的关键区别在于:民事不法侵害的是主观的法的意思、具体的权利关系,而刑事不法侵犯的是客观的、公的法秩序。〔3〕当然,只是从侵害范围来将刑事不法与民事不法截然区分开是不现实的。原因在于:即使行为人实施刑事不法行为,也可能当着被害人的面实施,且侵害的仍然是被害人的个人法益,那么按照上述标准,仍然不能最终合理地将两者区分开。

在美国理论发展中,更是产生了"制裁的特征与目的区别说"、"程序区别说"以及"事实发现的难易程度区别说"的对立。显然,无论基于何种主张,均不具有合理性。首先,制裁的特征与目的是法律所征表出的结果,以结果来说明行为不法的界限,在逻辑上存在"本末倒置"的嫌疑。其次,虽然民事不法与刑事不法的追诉程序存在差别,但这只是用来阐释刑事不法与

---

〔1〕[英]梅因:《古代法》,沈景一译,商务印书馆 1996 年版,第 208 页。
〔2〕参见[德]康德:《法的形而上学原理——权利的科学》,沈淑平译,商务印书馆 1991 年版,第 164 页。
〔3〕参见于改之:《刑事不法与民事不法的分界》,载《中外法学》2007 年第 5 期。

民事不法存在的差异类型，显然不能用来说明如何区分两者的标准。最后，虽然从一般意义上来说，刑事不法在整体发现难度上远比民事不法更加困难，但这不能作为两者区分的绝对标准，因此，同样不具有合理性。例如，如果行为人在实施犯罪后自首，或者行为人在黑夜对他人造成了一定程度民事侵害后逃走，对于此类案件而言，显然依据“事实发现的难易程度区别说”难以得出妥当的结论。

因而，在我国有学者主张，“现行民法中的侵权行为与刑事犯罪的发展息息相关，直到国家或社会认为某些侵犯行为不仅危害了个人，进而也危害了国家社会等生活共同体时才将之独立成为犯罪并单独加以处罚”。[1] 言下之意，应当以行为的危害程度来进行区分才具有妥当性。而我国的民事立法中存在大量的“构成犯罪的，依法追究刑事责任”的规定，这显然是基于行为的危害程度而作出的立法规定，无疑这种观点更加符合我国的立法现状，因而更具有妥当性。具体而言，在进行相关的区分之时，应当把握以下因素：

首先，发生事由是基于合法的民事法律关系。众所周知，犯罪行为往往是基于非法目的之下采取严重的脱逸社会相当性的行为，致使意欲侵犯的对象一定程度的损害。[2] 当然，某些犯罪可能在动机上存在可被原谅的事由，但一旦做出对社会损害的行为无论如何均会受到刑法处罚。例如，以拒不支付劳动报酬罪为例，在该类案件的认定过程中，存在与犯罪截然不同的逻辑过程。因为在其发生拒不支付劳动报酬之前存在合法的事由——劳动合同关系。在劳动合同中，双方会就劳动者的权利、义务以及报酬等事项进行具体的约定，除此之外，双方当事人还可以自由约定因劳动合同产生的纠纷的解决方式。当然，无论是约定的解决争议的方式还是法定的解决争议

---

〔1〕 于改之：《刑事不法与民事不法的分界》，载《中外法学》2007年第5期。

〔2〕 此处主要是对故意犯罪的描述，在过失犯罪中，可能是行为人基于主观上的疏忽大意而没有预见，或者已经预见但轻信能够避免的心理态度，而导致犯罪结果发生。

的方式,在性质上均是对民事法律关系的处理。如果只是在行为人出现不能支付劳动报酬的情况,就对他人科处刑罚,显然没有对合法的民事法律关系进行甄别,因而处理结论也未必具有妥当性。

其次,行为的程度是否达到刑事犯罪的程度。按照我国刑法学界通说的见解,犯罪成立的实质性要件是具有严重的社会危害性的行为。因此,就民事不法与刑事不法而言,也存在程度上的差别。一般而言,民事不法行为是一种较为轻微的破坏社会秩序的行为,而刑事不法行为是一种严重的破坏社会秩序的行为。当然,对刑事不法与民事不法的把握往往与犯罪的结果判断密不可分,如果某种行为直接导致了严重的结果发生,并且两者之间具有直接的因果关系,那么就可以视为刑事不法行为,反之,则视为民事不法行为。继续以《刑法修正案(八)》增设的拒不支付劳动报酬罪为例,虽然在某些拒不支付劳动报酬的案件中,往往由欠薪行为引发了一系列严重后果的连锁反应。笔者认为,即便出现一些影响社会和谐稳定的情形,也并不是由欠薪行为直接导致的结果,因而不能将其归入欠薪行为所导致的严重的危害结果,刑法更不应该将其作为提高处罚界限的突破点。举一个事例便可明了,犯罪人强奸被害人后导致被害人不愿苟活于世而走向自杀,那么也不能在强奸致死的法定刑范围内对犯罪人论罪处刑。因而,由欠薪而引起的影响社会稳定以及被害人自杀、自残等结果同样不能归属于行为人。因此,按照上文确立的刑事犯罪与民事违法的区分标准来看,单纯拒不支付劳动报酬在质上没有达到严重的社会危害性的要求,在量上也并没有达到值得动用刑法处罚的程度。因此,在最终的结论上,拒不支付劳动报酬通过其他方式仍然可以有效解决,将其归入民事不法的范畴较为恰当。

合理区分刑事不法与民事不法界限的目的,是在刑法治理过程中,将那些原本可以通过民事手段有效控制的行为归入民法治理措施之中。以前文所论的恶意欠薪入刑为例,工资纠纷在西方发达国家均是属于民事纠纷的范畴,原本在我国也是属于民事纠纷的范畴,我国设置了劳动仲裁机构、劳资纠纷调处机构、劳动行政部门等行政事业部门予以解决。我国刑法也增加了拒不支付劳动报酬罪以应对恶意欠薪。笔者认为,以上做法可能并非社会治理优化的最佳选择。所以,即便对于拒不支付劳动报酬的行为需要通过刑法规制实现治理的优化,但是在具体的操作中也不能对民法治理措施置若罔闻。因此,应当重视以下的途径:

首先,应当增强民法治理措施的执法力度。虽然目前我国民事法立法数量以及法规的完善程度取得了重大突破,但是很多法律在实践中未落到实处,因为民事制裁措施与刑事制裁措施的成本以及强制力等方面还存在明显的不同。众所周知,刑事制裁是由国家实现对犯罪人的打击,因而其成本一般是由国家来承担,且制裁强制力较强,往往成为社会民众的首选。而一般的经济纠纷,从法律的角度来说,属于典型的私人之间的财产纠纷,但是伴随着要债困难,社会民众往往在索债无门的情况下,动用刑法催讨债务则成为首选。因此,如果能在民事领域实现较强的强制执行力,那么民事治理措施将会实现质的提升。对此,有学者指出,"可以将民法制裁手段,比如赔偿、恢复原状和道歉直接融合到刑事司法过程中,从而取代监禁刑和其他刑事惩罚措施"。[1] 也就是说,如果能将刑法之外的其他法律规范赋予刑法一样的强制执行力,那么不仅能有效解决一些不需要刑法介入解决的纠纷,而且避免突出刑法在社会治理中的强硬角色。

其次,应当强化相关公职人员的履职意识。制度制定之后,还得靠相应的主体予以具体落实,如果相关人员怠于行使职权,那么也就大大减弱了公民权利的保障,所以应当建构怠于履职的行政人员的问责机制,保障社会制度能够得到良性运作。

最后,在民法治理措施中构建多措施解决路径。"即使诉讼程序终了时某个形式权利最后得到了维护,但如果当事人为此付出的代价极其高昂,并

---

[1] 王强军:《社会治理过度刑法化的隐忧》,载《当代法学》2019 年第 1 期。

且所得到的仍只是一个迟到太久的正义，那么这种形式权利对诉讼的赢家而言也几乎没有什么意义。”[1]无论如何，诉讼是解决纠纷成本较为昂贵的方式，这不仅表现在诉讼费用的高昂，还包括历时较久。但是，诉讼又是最为有效的方式，因为国家强制力的保障能够使受害方较为顺利地拿到相应的赔偿或补偿，所以，应当对于欠薪案件建构一种速裁机制，尽量将其追讨成本降到最低。如果穷尽了以上措施，对于该类行为确实未能取得良好的治理效果，那么，才能考虑将该类行为归入刑法治理之中。

二、刑法治理措施与行政法治理措施的并用

我国法律体系目前呈现二元制裁体系的特征。在二元制裁体系中，刑法是其他部门法的保障法，即刑法在其他法律制度难以调控之时，才能动用惩罚措施最为严厉的刑法。因而，刑法是其他法律得以有效运行的重要保障，应当具有最后的保障性。然而，在刑法治理中并非如此，刑法往往在其他措施尚未能有效发挥治理效果之时，就一马当先地成为治理社会的“最先”保障法。显然，行政法与刑法的衔接不仅能够恰当阐释二元制裁体系，而且能为刑法治理措施与行政法治理措施的并用提供规范依据。

那么又该以何种标准来区分刑事不法与行政不法的界限呢？这个问题的最终落脚点在于以何种标准区分刑事罚与行政罚的界限问题。对于该问题，目前在刑法学界主要存在“质的区别说”、“量的区别说”以及“质量区别说”三种观点的对立。“质的区别说”认为，刑事罚与行政罚主要区别在于行为质的差异，即两者属于不同性质的行为类型，由不同性质的法律所调控。[2]“量的区别说”认为，区别刑事罚与行政罚的行为不在于质上寻求差

---

〔1〕［美］P. S. 阿蒂亚、［美］R. S. 萨默斯：《英美法中的形式与实质——法律推理、法律理论和法律制度的比较研究》，金敏等译，中国政法大学出版社2005年版，第164页。

〔2〕参见林山田：《论行政犯罪与行政违法行为》，载《刑事法论丛》（二），台北，元照出版有限公司1997年版，第36页。

异,而是在量上寻找区别。因为刑事罚与行政罚在行为方式上均是对法律强制性规定或者义务性规定的违反,因而在性质上没有截然之别,只能在行为的量上存在差异,显然,行政违法行为是一种比犯罪行为具有较轻的社会危害性的不法行为。[1] “质量的区别说”认为刑事罚与民事罚两者行为不仅有量上的差异,而且在质上也存在不同。具体而言,刑事犯罪行为涉及的内容更加宽泛,在伦理的非价内容与社会伦理的非难上均要比行政违法行为严重,因而,相比较而言,行政违法行为具有较低的非难性。[2] 本书认为应当采取“质量区别说”较为妥当。因为:其一,根据我国《刑法》总则第 13 条但书的规定——“情节显著轻微危害不大的,不认为是犯罪”,已经将那些在性质上未达到犯罪程度的行为排除在犯罪圈之外;其二,我国刑法分则中大量的罪名采取的是“定性”与“定量”相结合的立法模式,也就是说,构成该类犯罪不仅有性质上的要求,而且还有量上的限制。例如,就单纯的数额型盗窃罪而言,“数额较大”显然是罪与非罪的重要区分标准。

正是由于行政违法与刑事犯罪之间既有行为表现方式的同一性,也存在违法性质与危害程度的差异性,因而,区分刑事不法与行政不法行为的目的主要在于建构一种具有层次性的处罚机制。如此,不仅可以缓解刑法治理的压力,还能促进社会体系的灵活运转。那么,如何实现刑法治理措施与行政法治理措施的并用呢?说到底就是需要在我国法律体系中建构刑罚与行政罚的衔接机制。因而,其具体的建构应当包括以下的内容:

第一,注重在立法方式上的衔接。目前我国行政违法与刑事犯罪的衔接方式过于单一,一般表现为在具体列举行政相对人各种形式的违法行为

---

[1] 参见林山田:《论行政犯罪与行政违法行为》,载《刑事法论丛》(二),台北,元照出版有限公司 1997 年版,第 36 页。

[2] 参见林山田:《论行政犯罪与行政违法行为》,载《刑事法论丛》(二),台北,元照出版有限公司 1997 年版,第 43 页。

后,明确规定其行政责任,并在其后原则性地规定"规定犯罪的,依法追究刑事责任"。[1] 然而,从表面看来,该条款似乎有利于增强行政处罚措施与刑罚措施的衔接,但是实际上,由于刑罚发动需要遵循罪刑法定原则的限制,因而导致有值得刑罚处罚的行为,往往在刑法中找不到对应的条款的现象发生,致使即便再严重的行为也找不到相对应的刑罚处罚条款。与之相反的是,在我国目前刑法条款中,原本应当利用行政法处罚就能有效遏制的轻微违法行为,有一部分被纳入刑法规制的范围,因而也导致了一部分轻微行为即使在刑法典中也存在相应的规定,而在行政法规范中没有对应的处罚条款。此外,刑罚与行政处罚的目的不同。众所周知,刑罚的价值在于通过刑罚措施来实现被破坏的社会关系的治理,而行政法的目的在于促进政府行政职能的履行,故长期以来秉持效率优先的取向。[2] 这种行政法与刑法相互脱节的现象必然会导致刑法治理趋于严厉化。因此,笔者认为,应当将目前立法中过于原则、笼统的立法规定逐步细化成具有可操作性的立法规定。例如,在 19 世纪末 20 世纪初,美国、德国、日本的行政立法中就已经设立独立的罪名以及法定刑的规范的做法值得借鉴。如此一来,便能及时将那些轻微的危害行为及时分流,避免刑法措施单一导致治理效果不佳的状况。

第二,处罚种类上的衔接。行政处罚的种类主要包括警告、罚款、没收违法所得、没收非法财物、暂扣许可证件、吊销许可证件、责令停产停业、行政拘留。虽然从处罚措施的内容来看,罚款与罚金、行政拘留和拘役存在相似之处,但是其性质毕竟不同,因而如何在不同的性质之间寻求一种处罚上的衔接。将刑罚与行政处罚措施进行衔接,使处罚主体能够根据行为人行为性质的轻重做到与处罚程度相适应的结论。首先,就罚款与罚金而言。虽然两者均是以剥夺对方的财产权为内容的处罚方式,但是罚金作为刑罚

---

〔1〕 张书琴:《行政执法与刑事执法衔接机制的研究》,载戴玉忠主编:《犯罪与行政违法行为的界限及惩罚机制的协调》,北京大学出版社 2008 年版,第 320 页。

〔2〕 参见刘夏:《犯罪的行政从属性研究》,中国法制出版社 2016 年版,第 97 页。

处罚措施,其严重性应当比罚款更为严厉,因而从整体上审视,罚金刑的下限数额应当高于罚款的上限数额。值得注意的是,虽然目前理论学界并不排斥刑罚与行政处罚的并合,但从制裁目的论的视角来看,对行为人处以罚款尚不能做到有效惩治的话,那么再对其判处罚金之时,应当从罚款已经达到剥夺行为人财产权这一目的考量,对其数额应当减轻。其次,就行政拘留与拘役刑而言。虽然两者的性质不同,但从两者的内容来看,均是剥夺他人自由的处罚措施。从两者目前设置的具体内容来看,公安机关依法作出的行政拘留的时间最长期限为15日,而拘役的刑期幅度为1个月以上6个月以下。显然,两者的时间衔接出现了相差15日的时间间隔,因而为了能够将行政处罚措施更加稳定地过渡到刑罚措施,可以适当地降低拘役的刑期幅度。

三、刑法治理措施与非法律规范措施的并用

通过上文对刑法治理功能的现状进行梳理我们能发现,刑法治理措施固然有其优越性,但是其他非法律规范治理措施往往也能取得较佳的治理效果。

(一)重视道德治理的重要性

与法律相比,在人类所关心的一切事情中,道德是最重要的。道德在我们一切交往中是经常有联系的东西。我们没有任何处境、没有任何提供我们选择的事情能够毫不涉及义务问题,但会每时每刻涉及道德问题。[1] 道德作为一种特殊的治理手段,其存在界限具有无限性,道德无处不在、无时不在,也即,有人类社会就有道德,且道德永远存在,凡有人类活动的场所相应地就产生一定的道德。[2] 道德不仅能够深入社会生活的方方面面,还能

---

〔1〕 参见[英]威廉·葛德文:《政治正义论》(第二、三卷),何慕李译,商务印书馆2007年版,第528页。

〔2〕 参见梁根林:《刑事法网:扩张与限缩》,法律出版社2005年版,第40页。

深入人的精神世界。因而在刑法治理的过程中的作用不容忽视,应当保持道德这一调整手段的独立性。

在古代西方的社会中,尤其是古希腊的亚里士多德时代,法律与道德是不能截然分开的领域,在城邦的社会事务中,特别是对公职的分配以及对犯罪行为的惩罚均是依照城市的法律来进行具体的确定(也就是依据道德确定),对于某些无法可依的特殊案件,也是依据当时主流的道德进行裁断。这恰好说明道德在社会治理事务中充当了与法律同等重要的地位。其后的柏拉图更是穷其一生在研究个人的美德对于政治的影响,在其早期作品《理想国》中就十分强调哲学家的智慧在国家治理中的重要作用,认为人治优于法治,而人治就是智慧之治和美德之治,提出如果没有哲学家成为国王,那么社会将永无宁日。[1] 如果说西方的道德文明只是历史长河中的惊鸿一瞥,那么古代中国的道德对于社会的治理将功不可没。例如,在中国早期儒家将大量的道德伦理贯彻到刑罚之中的思想,不仅推动了中国长达几千年的社会结构的稳定,而且在社会环境祥和之时,必然会出现太平盛世的局面。儒家以"德教"为本,而且又特别注重人伦关系的自然性和谐,尤其注重"三纲五常"的道德伦理的有效性,这种有效性将能避免父子反目、夫妻成仇、朋友无信等令人难以忍受的社会事实的发生。[2] 孟子更是将内心的动机视为决定裁判的依据,荀子主张"来者善而礼相待、来者不善刑相罚",更是将个人的道德修行作为动用刑罚的重要根据。[3] 同时,正是统治者认识到了维系人类家庭亲情和家庭伦理关系的重要性,才通过用刑罚手段来维护社会存在的基础,从而有效地维护统治关系。当然,虽然在古代社会中一直存在道德的约束性,但是社会之中毕竟还存在难以通过道德教育感化的人,因而在后期的儒家理论发展中,主张维护社会秩序要礼刑并用,而礼的

---

[1] 参见姜丽萍:《中西法律思想源流解读》,黑龙江人民出版社 2006 年版,第 79 页。
[2] 参见任剑涛:《伦理政治研究》,中山大学出版社 1999 年版,第 237 页。
[3] 参见任剑涛:《伦理政治研究》,中山大学出版社 1999 年版,第 233 页。

核心是仁,仁之根本是孝弟。因此,如果社会成员为人孝弟,则不会犯上作乱,社会秩序自然也就和谐有序,因为“君子务本,本立而道生。孝弟也者,其为仁之本舆!”[1]虽然此时的法律适用也意味着惩罚,但是惩罚的必要性是对道德说教的补救。[2]

对普遍道德价值观的承认,可能使不同的人们承认他们各自的法律制度中有许多规定具有相同的道德基础。[3] 因而在实践社会中,道德同样具有如同法律一般的约束性。如何求得道德的有效性问题,哈贝马斯早就坦言,“需要我们依据命题真理的通行模式来解释在道德命题中被争论着的有效性要求”。[4] 因而,道德规范作为一种普遍性、非个人性的一种客观存在,因而是可以证明的、可以认知的。也可以说,在道德规范的普遍有效性意义上,存在“道德真理”,而这种普遍性显然是一种受到限定的普遍性,主要是受到特定的时空条件的限制。[5]

即便如此,在后现代主义的思潮之下,具有强烈的制度设计和理性主义倾向,往往将时代性的范围仅仅局限于日历上的前现代和后现代之间的一个时代,[6]因而在自觉或者不自觉之间就忽视了古代社会中的某些制度的价值合理性。对于道德的约束性造成极大影响的是法律规范与道德的分离。特别是哈特在继承实证主义传统的同时,坚持认为法律与道德没有概念上的必然联系,因而其主张的分离论的观点更加契合奥斯丁——“法律的存在是一回事;其优劣是另一回事”的论断。[7] 坚持法律与道德的分离确实

---

[1] 《论语》。

[2] 参见王立峰:《惩罚的哲理》(第2版),清华大学出版社2013年版,第107页。

[3] 参见[英]彼得·斯坦、[英]约翰·香德:《西方社会的法律价值》,王献平译,中国法制出版社2004年版,第65页。

[4] See Jürgen Habermas, *Moral Consciousness and Communicative Action*, MIT Press, 1990, p. 52.

[5] 参见龚群:《道德乌托邦的重构》,商务印书馆2005年版,第211页。

[6] 参见苏力:《法治及其本土资源》(第3版),北京大学出版社2015年版,第290页。

[7] 参见[美]P. S. 阿蒂亚、[美]R. S. 萨默斯:《英美法中的形式与实质——法律推理、法律理论和法律制度的比较研究》,金敏等译,中国政法大学出版社2005年版,第220页。

能够确立法律规范的有效性,这种区分方法是既能保持批评、评估法律的能力,又能对法律改革目的进行适当关注的最好方法。[1] 当然,如果使道德的约束性彻底与法律规范的约束性分道扬镳,那么道德似乎成为社会机制中可有可无的客观存在,而实际状况是,具有理性的命令——道德不仅能够为法律提供动力,而且能及时显现于社会状况与背景之中。

但是,无论从何种角度来说,道德与刑法均属于不同的治理方式,因而在社会治理中表现出不同的规范标准。道德的基础往往是将社会中的人均假设为普遍善良的个体,并且以此作为社会治理的重要标准以期社会中的普通人都能成为无我、忘我的天使,而刑法存在的基础在于将人类社会中的个体均假设为性恶的个体,利用刑法的治理就是利用刑法压制人性之恶。[2] 显然,道德的调整范围远远大于刑法的治理范围,[3] 道德为大众设置的最低限度的行为准则,引导人们不断趋向至善、忘我、无私的境界。[4] 提倡社会道德的重要性在于,"能够有效约束群体间的过分行为、减少掠夺性行为和违背良心的行为,培养对邻人的关心,从而增加和谐共处的可能性"[5]。而且,正是法律与道德存在某种程度的关联,法律只有通过应当认识到的道德目标和价值才能得到完整的理解。[6] 因此,在近代社会中,尤其是福柯主张人类社会应当从单纯的惩罚走向规训,其方式是重新挖掘古代希腊与古代中国中对道德的重视,即通过外在的压力和思想教育,唤起违规者的良知,

---

〔1〕 参见[美]P. S. 阿蒂亚、[美]R. S. 萨默斯:《英美法中的形式与实质——法律推理、法律理论和法律制度的比较研究》,金敏等译,中国政法大学出版社2005年版,第220页。

〔2〕 参见梁根林:《刑事法网:扩张与限缩》,法律出版社2005年版,第41页。

〔3〕 因为按照霍布斯的说法,"法律乃是我们道德生活的见证和外部积淀"。参见[美]E·博登海默:《法理学:法律哲学与法律方法》,邓正来译,中国政法大学出版社2004年版,第394页。

〔4〕 参见梁根林:《刑事法网:扩张与限缩》,法律出版社2005年版,第42页。

〔5〕 [美]E·博登海默:《法理学:法律哲学与法律方法》,邓正来译,中国政法大学出版社2004年版,第394页。

〔6〕 参见[英]罗杰·科特瑞尔:《法理学的政治分析——法律哲学批判导论》,张笑宇译,北京大学出版社2013年版,第146页。

使他及时改邪归正，做个不至于危害社会的人。[1]

在刑法治理社会的过程中，重视道德教育的重要性存在实定法上的依据。根据我国《刑法》第37条规定，“对于犯罪情节轻微不需要判处刑罚的，可以免予刑事处罚，但是可以根据案件的不同情况，予以训诫或者责令具结悔过、赔礼道歉……”“训诫”“悔过”“赔礼道歉”均是道德领域的重要内容。学界一度质疑本条规定存在模糊性，认为本条规定只是对我国刑法中存在免除刑罚条文一种原则性规定，因而不能直接适用本条文进行判决。[2] 仔细梳理我国刑法的具体规定，共有16处涉及免除刑罚的具体规定，[3] 也只能在对该类行为进行裁决时才能适用本条规定，除此之外，不能将其作为裁判的依据。显然，该种质疑并不具有合理性，一方面，虽然为了践行罪刑法定原则需要落实明确性要求，在立法规定中避免使用抽象的、模糊的立法用语，力求达到用语的精准。但是由于语义本身的丰富性，且随着社会的发展，语词的客观含义也会发生变化，例如，“卖淫”原本是女性为了报酬与人性交，而现在男性也能成为卖淫的实施者。[4] 所以，“奢望法律用精准、详尽的语言描述一切从而防止其自身被曲解、滥用，未免过于理想化”。[5] 另一方面，虽然“犯罪情节轻微”存在一定程度的模糊性，但不是排除其独立适用的根本理由。我国刑法存在大量以“定性＋定量”方式进行的法条设计，存在契合该条规范的大量规定，例如，就数额犯以及情节犯，完全可以通过对刑法分则进行解释将其界定清晰。虽然免除刑罚是基于有罪判决基础上的

〔1〕 参见王立峰：《惩罚的哲理》（第2版），清华大学出版社2013年版，第106页。

〔2〕 参见张明楷：《刑法学（上）》（第六版），法律出版社2021年版，第815页。

〔3〕 参见贺洪波：《我国〈刑法〉第37条的外部关系研究》，载《铁道警察学院学报》2015年第2期。其具体的法条包括第10条、第19条、第20条第2款、第21条第2款、第22条第2款、第24条第2款、第27条第2款、第28条、第67条第1款、第68条、第164条第1款、第276条之一第3款、第351条第3款、第390条第2款、第392条第2款。

〔4〕 例如，2013年中山市第一人民法院就该市首起男性卖淫案进行宣判，以组织卖淫罪判处行为人5年有期徒刑，并处罚金1万元。

〔5〕 汪海燕：《律师伪证刑事责任问题研究》，载《中国法学》2011年第6期。

刑罚免除,但适用该措施不仅可以避免短期自由刑的弊端,而且主要通过传统的道德感化的力量对行为人的实际教化提供更加具有价值的改造路径,且对行为人的社会生活并未产生较大的负面效应,更能促使其顺利回归社会。

然而,在实际判决中,我国对于本条适用的情况并不多见。因为对于犯罪行为的道德综合体的另一侧面,就会面临另一指责的风险——每一个人都是有故事的,如杀人者的故事几乎无法谅解他的所作所为。但是,如另有学者指出的,问题在于提供充分的道德解释,正如必须将“理解一切就是宽恕一切”的问题与谴责的情感本能共同纳入考虑之中一样,道德理论的目的必须将特定的道德反应定位在总体的范围之内。〔1〕 对轻微的犯罪行为进行道德感化与再教育并不意味着是对犯罪行为的放纵,出现问题的症结在于:我们习惯于低估道德感化的力量本身。但无论如何,道德在社会治理中均能实现两种形式的结果:一是道德本身有着具体而确定的实现结果,无论何时何地都有着类似的行为表达方式;二是道德根据约定的不同,根据不同社会群体的不同社会角色,有着不同的实现结果。〔2〕 无论道德通过哪种方式实现,都是将社会治理引向善的一面。

在此,笔者同样认为,不应用法律强制执行道德标准,而非主张放弃道德标准或所有除法律规定以外的是非观念,因为道德价值仍然可以——而且应该——通过教育和其他启发性的途径予以传播。〔3〕 结合我国刑法的相关规定,可以对以下犯罪类型进行不同的道德感化。

首先,对一时失足的未成年人应当积极地实施道德教育,而不是监禁。

〔1〕 参见[英]艾伦·诺里:《刑罚、责任与正义——关联批判》,杨丹译,中国人民大学出版社 2009 年版,第 147 页。

〔2〕 参见[印]阿玛蒂亚·森、[英]伯纳德·威廉姆斯主编:《超越功利主义》,梁捷等译,复旦大学出版社 2011 年版,第 157 页。

〔3〕 参见陈弘毅:《法治、启蒙与现代法的精神》(第 2 版),中国政法大学出版社 2013 年版,第 81 页。

梁启超先生在《少年中国说》中曾言:“少年智则国智,少年富则国富,少年强则国强……”对于青少年的重视是我国一直以来的坚定立场。由此反映在刑法措施中,对青少年罪犯也是贯彻“教育为主、惩罚为辅”的刑事政策。对此,除了一些具体的执行措施之外,在刑法中也有类似的规定,如根据我国《刑法》第 17 条第 4 款的规定,“因不满十六周岁不予刑事处罚的,责令其父母或者其他监护人加以管教;在必要的时候,依法进行专门矫治教育”。

其次,创新我国对监禁犯的道德教育方式。众所周知,我国对监禁犯一般采取集中关押的方式进行矫正,对其思想教育改造是其矫正的重要部分之一,但是我国再犯率仍然处于居高不下的尴尬局面。因此,笔者认为,在道德教育的方式上,应当有所突破。具体来看,其一,加大孝道等道德教育。对于很多罪犯来说,有些是一时情绪失控酿成的恶果,其不仅需要为此付出惨痛的代价,对其亲人如父母来说,也是遭受了精神的折磨,因此对于该类罪犯应当传递孝道之真谛和精神,旨在鼓励其积极改造,争取能够早日出狱。其二,加大仁义廉耻的道德教育。对一些屡进屡出的罪犯来说,其更多地表现为仁义廉耻的缺失,甚至陷入破罐子破摔、随波逐流的自我放弃的恶性循环之中,因此,对于这类罪犯需要进行仁义廉耻的道德感化教育,使其重振对生活的信心和希望,鼓励其树立自力更生的生活态度,有助于其摆脱自我放弃的悲观情绪。

(二)发挥社会的自洁功能

社会作为一种“机体”,犹如人类的身体一样,对待某些疾病的干扰,有些能通过身体本身的免疫系统完全足以应付,而对于某些生命力较为顽强的“病毒”,可能会花较长的时间。只有在万不得已的情况下,才有必要使用抗生素等药物进行相应的治疗。社会机体如人类的身体一样,同样是由诸多“器官”构成的相对复杂的关系网络,因而也会遭到违法或者犯罪这种病毒的侵害。违法行为只是相当于某些轻微的病毒,这些病毒本身无法对社会机体造成毁灭性的打击,因而只需要通过社会机体的自洁功能就可以完全化解，而那些严重的犯罪犹如生命力较为强大的病毒，此时才需要抗生素药物——刑法来对社会机体进行相应的治疗。因而需要依据不同的侵害行为来确立不同的应对策略。

从法社会学的冲突解决方式的类型化划分视角来看，主要因内容划分的不同有四种主要的非诉解决方式——中断冲突各方的关联、一方让步、通过分割争议财产达成妥协，以及在复杂的社会关系下，于他处作出补偿。[1] 虽然这些非法律方式的解决机制的具体内容存在较大差异，但其共性特点在于将刑法这种具有普遍规范效力的纠纷解决方式排除在问题的解决范畴之外。在笔者看来，这些非诉纠纷解决机制是社会机体为了弥补自身机体伤害而自觉选择的结果，应当属于社会机体自洁方式的一种。值得注意的是，虽然法律因性质不同而被区分为强制性法律规范与任意性法律规范，强制性法律规范是为了在适用范围内达成普遍的社会秩序而拒绝寻求自我规制的可能。从刑法对纠纷解决方式的详细确立中也可明确刑法属于强制性法律规范的范畴，然而这并不意味着除此之外，我们在纠纷解决的方式上必须画地为牢、故步自封。我国引入并最终规定在刑事诉讼法中的刑事和解制度，多多少少冲破了刑法这种强制性法律规范的固定解决机制。且我国《刑法》第 37 条更是将"赔偿损失"视为刑事纠纷解决的一种方式。

而在现实中涉及的刑法制度往往忽视了社会自洁功能的作用，加大对轻微违法行为的犯罪化立法过程，无异于使用药效过猛的抗生素等药物来治疗一些轻微的疾病，有时非但不能达到治病的目的，反而会对身体造成新的伤害。正如博登海默所言，"人的构造中存在一些成分与穴居的原始人相差无几，但随着社会文明的发展使人在道德情感方面的反应和细腻程度都发生了变化，因而对法律、对自然法的宽容标准以及法律在社会发展中的作

---

[1] 参见[德]托马斯·莱塞尔：《法社会学基本问题》，王亚飞译，法律出版社 2014 年版，第 164 页。

用都产生了实质性的影响”。[1] 因而,在目前人类发展进程中,犯罪具有不可消灭性特征,并伴随着犯罪令人憎恨的诸多负面效应,但另一方面,犯罪也会促进社会机体不断走向自我完善。刑罚带有明显的双面性色彩,能积极惩治犯罪,但如果运用不当,便会加剧社会机体伤害的程度。因此,对待某些行为应当持更加宽容的态度,交由社会机体本身予以进行相应处理,或许治理效果会更佳。

第三节　刑法治理手段轻缓化的实现

全球化是当今世界的发展趋势与潮流。随着全球化时代的到来,无论是经济、政治以及文化等均处于剧烈的变革之中,作为其中重要组成部分的法律制度,也朝着趋同的方向逐步迈进,而刑法治理手段的轻缓化[2]无疑是世界刑法制度趋同的重要内容之一。尤其以罪刑法定原则的确立为标志的近代刑法的产生,更是将文明的文化植入刑法制度之中。如前所述,经济领域的变化促成了国家职能由“总管”身份向“守夜人”身份转换,同时,政治民主化与法治化不断推进,为刑法治理轻缓化趋势提供了较为夯实的理论基础。因而,在当代西方社会,尤其自第二次世界大战之后,为了避免人类悲剧的重演,[3]无论是大陆法系还是英美法系,在加速法典化的立法趋势的同时,也对刑法治理社会作用的期望有所降低,因而较早地就形成了刑法治理手段的轻缓化趋势。在现阶段,我国已经有学者注意到刑法治理措施的落后而产生的一系列负面效应后,主张在我国全面推进“宽严相济”刑事政

〔1〕［美］E·博登海默:《法理学:法律哲学与法律方法》,邓正来译,中国政法大学出版社2004年版,第296页。

〔2〕值得交代的是,本节强调的刑法治理措施的轻缓化与刑罚的轻缓化是两个不同的概念,从内涵与外延上来看,刑法治理措施的轻缓化比刑罚的轻缓化的含义更加宽泛。

〔3〕例如,在纳粹时期,当时的希特勒政权为了巩固统治地位,在刑法领域大量修改刑法规范后并将其作为重要的治理工具迫害进步人士和打击异己分子。

策,然而,囿于宽严相济刑事政策也存在诸多弊端,致使诸多良好的刑法措施难以具体落实,因而导致刑法过于干预社会的局面并未得到多少改观。虽然在实践中未能全面实现刑法治理的“多工具并用”的模式,但实际上已经完成了刑法治理措施轻缓化的理论准备。首先,我国学界基本接受了从“行为主义刑法观与行为人主义刑法观”转变的客观现实。其次,“和谐社会的建设”以及“人本主义的发展”为刑法治理轻缓化趋势奠定了理论基础。可以说,“在目前社会文化建设的宏观背景之下,‘以人为本,构建社会主义和谐社会’已经成为指导我国经济社会全面发展的总体理念。因而,反映在刑法改革之中,也必须要考虑改革结果是否有利于体现以人为本和促进社会和谐这一最高目标”。[1] 最后,国家治理现代化理论的提出为刑法治理措施的轻缓化体系建构提供了直接的理论动力源泉。国家治理现代化的理论主张:社会治理本身就是一个科学化的实现过程,不是依靠治理手段的严厉化就能实现。就刑法治理措施而言,笔者认为,实现刑法治理措施的轻缓化不仅有重要的理论价值,还能有助于刑法治理功能的实现。

一、刑罚轻缓化的实现

“刑罚轻缓化是与人类历史发展的日趋文明化伴生的刑罚处罚的人道主义趋势。从原始社会同态复仇到刑罚权的国家专属行使,从神意报应再到预防刑的确立,体现的是刑罚的逐步进化与完善。”[2]作为具备治理功能的刑法,实现刑罚的轻缓化是落实刑法人道性的必然体现。“刑法的人道性,立足于人性。而人性的基本要求乃是指人类出于良知而在其行为中表现出的善良与仁爱的态度与做法,即把任何一个人都作为人来看待。”[3]

---

〔1〕 马家福等:《当代中国实现刑罚轻缓化之现实合理性》,载《江西警察学院学报》2011 年第 1 期。

〔2〕 侯艳芳:《刑罚轻缓化趋势及其价值基础研究》,载《河南大学学报》2008 年第 4 期。

〔3〕 赵秉志等:《中国刑法的运用和完善》,法律出版社 1989 年版,第 334 页。

值得一提的是，虽然我国如今在司法实务中要贯彻“宽严相济”的刑事政策，但“该严则严”的内涵并不意味着刑罚严厉化，相反，此政策本身也是在表明支持刑罚轻缓化，或者说至少不反对刑罚轻缓化。其一，我国的形势政策是从“依法从重从快”到宽严相济[1]，这就意味着“这一政策在当前的意义主要还是突出‘以宽济严’”[2]。因此有必要强调其“宽”的一方面：“‘宽大’，其确切含义应当是轻缓。刑罚的轻缓，可以分为两种情形：一是该轻而轻，二是该重而轻。”[3]其二，刑罚轻缓化的含义并非“对现行判决的任何刑罚都一律降低刑期”，而是在合理条件下推动刑罚的轻缓化，故其不会与宽严相济的“严”的一面相冲突。其三，宽严相济的“严”所强调的是“严格”依法处理。即便认为还包括“严厉”之意，“这里的严厉主要是指判处较重刑罚，当然是指该重而重，而不是指不该重而重，当然也不是指刑罚过重”。[4] 故不等于“刑罚的严厉化”。

实现刑罚轻缓化已然成为世界法治发展的趋势，在我国现阶段实现刑罚的轻缓化具有诸多优势。第一，可以节约司法资源。在某种程度上来说，司法资源在一定程度上的总量是保持不变的，而这些总资源将会被分配到每一个具体的过程之中，如抓捕犯罪嫌疑人，对犯罪嫌疑人提起公诉、法院对犯罪嫌疑人进行宣判，监狱机关对罪犯执行等每一个过程均会挤占一定比例的司法资源。而实现刑罚的轻缓化就会在每一个过程中相对投入比以前较少的司法资源，从而在总体上节约了司法资源。第二，有利于提高犯罪人的改造质量，从而最终提高刑法治理的水平。刑法治理不仅需要对犯罪现象进行打击，而且需要对犯罪人进行矫正。如果只是一味地实行重刑，“不但会使犯罪者蔑视刑罚的威慑力，而且还会导致犯罪者对刑罚适用的一

---

[1] 参见陈兴良：《宽严相济形势政策研究》，载《法学杂志》2006 年第 1 期。
[2] 刘仁文：《宽严相济的刑事政策研究》，载《当代法学》2008 年第 1 期。
[3] 陈兴良：《宽严相济形势政策研究》，载《法学杂志》2006 年第 1 期。
[4] 陈兴良：《宽严相济形势政策研究》，载《法学杂志》2006 年第 1 期。

种抵触情绪,这对犯罪者改造而言是极为不利的”。[1] 如果无法实现对犯罪者的再社会过程,那么从整体上来说,刑法治理功能就不能有效发挥。具体而言,刑罚轻缓化不仅涉及立法层面,而且还涉及司法层面。

(一)立法层面的实现

刑事立法是刑事司法的前提和基础,因此,如果想要全面实施刑罚的轻缓化,有必要首先从立法层面上来实现。“因为各种宽大的刑罚本身是较少的弊端,它们也以最符合人的尊严的方式引导着人离开犯罪行为。”[2] 目前,从我国立法现状来看,笔者认为首先应当解决好两个方面的问题——死刑的进一步废除和相关资格刑的完善。

第一,关于进一步废除死刑。死刑作为最为古老的刑种之一,从刑法产生之时起就被广泛用于刑法治理的过程中。但从目前世界的立法趋向来看,越来越多的国家步入全面废除死刑的行列。虽然我国通过《刑法修正案(八)》削减了 13 个犯罪的死刑规定,在《刑法修正案(九)》之中又废除了 9 条罪名的死刑规定,但是从数量上来看,我国目前仍然保留了 46 个犯罪的死刑规定。

对于死刑的设置应当坚持何种标准,联合国在 1966 年通过的《公民权利和政治权利公约》就曾明确规定:“在未废除死刑的国家,判处死刑只能是作为对最严重罪行的惩罚。”虽然此处该公约只是限定适用死刑规定的条件,但也可以认为对于死刑的立法设置也应当遵循“罪行最严重的犯罪”这一标准。从我国目前保留的死刑规定来看,如对于受贿罪以及贪污罪等非暴力犯罪,仍然有进一步削减死刑的空间。首先,从目前国际社会的立法趋势来看,对于贪贿型犯罪而言,大多已不再设置死刑的规定,且法定刑的设置一般也偏低。其次,贪污贿赂犯罪与刑法治理的严厉与否缺乏直接相关性,只是通过死刑的威慑来消除该类犯罪可能是刑法无法完成的任务。最

[1] 廖劲敏:《刑罚轻缓化的实践范式及其价值蕴含》,载《广西社会科学》2008 年第 8 期。
[2] [德]洪堡:《论国家的作用》,林荣远、冯兴元译,中国社会科学出版社 1998 年版,第 114 页。

后,“不利于我国开展国际司法协助和打击携款外逃的贪贿型犯罪”。[1] 从目前司法实践来看,我国很多贪官在案发之前已经将国内所得的赃款转移到国外,待其罪行被发现之际再逃亡国外以求逃避处罚。虽然我国与世界大部分国家签订了国际司法协助协议,但一些国家往往以“死刑不引渡”为借口拒绝将涉案人员引渡至我国,因而导致我国对于一些流亡海外的贪贿型犯罪分子束手无策,导致大量的赃款无法追回。[2]

第二,关于资格刑的完善。“资格刑是以剥夺犯罪人某种资格,包括剥夺名誉、地位、权利为内容的刑罚方法。”[3]资格刑作为刑罚制度的重要组成部分,具有不可替代的存在价值,如具有剥夺或者限制再犯的能力;防止短期自由刑的弊端;具有维护国家权威、纯洁国家公职人员队伍的作用。[4] 因而,国外刑法除了基本的刑罚措施之外,还设置了大量的资格刑条款。

从某种意义上来说,我国刑法之中只有剥夺政治权利这一处罚措施属于严格意义上的资格刑条款。从单独设置这一条款以及剥夺政治权利的条款内容设置来看,[5]表现出一定的不合理性。首先,资格刑在刑法体系中种类较为单一,不能很好地发挥刑法治理的效果。从资格刑设置的目的来看,就是为了实现治理的目的剥夺行为人利用其身份和地位从事特定事项的权利。资格刑虽然作为一种附加刑而存在,是能有效预防该行为人重新获得犯罪能力的必不可少的重要措施。我国资格刑设置的种类较为单一,尤其是在某些特定的经济类犯罪中,对犯罪分子不适用剥夺从事某类特定行业

〔1〕 王明高等:《论废除我国贪污贿赂型犯罪中的死刑规定》,载《湘潭大学学报》2006年第5期。
〔2〕 例如,欧盟已经禁止将有判处死刑危险的犯罪分子引渡给管辖国,其他一些废除死刑的国家也持类似的态度,如赖昌星逃往加拿大后,加拿大政府就以其有被判处死刑的危险为由拒绝引渡给我国。参见刘仁文:《死刑政策的全球视野与中国视角》,中国社会科学出版社2013年版,第35页。
〔3〕 郭洁:《论刑罚轻缓化的实现机制》,载《时代法学》2008年第1期。
〔4〕 参见房清侠:《刑罚变革探索》,法律出版社2013年版,第163~164页。
〔5〕 根据我国《刑法》第54条的规定,剥夺政治权利具体包括以下权利:选举权和被选举权;言论、出版、集会、结社、游行、示威自由的权利;担任国家机关职务的权利;担任国有公司、企业、事业单位和人民团体领导职务的权利。

禁止的资格刑,就意味着刑法对该类犯罪行为的预防并不彻底。其次,单位犯罪资格刑设置的缺位。通过我国《刑法》第 30 条、第 31 条的相关规定可以明确,我国在立法中承认了单位的犯罪能力并对单位犯罪的行为以明确的立法形式进行规定,在处罚上采取的是双罚制原则。在双罚制中,对单位的犯罪行为一般只能判处罚金。“众所周知,单位主要是以资本为经营的实体,一般具有较为充足的资金储备,只是对单位判处罚金,一般达不到威慑犯罪的效果,因而治理效果也就不明显,正是为了化解这一悖论性难题,在国外一般对单位配备资格刑的处罚制度,目的在于剥夺单位的再犯能力。”[1]最后,就剥夺政治权利这一特定的资格刑而言,存在适用标准不合理之嫌。根据我国《刑法》第 56 条以及第 57 条的规定来看,主要是以罪名的性质以及犯罪判决的期限来作为剥夺政治权利适用的前提性条件,[2]如此,有可能导致对某些犯罪应当附加剥夺政治权利而没有附加适用,而对于某些犯罪不应当适用却反而附加适用。

完善相关的资格刑不仅可以有效弥补我国刑罚措施单一化的倾向,而且还有利于实现对犯罪人的矫正目的,最终促进刑法治理功能的实现。笔者认为,参照世界其他国家的立法经验,在我国刑法之中可以对资格刑做以下完善。

首先,将“剥夺选举权和被选举权”单独作为资格刑的一种。根据我国宪法的相关规定,选举权和被选举权作为最为重要的政治权利之一,是国家承认其人民身份的最为重要的表现。在世界上绝大多数国家,均是将其作为资格刑的重要内容之一。我国将其作为资格刑的一种,理应得到维护,但在具体适用的标准上,也需要进一步明确,例如,除了上述的“严重危害国家

---

[1] 房清侠:《刑罚变革探索》,法律出版社 2013 年版,第 171 页。

[2] 具体而言,对于危害国家安全的犯罪以及被判处死刑、无期徒刑的犯罪分子,应当附加剥夺政治权利,而对于故意杀人、强奸、放火、爆炸、投毒、抢劫等严重危害社会秩序的犯罪分子,可以附加剥夺政治权利。

安全的罪犯或者被判处死刑、无期徒刑的罪犯”这一标准之外,可以增加一项——“与选举权和被选举权密切相关的犯罪分子”也应当适用“剥夺选举权和被选举权”。[1] 因为,如果犯罪分子实施破坏选举的行为,从某种程度上就表明了其并不支持我国这一制度,剥夺其这一方面的资格,将有利于我国选举制度的顺利进行。

其次,将“剥夺担任特定职务的资格”单独作为资格刑的一种。根据我国《刑法》第93条的规定,国家工作人员是指在国家机关中从事公务的人员,此外,还包括以国家工作人员论的人员。[2] 因而,剥夺担任特定职务的资格具体包括两种情形——剥夺担任国家机关职务的权利和剥夺担任国有公司、企业、事业单位和人民团体领导职务的权利。将这两种情形合并成一种类型,主要是基于行为性质同一性的考虑。在适用条件上,“应当根据行为人具体滥用了何种职务或与某种职务存在密切相关性来确定,也就是说,应当与犯罪分子所借以实施犯罪之职务性质相当为标准。这样,既能增强刑罚的针对性,又能充分发挥刑罚预防犯罪的目的”。[3]

再次,增设“剥夺从事特定职业的资格”。根据我国《刑法》的规定,在某些犯罪中必须是属于特殊的主体才能为之。例如,根据《刑法》第335条的规定,只有医务人员才能构成医疗事故罪;再如,对于涉及破坏市场经济秩序的犯罪,大部分属于具有经营资格的个人或者单位。虽然对于某些行为,在行政法上具有一些规制,但实际效果并不显著。例如,危害食品安全的事件无法得到有效防控,逐渐成为危害社会的另一种隐患。剥夺其从事特定的资格将有利于净化该行业的经营环境,促进社会市场经济秩序的和谐与稳定。在我国设置该类资格刑可以借鉴国外的做法,采取总分则立法模式,

---

〔1〕 房清侠:《刑罚变革探索》,法律出版社2013年版,第172页。

〔2〕 具体包括:国有公司、企业、事业单位、人民团体中从事公务的人员和国家机关、国有公司、企业、事业单位委派到非国有公司、企业、事业单位、社会团体从事公务的人员,以及其他依照法律从事公务的人员,以国家工作人员论。

〔3〕 房清侠:《刑罚变革探索》,法律出版社2013年版,第173页。

在总则上就“剥夺从事特定职业的资格”的适用条件和适用期限以及适用后果等作出原则性规定，在分则中，就某类犯罪分子利用其职业或者资格实施的某类犯罪的条款中增加附加适用“剥夺从事特定职业的资格”的立法规定。[1]

最后，增设“针对单位犯罪的资格刑”。在现代刑法理念中，单位完全成为与个人相差无几的具有犯罪能力和受刑能力的主体，因而只是对其适用罚金刑不仅难以剥夺其继续实施犯罪的能力，而且还存在进一步放纵犯罪的可能。因而，笔者认为，对于单位犯罪，可以如同自然人剥夺从事特定职业资格一样，也可以增设限制其经营范围等内容的资格刑。

（二）司法层面的实现

司法层面的轻缓化是指刑法在发挥治理功能的过程中，司法机关应当保持应有的克制，对于涉罪的行为人本着以矫治为目的，淡化高惩罚的治理措施。就目前刑法治理措施的轻缓化的司法层面而言，应当主要把握以下几点。

1. 合理区分出定罪情节以及量刑情节，为刑法治理的轻缓化选择一条有价值的认定路径。定罪是指司法机关对被审理的行为与法定犯罪构成之间进行相互一致的认定活动。[2] 一般认为，定罪包含以下内容：确定行为是否构成犯罪；确定行为构成何种犯罪；确定犯罪的个数；确定犯罪的轻重；确定犯罪的停止形态；确定犯罪的参与形态。[3] 那么，所谓定罪情节是指对定罪起决定性的情节。也就是说，决定行为的罪与非罪、此罪与彼罪、何种犯罪形态，以及何种犯罪参与形态的各种事实均是属于定罪情节。[4] 所谓量刑情节，是指影响犯罪人是否构成犯罪以及罪行轻重的情节。“如果说定罪情节决定了行为的社会危害性与行为人的主观恶性的基本情况，那么，量刑

---

〔1〕 参见房清侠：《刑罚变革探索》，法律出版社 2013 年版，第 173 页。
〔2〕 参见李洁：《罪与刑立法规定模式》，北京大学出版社 2008 年版，第 165 页。
〔3〕 参见王勇：《定罪导论》，中国人民大学出版社 1990 年版，第 11 页。
〔4〕 参见李洁：《罪与刑立法规定模式》，北京大学出版社 2008 年版，第 165 页。

情节就是在此基础上,具体说明行为社会危害性的确定的量以及行为人主观恶性的具体程度,由此决定在法定刑的幅度之内,选择具体的刑罚点。"[1]区分定罪情节与量刑情节,能够合理运用各自情节的作用,能够有效避免因为不同的情节的交织可能导致重复评价而不适当的加重行为人的刑罚的问题。[2]

2. 对于法定的量刑情节,应当严格按照罪刑法定原则进行具体的把握,尤其需要坚持"存疑有利于被告人"原则。通过对我国刑法条文进行分析可以发现,我国多数法条属于抽象的规定,司法适用的明确性不强,因而对司法机关以及工作人员提出了更高的要求。一方面,司法机关不仅要能准确把握罪刑法定原则的内涵,还需要通过文义解释、体系解释、历史解释、比较解释以及目的解释等多种方法明确具体法条规定的真实含义;另一方面,在法条适用过程中,如果产生了两种或以上的解释,应当选择对行为人有利的解释结论。

3. 除考虑法定量刑情节外,还应尽量适用酌定量刑情节,以求在刑法治理过程中追求量刑的均衡。按照有无法律明文规定为标准,可以将量刑情节进一步区分为法定的量刑情节与酌定的量刑情节。毋庸置疑,在司法判决的过程中必须要考虑刑法典规定的各种法定的量刑情节。那么,酌定的量刑情节是否可以忽视呢?答案是否定的。因为酌定的量刑情节对法定情节的最终适用结果起着重要的调节、修正和辅助判断的作用,而且是在相对确定的法定刑中确定最终应当判处的刑罚所不可缺少的根据之一。因此,笔者认为,在司法判决中如果存在酌定的量刑情节,应当尽量予以适用。在司法实践中,常见的酌定量刑情节包括"犯罪动机""犯罪手段""犯罪后认

---

[1] 李洁:《罪与刑立法规定模式》,北京大学出版社2008年版,第167页。

[2] 当然,此处笔者并不是否定情节在不同的情形下既可以充当定罪情节,也可以充当量刑情节,只是想说明,在某些情形下,由于先入为主等因素导致对行为人量刑时有不适当的加重的情形。

罪的态度”“犯罪者的平时表现”“有无其他特殊的诱因”等。

4. 积极通过司法手段遏制因规范模糊所带来的重刑倾向。“刑法学研究似乎存在着一种偏好：对自己演绎难以解决的司法问题，一概归结于刑法立法的不周延。”〔1〕作为成文法国家的最为重要的原则是法律需要保持一定的稳定性，因而便会产生这样一种情形：随着社会生活的变迁，有些行为在立法中确实不能及时予以非犯罪化，但在司法实践中所征表的法益侵害并不那么严重或急迫。因而，由此而波及刑事适用层面将会造成新的困境，即如果坚持刑法适用不应脱离具体规范的射程，便会进一步造成司法领域入罪率居高不下且处理结论又不合理的情形。如何破解这种局面，日本学者提出了初步的解决方案，即在司法领域同样贯彻非犯罪化理念。所谓“司法上的非犯罪化，是指原本规定为犯罪的法条没有发生变化的情况下，司法机关基于某种原因，不再将其作为犯罪处理”。〔2〕司法领域贯彻非犯罪化理念具有以下诸多优势：其一，有助于避免适用刑法的刚性规定所带来的司法不公。其二，有助于保障犯罪人的人权。因时代不同，对于犯罪的理解也会发生改变。作为现代社会公共治理工具的刑法，应当在惩罚犯罪与保障人权之间寻求平衡。然而，囿于成文法的滞后性使刑法难以及时修正，一味强调打击犯罪的消极结果便会进一步挤压刑法人权保障功能的生存空间。在司法领域贯彻非犯罪化理念，有助于降低行为的入罪概率，从而有助于保障犯罪人的基本人权。那么，对于我国哪些犯罪应当在司法中予以非犯罪化呢？笔者认为，结合我国刑法分则的具体规定，应当体现在以下几个方面：

(1) 罪量因素的非犯罪化

就我国目前司法实践而言，主要是通过司法解释的方式进一步细化刑法分则中的“情节严重”“情节特别严重”“数额较大”“数额巨大”“数额特别巨大”。1997 年《刑法》通过后，《最高人民法院关于审理盗窃案件具体应用

---

〔1〕 熊永明：《我国罪名建言热潮之隐忧及其批判》，载《法学评论》2015 年第 6 期。

〔2〕［日］大谷实：《刑事政策学》，黎宏译，法律出版社 2000 年版，第 93 页。

法律若干问题的解释》确定的起刑数额为500元至2000元;2011年《刑法修正案(八)》对盗窃罪进行修改之后,2013年最高人民法院、最高人民检察院《关于办理盗窃刑事案件适用法律若干问题的解释》确定的起刑数额为1000元至3000元。当然,对于我国刑法分则中存在的其他“数额较大”“数额巨大”“数额特别巨大”等立法规定,司法解释尚未进一步细化的,对于这种数额犯一般也应根据当前的经济水平进行具体把握。除此之外,还存在另一种情形,即司法解释虽然对数额进行了细化,但执行的仍然是数十年前的标准,对于该种情形,笔者认为在保证严格执行司法理念的同时,也应当像盗窃罪一样尽快出台新的司法解释,因时制宜进行相应的改变。对于“情节严重”“情节特别严重”等情节犯而言,也应当按照现行社会的客观现实作出具体的解释。

对于某些设置定量因素的犯罪,如数额犯以及情节犯等,司法机关对情节进行严格限定或者提高数额较大的起刑标准,也就意味着司法上的非犯罪化。[1]

(2)兜底条款的非犯罪化

在我国刑事立法中,存在大量的兜底条款的规定,对于兜底条款的司法适用应当坚持“同类解释”规则,也就是说,包含在犯罪中的类型应当与兜底条款之上明确列举的情形属于同一类型,否则应当在司法中对其非犯罪化处理。

以我国《刑法》第225条规定的非法经营罪为例。所谓非法经营罪是指违反国家规定,故意从事非法经营活动,扰乱市场秩序,情节严重的行为。成立非法经营罪的前提是违反国家规定,即违反全国人民代表大会及其常委会制定的法律和决定,国务院制定的行政法规、规定的行政措施、发布的决定和命令。没有违反国家规定的,即使在某种意义上属于非法经营,也不得认定为本罪。[2] 那么,值得争议的是,擅自发行基金份额的行为能否构成

[1] 参见张明楷:《司法上的犯罪化与非犯罪化》,载《法学家》2008年第4期。

[2] 参见张明楷:《刑法学(下)》(第六版),法律出版社2021年版,第1092页。

非法经营罪呢？根据《证券投资基金法》第 51 条的规定："公开募集基金，应当经国务院证券监督管理机构注册。未经注册，不得公开或者变相公开募集基金。"第 55 条规定："国务院证券监督管理机构应当自受理公开募集基金的募集注册申请之日起六个月内依照法律、行政法规及国务院证券监督管理机构的规定进行审查，作出注册或者不予注册的决定，并通知申请人；不予注册的，应当说明理由。"从上述条文规定中可以看出，公募基金的行为必须经过我国相关部门审批，从这一层面上来看，也较为容易将擅自发行基金份额募集基金的行为认定为非法经营罪兜底条款规制的对象。但是，首先，从保护法益的角度来看，两者存在较大的差异。非法经营罪保护客体为市场经济秩序，而募集基金属于典型的融资行为，虽然未经我国相关机关批准，但未经批准未必对我国市场经济秩序或者经济增长产生巨大的负面作用，因此将两者混为一谈确实不当。其次，从本罪规定的行为类型来看，未经审批擅自发行基金份额的行为不具备本条规定内容的同质性。对于兜底条款如何解释，梁根林教授指出，"根据只含同类规则，司法者在适用解释刑法时，应当通过与法条在罪状中明确列举的构成要件要素的类比推断，明确地界定该总括性构成要件要素的内涵，从而满足刑法明确性与确定性的要求"。[1] 也就是说，为了避免解释的随意性，解释时应根据上述条款确定的对象来具体判断本款项中的"其他"和"或者其他"的具体内涵。非法经营罪客观方面具体包括三种行为类型，不仅是单纯违反国家规定，而且对社会其他法益均存在危害或者威胁，换言之，《刑法》第 225 条确立的立法模式属于典型的"双层次"立法模式，相对而言，未经国家批准的公募基金的行为并不属于上述行为类型。最后，2010 年最高人民法院《关于审理非法集资刑事案件具体应用法律若干问题的解释》将其认定为非法经营罪的做法在逻辑上难以一以贯之。因为，"既然基金管理公司已经取得证监会的核准得以设立，获得

---

〔1〕 梁根林：《刑法适用解释规则论》，载《法学》2003 年第 12 期。

了经营资格，而基金管理人的职责本来就包括募集和管理基金，只是因为其未经批准募集基金，就以非法经营罪予以处理，道理上不太说得通”。[1]

(3)特殊条款的非犯罪化

对于司法中可入罪也可不入罪的，应当予以非犯罪化。在我国刑法司法解释中，对于某些特殊类型的案件做了特殊的规定，例如，对于亲属相盗的案件，根据我国司法解释规定，“偷拿自己家的财物或者近亲属财物，一般可不按犯罪处理；对确有追究刑事责任必要的，处罚时也应与在社会上作案的有所区别”。笔者认为，对于该种情形应当作为无罪处理较为妥当。除此之外，我国对于未成年犯罪坚持“教育挽救为主、惩罚为辅”的方针政策，因而对某些未成年犯罪规定了司法非罪化，例如，《关于审理未成年人刑事案件具体应用法律若干问题的解释》第9条第1款规定，已满16周岁不满18周岁的人实施盗窃行为未超过3次，盗窃数额虽已达到“数额较大”标准，但案发后能如实供述全部盗窃事实并积极退赃，且具有以下情节的，可以认定为“情节显著轻微危害不大”，不认为是犯罪：(1)系又聋又哑的人或盲人；(2)在共同盗窃中起次要或者辅助作用，或者被胁迫；(3)具有其他轻微情节的。其第9条第2款规定，已满16周岁不满18周岁的人盗窃未遂或者中止的，可不认为是犯罪。虽然上述司法解释规定的条款使用的是“可以”而不是“应当”，但笔者认为，之所以将这些情形作为特殊类型予以明确化，就已包含了司法机关的态度，即如果没有其他情节，对未成年人应当不以犯罪论处较为恰当。

二、保持刑法事后法本性

刑法的事后法本性意味着刑法具有补充法、保障法的性质。[2]“刑法补

---

〔1〕彭冰：《非法集资行为的界定》，载《法学家》2011年第6期。

〔2〕参见袁彬：《刑法与相关部门法的关系模式及其反思》，载《中南大学学报(社会科学版)》2015年第1期。

充性的基本含义是,只有当一般部门法不能充分保护某种法益时,才由刑法保护;只有当一般部门法还不足以抑止某种危害行为时,才由刑法禁止。"[1]刑法对其他法律也具有保障性,"凡是其他部门法所调整的社会关系,刑法都要调整。也正是基于这一方面的理由,凡是其他部门法所保护的合法利益,刑法都要给予保护"。[2] 但刑法的事后法本性并非没有被突破的可能,而要避免刑法过度侵入其他法领域的调整范围,应当警惕犯罪预备的处罚范围,同时坚持刑法处罚一个行为具有自己独立的判断标准,不能使行政罚与刑罚重合。[3] 为此,可以确立以下具体的措施:

(一)坚持犯罪预备处罚的例外性

大部分犯罪预备行为不具有严重的社会危害性,若一概视为可罚便明显与《刑法》第13条的但书条款相矛盾。且《刑法》第22条的规定也可以解释为是规定了"处罚原则"而非"处罚范围",因此我国的犯罪预备规定也有解读出"原则不处罚犯罪预备,例外处罚"的可能性。[4] 并且,实践中对预备行为的处罚也是极少的。[5] 故坚持犯罪预备处罚的例外性不仅具有合理性,而且具有可行性。

而坚持犯罪预备处罚的例外性,意味着对实质预备犯的立法原则的抵制。因为,对预备犯的处罚既然属于例外,一般情况下就不应当处罚分则的预备行为。即便在特殊条件下一个预备行为显示出了对法秩序的现实威胁,依据总则的规定也能对此进行处罚,而无须考虑立法新设实质预备犯。相反,若仅考虑个案可能产生的现实危险,而直接对某一行为的预备犯进行

---

[1] 张明楷:《刑法学(上)》(第六版),法律出版社2021年版,第23页。
[2] 梅传强、李邦友主编:《刑法实务教程》,中国人民大学出版社2013年版,第3页。
[3] 参见孙万怀:《生产、销售假药行为刑事违法性之评估》,载《法学家》2017年第2期。
[4] 参见王志祥、郭健:《论犯罪预备行为的处罚范围》,载《政治与法律》2005年第2期。
[5] 在中国裁判文书网上以"全文:犯罪预备;案件类型:刑事案件;审判程序:刑事一审"为关键词进行搜索,能搜索到5434份判决书,就2013~2020年而言,每年多不过800份,少不过200份;这相比去掉"全文:犯罪预备"这个关键词而显示的6,571,118份判决书,2014~2020年每年都是70万份以上的判决书而言,数量是极少的。2021年11月30日检索。

实行化，这就会导致出现对这类犯罪的一切预备行为都应进行处罚的后果——因为已经是“未遂”——这明显和犯罪预备处罚的例外性是相矛盾的。况且，如此规定也可能达不到立法者想要的效果。

除非某类犯罪的预备行为具有极大的侵害法益的危险性，且大多数情况下若不进行事先规制，便难以制止其实害结果的发生，那么立法才有必要作出实质预备犯的规定，以使构成要件明确化，并避免“可以比照既遂犯从轻、减轻、免除处罚”这类弹性条款，而得到确定的法定刑的指导，如准备实施恐怖活动罪的设立。

（二）坚持缓和的违法一元论

未能坚持事后法本性，主要表现在刑法与行政法、民法对于某一案件的处理顺序上，因此不可避免的涉及一国的法律秩序问题。一般认为对于一国法秩序的讨论主要存在“违法一元论”和“违法相对论”的争论。而在违法一元论内部又存在“严格的违法一元论”和“缓和的违法一元论”之争。〔1〕

违法相对论主张，“在违法性判断方面，刑法与民法、行政法中的判断是相对独立的、多元的，并没有必然的联系”。〔2〕此种观点具有一定的合理性，但是以割裂的视角去认定各法律之间的关系，比如，认为“在违法相对论的立场下，权利行使是否符合构成犯罪要件应当遵从刑法视角的独立判断，并不依附于民法上的既有判断”〔3〕，这可能使得前置法认为合法的行为，却被刑法认定为是犯罪，很大程度上会使一般国民无所适从。又由于刑法本身所具有的工具价值属性，因而此观点下刑法的发动往往一马当先，进而无法抑制刑法发挥“最先”保障法的冲动。而严格的违法一元论的弊端在于：会肯定在民法和行政法中被禁止的行为，如果符合刑法中的构成要件，那么，

〔1〕 参见陈少青：《法秩序的统一性与违法判断的相对性》，载《法学家》2016年第3期。

〔2〕 吴镛飞：《法秩序统一视域下的刑事违法性判断》，载《法学评论》2019年第3期。

〔3〕 简爱：《权利行使行为的刑法评价——以违法相对论为立场的分析》，载《政治与法律》2017年第6期。

该行为在刑法中也应视为违法。[1] 因此可能会使许多具有轻微违法性的行为被认定为具有刑法上的违法性进而被认定为犯罪行为,不具有合理性。

笔者赞同缓和的违法一元论,其在维护一国法律秩序统一性的同时,又保持了刑法的相对独立性,认为对于合法行为判断在整个法律秩序范围应当具有统一性,但是对于违法性的判断,前置法认为具有违法性的行为,是否具有刑法上的违法性应当由刑法根据自身的目的以及具体的犯罪构成要件进行判断,“不能反过来认为只要是民法、行政法等前置法上违法的行为,就一定具有刑事违法性”。[2] 因此相较于违法相对论而言,整个违法一元论的合理之处在于它抑制住了刑法充当“最先”的保障法,对于没有刑事可罚性的行为不允许由刑法提前介入并超前判断,在实现刑法调整和保护法益广泛性的同时,又保持了刑法的事后法本性。

这也引起了立法者的考量。2019 年修订的《药品监督管理法》删除了“按假药论处”的相关规定。由此产生的效果的直观感受就是,在中国裁判文书网上检索生产销售假药罪的判决书,2014 ~ 2019 年的数量一直是每年 3000 份左右,而新《药品管理法》生效之后,2020 年这一年判决书数量则大量下跌至 447 份。

但仅如此修改尚不足以保持刑法判断的独立性。笔者在中国裁判文书网上,以“案由:生产、销售假药罪;案件类型:刑事案件;审判程序:刑事一审;文书类型:判决书;裁判日期:2020 年 3 月 1 日起”为关键词进行检索,按从旧到新的日期排序,逐一收集了 50 份判决书,又改变其中一个关键词为“裁判日期:2021 年 3 月 1 日起”进行检索,逐一收集了 32 份判决书。[3] 就其中认定假药是以“为假药”还是“按假药论处”进行统计可以发现,2020 年的 50 份判决书,有 22 份以“为假药”进行判决,24 份以“按假药论处”进行判

---

〔1〕 参见吴镝飞:《法秩序统一视域下的刑事违法性判断》,载《法学评论》2019 年第 3 期。

〔2〕 周光权:《法秩序统一性原理的实践展开》,载《法治社会》2021 年第 4 期。

〔3〕 检索时间为 2021 年 11 月 11 日。

决,4 份不明;2021 年的 32 份判决书,有 24 份以“为假药”进行判决,2 份以“按假药论处”进行判决,6 份不明。

2020 年后依然以“按假药论处”为由认定为系假药而判决被告人有罪毫无疑问是错误的,即便某个案件的销售假药时间发生在 2019 年《药品管理法》生效前,根据“从旧兼从轻”原则也不应以此为由进行裁判。可见即便《药品管理法》进行了修改,生产销售假药罪的判决数量也大幅降低,但依然判决有罪的裁判也并非摆脱了“依照行政法来认定刑法中的假药”的惯性思维。

而 2021 年后只有 2 份判决是如此的情况表明——虽然依然具有不妥之处,但不当判决的占比是明显减少了的——在《药品管理法》已经删去了“按假药论处”的条款后,在如此修改已经使得生产销售假药罪判决数量大量减少之时,立法者依然选择了在《刑法修正案(十一)》中删去了“本条所称假药,是指按照《中华人民共和国药品管理法》的规定属于假药和按假药处理的药品、非药品”的条文,这并非无的放矢。如此可以进一步减弱司法实践的“刑法的违法判断从属于行政法”的倾向。因为法律中完全没有了这一条款,法官自然会大幅降低“错误适用旧《药品管理法》”的可能。即便《刑法修正案(十一)》另设了“妨害药品管理秩序罪”,但其罪状表述中也有“足以严重危害人体健康的”之表述,也就是说,立法者依然选择了具体危险犯而非抽象危险犯的立法模式。这本身就是在提醒司法者,在《刑法修正案(十一)》生效之后,即便是妨害药品管理秩序的行为,也得考虑刑法判断的独立性而非单纯依据行政法的规定:欲使此类行为入罪也需要至少有严重危害人体健康的危险,从而避免刑法过度介入其他法领域,保持刑法的事后法本性。

三、刑事法网限缩的推进

坚持刑法的事后法本性不是我们应当追求的唯一目标,没有违背事后法的本性的立法也不代表所设立的犯罪就一定合理。即便“不能认为,凡是满足公民诉求的立法就是象征性立法或者情绪性立法”[1],但犯罪化的扩张是否真得到了民意的支持?

“所谓的风险社会,界定的重心本来就不是人为风险客观上的增多或加剧,而是说这种风险的日益显露,在整个社会中造成的不安感,而这种不安感又如何支配公共讨论与政治层面的决策,影响包括刑法在内的制度与理论的走向。”[2]

换言之,风险社会之所以会对立法产生影响,根源其实源于公众自身的“不安感”,由此推动了法律对公众生活的提前介入。这也是采纳积极主义刑法观的一个基本理由。[3] 就实践而言,也能看出舆论对“高空抛物”“妨害安全驾驶”行为入罪的支持。

但是,这是否意味着民意对犯罪化的扩张就一律持赞同态度?白建军教授曾经对民众的刑法偏好进行过调查,其通过设立“犯罪圈大小”“刑罚轻重”“罪刑关系均衡性”三个指标,通过发放调查问卷的方式(共回收31,665份有效问卷),调查了民众是偏好较重还是较轻的刑法,结果以0~1的值来显示,值越大表明民众偏好越重的刑法。最后发现中国民众刑法偏好系数的平均值和中位值都是0.36。[4] 且单就“犯罪圈大小”这个维度而言,其设置了对“见死不救”“恶意欠薪”“醉酒驾车”“安乐死”四个行为是否应当入刑的调查,且其中只有对“醉酒驾车”行为入刑有超过50%的支持者。[5]

上述文献是2017年发表的,显然是在学界热烈讨论积极刑法观之前。

---

〔1〕 张明楷:《增设新罪的观念——对积极刑法观的支持》,载《现代法学》2020年第5期。

〔2〕 劳东燕:《风险社会中的刑法:社会转型与刑法理论的变迁》,北京大学出版社2015年版,第26页。

〔3〕 参见付立庆:《论积极主义刑法观》,载《政法论坛》2019年第1期。

〔4〕 参见白建军:《中国民众刑法偏好研究》,载《中国社会科学》2017年第1期。

〔5〕 其余三个行为,反对“见死不救”入刑的人的占比系63.3%,反对“安乐死”入刑的人的占比系55.1%,反对“恶意欠薪”入刑的人的占比系“50.2%”。参见白建军:《中国民众刑法偏好研究》,载《中国社会科学》2017年第1期。

但一则，有学者认为《刑法修正案（九）》的出台，“以刑罚早期化、适当的犯罪化、立法的预防性倾向等为代表的积极刑法立法观已现端倪”。[1] 故积极刑法观对人们的思维的影响并非在2017年后才发生；二则，一个国家的民众的整体刑法偏好，短时间也不会发生太过剧烈的改变，所以这篇文章的结论在当下依然有考虑的价值；三则，虽然问卷直接询问的问题不包含这次《刑法修正案（十一）》新增、修改的罪名，即便有3万份的问卷，要以此为样本表明全国民众的刑法偏好也不一定准确。但这份调查问卷的结论至少也能够提醒我们，民意对犯罪化的扩张不一定是赞同的，不能一有舆论就视民意为犯罪化扩张的理由。

除此之外，一个行为若要由刑法所规制，基于《刑法》第13条但书的规定，也必须要求其社会危害性达到一定程度，并非具有危害即可。而条文本身具有的模糊性可能导致其所涵盖的行为范围过大，随着社会的发展某些条文本身也可能不合时宜，因此，考虑以下措施，实现刑事法网的限缩。

（一）刑法条文外延的限缩

无论支持形式解释论还是实质解释论，都不反对实质判断，以将那些缺乏处罚必要性的行为予以出罪。[2] 鉴于罪刑法定原则的实质侧面，这类行为即便法律有明文规定，也不得当作犯罪处理。[3] 除非持严格的违法一元论，否则无论赞同缓和的违法一元论还是违法相对论，都会认为民法、行政法中的违法行为不必然属于刑法中的违法行为[4]。换言之，至少在入罪上，会坚持刑法的独立性判断。

因此，我们便有可能通过刑法解释将这类行为排除在刑法的条文的外延之外，从而实现刑事法网的限缩。

---

[1] 高铭暄、孙道萃：《预防性刑法观及其教义学思考》，载《中国法学》2018年第1期。

[2] 参见陈兴良：《形式解释论的再宣示》，载《中国法学》2010年第4期。

[3] 参见张明楷：《实质解释论的再提倡》，载《中国法学》2010年第4期。

[4] 参见陈少青：《法秩序的统一性与违法判断的相对性》，载《法学家》2016年第3期；另参见吴镝飞：《法秩序统一视域下的刑事违法性判断》，载《法学评论》2019年第3期。

以非法持有枪支罪为例,“发生在天津的赵某华非法持有枪支案,让这一问题呈现在社会公众的面前。现有的公安机关认定枪支的标准是:枪口的比动能大于1.8焦耳。如果行政机关对枪支比动能标准进行调整,客观上就是在调整刑事犯罪圈”。[1]

虽然有人认为可以从“违法性认识可能性缺乏”的角度对赵某华的行为予以出罪,但一则,我国司法实践对违法性认识及可能性阻却犯罪的运用甚少[2];二则,即便此案能以此为由出罪,因为本案引起了舆论的大量关注,也很难让法官再接受后续案件的被告人的“缺乏违法性认识可能性”的抗辩。而真正思考本案,一个在生活中经常出现的摆摊打气枪的行为,一个多少人的童年都会参与的行为,一个存在了很多年也并没有造成具体危害结果的行为,应当认为,此行为在客观上便难以言之具有处罚必要性,因而无罪,而非认为系行为人缺少犯罪故意或者说违法性认识可能性所以无罪[3]。

而要论及此行为在客观上便没有足够的处罚必要性,强调对“枪支”进行实质解释,抑或者承认对于行政违法行为,也并非当然就具有刑事违法性,也需要刑法进行独立解释,便是一个很好的思路。比如,“但实际上,违反枪支管理法规的非法持有枪支行为具有行政不法的性质,而出于违法犯罪的目的非法持有枪支行为则具有刑事不法的性质。这两种情形的不法性质与程度都是不同的,将两者混为一谈作为同一犯罪论处,明显具有不合理性”。[4] 又如,“即使在刑法条文明示或者暗示某种犯罪的成立以违反行政法律为前提时,对于相关构成要件要素的判断,也需要在行政法律的基础上按照刑法条文的目的做出进一步的独立判断,而不是完全由行政法律、法规

[1] 王强军:《社会治理过度刑法化的隐忧》,载《当代法学》2019年第2期。

[2] 参见石经海、吴永辉:《违法性认识的本土化》,载《河南大学学报(社会科学版)》2019年第1期。

[3] 根据不同的学说,站在不同的犯罪论体系,会得出缺少违法性认识或者违法性认识可能性是缺少犯罪故意或者责任阶层的非难可能性的不同判断。具体参见张明楷:《刑法格言的展开》(第3版),北京大学出版社2013年版,第383~387页。

[4] 陈兴良:《赵春华非法持有枪支案的教义学分析》,载《华东政法大学学报》2017年第6期。

决定某种行为是否构成犯罪”。[1]

这种思路也并非没有实践运用余地，如徐州铁路运输检察院对刘某等3人非法交易费氏牡丹鹦鹉案作出的绝对不起诉决定，[2]便充分考虑了刑法条文外延的含义。

(二)刑法条文本身的考量

要对刑法分则的规定是否依然适应社会进行分析，需要从行为的社会危害性入手。然而，“作为违法类型的构成要件，原本其中应含有客观的、现实的法益侵害的要素”，[3]立法者对构成要件行为的设置不是无涉价值判断的，因此很少出现一种分则规定的行为完全没有任何社会危害性的情形。所以通常情况下，我们需要判断的是社会危害性程度之“严重”与否，而非“有无”与否，以确定一个分则条文规定的行为是否还具有处罚必要性。然而，“严重”这个词语本身也具有相当的模糊性[4]，不易直接作出评价。但我们可以从侧面考量，即通过比例原则进行思考。

将比例原则运用于刑法领域便是：(1)基于目的正当性的要求，在界定具体罪刑法条所保护的法益时，需着眼于追求宪法所认可的正当目标而展开；(2)基于适当性要求，应支持对象征性立法规定的行为做非罪化处理；(3)比例原则中的必要性要求可以和谦抑性要求的最后手段性原则与补充性原则相整合，以批判不当扩张处罚范围的做法；(4)狭义比例原则的要求也能和罪刑相适应原则的基本内容相关联，便能限制过于严厉的法定刑的

[1] 张明楷：《避免将行政违法认定为刑事犯罪：理念、方法与路径》，载《中国法学》2017年第4期。

[2] 本案不因“费氏鹦鹉”被《濒危野生动植物种国际贸易公约》附录Ⅱ列入国家二级重点保护野生动物而对相关交易行为就直接以犯罪处理，而是通过对交易费氏鹦鹉案的社会危害性进行论证，从“人工繁育、物种的濒危程度、野外生存状况、人工繁育情况”等角度进行考量，最终以“该案情节显著轻微、危害不大、不认为是犯罪”为由作出了绝对不起诉决定。参见《鹦鹉案背后的大民生……》，载搜狐网，https://www.sohu.com/a/505847011_121106832。

[3] 付立庆：《主观违法要素理论——以目的犯为中心的展开》，中国人民大学出版社2008年版，第70页。

[4] 参见李永升：《犯罪的基本特征新探》，载《犯罪与改造研究》2001年第2期。

存在。[1]

因为即便一个行为具有严重的社会危害性,若无法使之通过比例原则的检验,也不能将其纳入刑法规制。故我们便可以通过对比例原则的思考,来弥补对“严重”一词判断模糊性的不足,以实现对现有条文的恰当评价,从而实现对犯罪化的限缩而又不至于过度限制刑法法益保护功能的发挥。

四、扩大非监禁刑的适用

然而,考察我国目前的刑罚适用状况可见,我国刑法确立了五种主刑(死刑、无期徒刑、有期徒刑、管制、拘役)和三种附加刑(罚金、剥夺政治权利、没收财产),显然,刑法治理措施的种类不同,因而发挥的作用也就不能同一而语。死刑是直接淘汰犯罪者的执行方式,虽然惩罚性较为明确,但是目前对于死刑限制适用的立场导致其不可能成为刑法治理措施的常态。而无期徒刑一般适用于罪行较为严重的恶性刑事案件,因实践中发生的比例不高导致其整体适用率一直处于较低水平。因此,在刑法治理过程中,应当结合刑罚目的折中理论的观点,同时以犯罪人刑满释放之后能够更好地回归社会为目的,确立以下具体的措施。

(一)轻微犯罪行为的非监禁化

对于一些犯罪行为较为轻微的犯罪嫌疑人,如果对其判处缓刑就足以达到保护法益的目的,那么就没有必要对其适用自由刑。众所周知,缓刑是指经法定程序确认已构成犯罪、应受刑罚处罚的行为人,先行宣告定罪,暂不执行所判处的刑罚。在司法实践中适用缓刑制度,不仅可以有效避免与其他犯罪人“交叉感染”等问题,还存在“促进罪犯改恶从善、促进罪犯再社会化、减少国家经济支出”等诸多优势。[2] 例如,有学者进行的统计数据表

---

〔1〕 参见劳东燕:《刑事政策与功能主义的刑法体系》,载《中国法学》2020年第1期。

〔2〕 参见翟中东:《论缓刑的四大价值》,载《青少年犯罪问题》2001年第1期。

明,对某区域5年内判处3年以下有期徒刑分别被监禁或适用缓刑作比较后发现,被监禁的犯罪人刑满释放之后重新犯罪率高达两位数,而适用缓刑的犯罪人缓刑考验期届满以后重新犯罪率几乎为零。[1]

(二)罚金刑适用范围的扩大化

罚金是通过剥夺犯罪人一定数额的金钱来发挥其对犯罪人以及社会上不稳定分子的治理措施。倡导大量适用罚金刑这一措施可以追溯到17世纪,如威廉·配第就曾指出,为了避免其他刑罚措施的残酷,可以通过转变治理的方式,如适用罚金刑来予以替代。而Posner教授更加直截了当的指出,鼓励罚金刑的适用不仅在于其执行成本较低,还能为国家创造一笔可观的税收。[2] 罚金刑在我国作为一种可以独立适用的附加刑,只涉及犯罪人的财产问题,并不涉及犯罪人的人身问题,因而能够有效避免自由刑等弊端而受到许多学者的积极推崇。

因而,笔者认为,在发挥刑法治理功能的过程中,应当要善于运用罚金刑这一措施。首先,对于经济类犯罪,应当以判处罚金刑为主。贝卡里亚曾提出以下主张——法律应该规定为让人停止实施违法行为的思想的动因。也就是说,对行为人适用刑罚在最终目的上能够剥夺其继续犯罪的能力。虽然旧派的这一思想遭到新派学者的反对,但是其在经济类犯罪之中无疑具有合理性的一面。因为经济类犯罪往往表现为犯罪者主观上为了追求某种经济利益而实施的犯罪行为,通过罚金刑的判决完全可以切断犯罪者的犯罪能力。其次,应当灵活把握罚金刑的判决标准。如前所论,作为社会个体的犯罪者的经济状况存在不同,因而可能会导致法院判决无法最终得到执行。当然,罚金刑执行难与罚金刑的适用标准戚戚相关。我国《刑法》第52条规定的罚金刑是以"犯罪情节"来具体确定数额,虽然能体现罪刑相适用原则,但是如果不能最终落实,那么对于犯罪者的刑罚剥夺性就会表现出

---

〔1〕 参见黄祥青:《刍议量刑的一般规则》,载《政治与法律》2004年第6期。

〔2〕 参见魏建:《法经济学:分析基础与分析范式》,人民出版社2007年版,第133~134页。

不理想的效果。因此,笔者认为,在判处罚金刑时,除了考虑犯罪者的罪行这一条件之外,还应当将被告人的经济状况作为裁判的标准,及时将所判处的罚金落到实处,才能缩小刑罚体验的差别。[1] 最后,创新罚金刑的执行方式。根据我国《刑法》第53条的规定,目前对罚金刑的执行方式主要有“一次性缴纳和分期缴纳”两种方式,就目前世界其他国家的立法经验而言,对于罚金刑的执行方式除了一次性缴纳之外,还存在“日罚金刑制度”。[2] “日罚金刑制度”主要优势在于:不仅能够克服因为犯罪者财产多寡出现的刑法适用的不平等现象,还能通过每日缴纳罚金使罪犯日夜反省,强化执行的效果。[3]

(三)社区矫正制度适用范围的拓展化

拓展社区矫正制度的适用范围,目的是帮助犯罪者更好地回归社会。根据我国《刑法》第38条、第76条、第85条的规定,对依法被判处管制、缓刑以及依法被假释的犯罪分子都应实行社区矫正。虽然社区矫正作为一种新生制度,但其理论价值极为丰富。

首先,实施社区矫正制度,有利于使犯罪者融入社会。实施社区矫正的犯罪人不仅需要参加公共道德、法律常识、时事政策等教育学习活动,增强法制观念、道德素质和悔罪自新意识,而且有劳动能力的社区矫正人员还应当参加社区服务,恢复社会关系,培养社会责任感、集体观念和纪律意识。

其次,有利于缓解犯罪者与国家的对立情绪,实现社会的和谐发展。对犯罪者实施社区矫正措施,一般意味着国家对犯罪者的轻微越轨行为在很大程度上持容忍态度,因而一般也不会激起国家与犯罪者的对立,最终可以

---

〔1〕 参见包雯:《慎刑论》,中国检察出版社2009年版,第186页。

〔2〕 国外确立的“日罚金制度”具体包括两个层次的内容:首先,确定应当缴纳罚金的具体天数;其次,确定每天应当缴纳的罚金数额。

〔3〕 参见包雯:《慎刑论》,中国检察出版社2009年版,第191页。

消除社会对犯罪者的排斥态度，有利于增加社会的稳定发展。然而，根据我国刑法的规定，社区矫正制度的适用范围有限。在我国《刑法》修改之前，最高人民法院、最高人民检察院、公安部通过的《关于开展社区矫正试点工作的通知》中确立的可以适用的种类包括管制、假释、缓刑、暂予监外执行和剥夺政治权利5种类型。

显然，目前的刑法确立的社区矫正制度的适用范围有进一步压缩的趋势。笔者认为，从社区矫正制度设立的目的来看，就是对那些没有被判处自由刑以及未依法收监的犯罪者提供的社会内处遇的方式，因而在原则上，只要对未被实际关押的犯罪者均能适用社区矫正制度。例如，对于单处罚金、剥夺政治权利以及没收财产的犯罪者也应依法实施社区矫正。

第四节　刑法治理主体多元化体系的建构与完善

“在治理过程中，主体体系与治理格局始终处于辩证统一的关系之中，主体体系对治理格局不仅有决定作用，而且还有塑造意义。”[1]威格里·斯托克就曾指出：“治理作为不同主体之间的权力依赖性的活动，若要各主体之间能够达成共同治理的目标和结果，那么就需要各主体之间交换资源、进行谈判。”[2]詹姆斯·N.罗西瑙在强调治理的效力时同样指出：“治理是只有被多数人接受才会生效的规则体系。”[3]而从我国社会治理主体与治理格局发展变迁来看，主要经历了三种模式的转换——“一元主体与政治全能主义格局→多元主体与‘强政府—弱市场—弱社会’的管理格局→多元协同主体与‘强政府—强市场—强社会’的治理格局。”[4]显然，一元的主体强调国

〔1〕 张天勇等：《多元协同：走向现代治理的主体建构》，载《学习与探索》2014年第12期。
〔2〕 俞可平：《治理与善治》，社会科学文献出版社2004年版，第241页。
〔3〕 [美]詹姆斯·N.罗西瑙：《没有政府的统治》，张胜军等译，江西人民出版社2001年版，第79页。
〔4〕 张天勇等：《多元协同：走向现代治理的主体建构》，载《学习与探索》2014年第12期。

家是单一的治理主体，其他社会与个人均不能参与治理过程中；而多元主体的管理模式虽然重视社会主体的重要性，但对其赋予的权利极为有限，或者说社会主体在社会事务参与中地位不够；而随着社会科技的发展，公共事务均呈现出多面化、复杂化等趋势，单纯依靠政府的控制不能实现社会的和谐发展，因而需要依靠多元主体参与到社会的治理过程中，也即“要以多元主体为核心，各种治理主体在协作的基础上相互拾遗补缺，通过多样化的互动模式，形成政府主导下网络式向心合力的互动格局”。[1] 就刑法治理功能的实现而言，在治理主体上同样需要引入多元的主体进行必要的建构。

一、内在商谈理性与多元主体参与的基础

“即使我们不得不承认现实，大量的立法事项不可避免地非常复杂，也必须要审视分析一下，现在的立法数量及其风格，是不是很好的服务于法治。”[2] 如何克服一元主义的治理模式的弊端，应当在刑法规范之外寻找恰当的理论阐释。而商谈理性为其建构提供了独特的视角。商谈理性以怎样与交往共同体建立关系问题作为理论核心，因而“如何实现在不受强制的情况下，人与人之间的关系通过语言能够得到相互理解”是商谈理性的目标，也就是说以交往合理性取代主体中心理性。[3] 因而导致在主体模式的选择上，必然会对个人独白式的哲学基础产生怀疑，从而主张建构一种主体间性的哲学范式，即主体间基于平等地对话才是获得交往的基础。

商谈理性与多元参与主体存在切合。首先，两者均发生在公共领域，存在相似的逻辑基础。在哈贝马斯看来，“公共领域首先是人们社会生活的一

---

〔1〕 王美文：《和谐社会视阈下公共治理主体多样化互动模式探析》，载《中国行政管理》2009 年第 3 期。

〔2〕 [英]汤姆·宾汉姆：《法治》，毛国权译，中国政法大学出版社 2012 年版，第 63 页。

〔3〕 参见刘峰：《商谈伦理之维——哈贝马斯的伦理学解决方案及其现实道路》，载《社会科学论坛》2010 年第 18 期。

个空间,公共意见在其中得以形成,而所有的公民都有机会进入到这一空间中”。[1] 显然,刑法治理属于公共领域,作为公共领域的刑法治理自然需要所有的公民参与其中来促成治理意见的最终形成。

其次,两者都是程序性的理性获得,存在相似的发生机理。例如,在阿列克西看来,商谈理性作为一种程序性法律论证理论而存在,“依据该理论,当一个规范性陈述可能是一种特定的程序,即理性商谈的程序结果时,它就是正确或——在一种自由主义真理的理论前提下——真的。正确性与程序的关系是所有的程序性理论的典型特征”。[2] 也就是说,商谈理性的程序性特征能够保证结论的正确性。由此观及立法,也可明确两者的发生机理相似。立法发生在一个理性的、其本身也受法律调整的程序之中,法律在这一程序中“通过全体自由、平等的公民的一致性及联合性意志形成的社会整合力量”获得合理性。[3] 然而,理性的刑法制定的最高目标不仅是通过义务依照外部的现象达成所履行(单纯的合理性达成这一目的)的目标来实现,而且还可以通过被赋予义务的主体为履行义务而自由地作出决定的方式来实现。[4] 在这一过程中,需要公民作为权利主体参与进来以确保刑法治理的合法性以及合理性。

最后,两者均以达成共识为目标。在哈贝马斯看来,当代资本主义的发展带来了社会的巨大变革,改变了人类生存方式的同时,也改变了人类的关系。尤其是随着自然资源的日益枯竭、人与人之间的信任缺失,进一步加剧

---

[1] Jurgen Habermas, *The Public Sphere: An Encyclopedia Article* (1964), in Sara Lennox and Frank Lennox, eds., New German critique No. 3 (Autumn, 1974), Duke University Press, 1974, p. 49 - 55.

[2] [德]罗伯特·阿列克西:《法·理性·商谈:法哲学研究》,朱光等译,中国法制出版社 2011 年版,第 88 ~ 89 页。

[3] 参见[德]托马斯·莱塞尔:《法社会学基本问题》,王亚飞译,法律出版社 2014 年版,第 104 页。

[4] 参见[日]庄子邦雄:《近代刑法思想史序说——费尔巴哈和刑法思想史的近代化》,李希同译,中国检察出版社 2010 年版,第 66 页。

了人与自然、人与人之间的对立矛盾关系。导致这种原因是理性形态的缺陷。因而,哈贝马斯寻求一种重整理性的改革方案,并期望通过主题之间的交往行动来消除社会关系的矛盾、冲突,实现整个社会的和谐与一致。〔1〕 回归问题的本源,在哈贝马斯看来,传统的理性虽然在马克斯·韦伯的提倡之下被合理地划分为工具理性以及价值理性,而现实是人们过于关注工具理性致使价值理性得不到应有的重视,不断工具化的生活世界脱离了愈发复杂的、形而上组织起来的行动领域,使政府与民主渐行渐远。〔2〕 因而,即便在理论中存在完美的划分体系,但是无法运用到实际生活之中,也就意味着该理论本身的不足与缺陷。正是基于对传统理性的反思,其主张的"交往理性"改变了主体对客体的控制关系,是将这种关系理解为具有语言和行动能力的主体基于对客体理解所产生的主体内部关系。〔3〕 因此,首先,哈贝马斯所倡导的交往行为理论以主体之间的相互活动为理论的逻辑基点。其次,主要以沟通(对话沟通与相互理解)作为达成妥协或者共识的行为方式。这就意味着,"诸多参与者的行动在一种通过理由动员的基础上合作化的相互信赖的一种过程。理解也意味着通过以有效的意见一致为目的的交往"。〔4〕 为了保障共识的达成,哈贝马斯进一步提出了三点具体的限制,"其一是对于所讨论的论断具有真实性;其二是规范关系的运用符合正确性要求;其三是意图与表达不能违背真诚性要求"。〔5〕 随着社会认识以及社会发展的变换,多元化的社会事实对现有的理论的挑战愈加明显,也就是说,"在自由条件下观点多元化的状况必然会持续下去,在这种情况下,作为公平的正义又该如何才能具有持续性(或者不断自我再生)"?〔6〕 而罗尔斯对此的回答就

---

〔1〕 参见彭海青:《刑事裁判共识论》,法律出版社 2012 年版,第 17 ~ 18 页。

〔2〕 参见杨凡:《法律的理性愿景与实证维度——哈贝马斯法律商谈理论的社会学释义》,载《社会中的法理》第 6 卷。

〔3〕 参见[德]哈贝马斯:《交往行动理论》,洪佩郁等译,重庆出版社 1994 年版,第 498 页。

〔4〕 [德]哈贝马斯:《交往行动理论》,洪佩郁等译,重庆出版社 1994 年版,第 498 ~ 499 页。

〔5〕 [德]哈贝马斯:《交往行动理论》,洪佩郁等译,重庆出版社 1994 年版,第 141 页。

〔6〕 [美]劳伦斯·索伦:《法理词汇》,王凌皞译,中国政法大学出版社 2013 年版,第 195 页。

使我们可以针对“好”之概念的构想找到一个共同的基础，基于此点之上提出“重叠共识”的要旨也是在于满足一个社会实现“作为公平的正义”要求的必要原则。[1] 与哈贝马斯的不同在于，罗尔斯从共识的下限、深度、广度及其具体程度等方面来进一步阐释。在罗尔斯看来，作为共识的下限是假设人民所达成的契约一样足够深入的基本理念；[2] 作为共识的深度也需要建立在政治的正义基础之上；[3] 共识的广度包含一种政治观念的各种原则和价值；[4] 共识的具体程度的核心焦点是一种具体的政治正义观念，而公平正义即为其标准规范。[5] 与此存在相同之处的刑法治理，无论是在立法以及司法过程中，必然需要以达成共识才能实现治理的目标。

二、商谈理性与立法多元主体参与机制的建构

“法律首先产生于习俗和人民的信仰，其次乃假手于法学——职是之故，法律完全是由沉潜于内、默无言声而孜孜矻矻的伟力，而非法律制定者的专断意志所孕育的。”[6] 某一行为是否由刑法进行规制——创立刑法规范，必须经过深思熟虑的探讨与论证。刑法是社会共同体长期形成的共同价值观，[7] 理应得到社会的积极回应才是刑法得以创设的社会基础。

基于商谈理性之下，哈贝马斯引述阿列克赛的相关理论阐释了一种理想的立法商谈模式，具体包括三个基本要求：“其一，就商谈的主体而言，每一能言谈和行动的主体都可以参加商谈讨论；其二，就商谈的内容而言，每

---

〔1〕 参见［美］劳伦斯·索伦：《法理词汇》，王凌皞译，中国政法大学出版社 2013 年版，第 195～196 页。
〔2〕 参见［美］罗尔斯：《政治自由主义》，万俊人译，译林出版社 2000 年版，第 158 页。
〔3〕 参见［美］罗尔斯：《政治自由主义》，万俊人译，译林出版社 2000 年版，第 174 页。
〔4〕 参见［美］罗尔斯：《政治自由主义》，万俊人译，译林出版社 2000 年版，第 175 页。
〔5〕 参见［美］罗尔斯：《政治自由主义》，万俊人译，译林出版社 2000 年版，第 175 页。
〔6〕 ［德］萨维尼：《论立法与法学的当代使命》，中国法制出版社 2001 年版，第 11 页。
〔7〕 参见［美］埃德温·萨瑟兰：《犯罪学原理》，吴宗宪译，中国人民公安大学出版社 2009 年版，第 41 页。

一个人都可以将自己的主张作为商谈的问题,并将其引入到商谈讨论中且就其表示他的态度愿望和需要;其三,就商谈的平等性而言,其他任何人不应当以强势的地位压制或者妨害他人的商谈。"[1]正如施塔姆勒所言:"一个处于社会义务中的个人不得被任意地逐出法律社会之外。"[2]"如果一个社会强制性地使个体受制于社会联合,而同时在给定情形下拿他当只承担法律义务的人对待,它就会陷入一种自相矛盾之中……避免法的基本理念与它的具体演示所可能产生的逻辑矛盾的愿望导致了参与的原则。"[3]无论哈贝马斯的商谈理性还是施塔姆勒的参与理论,均表达了多元主体参与立法的价值,即作为国家基础的立法过程应当将自由平等的个人纳入集体商谈之中,因而作为立法的社会公众参与机制应当包含了立法商谈有效性所具备的广泛、平等以及充分等重要内容。[4]

(一)参与的广泛性

基于商谈理性原则的立场,笔者提倡一种"开门立法"的方式,刑事立法应当交予社会公众共同决定,如此才能真正减少刑法规范的陌生感,才能使普通民众真正了解刑法的规定。如果立法不能得到社会公众的积极呼应,那么对于创设的刑法规范,社会公众也就不能较好地遵守,最终还是不能实现刑法的治理功能。当然,"开门立法"方式要求在立法过程中需要广泛吸收民意。

那么,目前摆在我国较为突出的一个问题在于,立法者在立法理由之中,往往均会标示出因为社会公众的需求或者是基于社会公众的渴望,才创设该条规定。那么,民意来自何处?谁又能代表民意?我国有学者提出,实现"开门立法"中的民意应当是一种通过法定程序保障的民意。具体而言,

---

[1] 薛华:《哈贝马斯的商谈伦理学》,辽宁教育出版社1988年版,第14页。
[2] [德]施塔姆勒:《正义法的理论》,夏彦才译,商务印书馆2012年版,第121页。
[3] [德]施塔姆勒:《正义法的理论》,夏彦才译,商务印书馆2012年版,第121页。
[4] 参见贾健:《刑法目的论》,法律出版社2014年版,第157页。

按照商谈理性的要求，一切具有言语或者行动能力的社会人都能成为立法参与的主体。从我国法律体系的整体思路来理解，这类主体应当是年满18周岁具有完全民事行为能力的社会人。

（二）参与的平等性

“个人参与商谈的可能性隐含地受到了经济和社会机会分配的不平等的影响，于是，哈贝马斯强调只有一个规范受到了所有的权益相关人员的合理的讨论，并得到他们的赞同才是有效的。哈贝马斯还特意强调，这里的合理的讨论就有关的问题平等自由地讨论，并达到共同的理解。”[1]据此可见，平等性作为刑事立法多元主体参与机制的重要内容，应当得以重视。然而就刑事立法商谈的实际情况而言，“最为关键的是进入商谈平台资格的平等，必须设置能向所有群体开放的公众平台，所有不同机能、职业、财富、年龄、文化、宗教信仰、价值观的主体都能就某个刑事立法问题在这个平台中进行自由的、没有障碍的商谈尤为重要”。[2] 实际上，这种立法平等性的实现与国家的软实力息息相关。

正如笔者在前文中所阐释的，我国目前对于刑事立法的商谈主要通过网络以及座谈会的方式进行，但两者的方式在一定程度上都不能实现立法主体多元参与机制。因为，其一，虽然互联网作为社会进步与发展的产物，但在我国农村地区并未全面实现宽带，且受文化教育程度的限制，很多社会公众不能全面掌握网络知识从而导致其不能实际参与，因而利用网络作为社会公众参与的平台存在局限性。其二，通过座谈会的方式也存在不足。首先，座谈会的规模存在一定的限制，因而导致其参加的人员的广泛性受到很大的限制；其次，座谈会的参会者的身份条件的限制致使较为底层的社会公众无法参与其中。

立法商谈关系到立法的合法性问题，因而，确立立法平台不是一个可有

[1] 王晓升：《商谈道德与商议民主》，社会科学文献出版社2009年版，第276～277页。
[2] 贾健：《刑法目的论》，法律出版社2014年版，第157页。

可无的问题,作为公法性质的刑事立法的商谈必须深入我国的基层组织之中。但是考虑到我国经济、社会发展的不平等性,笔者主张应当采取多元化的方式来具体解决社会公众参与的平等性问题。首先,应当确立一种直接商谈的机制,这种机制要确保每一个人都能参与到立法商谈之中来。例如,可以根据我国基层选举的范围来确立一种参与体制,利用问卷调查的方式与基层的每一个社会成员进行"面对面"的交谈,让其了解相关的立法内容并就立法的内容表达自己的看法。其次,注重现代化的科技手段与传统的传媒手段相结合。基于我国区域发展的不平衡性,在社会发展程度较高的区域,可以利用网络作为媒介,通过互联网及时广泛征集社会各阶层对于立法的意见和建议,以保障社会公众的参与权。[1] 在社会发展程度较低的区域,可以利用一些传统的媒介手段,如电视、报纸、杂志等保障其他社会公众的参与权。

(三)参与的充分性

商谈立法的社会公众参与不仅体现在社会公众这一本体的广泛性,而且还体现在社会公众参与立法的深度上。从商谈理性出发建构的充分性应当是社会公众就任何刑事立法问题都能发表意见和看法。但是从我国目前的刑事立法现状来看,许多社会公众不仅未能广泛参与到刑事立法过程中,而且参与程度也存在不足。笔者认为,无论刑法处于何种形式的变动,都应当由社会公众来共同决定,不仅要由社会公众来确定罪名的存废,还需要社会公众来决定该罪名究竟需要保护什么以及具体的保护限度。

以我国目前争议较大的"性贿赂"为例,在中国的刑法典及其十一个刑法修正案中,并没有涉及"性贿赂"立法化问题,但在司法实践中,"性贿赂"现象确实存在且发生着。因而在我国掀起了对"性贿赂"是否立法化的探讨。笔者认为,这种立法探讨正是体现了立法商谈理性。

---

[1] 参见汪习根等:《法治中国:民主法治精神举要》,中国人民大学出版社 2014 年版,第 115 页。

当然，从世界发达国家的经验以及我国立法的实践来看，即便能够保证每一个社会公众能够参与到刑事立法过程中，也不意味着社会公众对于立法都拥有表决权。全体公民拥有表决权不仅在理论中不现实，而且在实践中也无法操作。正如有学者指出的，目前最为理想的方式是：至少能够保证社会公民能够参加刑法制定过程的讨论，在广泛征求意见、尊重专家意见的基础上，再由通过选举产生的民意代表机关按代表制的多数表决程序表决决定。[1] 那么由此而产生的重要问题在于：刑事立法者必须确立一种积极回应其他社会公众参与情况的机制。也就是说，即使绝大多数参与者无法加入刑事立法的表决程序，但立法者要对其参与的情况进行积极回应，如对其提出的质疑以及提出的新的构想等进行必要的回应。如此，才能从真正意义上实现刑事立法公众多元参与机制的建构。

三、商谈理性与司法多元主体参与机制的完善

随着社会民主的发展，社会公众对于刑事司法的关注度大大提高，而我国目前的刑事司法水平还需不断提高，因此，在商谈理性下的司法，需要吸纳社会公众参与其中。

人民陪审员制度作为我国司法制度的一项优良传统，有其重要的沿革过程。人民陪审员制度最早产生于革命根据地时期，在新中国成立后，真正意义上迎来了人民陪审员制度的繁荣。新中国成立后，我国就人民陪审制度制定了一系列的法律规定，如在 1954 年颁布通过的《宪法》以及《法院组织法》对人民陪审员制度有了初步规定，1975 年以及 1978 年《宪法》继续保留了对人民陪审员制度的规定；我国迎来了“立法的春天”后，人民陪审员制度不仅作为刑事制度而存在，而《民事诉讼法》以及《行政诉讼法》中都有规定。2012 年《刑事诉讼法》修改之际，未对人民陪审制作出相应的修改。在

---

[1] 参见梁根林：《刑事政策：立法与范畴》，法律出版社 2005 年版，第 269 页。

2015 年,全国人大常委会授权最高人民法院在 10 个省(区、市)[1]开展为期 2 年的人民陪审员制度改革试点工作。

从上述的情况来看,在我国目前已然确立并还将长期坚持实行人民陪审员制度。笔者认为,在我国目前情形下,实行人民陪审制很有必要且存在诸多优势。首先,“人民陪审员制度是一般民众直接参与司法审判的一条重要途径,在一定程度上体现了司法民主化的价值”。[2] 如前所论,民主作为当今社会最为重要的价值取向之一,保证了各个领域制度改革与发展。司法民主作为民主制度的有效组成部分,吸纳社会公众参与其中是其民主的重要体现。从理论上来说,这种参与至少包含了两个层面的含义,一是参与的主体方面,除诉讼当事人及其他诉讼的诉讼参与人之外,还包括普通社会民众的参与。二是参与的效果方面,能够对审判活动产生实质性的影响。[3] 虽然刑事裁判带有很强的专业性,但将刑事裁判的过程进行解构,刑事裁判一方面表现为事实的认定过程,另一方面表现为较强的专业知识性适用过程,因而普通民众通过陪审的方式参与到刑事审判之中,并不存在制度上的障碍。从其价值意义上看,普通民众参与司法审判正是司法民主的重要体现。

其次,实行人民陪审制度有利于实现社会公众对刑事审判过程的监督,从而实现社会公众对公权力的制约和防止司法腐败的发生。[4] 人民陪审员作为法院编制之外的人员,与法院内部人员并不熟悉,不存在共同的利益基础,也不需要维持良好的法院内部关系。因而实行陪审制度能够对其他司法参与主体形成一定程度的制约,且能对案件形成监督作用。[5]

---

[1] 这十个省、市、自治区包括:北京、河北、黑龙江、江苏、福建、山东、河南、广西、重庆、陕西。

[2] 王亚新:《陪审制改革与司法公信力的提升》,载《人民法院报》2015 年 4 月 26 日,第 002 版。

[3] 参见彭海青:《刑事裁判共识论》,法律出版社 2012 年版,第 218 页。

[4] 参见王亚新:《陪审制改革与司法公信力的提升》,载《人民法院报》2015 年 4 月 26 日,第 002 版。

[5] 参见彭海青:《刑事裁判共识论》,法律出版社 2012 年版,第 217 页。

最后,人民陪审员是连接司法与社会的纽带,参与审判可以增强裁判的社会效果。[1] 如果作为连接司法与社会纽带的人民陪审员能够参与司法审判过程,能够有效建立国家与社会之间的信任机制。在美国学者伯尔曼看来,"确保遵从规则的因素如信任、公正、可靠感和归宿感,远较强制力更为重要。法律只在受到信任,并且因而并不要求强制力制裁的时候,才是有效的……总之,真正能阻止犯罪的乃是守法的传统,这种传统又植根于一种深切而热烈的信念之中"。[2] 从伯尔曼论断之中不难看出,信任是影响刑法适用的重要的因素之一,而来自强权优势地位的国家机关天生不善于交换信息及寻求共同的解决方案,[3]致使公布相关案件信息的正常渠道与机制存在完善的空间。吸纳社会公众参与司法审判,能够促进国家与社会公众的对话,使刑法适用的结果更容易得到社会大众的拥护和支持。

从共识理论出发,将人民陪审员制度视为刑事司法的多元主体参与机制,不仅能够使社会公众对于裁判的结论达成共识,而且对于刑法的治理结果也能获得足够的尊重和服从。我国人民陪审员制度还存在不足,如何在现有的制度之下进一步完善人民陪审员制度是刑法治理功能的多元主体能否有效建立的关键因素。这些不足表现在以下方面:

首先,我国担任人民陪审员的资格过高,影响了社会公众参与刑事司法的广泛性。[4] 根据我国《人民陪审员法》的规定,公民担任人民陪审员,应当具备"拥护中华人民共和国宪法;年满二十八周岁;品行良好、公道正派;身体健康"等基本条件之外,还需要"一般应当具有高中以上文化程度"的限制。从全国各地选取人民陪审员的实际情况来看,各个地方对此

---

〔1〕 参见汪建成等:《论我国人民陪审制度改革的方向》,载《东岳论丛》2015 年第 8 期。

〔2〕 [美]伯尔曼:《法律与宗教》,梁治平译,三联书店 1991 年版,第 47 页。

〔3〕 Brian W. Head, *Assessing Network-Based Collaborations*, Public Management Review,2008(6):201.

〔4〕 廖永安:《社会转型背景下人民陪审员制度改革路径探析》,载《中国法学》2012 年第 3 期。在本书的第四章中,笔者分析了我国社会公众参与陪审制度不足的两点表现,此处为了避免重复且就社会公众参与问题进行论述,主要就参与人员的来源以及人员的构成等进行分析。

条件的宽严程度的把握不一,有的只要求大专以上学历,有的是以本科学历为标准,更有甚者,有的地方对陪审员的选取完全按照法官的选任标准进行。[1]

其次,参与到具体案件中的人员较少。根据我国《通知》的相关规定,需要积极探索重大案件由3名以上人民陪审员参加合议庭的制度。人民陪审员在合议庭中的比例显然较少。

陪审制以及参审制都各有侧重,发挥的功能也各有利弊。具体而言,"就民众陪审发挥有效的作用从而保障诉讼的民主性以及诉讼任务的分工的合理性及制度设计的有效性而言,陪审制显然优于参审制;就诉讼的效率与诉讼的经济性以及诉讼的合法性与反映国家意志的要求来看,参审制则更为有利"。[2] 因此,笔者认为,人民陪审员制度是我国社会公众参与刑事司法、拓展刑法治理功能的重要体现,对于该制度本身并不需要进行替换式变更。只是还需要继续扩大社会公众参与刑事司法的范围,完善人民陪审员制度。首先,取消人民陪审员条件中的学历限制,将人民陪审制度的参与主体扩大到所有的社会民众。[3] 虽然有些民众的确知识结构欠缺,但这不是阻碍其参与审判的实质理由。如果对于此问题过于担忧,可以进一步采取案件分离的做法,即在事实审的部分可以吸纳人民陪审员参与,而在法律审部分可以由具有专业知识的法官等完成。其次,扩大合议庭中人民陪审员的比例。正如前文所论,社会公众参与的广泛性是共识获得的重要基础,因此,扩大人民陪审员在合议庭中的组成比例,可以进一步促进司法民主的实现。

---

[1] 参见廖永安:《社会转型背景下人民陪审员制度改革路径探析》,载《中国法学》2012年第3期。

[2] 龙宗智:《刑事庭审制度研究》,中国政法大学出版社2001年版,第403~405页。

[3] 当然,此处只是一个泛指的范围,有些主体显然不能成为人民陪审员的主体,如未满18周岁的未成年人。

第五节　确立科学化的刑法立法原则与依据

英国著名功利主义法学家边沁在论述立法时特别强调:“立法者如果希望鼓励一个民族具有人性,那么他自己应该首先树立榜样。要求自己不仅对人的生命,而且对一切能影响人之感受的环境情状,都给予极大的尊重。”[1]通过前文对我国历次《刑法修正案》内容的梳理,可以明确我国当前刑事立法活动较为频繁、活跃。频繁、活跃的立法虽然在一定程度上能够纠正成文法滞后性的弊端,但不意味着积极创设、修改或废除现行刑法规定均具有正面的价值和意义。刑法治理功能效果评估的一个重要目的就是明确刑事立法的方向问题,换言之,应当根据科学的原则对现行刑法进行创设、修改以及废除。当然,就评估报告最终呈现的形式而言,只是具体论证了哪些法律条文存在问题,哪些社会现象需要利用刑法规制,哪些条文已经不合时宜需要被淘汰,但并没有提供宏观的完善对策以及方向。因而,在刑法立改废[2]的过程中,应当重视以下基本要求的方法论意义。

一、确立科学的立法原则

根据刑法治理功能的评估报告对刑法存在的不足进行进一步修正的目的在于,使刑法规制的内容更加科学,能够更好地发挥其治理效果。因此,基于此目的之上的刑法的立改废应当遵循一定的原则。当然,在立法过程中究竟坚持哪些原则并未取得统一的意见。例如,第一种观点认为,刑法的立法原则应当与刑法典中确立的基本原则相一致,具体包括罪刑法定原则、

---

〔1〕［英］边沁:《立法理论——刑法典原理》,中国人民公安大学出版社1993年版,第150页。

〔2〕此处的立改废具体是指刑法条文的创设、修改以及废除。广义上的刑法修改包括了刑法条文的创设、内容的修改以及条文的废除等。此处是在狭义意义上使用刑法修改的概念,指的是对刑法条文的变更。在下文中,笔者可能使用“刑法的立改废”这一词组,与刑法的修改具有同一的含义。

罪刑相适应原则以及法律面前人人平等原则等;[1]第二种观点认为,刑法的修改应当坚持“立法权限的统一性、立法思想的统一性、立法时间的及时性以及立法内容的协调性”;[2]第三种观点认为,刑法的立法原则包括“合法性、合理性、协调性与慎重性”等基本内容;[3]第四种观点认为,刑法的修改原则包括“慎重性原则、合法性原则、协调性原则”。[4]

刑法的立法原则是立法主体据以进行立法活动的重要准绳,是立法指导思想在立法实践中的重要体现。上述第一种观点将刑法立法原则与刑法适应的基本原则混为一谈,不具有妥当性。第二种观点所确立的原则早已是学界形成的最为基本的认识因素,而且目前是我国刑事立法启动的必要条件,因而不能作为基本原则。应当说第三种观点以及第四种观点确立的“合法性、合理性”均是刑法立改废的基本原则,在刑事立法中无须单独提及。除此之外,笔者认为,在经济学看来,立法活动中无时无刻不在计算成本与效益,因为刑法的立法效益是以对犯罪的有效控制或有效治理为其本质追求,因而在刑法的立改废过程中需要重视效益原则以及协调性原则。

(一)效益原则

所谓刑法立改废的效益原则,是指在创设、修改以及废除刑法条文的过程中,以能够形成对社会的有效治理为目标,具体来看,其包括三个方面的内容。[5]

1. 有效性,即刑法的创设、修改以及废除,能够控制犯罪或者能够改造犯罪人。有效性的生成机理主要在于刑法的威慑功能。具体而言,某些对社会有害或者有威胁的行为,如果其他措施难以发挥治理效果,在创设新的

---

〔1〕 参见赵秉志:《中国特别刑法研究》,中国人民公安大学出版社1997年版,第14~22页。

〔2〕 参见赵国强:《刑事立法导论》,载赵秉志等主编:《刑事法专论》(上),中国方正出版社1998年版,第65页。

〔3〕 参见王政勋:《刑法修正论》,陕西人民出版社2001年版,第53~54页。

〔4〕 参见黄明儒:《论刑法的修改及其原则》,载《山东警察学院学报》2009年第5期。

〔5〕 参见邢馨宇、邱兴隆:《刑法的修改:轨迹、应然与实然——兼及对刑法修正案(八)的评价》,载《法学研究》2011年第2期。

刑法规定之时应当考虑其能否产生治理效果,如果同样不能产生好的治理效果,那么就不能增设相关的刑法规范。对于刑法内容的修改以及刑法规范的废除同样也需要基于有效性考虑。

2. 有利性。在刑法立改废的过程中,就有利性考虑的是刑法治理投入的成本与实际治理效果之间的比例关系,如果刑法治理成本投入过大而实际效果并不显著,那么就不应当进行刑法的立改废工作。事实上,“追求绝对的安全只能损害其他社会价值,也是难以持久的。在一个演化的世界中,安全并非僵化……对安全的恰当理解需要具有一种可变的时间视野,并要在安全的短期目标和长期目标之间做出权衡,还需要对主观上视什么为安全做出最大化解释,并由此出发进行推论”。〔1〕

3. 必要性。众所周知,刑法作为剥夺性最强的措施,可以剥夺犯罪人的自由、财产甚至生命,因而刑法在社会治理中与其他的社会治理措施不同。动用刑法需要过高的经济成本,即便动用刑法也未必能取得较好的治理效果。所以,在社会治理中,刑法只能作为必要防止手段,而不能一马当先成为社会治理的首要工具。特别在刑法的立改废过程中,应避免陷入“刑法依赖综合征”的窠臼。

(二)协调性原则

所谓刑法立改废的协调性原则,是指刑法在立改废过程中,要避免刑法体系之间的矛盾。〔2〕 如恩格斯所言:“在现代社会中,法具有相对独立性,要正确发挥法的作用,必须协调内部关系与外部关系。”〔3〕也就是说,“刑法作为一种规范系统,只有实现了两个层次的协调性,即单一规范内部各要素之

〔1〕［德］柯武刚等:《制度经济学——社会秩序与公共政策》,韩朝华译,商务印书馆2000年版,第97页。

〔2〕刑法的协调性原则一直以来作为刑法立法的基本原则之一,但笔者认为,在刑法的修改以及刑法的废除过程中,也应当坚持刑法的协调性原则,因而同样将其作为刑法的立改废的一个重要原则之一。

〔3〕《马克思恩格斯选集》(第4卷),人民出版社1995年版,第702页。

间的协调性以及与其他规范之间的协调性,才能形成刑法功能的良性运作。"[1]创立新的规定、修改不合理的规定以及废除没必要的条文是刑法体系不断发展完善的基本内容。然而,目前我国刑法规范之间还尚未能完全坚持刑法条文之间的协调性原则。例如,以我国《刑法》规定的附加刑之一的罚金刑为例。在我国刑法的经济犯罪中存在大量规定了"单处或并处罚金"的刑法条文,而罚金的数额均没有明确的规定。然而,究竟以何种标准对行为人判处罚金,尚未统一。有的条文以销售金额的百分比为基准,有的条文坚持固定的罚金数额为基准,而有的条文以主刑的幅度为基准。[2]

除此之外,在用语上也未能坚持协调性原则。以我国刑法中存在的"婚姻"这一概念为例。目前刑法保护的是何种婚姻状况存在较大的争议,大致主要有两种用法,其一,不仅保护法律婚,而且也保护事实婚。"重婚罪"以及"破坏军婚罪"便是适例。其二,只保护法律婚。例如,《刑法修正案(九)》第七条增加了"利用极端主义破坏法律实施罪",明确将"婚姻"限定为只是"国家法律确立的婚姻"这种形式。"暴力干涉婚姻自由罪"同样保护的是法律婚。[3] 据此可见,正是由于未能坚持协调性原则导致在刑法之中同为婚姻概念却产生了两种保护范围存在较大差异的模式。再如,以我国刑法中的"未成年人"这一概念进行分析。众所周知,在法律体系中,"未成年人"有着明确的内涵与外延,但在我国现行刑法典却使用了多种生活语词。特别是分则条文中多次使用"儿童""幼女"等非法律概念语词,[4]不仅其内涵、外延易产生歧义,而且在法律解释中也难以贯彻统一性。在第四章"侵犯公民人身权利、民主权利罪"中规定的"拐骗儿童罪"这一罪名中却没有像前面的

---

[1] 周少华:《刑法理性与规范技术:刑法功能的发生机理》,中国法制出版社2007年版,第308页。

[2] 参见陈锐:《我国现行刑法的体系性问题及解决》,载《政法论丛》2015年第3期。

[3] 参见车浩:《刑事立法的法教义学反思——基于〈刑法修正案(九)〉的分析》,载《法学》2015年第10期。

[4] 如《刑法》第236条"强奸罪"中多次使用"幼女"这一语词、第237条"猥亵儿童罪"等用到的是"儿童"这一概念。

条文那样使用“儿童”这一概念，而是使用了“未满十四周岁的未成年人”这一概念；而在“雇用童工从事危重劳动罪”中使用的是“未满十六周岁的未成年人”。

二、确立科学的立法依据

具体就刑法而言，检验其是否科学需要根据其能否有效发挥惩罚犯罪与保障人权的功能，而这离不开立法内容的科学以及立法技术的完善。“虽然随着社会生活的复杂化、科学化、高度技术化，对于个人而言，社会就像一个巨大的黑匣子，不可能进行主体性的控制。”[1] 在世界发达国家，刑事立法——包括增设、修改以及废除相应的刑法规范是严谨且漫长的过程，需要经过充分的调研与论证，就某些条文的修改而言，历时数年之久是再平常不过的事情了。因而，突出刑法规范的合理性，不是存在任何侵害行为就需要寻求刑事立法，如此不仅可能导致立法范围的无限扩张，逐渐使刑法处于尾大不掉的状态，而且还可能对社会机体造成侵害，对犯罪者的人权造成侵害。因此，有必要在我国确立妥当的立法依据。

（一）立法依据的争议与抉择

依据何种理论来具体论证是否应当需要创设刑法规定或者修改乃至废除刑法的原有规定，在目前刑法学界尚未形成统一的见解。目前主要存在“社会危害性说”、“法益侵害说”以及“侵害原则说”的对立。

以社会危害性作为刑事立法的基本原则一直以来是我国传统刑法的理论主张。[2] 传统的社会危害性是指对刑法所保护的社会关系的破坏。因为我国《刑法》第13条不仅从正面列举了侵害该十大同类客体时即属于具有严重的社会危害性的情形，而且但书也从反面将不属于犯罪的情形排除在

---

〔1〕 张明楷：《司法上的犯罪化与非犯罪化》，载《法学家》2008年第4期。
〔2〕 参见赵秉志等：《社会危害性之当代中国命运》，载《法学家》2011年第6期。

犯罪之外。在多数学者看来,我国刑法之中确立的社会危害性不仅具有指导司法实践的司法功能,同时亦能为我国刑法的立改废提供了基本原则。也就是说,在刑事立法过程中,“社会危害性不仅决定了犯罪圈的大小,而且也决定了法定刑的轻重”。[1]

而在新近的理论动向中,以“法益侵害说”作为我国刑事立法基本原则逐渐成为有力学说。“法益侵害说”认为,作为实定法上的刑法法益是指刑法所保护的而被犯罪行为所侵犯的利益。肇始于学说史之初的法益概念,主要是为了限制犯罪概念的抽象而使处罚范围过分扩张而将其正式导入刑法学的研究之中。然而,随着刑法法益概念功能化趋势不断增强,法益逐渐成为构成要件形成的出发点和指导思想,在实行行为的标准、违法性的本质、可罚的违法性、违法性阻却事由等问题的判断上充当了重要的角色。因而,德国学者宾丁断言:“从实定法的视角来看,法益具有不能被变更、不能被打乱的维持中的利益,由此是通过规范免遭不期望的伤害或危殆化而必须努力保护的全部利益。”“法益在立法者的眼中比秩序更有价值,为此,比规范更不能被打乱,而且必须确保维持的全部利益。……总的来说,它是在服从国家请求权的外部,形成了犯行攻击的客体的全部的利益。”[2]法益概念在刑法上具有决定刑罚必要性之有无以及处刑合理性有无的重要功能,因而,在刑事立法之中,法益对刑法法律秩序的建立发挥了重要的功效。

在我国目前刑法研究之中,更有学者主张“侵害原则说”。“侵害原则说”是以密尔的“损害原则”为立论根基。“损害原则”表达的是这样一种理论主张:“社会对一个人进行裁判的根据在于其行为对他人的利益造成了侵害,如果一个人对他人的利益无任何影响,或者除非他们愿意就不需要影响到他们时,那就不存在损害他人利益的事实基础,因而也就不能适用刑法这

---

[1] 赵秉志等:《社会危害性之当代中国命运》,载《法学家》2011年第6期。
[2] [日]伊东研祐:《法益概念史研究》,秦一禾译,中国人民大学出版社2014年版,第69页。

种强制性的法律。"[1]密尔的"损害原则"则显得过于抽象且难以具体把握，因而美国学者 Herbert L. Packer 教授指出，应该满足以下六个具体标准时才能将该行为设置为犯罪：(1)这种行为在大多数人看来，对社会的威胁是显著的，从社会的各部门来看是不可容忍的；(2)对这种行为科处刑罚符合刑罚的目的；(3)对这种行为进行控制不会导致禁止对社会有利的行为；(4)对这种行为能够进行公平的、无差别的处理；(5)对这种行为进行刑事诉讼上的处理时，不产生质与量的负担；(6)对这种行为的处理不存在代替刑罚的适当方法。[2] 因而，支持"侵害原则说"的学者认为，Herbert L. Packer 教授提出的刑事立法的六标准说具有相对具体性，作为立法原则将有利于立法者把握立法范围。

虽然社会危害性作为我国传统理论，但是以社会危害性作为立法的理论依据也存在较大的缺陷。我国对于犯罪概念主要从两种立场予以把握——形式犯罪概念与实质犯罪概念，正如有学者批判的，虽然社会危害性能够较好地切合实质犯罪概念的基本特征，但能否与形式的犯罪概念存在契合尚存在疑问。也就是说，社会危害性与征表犯罪的形式特征的刑事违法性之间存在难以化解的矛盾是一种实然的状态。由此而产生的难题在于，在形式犯罪与实质犯罪两者存在不可调和的冲突时，究竟何种立场居于首要的地位则无定论。问题的答案显然是，在持形式优先的学者看来，贯彻社会危害性的负面效应是使犯罪入罪化的概率大大提高。[3] 抛开形式优先还是实质优先的争论不述，[4]将社会危害性作为刑法立改废的理论根基，也是导致犯罪圈过于扩大的原因之一，即便存在其他措施能够有效治理的行

[1] [英]约翰·斯图亚特·密尔：《论自由》，程崇华译，商务印书馆1996年版，第82页。
[2] 转引自李娜：《论金融安全的刑法保护》，武汉大学出版社2009年版，第137页。
[3] 参见陈兴良：《社会危害性——一个反思性检讨》，载《法学研究》2000年第1期。
[4] 当然，以陈兴良教授为代表的形式优先论的学者认为，坚持形式优先体现了刑事法治、人权保障及一般公正的要求。参见陈兴良：《社会危害性——一个反思性检讨》，载《法学研究》2000年第1期。

为,往往也会以行为具有严重的社会危害性作为刑法创设、修改的重要依据。除此之外,社会危害性概念内容本身较为空泛,不仅不能提供自身的认定标准,而且还会借助于刑事违法性这一概念来作为阐释的必要假借,不免会陷入循环论证的逻辑怪圈之中。[1]

虽然 Herbert L. Packer 教授提出的"侵害原则说"的六个标准具有相对的明确性,但不意味着这些标准都具有可操作性,例如,前三个标准的内容就明显缺乏可操作性,"社会中的大多数"究竟包括多少人才算大多数并不明确。对于某些标准可能只是处于纸面上的幻想,例如,对犯罪行为真的能做到公平的或无差别的处理吗?答案显然是否定的,虽然一直以来在刑事司法领域追求"同案同判",但限于实践中千变万化的情节,某种行为不可能得到无差别处理。第五个标准而言,则更显得不合理。因为将某种行为规定为犯罪后,必然会产生一定数量的诉讼,而这种诉讼上的质与量的负担在司法实践具体执行该罪名后才可以明了,并非在立法之前或立法过程中就能判断。Herbert L. Packer 教授提出的"侵害原则说"的六个标准同样不能作为立法原则得以贯彻。

法益论的观点在实践中也遭到诸多批判,例如,有学者指出,法益论在司法实践中精神化意义越发明显,致使刑法中的法益成为最不能确定的内容。[2] 然而,随着风险社会的到来,对于法益的过于抽象化的解读显得不合时宜,因而,现代刑法理论将法益概念引向功能化转向成为必然。功能化的法益概念强调以立法目的出发而形成的价值判断才是填充法益的主要立场。[3] 而将法益的功能化引向极致的是威尔策尔目的行为论理论下的法益论的重构方案,也即,在法益理论之下,刑事立法应当坚持法益论为基本的

---

[1] 参见陈兴良:《社会危害性——一个反思性检讨》,载《法学研究》2000 年第 1 期。

[2] 参见[德]克劳斯罗可辛:《德国刑法学总论》(第 1 卷),王世洲译,法律出版社 2005 年版,第 26 页。

[3] 参见姚万勤:《刑法应如何应对环境保护的"焦虑"——以风险刑法理念为视角》,载《浙江社会科学》2015 年第 7 期。

理论基础。显然,法益作为法律理解的最为基本的概念之一,显得过于宽泛而难以把握,因而有必要对其进行一定范围的限制。在威尔策尔看来,“世界万物均是为了满足人的需求而存在,妨害人的需求行为才是我们得以动用刑罚予以强制干涉的正当性根据,也只有符合社会功能的法益才是法益的存在状态”。[1] 而在罗克辛教授看来,“法益是在以个人及其自由发展为目标进行建设的社会整体制度范围之内,有益于个人及其自由发展的,或者是有益于这个制度本身功能的一种现实和目标设定”。[2] 在笔者看来,在法益概念进行功能化转变之后,再以风险刑法为例质疑“法益侵害说”的观点不具有合理性。不能认为在我国社会危害性概念与法益侵害性的概念具有同一性。因为在实质意义上,与社会危害性相比,法益侵害性更具有“规范性、实体性、专属性”的性质。[3] 正如日本学者所言,“刑法规范原则上应当禁止的不是具有侵害危险的行为,而是引起结果的行为,应当从这样的观点来建构犯罪论”。[4] 所以,以“法益侵害说”作为刑事立法的理论根据更具有合理性。

总而言之,从很大程度上来说,刑法治理功能的有效发挥需要依赖立法内容的科学以及刑法立法技术的完善。刑法的增设、修改以及废除需要经过充分的调研和论证,每一个条文都可能涉及公民至关重要的人身权利,故而即便对某些条文斟酌数年之久也是可以接受的。因而,突出刑法的治理功能的完善,在刑事立法领域,需要贯彻刑法立改废的基本原则与理论依据。也就是说,“判断和认定某种行为是否需要刑法来加以规制,即是否有刑法干预的必要,应当以其是否对相关法益造成侵害或有侵害危险来决

[1] 姚万勤:《刑法应如何应对环境保护的“焦虑”——以风险刑法理念为视角》,载《浙江社会科学》2015 年第 7 期。

[2] [德]罗克辛:《德国刑法总论》(第 1 卷),王世洲译,法律出版社 2005 年版,第 15 页。

[3] 参见陈兴良:《社会危害性——一个反思性检讨》,载《法学研究》2000 年第 1 期。

[4] [日]山中敬一:《犯罪论体系中的行为规范与制裁规范》,载《铃木茂嗣先生古稀祝贺文集(上)》,东京:成文堂,2007 年版,第 9 页。

定”。[1] 换言之,哪些社会现象需要增设刑法的规定以及哪些法条存在问题,需要进行相应的修改以及废除,在立法过程中就要具体考虑该如何具体完善。需要根据效益原则,在所有的完善方案中择选出最优的方案,且在法律体系中不能与其他法律规范以及刑法规范存在冲突。当然,在立法过程中需要自始至终贯彻法益侵害原则。

(二)法益侵害说与我国立法除罪化的范围再检讨

基于法益侵害说的理论支配之下,笔者认为,我国刑法还存在进一步除罪化的空间。因而在其指导之下,就我国目前刑法中存在的立法除罪化的范围有进一步厘清的必要。

1. 超前立法的除罪化

立法经验主义强调的是,刑事立法应当以客观的现实为基础,只有在相应的问题出现之后才应在立法中予以犯罪化,而超前立法的思想恰好与之相反,认为与其被动的应对未来的社会新问题,不如提前在立法中做出预判并加以规定。显然,立法超前主义与立法基本规律背道而驰,因而容易形成犯罪圈过于扩张的假象。笔者认为,鉴于目前形势之下,可以对我国金融刑法进行适当的松绑。

2. 无害行为的除罪化

随着社会发展变化,某些行为的社会危害性已经不复存在或者该类行为对社会已经不再具有威胁性,继续对其犯罪化不合时宜的,应当在立法上及时予以除罪化。尤其是我国1979年《刑法》为了巩固新生国家政权和维护社会主义市场经济秩序,在当时创设一些刑法规范是很有必要的,例如反革命罪以及投机倒把罪的创设便是适例。然而,随着我国改革开放不断深入,当时的立法理由已经不复存在时,应当及时予以除罪化处理就显得很有必要。历次刑法修正对该类问题的处理正是体现了这方面的内容。如1997

---

[1] 蔡道通:《刑事法治:理论诠释与实践求证》,法律出版社2004年版,第387页。

年正式将反革命罪变更为危害国家安全罪，废除了投机倒把罪。再如，《刑法修正案（九）》基于社会形势的变化，正式废除了嫖宿幼女罪。但就目前刑法的内容来看，我国依然存在很多对现实危害性或危险不太大的法条，笔者认为应当在立法上予以除罪化。例如，我国《刑法》第227条第2款规定的“倒卖车票、船票罪”便是适例。

根据法条规定，所谓倒卖车票、船票罪是指倒卖车票、船票，情节严重的行为。当时由于受计划经济影响较为严重，对于车票、船票等票据也是计划经济的重要组成部分，然而随着市场经济的到来，车票、船票等票据获得并不如计划时代较为困难。因此，基于以下理由，笔者主张应当对该罪名予以除罪化：其一，倒卖车票、船票的行为并不能对市场经济秩序造成很大的破坏。随着网络化时代的到来和普及，网上售票系统已经趋于完善，现在很难有人能够进行大规模的倒卖行为。其二，倒卖的行为通过其他的法律规范可以有效调整。虽然在现实生活中确实存在倒卖的行为，特别是随着春运的到来，这种行为表现尤为猖獗，但这并不是动用刑法的实质理由，尤其我国属于二元的制裁体系，除了刑法之外，还存在治安管理处罚法，在笔者看来，对于该类行为只要予以治安处罚即可。因为倒卖车票以及船票的本质就在于倒卖手段获取中间差价，遏制该类行为的最好是采用经济打击的手段方式，因此可以对该类行为采取行政罚款即可。

3. 无被害人犯罪的除罪化

所谓无被害人犯罪是指立法者基于保护道德等方面的需要，将某类行为规定为犯罪。遵循无被害人犯罪化的思路，即“在人类社会早期的刑法学研究侧重于从犯罪人的主观方面和客观方面来界定其行为的社会危害性、行为的性质以及应承担的刑事责任等”。[1] 基于此种理念基础之上的刑法适用会产生以下问题：一方面，具有过分夸大犯罪危害的嫌疑。众所周知，

---

〔1〕 姜涛：《无直接被害人犯罪非罪化研究》，载《法商研究》2011年第1期。

刑法虽然是社会保护的重要手段,但并不是一切有危害的行为必须要有刑法介入,除了将通常意义上的轻微的行为作为排除刑法介入的事由之外,被害人的要保护性也是不可忽视的重要因素。在一些无被害人的犯罪中,很多情形是基于被害人具有明显的受虐倾向或者是基于某些客观事由、对自己实施的一种伤害行为,在这种被害人要保护性欠缺的情况下,法益的要保护性也应减弱。正如美国法学家贝勒斯所言:“如果刑法不能有效地解决问题,便没充分的理由使行为犯罪化,因为主要问题依然存在。”[1]另一方面,无法实现罪刑的均衡。单向度的刑法适用往往只是基于被害人立场进行考察,一旦出现没有被害人的犯罪情形,如果还将其作为普通的犯罪对待,无疑将导致对其判处的刑罚与其行为的法益侵害性存在严重的失衡,且减损了刑法适用的效度,增加了刑法适用的难度。[2] 在这样的状态之下,重视被害人权利的呼声此消彼长,有些国家不仅在程序法中设置了被害人参与机制,而且在实体法上注重其意思表示。[3] 由此而产生的重要理论动向在于,把无犯罪人作为判断罪与非罪的重要依据,主张对无被害人的犯罪直接实施非犯罪化。[4] 例如,在20世纪50年代到60年代,以价值观多元化为基础的解放社会为背景,欧美国家主张将同性恋、堕胎以及乱伦行为均予非犯罪化。[5]

同样,在我国刑法之中,也存在只是违反社会善良风俗但无被害人的犯罪。笔者认为,应当对该类犯罪予以立法上的非犯罪化。基本理由有二:其一,该类犯罪的法益侵害性并不严重。既然将犯罪的本质视为对法益的侵害,这就决定了法益本身在刑法学中的特殊地位——不仅能够决定是否有

---

〔1〕[美]迈克尔·D.贝勒斯:《法律的原则——一个规范的分析》,张文显等译,中国大百科全书出版社1996年版,第359页。

〔2〕参见姜涛:《无直接被害人犯罪非罪化研究》,载《法商研究》2011年第1期。

〔3〕参见[日]佐久间修等:《刑事法入门》(第2版),东京:有斐阁アルマ,2007年版,第210、212页。

〔4〕参见姜涛:《无直接被害人犯罪非罪化研究》,载《法商研究》2011年第1期。

〔5〕参见[日]大谷实:《刑法讲义总论》(新版第2版),东京:成文堂,2007年版,第11页。

必要发动刑罚，而且还能决定刑法介入的合理性与否。其二，有利于降低刑法适用的难度，从而最终有利于节约司法资源。就刑事案件而言，对行为人定罪处罚均是在详细侦查的基础之上形成逻辑严明的证据链，最终达到排除合理怀疑的程度。在无被害人犯罪的案件中，由于案件具有隐蔽性的特点，不仅在案件的调查取证阶段存在较大的困境，而且增加了刑法适用的难度。为了能对该类案件清晰定罪、科学量刑，必然需要投入大量的司法资源，但是在缺乏被害人的犯罪中，能起到多大的威慑效果不无疑问。

总而言之，"立法者如果希望鼓励一个民族具有人性，那么他自己应该首先树立榜样。要求自己不仅对人的生命，而且对一切能影响人之感受的环境情状，都给予极大的尊重"。[1] "犯罪绝不是一个空洞的标签，也不只是象征意义的否定，而是以社会中最为严厉的刑罚措施为后果。在'犯罪化'与'非犯罪化'之间进行考量的最终目标就是在刑法中确定一个张弛有度的犯罪圈。"[2]纵观我国刑法发展历程，在短短三十余年间，不仅实现了从"无"到"有"，而且实现了从"粗糙"到"精细"的发展转向，这是任何一个法治国家都难以复制的法治成就。尤其在1997年《刑法》修改之际，立法机关采纳了储槐植先生的"严密法网""严而不厉"等刑事立法思想，以至于我国刑事立法逐步趋于完善。但不可否认的是，目前我国在社会转型期的当下，社会矛盾较为突出、疑难问题层出不穷，贯彻法益侵害原则，通过立法途径以及司法途径予以及时的非犯罪化便是当下重要的理论课题。

[1] [英]边沁：《立法理论——刑法典原理》，中国人民公安大学出版社1993年版，第150页。

[2] 夏勇：《和谐社会目标下"犯罪化"与"非犯罪化"的标准》，法律出版社2016年版，第41页。

第七章　后立法时代刑法治理功能发挥的效果评估

刑法治理社会是一种科学的活动，对于治理不足的考察以及未来如何完善也应当建立在科学原则之上。然而，我们目前还不能通过直观的数据观察到刑法治理功能发挥的成效如何，以及在取得了何种效果的同时还存在哪些问题与不足，因而不能盲目强调刑法治理。所以，建立一套行之有效的刑法治理效果功能评估机制，能够为完善我国刑法治理功能提供方向与依据。刑法治理功能发挥的效果评估不是任何时代都能发现并能科学地加以阐释的，从古代刑法诞生之初，刑法更多地被赋予一种神圣的君权色彩，对其治理功能的效果更无几人能评头论足。因为，“在十九世纪，法官和律师从事审判和法律服务工作也从来不考虑法律效果问题，他们往往从人们应该怎么样思想或行为出发，来做出自己的决定，在传统法学中，法律效果的研究也被忽视了”。[1] 正基于此，在现代刑法治理理念支配下，有必要重视评估刑法在社会治理中的价值和意义。从上文的论述中可见，刑法作为治理社会的重要工具，在确保其合理性的前提之下，有必要继续维持其应有的稳定性。因此，可以表明的是，未来我国将进入后立法时代。其一，刑法的体系将愈加严明，刑事法网越来越密，因而即便司法实践中出现的新情况，通过细微的修改就可以弥补；其二，刑法的修改等不再盲目，需要通过合理的评估和论证方可为之。因此，在本章之中，将重点解决以下几个重要问题：其一，探讨刑法治理功能发挥效果评估的理论基础与价值；其二，刑法治理功能发挥的效果评估的体系；其三，刑法治理功能发挥的效果评估程序；其四，效果评估的回应机制。

第一节　效果评估的理论基础与价值蕴含

在世界范围内，对各自行业展开评价已然越来越成为一种常态。例如，目前在世界范围内较有影响力的评估主要有“立法后效果评估”以及“政府绩效评估”。在英美国家兴起的立法后效果进行评估又被称为“立法回头看”的政策，即对该法的实施效果是否合乎立法预期进行相应的评估。[2] 而“政府绩效评估”是指为了确保一定范围的民众的财产以及切身的利益得到最优的考量，政府会在行政措施制定后一定期间内组织相关的机构对相应的政策进行评价。那么，何为刑法治理功能发挥的效果评估呢？顾名思义，

---

〔1〕 饶艾、张洪涛：《法社会学——社会学视角》，西南交通大学出版社2002年版，第282页。

〔2〕 当然，在我国一般学者均认为，“立法回头看”、“立法后效果评估”以及“立法效果评估”三个概念表达的意思没有差异而能互相通用。所谓“立法效果评估”是指“法律法规实施后，根据经济社会发展要求，结合立法目的，按照一定的原则、标准和程序，运用科学的评估方法，对法律法规的整体或部分条文的制度设计、实施绩效、存在问题及影响因素进行跟踪调查和综合评价，并提出评估意见的活动”。参见史建三主编：《地方立法后评估的理论与实践》，法律出版社2012年版，第5页。

首先,评估,从语义学来看,具有“评议估价或评价”[1]的含义,虽然与之概念相近的词汇不少,但评估与评价是否具有同一含义还存在较大的争议。例如,英国有学者认为,“评价是对已经量化的评估标准进行判断,评估是对所做事情的量化”。[2] 与之不同的是,我国学者基本认为,“评估也称评价,通常是根据一定的标准去判断某一特定的系统的整体,或系统内部诸要素和环节的结构与功能的状态,以及判断系统产生的数量和质量水平及与预定目标的差距等基本情况,从而得到特定信息的过程”。[3] 笔者认为,无论是“评估”还是“评价”均能用于对某事物的性质或功能进行估量、评议,因而在汉语体系中两者的差异并不明显。那么,何为效果呢?同样,从语义学角度来看,效果是指由某种动因或原因所产生的结果或后果。因此,所谓“刑法治理功能发挥的效果评估”是指利用一定的标准去判断刑法在社会治理中所产生的结果。对刑法治理功能发挥的效果进行评估,有其支撑的理论基础和价值。

一、效果评估的理论基础

(一)法哲学基础

法律是理性的体现,理想的法律必然是符合并体现理性的法律。那么,什么样的法律才是符合理性的法律呢?转化问题的视角便是,什么样的法律才具有合理性,自然成为法哲学领域需要判断的一个重要命题。因此,从法律理性观中可以自然而然地引出法律合理性问题。[4] 在马克斯·韦伯看来,合理性包括两个层次的内涵,即形式合理性与实质合理性。形式合理性是对事实进行判断,实质合理性是对价值进行判断。基于判断对象的差异,

---

[1] 参见《现代汉语词典》,商务印书馆1992年版,第980页。

[2] [英]查理德·威廉姆斯:《组织绩效管理》,蓝天星翻译公司译,清华大学出版社2002年版,第118页。

[3] 負杰、杨诚虎:《公共政策评估:理论与方法》,中国社会科学出版社2006年版,第21页。

[4] 参见刘艳红:《理性主义法律观之解读》,载《中国政法大学学报》2009年第6期。

导致两者着眼的根基并不一致。“形式合理性的判定着眼于实现某一目的的手段和程序的效用性，对于实质合理性的判定则着眼于某种具体的、独特的价值、意义或者立场。”[1]

按照韦伯的解释，因合理性的形式不同所要求的判断标准也不一致。形式合理性具有可预见性、精确性等特点，因而，只要建立在客观的判断标准之上，便可检测某项事物或者某项制度是否具有形式合理性。这种标准的建构需要满足以下三个条件：“一是要有一套概念系统；二是必须要有运算和推理规则；三是结论的精确性和可重复性。”[2]相反，实质合理性由于判断标准不具有唯一性，即每一个社会个体均可基于自己业已形成的人生观、世界观、价值观对某一事物或者某项制度的实质合理性进行相应的判断，因而在最终的判断结论上可能存在多重性。为了有效化解这一现象，实质合理性的确立和运作往往会涉及更高层次的法律与政治、权利与权力、公共权力和国家责任等方面的关系。[3]

置于合理性理论的逻辑结论之下，可以有效解决法哲学领域一直困扰人们的三个难题——“法是什么？法的约束力的原理是什么？法律规则的内容何时具有客观正当性？”[4]无论是法的内容还是其约束力的来源，均基于法律具有合理性的逻辑基础之上，这种合理性不仅是形式与实质的统一，而且是形式合理性和实质合理性的统一，因而构成了法律评估的正当性基础，“这种评估包含了科学主义与实证主义的精神实质，内含了可计算的品格，让社会行为直观化、可视化和数字化”。[5] 而对刑法治理功能的效果形成有效的直观化，同样离不开对其治理功能的形式合理性与实质合理性的

[1] 刘莹珠：《形式、实质合理性与韦伯的价值无涉理论》，载《中国青年政治学院学报》2014 年第 1 期。

[2] 江必新：《论形式合理性与实质合理性的关系》，载《法治研究》2013 年第 4 期。

[3] 参见张文显主编：《法理学》，法律出版社 1997 年版，第 244 ~ 245 页。

[4] [德]施塔姆勒：《正义法的理论》，商务印书馆 2012 年版，第 64 页。

[5] 付子堂、张善根：《地方法治建设及其评估机制探析》，载《中国社会科学》2014 年第 11 期。

分析论辩。如何能够进行有效判断，这就需要建构一种客观的标准来进行相应的检测。换言之，建构刑法治理功能的效果评估机制是确保刑法具有形式合理性与实质合理性的重要保障。

（二）经济学基础

“资源稀缺性论断”一直以来是经济学基本的判断命题之一，因而在经济学研究中，任何资源都具有价值，经济学使用“成本—效益”分析模式解释人们经济行为实际发生的基本理由，指导人们对经济活动的选择或决策，并由此衍生出一套经济行为的指南。[1] 国家在对社会进行治理时，需要付出一定的知识和资源，这就是社会治理的成本；治理的结果即社会冲突化解或减缓、违法犯罪减少、社会和谐稳定等，这就是社会治理的效益。尽管法律中主要蕴含着道德因素，而不是经济思想，但是刑法具有深刻的经济逻辑。虽然法官和立法者不经常使用经济方面的语词，但经济分析有助于他们解释包括刑法在内的法律的基本结构。[2]

“当代制度经济学派进一步运用这种经济分析方法来研究制度变迁，通过成本/收益分析来判断一个制度的运作是否有效率，即该制度对所投入资源的利用能否实现效用最大化。”[3] 事实上，人类社会相当部分的制度设计都在追求净收益最大化的倾向，在刑法制度设计中，也不可避免会利用经济学对其合理性进一步考量。但是，一个社会的制度是否有效率，或者财富最大化的判断因素又是什么？在波斯纳看来，“这样的评价取决于你认为什么因素是外生因素（也就是说，把什么视为社会制度不能改变而必须尽可能予以适应的因素），以及什么因素是内生的因素（也就是说，什么是可能通过制度选择予以改变的因素）”。[4] 刑法不同于其他部门法的最主要特征在于

---

〔1〕 参见陈彩虹：《经济学的视界》，中国发展出版社2002年版，第8页。

〔2〕 参见钱弘道：《法律的经济分析》，清华大学出版社2006年版，第130页。

〔3〕 左卫民：《刑事诉讼的经济分析》，载《法学研究》2005年第4期。

〔4〕 [美]波斯纳：《正义、司法的经济学》，苏力译，中国政法大学出版社2002年版，第212页。

其严厉的制裁措施，这一特征注定了刑法制度设计的经济目标与其他部门法不一致。

如果经过创设的法律制度能为社会带来诸多的效益，那么这种法律制度就应得到支持。相反，如果一项法律制度创设之后，不但不能发挥预期的社会效应，反而阻碍了社会的有效治理，那么这样的法律制度因不符合经济学中成本与效益判断原则而应摒弃。从经济学成本与效益的角度审视，刑法治理功能的效益应当表现为以下三个方面的内容："刑法的成本投入合理；刑法实施符合立法者、执法者以及守法者的目的；刑法的治理效益实现了最大化。"因而，从最终目的追寻刑法治理功能的效果评估的价值，应当与经济学中的"成本—效益"分析范式在逻辑结论上可谓"殊途同归"。也就是说，刑法治理功能的效果评估机制作为检视社会治理效果的重要工具，在价值目标上最终检视刑法自制定以后在社会治理中的实际效果，即刑法制度的实际效益是否处于最优化状态。

(三)法社会学基础

在法社会学中，对法律效果的评估现状主要由"疫苗理论"到"过滤理论"的更替变迁。其中，"疫苗理论"认为，法律就像一种疫苗，它被接到有病的社会机体上，目的在于使社会恢复健康。[1]

"疫苗理论"首先在思考路径中存在妥当性的一面，无论是作为法社会学分支的结构功能主义法学还是冲突论法学，均将社会作为统一的整体加以考量，虽然其对于法律的真实目标存在不同之见解，但在最终目的上均在探求将法律作为社会机体得以维持并恢复健康的"疫苗"。但随后在对法律效果进行阐释的过程中，"疫苗理论"在以下两个至为关键的理论问题中陷入僵局——"其一，人们行为的变化是由多种因素引起，如何证明某种行为的变化是由法律因素而非其他因素作用的结果？其二，法律效果的测量要

---

〔1〕 参见饶艾、张洪涛：《法社会学——社会学视角》，西南交通大学出版社2002年版，第283页。

看法律作用的结果是否能达到法律所预期的目标,但如何确定法律所预期的目标?"[1]因而,"疫苗理论"在最终测定法律效果问题上陷入徒劳。

"过滤理论"为了修正"疫苗理论"的不足,同样被结构功能主义法学与冲突论的学者所主张。"过滤理论"的最大特点在于将法律效果的研究放在一个更大的社会背景之下,把法对社会的作用同社会对法的作用联系起来考察。从而形成了一个联系互动的动态考察机制。[2] 在该理论的主张之下,法律效果的发生机理将被客观存在的社会环境、政治、经济、文化及法律的执行等因素所影响,而这些因素就像一个具体的"过滤器",法律是否能够产生效果以及产生何种效果,将通过这个"过滤器"产生。[3] 据此可见,"过滤理论"对"疫苗理论"未能解决的两个疑难问题均给出了答案:其一,"过滤理论"看到的法律效果是从社会的动态考量来把握,因而不能完全孤立地看待法律效果的产生;其二,"过滤理论"将社会中影响法律效果的因素——也就是所谓"过滤器"作为评价的标准。

然而,对刑法治理功能发挥的效果进行评估,同样存在解决评价标准以及评价因素等相关指标的问题。显然,"过滤理论"在此为刑法治理功能发挥的效果评估积累了重要的思考路径,只是在具体指标的选择上,可能还存在需要进一步细化的问题。

二、效果评估的价值蕴含

即便在目前阶段尚未有论者对我国的刑法治理效果进行过评价,也未有学者提出过相关的建构方案,但这并不影响我国建构刑法治理效果评估的体系。同时,建立刑法治理功能发挥的效果评估机制具有重大的理论价值和实践意义。

---

[1] 饶艾、张洪涛:《法社会学——社会学视角》,西南交通大学出版社 2002 年版,第 283 页。
[2] 参见饶艾、张洪涛:《法社会学——社会学视角》,西南交通大学出版社 2002 年版,第 284 页。
[3] 参见饶艾、张洪涛:《法社会学——社会学视角》,西南交通大学出版社 2002 年版,第 284 页。

(一)有效反馈刑法规范的运行效果

法律条文自制定到实施后必然会产生一定的效果,大致来看主要有"理想的法律效果;满意的法律效果;不满意的法律效果"三种类型,[1]纵观我国刑法规范的具体现状,这三种情形均是客观存在的事实。在司法实践中对于上述问题的判断出现了重大的偏差而不足以应对民众的质疑时,主要是通过理论的归结得出逻辑结论,这些结论往往存在"头痛医头脚痛医脚"的理论弊端,难以站在全局的立场对刑法治理的整体面貌进行考察。

显然,就刑法而言,如果确立的规范的标准以及立法目的都是模糊不清甚至存在谬误,可想而知,得出的逻辑结论必然会冲抵刑法社会治理功能发挥的效果,进而与法治国目标渐行渐远。建构科学性评估体系正是基于一个科学合理的判断标准之上,能够有效地对刑法所预期取得的效果以及实际所取得的效果进行考察,并能对刑法治理社会的效果进行评价及反馈,进一步明确我国刑法的整体治理现状,使立法者以及治理主体能够及时掌握刑法治理的不足,并为进一步完善相关的治理措施提供可供参考的方向与建议。

总而言之,一个合理有效的评价机制的缺失将会导致丧失客观公正的立场去阐释我国刑法治理到底处于何种水平、能够取得何种效果。在多数情况下,不能反馈刑法治理效果的功能发挥显然不适合现代化的科学治理的目标。

(二)促进刑法资源的合理配置

"犯罪给社会带来的各种成本可归结为两个基本类型:第一,犯罪分子获得了一些收益,而受害人个人或财产受到了损害;第二,政府及潜在的犯罪受害者所支付的用于保护免受犯罪侵害的资源。"[2]

---

[1] 参见付子堂:《法律功能论》,中国政法大学出版社1999年版,第260页。

[2] [美]罗伯特·考特、[美]托马斯·尤伦:《法和经济学》(第5版),史晋川等译,格致出版社、上海三联书店、上海人民出版社2010年版,第480页。

“最优的犯罪数量或有效率的威慑必须要权衡这些成本。”[1]犯罪的成本主要指犯罪的净侵害以及为防范犯罪的资源支出,控制犯罪数量以及有效威慑犯罪必须要权衡这些成本。一方面,由于犯罪人对他的预期收益超过其预期成本,所以某人才实施犯罪,对于这一类型的成本投入,正如波斯纳所言,表明仅仅通过一定量的法律实施活动和惩罚的严厉性还不足以控制犯罪活动的水平,提高其他成本也是可取的。[2] 例如,可以采取减少失业率、重新分配财富等措施。另一方面,国家为了预防犯罪和惩罚犯罪必须投入资源。为了保护政府及潜在的犯罪受害者免受犯罪侵害,国家必然设立监狱、配备必要的警察以及为了公权力运行而成立其他部门。

国家作为社会资源分配的“总设计师”,必然会综合平衡各方利益需求,这其中涉及两个方面的维度:其一,从横向维度来看,国家对打击犯罪投入的总资源是恒定的。其二,从纵向维度来看,刑法内部对于打击不同种类的犯罪会进行再次分配。而横向维度的分配将直接影响到犯罪治理的效果。

例如,以我国十八大将反腐作为社会治理的一项重要工作为例,自十八大以后对于该类案件投入了相当多的资源。据最高人民法院周强院长在第十二届全国人民代表大会第二次会议所作的《最高人民法院工作报告》揭示,在2013年全年工作中,“审结国家工作人员贪污贿赂、渎职侵权犯罪案件2.9万件,判处罪犯3.1万人”。[3] 其在第十二届全国人民代表大会第三次会议所作的《最高人民法院工作报告》揭示,在2014年全年工作中,“各级法院审结贪污贿赂等犯罪案件3.1万件,判处罪犯4.4万人,同比分别上升6.7%和5.2%。其中被告人原为厅局级以上的99人,原为县处级的871

[1] [美]罗伯特·考特、[美]托马斯·尤伦:《法和经济学》(第5版),史晋川等译,格致出版社、上海三联书店、上海人民出版社2010年版,第480页。

[2] 参见[美]波斯纳:《法律的经济分析》(第7版),蒋兆康译,法律出版社2012年版,第313页。

[3] 周强:《最高人民法院工作报告》,载 http://www.gov.cn/xinwen/2014-03/17/content_2639946.htm。

人。加大对行贿犯罪打击力度，判处罪犯 2394 人，同比上升 12.1%”。[1]

总而言之，在社会总资源保持不变的情形下，刑法运行的资源配置，会影响社会治理效益。在公共政策运行过程中，价值观直接影响社会资源的流向和分配方式。[2] 同样，在刑法治理功能的发挥过程中，正确而有价值的评估机制必然会促进刑法有限资源的合理配置。[3]

（三）提升刑法治理的科学化水平

考察目前我国刑法治理功能发挥的现状，究竟处于何种水平以及何种局面，在我国刑法学界依然存在较大争议且无定论。

举一个很平常的例子予以说明。例如，我国目前刑事法网究竟是“严”还是“厉”，或者是“既严又厉”，以及我国以后的立法应当走何种路径，对于这些问题目前存在较多的对立性见解，尚未出现较有说服力的理论予以说明。例如，有学者认为，在 1997 年《刑法》出台之后应当将刑法的立法原则调整为“严而不厉”。[4] 例如，有学者基于我国某些犯罪的特殊性，认为对某些进入刑事司法程序极低的刑事案件的犯罪人还一味强调从宽处罚，国家的刑罚权也会大打折扣，难以充分发挥一般预防的效果。[5] 评价以上的观点，难以言明谁的主张绝对正确，但至少还存在以下疑问。

首先，我国刑法法网的严密以及法定刑严厉的依据是何，至少存在不明确性。正是由于标准的不明确，便会陷入不断循环证明的逻辑怪圈。其次，

---

〔1〕 周强：《最高人民法院工作报告》，载 http://www.gov.cn/xinwen/2015-03/20/content_2836615.htm。

〔2〕 参见闫文仙、罗云丽：《公共政策评估研究综述》，载《社会科学论坛》2008 年第 6 期。

〔3〕 说我国的刑法资源极为有限的根据何在？根据我国学者的统计数据，就警察人数占总人口的比例与平均警察具体管理人口的情况来看，我国警察占人口的 9‱，而法国在 20 世纪 70 年代就为 35‱，意大利为 29‱，美国为 28‱，日本为 20‱，发达国家平均为 30‱左右。我国平均每名警察管理的人口为 1100 人，法国为 269 人，美国为 379 人，日本为 566 人。参见唐皇凤：《常态社会与运动式治理》，载《开放时代》2007 年第 3 期。据此可见，与世界主要发达国家相比，我国警察占人口的比例不足发达国家平均水平的 1/3，而在管理的人数上，却是发达国家的 2～4倍。

〔4〕 参见储槐植等：《刑法机制》，法律出版社 2004 年版，第 8 页。

〔5〕 参见郑延谱：《论有限刑法的有所作为》，载《政治与法律》2010 年第 2 期。

在刑法之中,哪些罪名是受到刑事处罚概率较低的罪名,评判的标准同样存在不明确性。如果只以案件的侦破难度为标准,那么所有的犯罪的侦破均存在一定的难度,是否所有的罪名均应纳入其中呢？如果以结案率为标准,那么我国至少不会存在这样的疑虑,因为在我国无罪判决的比例一直处于较低水平。

对于以上的争论,如果没有一个正确而又令人信服的判断标准,恐怕此类争议将会一直持续下去。就刑法而言,如果确立规范的标准都是模糊不清甚至存在错误,可想而知,得出的逻辑结论也不会多么合理。而刑法治理的效果评估体系正是基于一个科学合理的判断标准之上,对刑法治理现状进行考察的一项制度,如此,只有建立科学合理的判断标准,刑法治理的科学化水平才能得到进一步的提升。

总而言之,在公共政策运行的过程中,犯罪化以及刑罚圈的范围将直接影响社会资源的流向和分配方式。[1] 同样,正确而有价值的评估机制必然会使刑法治理趋于科学化,还可以进一步促进刑法有限资源的合理配置。

第二节　效果评估的体系

建立科学合理的评估体系是评估的核心项,为评估提供科学客观的总体尺度。[2] 因而,如何检测刑法治理功能的效果,首先需要确立完备的评估体系。刑法治理功能发挥的效果评估体系的建构涉及评估原则、评估启动期限、评估主体、评估标准(指标)等多方面的内容。以下将分别予以阐释。

一、效果评估的原则

对于刑法治理功能发挥的效果评估体系的建构必须遵循一定的原则。

---

〔1〕 参见闫文仙、罗云丽:《公共政策评估研究综述》,载《社会科学论坛》2008 年第 6 期。

〔2〕 参见苏黎兰等:《基于定量分析的立法后评估方法》,载《理论月刊》2012 年第 3 期。

关于评估原则，在立法效果评估领域已有诸多学者展开了充分的论述。例如，有学者认为，对于法规质量的评估指标体系将应当遵循五个原则，即“价值标准；合法性标准；科学性标准；融贯性标准；技术性标准”。〔1〕另有学者从六个方面探讨了设置立法评估的指标体系的原则，即应遵循“客观性；中立性；公开性；民主性；规范性；权威性”。〔2〕另有学者从四个方面加以论述，认为应当按照“客观性原则、公开透明性原则、系统全面原则、实效性原则”进行具体设置。〔3〕

笔者认为，上述第一种观点应当是立法评估内容而不能作为评估体系的原则，而第二种观点与第三种观点均是对评估体系设置原则的概括，因而具有妥当性的一面。但考虑到刑法治理功能发挥的评估体系与立法效果评估体系既存在相似之处又存在差异，所以笔者认为，在建立指标体系时应把握三个原则：

第一，科学性原则。具体而言科学性原则具体包括三个方面的内容，其一，模式的科学性。就目前世界范围内产生的最主要的几种评估机制而言，均存在较大的差异，在同一的评估模式之下，也会因评估主体以及评估内容等不同而存在差别。就立法效果评估而言，我国目前主要由地方主导，因而到目前为止尚未形成“放之四海而皆准”的评估模式。刑法作为国家统一性立法，不存在因地域差异而导致适用不同的情形，〔4〕所以，建立效果的评价指标体系应当需要注重模式的科学性。其二，评估内容（标准）设计的科学性。指标是直接反映待测事项的关键因子，可以说，评估结果的科学与否，

〔1〕宋方青：《立法质量的判断标准》，载《法制与社会发展》2013年第5期。

〔2〕俞荣根：《地方性法规质量评估的理论意义与实践难题》，载《华中科技大学学报》2010年第3期。

〔3〕参见丁贤等：《立法后评估理论与实践初论》，载《政治与法律》2008年第1期。

〔4〕当然，实质上存在例外的情况，根据我国《刑法》第90条的规定：“民族自治地方不能全部适用本法规定的，可以由自治区或者省的人民代表大会根据当地民族的政治、经济、文化的特点和本法规定的基本原则，制定变通或者补充的规定，报请全国人民代表大会常务委员会批准施行。”

在很大程度上取决于指标内容的设计。因而,为了确保刑法治理效果评估结论合理,就需要设计科学的指标内容。其三,评分比重的科学性。无论采取何种评估方式,最终均需要将初步的结果汇总并通过一定的方法计算评分,然而,如何分配这些初步结果的比重关系,也需要建立在科学性的原则之上。如果评分比重分配不合理,也会影响待测事项结论的合理性。

第二,有效性原则。有效性原则具体包括两个方面的内容,其一,基础数据来源的有效性。对于刑法治理效果这一特殊的待测事项的评估,可能会涉及基础数据收集等问题。因此,只有确定了基础数据的有效性,才能保证结论的正确性。此处值得注意的是,在我国目前刑法司法环境之下,有些是尚未公开的保密数据,因而该类数据需要经过有权机关审批核准后才能作为有效的数据使用。其二,结论的有效性。刑法治理效果评估的目的在于发现刑法在社会治理中的不足以及为未来该如何完善指明方向,后续工作能否得以有效开展,还是建立在结论有效性的基础之上。因此,在建立评估体系的过程中,需以结论的有效性为根本目标。

第三,可行性原则。可行性原则是指刑法治理效果评估体系最终能够具体落到实处,而不能将其作为单纯的描述。具体而言,可行性原则包括以下内容:其一,评估期限具有可行性。就目前立法效果评估而言,尚未确立统一的评估期限,因而在实践中做法不一。因此,有必要在评估的过程中确立切实可行的评估期限。其二,评估方案具有可行性。如果只是单纯确立相应的评估方案而不能将其贯彻到实践当中,也就是说,虽有评估方案,但难以将评估继续深入下去,那么最终也无法得出可靠的结论。其三,回应机制具有可行性。就该评估机制而言,目前还处于探索试验阶段,尚无法律对其进行专门性规定,对于评估的结论必须建立一套行之有效的回应机制,如此才能及时修正评估方案。

二、效果评估的期限

在何种期限内对刑法治理功能的效果进行评估,同样是需要确立的重要内容之一。

目前，对于评估有效期的探讨多集中于立法效果评估领域。对此，在实行“日落条款”的国家均有明确规定，在我国某些地方出台的评估方法等规范性文件中也确立了具体的评估期限。然而，无论是国外立法所确立的期限，还是国内行政法规、规章确立的期限，均长短不一。例如，在美国的法律中就明确规定了所有政府文书的评估应在文书制定以后的3年后进行，而澳大利亚则存在5年、7年、10年等不同标准，韩国法律规定的期限为5年以内，而日本法律规定的期限不统一，一般为3年、5年、10年。[1] 而在我国地方省市进行的立法效果评估的期间跨度更大，最长的是在法规颁布9年多以后进行，而最短的在法规颁布后10个月内就开展了相关的评估。正如有学者所言，“从启动的时间来看，从十个月到十年不等，事实上各地对于到底何时启动评估程序并没有予以科学的考量，这使得评估结论的科学性大打折扣”。[2]

因此，为了建构科学的评估体系，就应当避免上述评估启动期限的差异性。就刑法治理功能的效果评估的启动期限而言，笔者认为，应当设置为5年较为合适。具体理由如下：

首先，维护刑法稳定性的需要。就任何法律而言，保持其相对稳定性是法律制定的基本原则之一，这一结论是我国目前学界达成的共识性结论。法律的稳定性是法律规范性的要求，就法律的作用而言，主要存在对本人行为的指导作用、对他人行为的评价作用、对一般人行为的警诫作用或教育作用、对人们相互行为的预测作用、对违法者的强制作用。而上述功能的发生除了法律本身所具有的强制性特征之外，很大程度上取决于法律的稳定性。既然刑法作为社会治理的一个重要工具，那么就应当维护刑法的稳定性，使国民能够从现行刑法的规定中预测自己行为的后果，虽然这在刑法中是赋

〔1〕 参见陈书全：《论立法后评估常态化启动机制的构建》，载《现代法学》2012年第2期。

〔2〕 汪全胜等：《立法后评估研究》，人民法院出版社2012年版，第182页。

予“罪刑法定原则”的重要使命，但笔者认为，即使对刑法的内容规定的再明确，如果经常对刑法规范作出修改、废除等，同样会使国民难以预测自己的行为，因而会妨害刑法治理效果。

其次，维护刑法权威性的需要。权威并非单纯来自权力和力量，权威也来自威信和声望，有权威者能使人信服。因而，我们可以说，法律权威并非单纯来自统治阶层的权力，相反，法律权威更多的是源于法律本身所具有的令人信服的力量和威望。而这种令人信服的力量和威望，一方面源于法律所具有的强制力，另一方面源于法律内容的正当性。单有强制力而没有正当性的法律只有威胁而没有权威，只有正当性内容而没有强制力的法律只是软弱无力的说教，对游离于善恶边沿的人也无任何威严可言。对其评估设置为5年而不是更长的期限，主要原因在于：随着社会不断的发展变化，有些刑法规范也会随着时间的推移而不断失去治理的效果，如果在经历了较长时期才来评估该刑法的治理效果，对于缺乏正当内容的刑法而言，自然也就丧失了基本的权威性。例如，在我国1997年《刑法》颁布之时，考虑到对幼女实行全方位保护，因而在刑法修订之际，增设了嫖宿幼女罪，与原来刑法中的强奸罪相区别。然而，该罪名未能有效保护未成年人，因而全国妇联就曾多次呼吁废除嫖宿幼女罪。而在2015年8月29日，第十二届全国人大常委会第十六次会议表决通过了《刑法修正案（九）》，正式删除了存在将近20年的嫖宿幼女罪。

最后，治理效果的显现期限需要。虽然法律是随着社会生活的需要而制定，但法律治理社会同样存在一定的滞后性。特别就刑法治理而言，更存在这样的弊端，因为刑法自制定到具体运用到打击犯罪阶段，则存在较长的时间期限。例如，一个犯罪事实被发现后，案件会由公安机关予以立案、侦查、移送检察院，然后由检察院在法定期限内提起公诉，再由法院最终判决。而这样的过程只是刑法的具体实施过程。对于刑法的治理效果往往等到对该类刑事犯罪的遏制达到了一定程度后才能显现，而这将会花费更多的时间。因此,就刑法治理功能的效果评估而言,“如果启动的时间过早,刑法的治理效果还未能显现出来,从而影响评估的目的和效果”。[1] 相反,如果评估时间启动较晚,则再对刑法治理效果进行评估会严重影响该制度设计的价值与初衷。所以,笔者认为,两者权衡后取5年期限较为妥当。

三、效果评估的主体

顾名思义,所谓评估主体是指在刑法治理功能的效果评估中“由谁来评估”。“由谁来评估”意味着由该主体来设计评估指标、实施评估方案、收集评估数据以及分析评估结果等。然而,限于目前可供参考的模式较为匮乏,笔者拟对立法效果评估体系进行参考借鉴的基础上,具体论证提出刑法治理功能的效果评估体系的具体主体。

(一)立法效果评估的主体类型及评析

目前在我国逐步兴起的立法效果评估,有效地推动了我国法治化的进程,因而越来越受到相关部门的重视,目前上海、广东、安徽、湖南、重庆、广西等多个行政地区进行了相关的试点工作。无论是在我国还是在国外的立法效果评估方案中,对于评估主体均未达成一致性见解。大致看来,主要存在一元主体模式与多元主体模式。

一元主体模式是指立法评估的组织者、实施者和参与者均是同一性质的主体结构形式。[2] 这种模式主要为我国所采用,在实践中主要存在三种具体的组合形式。第一,由地方立法机关承担评估主体,主要表现为省级人大法制委员会牵头并组织相关的评估活动。第二,地方立法机关与执法部门联合承担评估主体,主要表现为省级人大法制委员会与相关的执法委员

[1] 汪全胜等:《立法后评估研究》,人民法院出版社2012年版,第182页。
[2] 参见王称心:《立法后评估标准的概念、维度及影响因素分析》,载《法学杂志》2012年第11期。

会共同组织并参与评估活动。例如,《云南省农村土地承包条例》的评估就是由云南省法制委员会和农工委共同完成,《福建省青年志愿服务条例》的评估是由福建省人大法制委员会联合共青团福建省委共同完成。第三,地方立法机关联合其他政府机关共同承担评估主体。例如,上海的评估主体以市人大法制委员会、市人大常委会法制工作委员会为主,市人大有关专门委员会和市政府有关部门共同参加。〔1〕

多元主体模式是指立法评估的组织者、实施者和参与者是不同性质的主体结构形式。〔2〕多元主体模式已然成为世界发展的趋势。笔者认为,在建构我国刑法治理功能的效果评估机制时,应当提倡多元主体模式。

首先,多元主体模式不仅符合形式法治的要求,而且也能契合实质法治的内涵。法治是人类社会发展的一种必然要求。亚里士多德论述中的法治包括双层次的内涵——已制定的法律获得普遍的服从,而大家服从的法律又应该是制定得良好的法律。〔3〕亚氏关于法治的阐释一方面揭示了法律权威性要求,另一方面以价值判断的方法揭示了良法的标准——公平、正义与自由,从而开启了形式法治与实质法治理念的先河。就多元主体模式而言,至少将公民作为评估主体纳入评估体系之中,将会为该法律在实践中获得普遍认可打下良好的基础,基于公民自己意志的体现,同样可以创造公民普遍守法的社会基础。

其次,多元主体模式符合经济学中"利益相关者理论"的要求,因而可以保证评估结论的合理性。根据有些学者的研究,"利益相关者"理论产生的基本逻辑与公司制度产生的时间相同,但直接的动因,则是公司治理理论的变革。传统的公司治理理论认为,企业任何行为的唯一理由是实现股东利

〔1〕参见丁贤等:《立法后评估理论与实践初论》,载《政治与法律》2008 年第 1 期。
〔2〕参见王称心:《立法后评估标准的概念、维度及影响因素分析》,载《法学杂志》2012 年第 11 期。
〔3〕[古希腊]亚里士多德:《政治学》,吴寿彭译,商务印书馆 2012 年版,第 199 页。

益的最大化，即以“股东至上”作为实现股东利益最大化的理念。[1] 然而，在20世纪初，这种股东至上的理念就遭到挑战，因为不仅股东，而且雇员、顾客和广大公众都是公司的一种利益，公司均对其利益赋予保护的义务。[2] 时至今日，“利益相关者”理论在公司治理中已经获得了普遍的认可和确立，而该理论被引入世界范围内兴起的政府绩效改革运动中则是在20世纪90年代，瑞典学者 Vedung E. 就此论述道：“从利益相关者角度出发评价政策的影响与合理性，倾听被政策影响和可以影响政策的社会成员的不同意见，通过权衡各方利益，提出各方都满意的政策，最大限度地回应公民诉求，使得政策制定更加科学、民主，顺从了行政民主的政府管理新态势。”[3] 显然，多元主体模式切合了“利益相关者”理论，因而在逐渐兴起的立法效果评估中同样得到了重视和运用。将其运用到立法效果评估中具有以下诸多优势：(1)确保信息的全面性。对于评估而言，获取的信息越全面，结论的正确性就越高，如果将与该政策或法律的相关者均纳入评估主体的范围，与一元主体模式相比，必然有利于更加全面地掌握目前该政策或法律实施的现状。(2)确保结论的合理性。一元主体模式在评估结论中由于缺乏客观性而遭到质疑，相反，使“利益相关者”参与立法的效果评估，将能客观评价法律实施的效果，从而使立法易于推行与实施，增加了评估结论的可运用性。[4]

(二)功能发挥效果评估的多元化主体建构

从哲学的角度来看，立法过程及其产品作为管理社会的高效工具的同时，不能摆脱作为制度本身所固有的局限性和不足。[5] 在博登海默看来，这种局限性主要体现在三个重要方面：其一，法律的时滞问题；其二，法律的保

---

[1] 参见汪全胜：《立法后评估研究》，人民出版社2012年版，第70页。
[2] 参见刘俊海：《公司的社会责任》，法律出版社1999年版，第35页。
[3] 汪全胜：《立法后评估研究》，人民出版社2012年版，第72页。
[4] 参见汪全胜：《立法后评估主体的建构》，载《政法论坛》2010年第5期。
[5] 参见汪全胜：《立法后评估研究》，人民出版社2012年版，第274页。

守倾向;其三,法律规范的控制限度。[1] 博登海默并没有局限于这种表层式的分析,在其看来,最深层次的原因在于“部分源于它所具有的守成倾向,部分源于其形式结构中所固有的刚性因素,还有一部分则源于与其控制功能相关的限度”。[2]

显然,以稳定性为前提的法律必然存在刚性因素,虽然法律不能朝令夕改,但过于强调法的刚性因素会反过来制约乃至桎梏法律在社会治理中的功能。基于该种立场的反思性解决方案,便是亚里士多德提出“衡平法”,以期解决由于法律的刚性可能会使法律的操作性降低这一问题。[3] 众所周知,这一制度从产生便几经变迁,逐渐成为英美法系中矫正法律局限性的一个重要的方式。[4] 在大陆法系传统中,并未如英美法系通过“法上之法”的方式矫正法律的不足,弥补法律缺陷的任务被各国赋予了相应的立法机构。例如,德国《基本法》的相关规定,依中央和地方区域不同而将拥有不同的立法权限,[5] 由于刑法不属于基本法赋予联邦立法之事项,各邦有立法之权。因而,涉及刑法的修改完善问题,中央与地方的立法机关对其自己制定的规范均有权为之。而日本自“二战”后借鉴德国法律制度,同样确立了中央与地方共存的立法体制。根据《日本国宪法》的规定,国会是国家唯一的立法机关,统一行使国家立法权,对需由国家以立法管制、调控的事项,均可制定法律。刑法作为日本国家中最为重要的基本法律之一,其制定或修改均由国会为之。正是基于国家立法主体的正当性与合理性的考量,在西方国家

---

[1] 参见[美]E·博登海默:《法理学:法律哲学与法律方法》,邓正来译,中国政法大学出版社2004年版,第419页。

[2] [美]E·博登海默:《法理学:法律哲学与法律方法》,邓正来译,中国政法大学出版社2004年版,第420~421页。

[3] See Aristotle:The Nicomachean Ethics. H. Rackham(Loeb Library ed. ,1934),Bk. V. x. 4.

[4] 参见汪全胜等:《立法后评估研究》,人民出版社2012年版,第275页。

[5] 根据《德国基本法》第70条的规定:“一、本基本法未赋予联邦立法之事项,各邦有立法之权。二、联邦与各邦管辖权之划分应依本基本法有关专属立法(ausschliessliche Gesetzgebung)与共同立法(konkurrie-rende Gesetzgebung)之规定决定之。”

建构的法律效果评估机制是以“立法机关为主导、各利益相关主体广泛参与”的多元主体模式。

借鉴上述国家的做法，笔者认为，在我国刑法治理功能的效果评估的主体也应当是以“全国人大及其常委会为主导的、各利益相关者广泛参与”的多元主体模式。

首先，全国人大及其常委会居于评估主体的主导性地位。具体理由如下：其一，全国人大及其常委会是我国刑法制定或修改的唯一机关。根据《宪法》以及《立法法》的规定，全国人大及其常务委员会具有制定或修改刑法的权限。因而，基于对立法权限的尊重以及提高刑法治理水平之需，只能由全国人大及其常委会在评估主体中居于主导地位。其二，由于刑法治理问题是较为复杂的问题，有全国人大及其常委会居于主导性地位的评估会比其他组织和个人进行评估更加稳妥。[1] 其三，全国人大及其常委会作为刑法的制定或修改机关，在对刑法治理问题的信息把握上较其他主体更加广泛和权威。其四，刑法治理效果的评估是基于一定的统计数据的分析之上，全国人大及其常委会作为我国最高的权力机关，在全国范围内进行调研或在全国范围内收集相关的统计数据，均具有较多的优势。其五，评估会耗费大量的人力、物力和财力，全国人大及其常委会能够有效解决经费短缺等现实问题。其六，由全国人大及其常委会对刑法治理问题进行评估，并不是合宪性审查或者法律监督活动，因而不存在“自己做自己法官”的问题。[2]

其次，“各利益相关者广泛参与”究竟涉及哪些具体的主体。笔者认为，应当从刑法治理的动态过程中加以具体把握。众所周知，国家为了维

---

〔1〕 参见刘松山：《全国人大常委会开展立法后评估的几个问题》，载《政治与法律》2008 年第 10 期。

〔2〕 参见刘松山：《全国人大常委会开展立法后评估的几个问题》，载《政治与法律》2008 年第 10 期。

护业已形成的良好秩序和国民安全,对实施犯罪的行为人实行刑罚惩罚,这种由国家行使的刑法惩罚职能被称为刑罚权。刑罚权内容包括制刑权、求刑权、量刑权与行刑权。权力行使阶段不同,其主体也存在差别。具体而言,制刑权的主体是全国人大及常委会,其基于我国宪法赋予的权限而确定刑种、建立刑罚体系、规定刑罚裁量的原则、刑罚执行方法与制度,以及具体犯罪的法定刑。求刑权是指对犯罪行为提起刑事诉讼的权力,这种权力原则上由检察机关行使。〔1〕量刑权是法院对犯罪人决定科处刑罚权力,这种权力只能由法院行使,其内容为是否判处刑罚、判处何种刑罚,以及是否适用缓刑等。行刑权是特定机关(司法行政机关、法院、公安机关)将法院对犯罪人所判处的刑罚付诸现实执行的权力。据此可见,刑法自制定到实施的过程中,国家的司法机关以及某些行政机关作为重要的参与主体,对刑法的治理过程赋予了重要的影响力和作用,因此,对刑法治理功能的效果评估主体而言,其他重要主体还应包括法院、检察院、公安机关、司法行政机关等。

最后,除上述主体外,公民也应当作为刑法治理功能效果评估的主体。那么公民参与评估的理论依据何在?对此,科恩认为"民主过程的本质就是参与决策"。〔2〕按照科恩的理解,民主应当包含三个维度——广度、深度、范围,而民主能否最终实现的重要因素便是由公民参与的广度、深度以及范围来决定。〔3〕由此在政治学领域形成了"参与式民主""协商民主"等重要理论。公民参与刑法治理功能效果评估,从宏观角度来看,"有利于提高刑法治理的科学性,有利于提高刑法治理的公共性,有利于提高刑法治理的民主性,有利于提高刑法治理的执行力,为未来刑法治理方向的调整提供较为科

〔1〕当然,此处也存在例外,如果是法律规定的由当事人提起自诉的案件,其求刑权的主体就是被害人。

〔2〕[美]卡尔·科恩:《论民主》,聂崇信、朱秀贤译,商务印书馆1988年版,第219页。

〔3〕参见[美]卡尔·科恩:《论民主》,聂崇信、朱秀贤译,商务印书馆1988年版,第12页。

学的理论依据”。[1] 从微观的层面来看,公民参与评估有以下作用:其一,可以直观地表达公民对刑法治理现状的看法。按照犯罪学家的观点,社会中每一个农民都是潜在的犯罪嫌疑人,因而刑法治理的对象不仅涉及具体的犯罪行为人,而且还会涉及社会中每一个公民。因而,以广义意义上的治理对象的身份评估刑法治理效果,显得更为直观明确。其二,公民参与刑法治理效果的评估,有助于公民提高守法意识。我国刑法的立法体系并不简洁,这不仅表现在刑法法条众多,而且还体现在刑法典中存在大量的法定犯的规定,与此相对的是,在司法实践中存在大量即使犯罪还不明就里的行为人。公众参与刑法治理效果的评估,同时也是一种宣传刑法的渠道。如果公民参与全国范围内评估活动,在积极有效地宣传刑法的同时,能够有效起到普法之效果,从而有助于公民提高守法意识。其三,有利于公民培养共同体意识,维护社群主义的价值理念,从而有效降低犯罪率。作为 20 世纪 80 年代后产生的当代最有影响的政治思潮之一的社群主义,反对新自由主义把自我和个人当作理解和分析社会政治现象和政治制度的基本变量,而认为个人及其自我最终是他或她所在的社群决定的。而在犯罪学诸多理论中,虽然以前起支配地位的“意思决定论”的学者所主张的“个体在社会中毫无自由可言,均是由社会环境所决定”的观点遭到了来自古典学派的批判而逐渐式微,但现在的理论通说基本认为,社会环境对社会个体塑造还是起到了重要的作用,因而社会共同体对社会个体的形塑起到了举足轻重的作用。公民参与刑法治理效果的评估,对于社群中的个人而言,参与行动将可以解放个人潜能、建构有效能的公民,从而能够准确把握社会善恶的基本界限,[2] 有助于其跟随社会共同体的意识决定自己的行动,最终可以有效降低公民犯罪的概率。

---

〔1〕 梁丽萍:《公共政策与公民参与:价值、困境与对策》,载《山西大学学报》2008 年第 4 期。

〔2〕 参见李庆钧:《公共政策过程中公民参与的作用及其限制性因素分析》,载《扬州大学学报》2007 年第 1 期。

由于法院、检察院、公安机关、司法行政机关与立法机关同属于内部评估主体,[1]在立法评估过程中吸收相关机关参与,一般并不存在困难。就塑造多元化主体面临的障碍而言,公众当前只是一种被动型或者功能型参与,无法充分发挥其积极性、主体性的作用。[2] 因此,有必要进一步探讨公众应当作为刑法治理功能效果评估的主体,应当如何产生的问题。

我国《立法法》第6条规定:“立法应当体现人民的意志,发扬社会主义民主,坚持立法公开,保障人民通过多种途径参与立法活动。”就公众参与而言,最理想的情况自然是每一个公民都有权发表自己的意见,且这些意见都得到重视。然而,由于我国人口数量的庞大以及立法数量繁多,若想重现曾经“全民参与宪法草案讨论”的盛况,既难以实现,也没有必要。由此,通过设立第三方独立的评估机构,且使评估机构的组成人员中具有相当比例的公民代表,从而对立法评估产生影响,就成为了最有可能建构的多元化主体的路径。

其一,需要强调的是,设立第三方独立的评估机构,不等于立法机关或政府机关或政府机关委托的专家组织。“一般将立法机关或政府机关委托的、临时组织起来的专家组织评估不包括在独立第三方评估主体范围中,它仅限于大学研究机构、独立研究机构、专业评估组织等非营利组织。”[3]因为,第三方机构的价值在于其属于外部评估机构,除了可以避免前文所述公正性遭受质疑的弊端以外,还可以充分吸纳公众的价值观念,考虑法律实施对公众的具体影响。故而,有必要在其产生之初即与立法机关具有一定程度的分离。

其二,考虑第三方机构的属性与人员组成,就前者,“社会团体是一种

[1] 参见汪全胜:《论立法后评估主体的建构》,载《政法论坛》2010年第5期。
[2] 参见张德淼、杜朴:《立法后评估中的公众参与“虚置”及治理路径》,载《北京行政学院学报》2021年第1期。
[3] 汪全胜、金玄武:《论构建我国独立第三方的立法后评估制度》,载《西北师大学报(社会科学版)》2009年第5期。

'不得从事营利性活动'的'群众团体'。它基本上包括了独立第三方评估组织的非营利组织"。[1] 就后者,由于需要保证公共意见在其中占据的地位,虽然独立的评估机构其组成人员可以包括一定的专家代表,但主要人员依然应当是由公众所推选的代表,并且公众代表至少要占评估机构总人员的2/3。而且评估机构在具体评估活动中,要做到相关结果相关公众负责,并接受公众监督。[2]

其三,为了保证第三方机构在作为效果评估之主体时,具有实质地位而非仅是象征形象,为保证行政立法的民主性,保障行政相对人参与行政立法的权利,应当赋予相关主体享有立法动议权。[3]《立法法》第110条第2款规定:"前款规定以外的其他国家机关和社会团体、企业事业组织以及公民认为行政法规、地方性法规、自治条例和单行条例同宪法或者法律相抵触的,可以向全国人民代表大会常务委员会书面提出进行审查的建议,由常务委员会工作机构进行审查,必要时,送有关的专门委员会进行审查、提出意见。"将此规则进行延伸,则第三方机构也应当具有启动评估程序的权利,从而使得公众意见能够切实发挥影响。

四、效果评估的指标

指标,因其所属领域的不同而具有不同的表述。在统计学中,一般用来反映同类现象总体综合数量特征及其具体数值的称为统计指标,统计指标作为统计学中最为基本的概念之一,通常具有两种理解和使用方法:一是用来反映现象总体数量状况的基本概念,二是反映现象总体数量状况的概念和数值。由于统计指标本身所体现的"数量性、综合性、具体性"等特征,能

---

〔1〕 汪全胜、金玄武:《论构建我国独立第三方的立法后评估制度》,载《西北师大学报(社会科学版)》2009年第5期。

〔2〕 参见胡峻:《行政立法后评估中的公众参与》,载《云南行政学院学报》2009年第5期。

〔3〕 参见上官丕亮:《立法法对行政立法程序规定的缺陷及其完善》,载《行政法学研究》2001年第1期。

够较为清晰的阐释研究对象的内在特质，较为准确的传递研究对象的不足，因而颇受统计学科的青睐。[1] 而在社会学研究领域中，最早引入并进行系统阐释的是美国学者雷蒙德·鲍尔，其将用来论述观测社会发展的各种方法的指数称为社会指标。[2] 社会指标主要用于“判断社会在准则、价值和目标等方面的表现”的依据，“是对经济指标的‘补充’和‘扩大’，是对那些通常不易于定量测量或不属于经济学家专业范围的领域内，为我们提供有关社会状况的信息”。[3]

也就是说，无论是统计学意义上的统计指标还是社会学意义中的社会指标，其均具有以下的共同特性，其一，都是用来衡量某种待测对象的尺度，是对待测对象的综合的质量和数量的一种测度；其二，构建指标的基本方式是把复杂的待测对象的发展态势通过可以量度、计算、比较、评估的数字、数据、符号直观地反映出来；[4] 其三，指标的基本目的是用较为客观的数字、数据等反映待测指标处于何种水平和状态，以及为进一步完善待测事项提供了可供选择的方向。简而言之，“评价指标就是评价的标准和尺度，是衡量、比较事物的基本依据”。[5] 那么，所谓刑法治理功能的效果评估指标也就是能够评价刑法治理状态的标准和尺度。

当然，通常意义上的指标只能说明待测事项的某一方面的特征，[6] 而对于刑法治理功能的效果评估而言，其本身就是较为浩大的系统工程而具有复杂性等特点，同时通过某个指标很难真实反映刑法治理功能的真实效果。因而，就需要我们设计一系列的指标按照一定的原则组成科学的指标体系，综合反映刑法在社会治理中的状态以及发展趋势。具体而言，刑法治理功

---

[1] 参见王称心主编：《依法治理评价理论与实践研究》，中国法制出版社 2006 年版，第 162 页。
[2] 参见汪全胜等：《立法后评估研究》，人民出版社 2012 年版，第 314 页。
[3] 朱庆芳、吴寒光：《社会指标体系》，中国社会科学出版社 2001 年版，第 3 页。
[4] 参见陈志斌编著：《项目评估学》，南京大学出版社 2007 年版，第 363 页。
[5] 邱均平：《评价学——理论、方法、实践》，科学出版社 2010 年版，第 136 页。
[6] 参见汪全胜等：《立法后评估研究》，人民出版社 2012 年版，第 315 页。

能的效果评估的指标体系需要起到以下的作用:第一,能为刑法的治理效果提供可供参考的基本资料以及数据;第二,能较为准确地反映刑法治理的现状以及趋势。

(一)评估指标既有模式的争议

对刑法治理功能的效果进行评估当然离不开具体评估指标的设定。就目前而言,尚无学者对刑法治理功能评估的指标进行过系统之阐释,也无成熟的实践经验可谈,因而对其评估指标的具体设定需要进一步探讨。笔者认为,鉴于立法效果评估的内容与刑法治理效果评估的目标存在一致性等特点,所以,拟在本部分内容中借鉴立法效果评估的指标体系内容进行具体建构。然而,就立法效果评估指标的内容而言,目前由于地区差异而导致内容的设定还存在较大差异,大致梳理后发现,主要存在以下四种模式。

1. 三标准式

立法效果评估的三指标式主要为汪全胜教授所主张,其认为我国的立法评估,不仅评估法律质量的本身,还评估法律的实施状况,因此,我国的立法评估的内容应当包括立法的质量评估标准、立法的实施标准和立法的绩效评估标准。[1]

确定了具体的三大评估指标之后,其进一步细化了每一种标准之下的具体评估细则。其中,立法质量评估包括“合法性标准、合目的性标准以及技术性标准”;立法的实施标准具体包括执行力标准;立法的绩效评估标准具体包括“效率标准、效能标准、公平标准、适当性标准”。

在细化的标准之下,其又重新拟定出了 17 项具体指标,具体包括“形式合法性(立法主体、内容、权限、程序)”“实质合法性(受众内心服从性)”“目标内容”“目标可行性”“法律法规的协调性”“法律法规的完备性”“法律法

---

〔1〕 参见汪全胜:《立法后评估研究》,人民出版社 2012 年版,第 328 页。

规的可操作性”“法律法规实施主体的能力”“公民守法状态”“法律实施的监督机制”“技术效率”“经济效率”“法律法规执行的实际效果”“法律法规执行效果的充分性”“法律法规设施后所导致的与该法律法规有关的社会资源”“利益及成本公平分配的程度”“反思特定法律法规目标设立究竟有没有价值”。[1]

2. 四标准式

持四标准式的学者内部没有达成统一的认识,因而存在不同的见解。例如,有学者认为,建立科学系统的立法评估体系需采用“政治标准、合法性标准、实践标准和规范性标准”。[2] 另有学者认为,四标准评估体系的内容应当包括“法理标准、价值标准、实践标准以及技术标准”。[3] 其中,“法理标准”具体包括“立法主体、立法权限、上位法依据、立法必要性、执法主体及其职责分工、利益调整与平衡、法律责任、法的协调性、特别规定、授权立法、立法程序”11 项指标;“价值标准”具体包括“法与政策、利益取向、法的目的与功能、立法资源的利用、立法成本效益”5 项指标;“实践标准”具体包括“法的适用性、法的社会功能、法所规范行为的表现、社会认知程度、执法与司法情况”5 项标准;“技术标准”具体包括“法规名称与题注、法规的体例、法规的结构、逻辑结构、立法语言、文字符号、立法相关文件”7 项指标。[4]

3. 五标准式

我国俞荣根教授主张五指标式的评估标准,即“合法性标准、合理性标准、协调性标准、实效性标准、技术性标准”。[5] 但俞教授尚未对具体原则性

---

〔1〕 参见汪全胜:《立法后评估研究》,人民出版社 2012 年版,第 338 ~ 339 页。

〔2〕 参见内蒙古自治区人大常委会法工委:《建立科学系统的立法后评估标准》,载《人民代表报》2010 年 4 月 17 日,第 003 版。

〔3〕 参见王亚平:《论地方性法规的质量评价标准及其指标体系》,载《人大研究》2007 年第 2 期。

〔4〕 参见王亚平:《论地方性法规的质量评价标准及其指标体系》,载《人大研究》2007 年第 2 期。

〔5〕 参见俞荣根:《地方性法规质量评估的理论意义与实践难题》,载《华中科技大学学报》2010 年第 3 期。

的标准做进一步细化。然而，在实践中，有的地方立法评估采取的也是五标准式的评估原则。例如，陕西省在其地方评估工作规定中，明确了评估的原则具体包括"合法性、合理性、实效性、操作性、协调性"等内容。[1] 另有地方也是采用五标准式的评估体系，但内容上存在较大差异。例如，浙江省曾规定应当从"立法内容、立法盲点、立法技术、实施绩效、其他与规章评估相关的内容"5 个具体方面来加以把握。[2]

4. 六标准式

在理论中主张六标准的学者主要有王称心教授，其认为六项标准主要包括："合理性、实效性、法制统一、可操作性、成本效益分析、地方特色"。同样，王教授只是从原则上进行阐释，并未进一步细化相关指标。但是，在实践中采取六标准进行立法评估已然成了主流。例如，国务院在 2006 年对《艾滋病防治条例》以及 2008 年对《民办非企业单位登记管理暂行条例》进行评估时采用了"合法性标准、合理性标准、协调性标准、规范性标准、可操作性标准、实效性标准"。地方上的安徽省立法评估办法、广东省立法评估规定、广州市人大常委会立法评估办法等均沿袭了这六个标准体系。除此之外，其他地方性评估办法均是将该六大标准中的"实效性"替换成"绩效性"继续沿用。[3] 例如，无锡市、苏州市、西宁市等均是采用的这一体系。

当然，以上的内容均是从行政立法评估上进行的具体探讨，此外，在我国有极为少数的学者逐渐关注刑法立法政策评估问题。例如，黄京平教授曾撰写《刑法立法政策评估指标体系解析》一文，对刑法立法政策评估指标体系的指标构成进行了详细的探讨。在黄教授看来，刑法立法指标是由"三

---

〔1〕 参见邢亮：《论良法之治视阈下地方政府立法评估指标体系的构建》，载《福建江夏学院学报》2014 年第 3 期。

〔2〕 参见邢亮：《论良法之治视阈下地方政府立法评估指标体系的构建》，载《福建江夏学院学报》2014 年第 3 期。

〔3〕 笔者认为，从文义上来看，将"实效性"替换成"绩效性"其实并没有改变原来的六大标准体系。

个一级指标、五个二级指标、九个三级指标、十八个四级指标”构成。[1]（见表7－2－1）

表7－2－1　黄京平教授建构的刑法立法指标体系

一级指标	二级指标	三级指标	四级指标
犯罪圈指标	犯罪化指标	总则犯罪化指标	合理总则犯罪化指标
			不合理总则犯罪化指标
		分则犯罪化指标	合理分则犯罪化指标
			不合理分则犯罪化指标
	非犯罪化指标	总则非犯罪化指标	合理总则非犯罪化指标
			不合理总则非犯罪化指标
		分则非犯罪化指标	合理分则非犯罪化指标
			不合理分则非犯罪化指标
刑罚量指标	重刑化指标	总则重刑化指标	合理总则重刑化指标
			不合理总则重刑化指标
		分则重刑化指标	合理分则重刑化指标
			不合理分则重刑化指标
	轻刑化指标	总则轻刑化指标	合理总则轻刑化指标
			不合理总则轻刑化指标
		分则轻刑化指标	合理分则轻刑化指标
			不合理分则轻刑化指标
其他方面指标	其他方面指标	其他方面指标	合理其他规定变化指标
			不合理其他规定变化指标

（二）刑法治理功能发挥的效果评估的具体标准建构

通过上述梳理可知，在立法效果评估领域，不同的作者可能对立法效果

---

〔1〕黄京平等：《刑法立法政策评估指标体系解析》，载《法学杂志》2013年第6期。值得注意的是，对于其他方面的指标，限于在立法实践中存在较少的特殊情形，因此该作者并没有设置具体的二级指标以及三级指标，所以敬请读者甄别。

评估的具体指标的选取存在差异,因而造成了多种不同的标准模式。抛开上述模式的优缺点不论,至少在建构刑法治理效果评估的具体标准存在以下方法论意义。

1. 评估指标建构的具体原则

首先,对于指标的选取是按照不同层级逐次排列。虽然有的学者最终未细化具体的评估指标,但其在论述中同样表达了需要进一步细化具体评估指标的思想。除此之外,有的学者细化到四级指标。其次,在评估标准之间也存在层层递进的关系,从而为整体指标体系的架构确立了方向。虽然每个学者在具体的方案建构中存在一定的差异,但是仔细推敲之后可以发现,不同的标准之间存在层层递进的关系。例如,一般的学者均将立法效果的合法性标准作为首要标准,合理性标准紧随其后。最后,具体指标之间存在较强的逻辑关系,从而形成了逻辑严密的指标体系。虽然每个学者对具体指标在最终的数量以及内容等方面均存在差异,但每个学者以及实践中的具体评估方法确立的具体评估指标均存在较强的逻辑关系。例如,基本大多数学者将立法效果的合法性指标基于首要的地位,而在具体指标的设立上,注重从立法主体、立法程度、立法权限等重要内容来具体探讨立法效果评估的合法性原则。

笔者认为,就刑法治理功能的效果评估指标的建构而言,应当按照分层设立的方法,组成多层次的系统,并据此按照一级指标、二级指标、三级指标等形式进行具体罗列。其中,一级指标反映刑法治理功能效果评估性质的基本要素,应当高度概括评估对象的基本维度,属于抽象性的范畴,因而一级指标设立的数量不宜过多。二级指标是对一级指标进行细化的具体要素,是对抽象的一级指标的一次修正,在此阶段,按照一级指标的属性特征归纳其具有的性质,并按照一定的逻辑关系进行罗列。基于同样的原理,在二级指标尚不能概括所属对象的所有特征之时,那么就有必要对二级指标进一步细化,从而形成更加具体的三级指标等。

考虑到刑法治理功能效果评估的具体情况,在指标的设计上"宜细不宜粗"。就刑法治理功能所产生的效果而言,无非出现三种类型:正效果、负效果以及无效果,所以对刑法的治理现状评估的最终目标在于确定刑法治理究竟处于何种阶段。如前所述,刑法的治理是一个动态化的过程,从其制定到实施均是其治理的有效组成部分。也就是说:

首先,刑法制定内容的优劣是刑法治理能否取得正效果的前提。如果刑法从制定之时就是一部充满罪恶的刑法,那么其在实施中的治理现状就可想而知了,这样的事例不胜枚举,例如,西方中世纪的刑法,以及近代纳粹时期德国刑法,均是有违基本伦理道德的刑法,因而在社会治理中难以发挥积极的效应。

其次,刑法实施的合理与否是刑法治理能否取得正效果的重要保障。就目前世界各国的刑法而言,均以罪刑法定原则为刑法实施的重要理念,因而在司法中主要存在是否合理的重要争论。例如,以许霆案为例,行为人利用银行 ATM 出现故障的便利盗窃了 17 余万元,盗窃数额达到了巨大的标准,对此,一审法院以盗窃金融机构数额巨大的法定刑对行为人判处无期徒刑,该判决一出立刻引起了各方关注,且在我国刑法学界引起了广泛的讨论,多数学者认为,法院按照现行刑法的规定进行判决,虽然不存在违法,但判决结论的合理性有待商榷。无独有偶,"李某奎案"同样是公众质疑量刑的合理性而最终得以改判的典型案例。可以说,在目前司法阶段,量刑的合理与否是刑法治理功能能否取得正效应的重要障碍。

最后,在刑期执行阶段,被害人以及社会人的认可与否同样是刑法治理功能能够得以有效实现的重要基础。从现代刑法发展历程看来,"私力救济"在现代文明国家予以绝对禁止,刑法只能是国家代表被害人实现正义的重要工具,刑事诉讼制度的确立正是杜绝"私力救济"的重要保障。虽然犯罪行为人受到了刑法的惩处,但被害人往往并没有得到有效的安抚。除此之外,随着互联网的迅速发展,现代社会不断突破传统社会的局限,对于社会事件通过互联网的有效传播而使不同区域的社会公众分分秒秒便可知道事情的来龙去脉,因而刑法治理的功能能否实现正效应同样离不开社会公众的认可。如果社会公众对刑法的判决结论持质疑的态度,刑法的治理显然难以取得令人满意的效果。

2. 评估指标的具体内容

因此,笔者认为,我国刑法治理功能的效果评估的具体指标应包括以下重要内容,3 项一级指标,7 项二级指标以及 18 项三级指标。具体而言,一级指标应当包括三个方面的重要内容:“立法效益、司法效益、社会效益”。

根据不同的阶段可以将“立法效益”这一一级指标具体划分为“立法合法性、立法合理性”2 项二级指标;同样,根据不同的阶段不同可以将“司法效益”划分为“判决合法性、判决合理性”2 项二级指标;根据主体不同可以将“社会效益”一级指标具体划分为“被告人对判决的接受性、被害人或其家属对判决的接受性、社会公众对判决的接受性”3 项二级指标。考虑到二级指标的内容过于宽泛与抽象,可以对其再进一步划分为三级指标。“立法合法性”具体包括“立法内容的合法性、立法主体的合法性、立法程序的合法性”;“立法合理性”具体包括“犯罪圈范围是否合理、罪名体系是否存在矛盾、刑罚结构是否合理”3 项具体指标;“判决合法性”具体包括“适用罪名是否违反罪刑法定原则、量刑是否违反罪刑法定原则”2 项具体指标;“判决合理性”具体包括“有无遗漏法定量刑情节、有无遗漏酌定量刑情节”2 项具体指标;“被告人对判决的接受性”具体包括“被告人的认罪态度、被告人服判率、被告人对被害人及其家属的赔偿”3 项具体指标;“被害人或其家属对判决的接受性”具体包括“被害人或其家属上访率、被害人或其家属的上诉率”2 项具体指标;“社会公众对判决的接受性”具体包括“社会公众对案件判决罪名的接受性、社会公众对案件量刑的接受性、社会公众是否能够感受到刑事案件处理所彰显的公平正义”3 项具体指标。

（三）对具体指标内涵的说明

就18项具体的三级指标而言，还需要对每一项指标进行阐释，方可使指标体系予以明确性。

1.就立法内容的合法性而言。首先，无非在于确定刑法规范所确立的内容是否与其上位法——宪法的原则相违背，具体包括是否违背宪法的精神与具体原则。[1] 其次，除此之外，刑法规范不是对社会中任何事务均能进行规定，因而立法内容的合法性另一个重要方面表现于该事项是否属于刑法规制的事项。

2.立法的主体合法性主要是指制定刑法的是不是法定的立法机关，在我国主要考察是不是全国人大及其常委会。

3.立法程序的合法性主要是指刑法的制定的程序是否符合我国《立法法》的相关规定。例如，《立法法》第二章第二节详细规定了全国人大立法程序，第三节详细规定了全国人大常委会的立法程序。

4.犯罪圈是否具有合理性是指犯罪化或非犯罪化是否存在合理的比例关系，就社会治理而言，刑法只是一种措施，因而不能赋予刑法过重的治理任务，否则将会对刑法治理效果产生较大的负面效应。

5.罪名体系，顾名思义，是指刑法分则所确立的罪名构成的整体。虽然1997年《刑法》制定之际力求体系完备，但是由于立法技术的局限，导致罪名体系存在一定的矛盾，不完备的体系不仅使刑法适用成本增加，可能还会导致重复评价等诸多负面效应，所以需要重视对罪名体系是否存在矛盾进行评估。

6.刑罚结构是指由我国刑法所确立的主刑和附加刑进而形成的整体，众所周知，我国刑法确立了5种主刑和3种附加刑，主刑分别为“管制、拘

[1] 因为《宪法》作为我国的根本法，一般只会对社会重要事项作出原则性规定，所以不会对刑法制度作出具体规定，而刑法在规定具体制度时，对宪法所确立的一些基本原则不仅不能违反，而且还要积极吸收。

役、有期徒刑、无期徒刑、死刑”。附加刑分别为“罚金、剥夺政治权利、没收财产”。刑罚结构是否合理,需要具体考察各个刑种之间的衔接以及法定刑之间的衔接是否存在断裂的情形。因为在司法实践中,刑罚结构的不合理可能导致判决结果的迥异,从而从整体上影响刑法的治理效果。

7. 众所周知,现代刑法均以“罪刑法定原则”为其基本理论根基,“罪刑法定原则”的经典表述为“法无明文规定不为罪、法无明文规定不处罚”,因而,在刑法适用过程中,一个行为即使看来具有较大的社会危害性,只要刑法没有明确规定该行为属于犯罪行为,就不能对其以刑罚论处。

8. 不仅在定罪领域需要贯彻罪刑法定原则,而且在量刑领域同样需要贯彻罪刑法定原则。也就是说,对被告人判处的刑罚必须是该罪名所规定的刑罚幅度之内,不能突破法定刑的上限,如果无特殊事由,也不能低于法定刑的下限。

9. 就刑法治理功能的效果而言,需要将被告人的量刑情节作为重要的考量因素加以考察。所谓量刑情节是指法院对犯罪分子量刑时需要考虑的处罚轻重或者免除处罚的事实情况。按照是否由法律明文规定可以将量刑情节分为法定量刑情节和酌定量刑情节。而法定量刑情节是指法院在量刑时必须考虑的情节,包括《刑法》总则以及分则确立的各种情节。按照我国《刑法》的具体规定,具体包括法定从重处罚情节、法定从轻处罚情节、法定减轻处罚情节、法定免除处罚情节。

10. 虽然在刑法中对酌定量刑情节没有明文规定,但是根据立法精神,有必要将反映犯罪行为的社会危害性程度和犯罪人的人身危险性程度的情节在量刑时加以考虑。在我国刑法中,虽然对于酌定量刑情节的范围并没有统一的规定,但笔者认为,在考虑酌定的量刑情节时,应当把握以下原则:第一,从客观上来看,能够表明行为人社会危害性减弱的情节;第二,从主观上来看,能够征表行为人的主观恶性减弱的情节。对于以上两个原则,只要满足其一即可。具体来看,常见的酌定量刑情节类型包括以下几种:犯罪动机,犯罪手段,犯罪的时间、地点等当时的环境和条件,犯罪侵害的对象,犯罪人的个人情况和一贯表现,等等。

11. 目前为止,以何种标准判断"被告人的认罪态度"依然众说纷纭。被告人的行为是刑法治理的重要内容,因而不能忽视对其行为的考察,应当将被告人的认罪态度作为刑法治理评估指标。有学者基于这一困境,将被告人认罪态度分解为具体的三项标准,具体包括"好的标准、一般的标准以及差的标准",并分别从"行为事实以及行为价值"两个方面进行具体考察。在行为事实方面考虑行为人有无主动交代问题;在行为价值上考虑行为人有无清醒认识到自己行为的性质,有无悔改表现。[1]

12. 所谓服判率是指经过人民法院审理并判决的案件,被告人未提起上诉且均服从判决的案件数与年度受案总数之间的比例关系,即为服判率。由于我国实行的是二审终审制,所以服判率一般是指一审被告人未提起上诉的案件与受案总数之间的比例关系。

13. 犯罪行为往往会导致一定的损害,而根据我国《刑事诉讼法》的规定,赔偿范围只限于物质损害。由被告人对被害人进行一定数量的物质赔偿,可以有效降低被害人及其家属的损失,在很大程度上,还可以进一步消解矛盾,有利于社会治理向更加良性的方向发展。

14. 目前被害人及其家属对于公诉案件无上诉权,但在两种情况下存在另外的情形,一是自诉案件,被害人及其家属对该案判决不服,可以直接提起上诉。二是公诉案件刑事附带民事诉讼中,就民事判决不服可以提起上诉。

15. 刑法治理功能效果的另一重要方面在于社会公众对刑事判决罪名以及量刑的可接受性。就目前司法实践的现状来看,社会公众对刑事司法的接受性成为刑法社会治理功能评估的一个重要风向标。因而,在该内容

〔1〕 参见王怡:《认定犯罪嫌疑人、被告人"认罪态度"好坏的具体标准》,载《检察日报》2011年3月7日,第003版。

之下，社会公众较为关心的是对被告人适用罪名的正确与否以及对被告人量刑是否合理等问题。其中，社会公众对案件判决罪名的可接受性主要表现为社会公众对法院判决罪名正确与否、是否超出其预测可能性等重要内容。

16. 如上文所论，量刑随时都牵动着犯罪嫌疑人、被害人及其家属以及公诉机关等各方神经，除此之外，量刑也牵动着社会公众的神经。如果想充分发挥刑法治理功能的效果，就应该重视公众对社会事务的参与，重视公众对每一个司法案件的参与。况且，基于民意也纠正了不少量刑不公的案件，所以，可以将其作为评估的一项指标。

17. 习近平总书记在2013年对新形势下政法工作作出重要指示，即努力让人民群众在每一个司法案件中都能感受到公平正义。虽然就刑事审判而言，社会公众未必能够直接参与到具体案件中，但在刑法的社会治理过程中，每一个社会个体都是重要的参与者，因而社会公众能否感受到公平正义是刑法治理功能效果得以彰显的重要指标。那么，该如何界定“公平正义”这一高度抽象的词汇呢？对此，罗尔斯在《正义论》一书中进行过深入的探讨。罗尔斯认为，社会是由个人为了相互利益而组成的自足联合体，因而会呈现出“利益一致性”以及“利益冲突性”两个方面的特点。罗尔斯所论及的正义原则就是基于社会的基本特征之下着重解决用何种方式分配基本的权利义务，以及决定由社会合作取得的好处如何分配的问题。罗尔斯反对在西方占统治地位的功利主义学说，他认为，正义原则是自由和具有理性的个人在各种各样的可能性之间作出选择，以确定他们合作的条件，来实现他们各自的利益。因而，在最终结论上，罗尔斯认为“公平的正义”具体含义包括两个方面，其一，从内容上看，所选择的正义原则是在公平的原始状态中大家一致同意的；其二，从形式上看，也符合普遍性、一致性、公开性等形式上的或程序上的正义要求。在刑法治理过程中的所要彰显的“公平正义”同样脱离不了罗尔斯有关“公平的正义”的论述，因而套用罗尔斯的观点，“社会公众是否能够感受到刑事案件处理所彰显的公平正义”也应当包含以上两个基本方面。具体内容见表 7 –2 –2。

表 7 –2 –2 本书建构的评估指标体系

一级指标	二级指标	三级指标	指标内涵说明
立法效益	立法合法性	立法内容的合法性	刑法规范是否违反宪法的原则与精神;事项是否属于刑法规制的事项
		立法主体的合法性	立法主体是否属于全国人大及其常委会
		立法程序的合法性	刑法立法程序是否符合《宪法》以及《立法法》等相关规定
	立法合理性	犯罪圈范围是否合理	犯罪化或非犯罪化是否存在合理的比例关系
		罪名体系是否存在矛盾	刑法分则所确立的罪名之间是否存在矛盾
		刑罚结构是否合理	刑种的衔接是否合理;法定刑的衔接是否合理
司法效益	判决合法性	适用罪名是否违反罪刑法定原则	该危害行为刑法有无规定;判处的罪名刑法有无明确规定
		量刑是否违反罪刑法定原则	是否在该罪名确立的量刑幅度内,不能突破法定刑的上限,如无特殊事由,也不能低于法定刑的下限
	判决合理性	有无遗漏法定量刑情节	被告人是否具有法定从重处罚情节、法定从轻处罚情节、法定减轻处罚情节、法定免除处罚情节
		有无遗漏酌定量刑情节	是否遗漏“从客观上来看,能够表明行为人社会危害性减弱的情节;或者,从主观上来看,能够征表行为人的主观恶性减弱的情节”
社会效益	被告人对判决的接受性	被告人的认罪态度	从事实以及价值两个方面进行具体考察
		被告人服判率	一审法院被告人未提起上诉的案件与受案总数之间的比例关系
		被告人对被害人及其家属是否积极赔偿	是否对被害人及其家属造成的物质损失进行赔偿
	被害人或其家属对判决的接受性	被害人或其家属对判决的上诉率	包括两个方面的内容:自诉案件的上诉率以及刑事附带民事案件中民事部分的上诉率

续表

一级指标	二级指标	三级指标	指标内涵说明
社会效益	社会公众对刑事司法的接受性	社会公众对具体案件判决罪名的接受性	法院的判决罪名是否超出了社会公众的预测可能性
		社会公众对具体案件量刑的接受性	法院的量刑是否超出了社会公众的预测可能性
		社会公众是否能够感受到刑事案件处理所彰显的公平正义	从内容上看,刑法治理所选择的正义原则是在公平的原始状态中大家一致同意的;从形式上看,刑法治理也符合普遍性、一致性、公开性等形式上的或程序上的正义要求

第三节　效果评估的具体程序

所谓评估方案就是指评估主体对评估工作制订的具体计划或规划。在实践中,如果只是拥有一套完美的体系而不能付诸实践,那么评估体系终将被“束之高阁”,很难发挥其本身的作用和功能。因而,需要对评估的事项形成一套评估方案来确保评估计划行之有效。就目前刑法治理功能的效果评估而言,应当在全国人大及其常委会和其他主体共同组织之下,对于刑法治理功能发挥的效果形成一套评估方案,其中包括评估信息的收集、对评估信息的分析以及评估报告的形成等重要内容。本节部分,笔者将重点阐释我国刑法治理功能效果评估的具体方案。

一、效果评估信息的收集

在前文中已经详细阐释的评估指标的作用在于使待测的事项的评估更具有可操作性与可行性。然而,对于该信息收集的全面与否,将直接影响其后评估结论的可靠与否。针对不同的评估指标,收集途径可能存在较大差异。通过归纳分析,笔者认为,收集评估信息主要存在两种途径。

(一)司法统计途径

司法统计途径是指主要由相应的司法机关作为收集评估信息的主体。

虽然最高人民法院2013年发布的《关于人民法院在互联网公布裁判文书的规定》(以下简称《规定》)要求在2014年1月1日起,符合条件的法院生效裁判文书应当在互联网全面公布。判决书全面上网制度对实现公民的司法知情权以及个案的司法监督权有所裨益。然而,《规定》同时规定存在以下几种情形时,不得在互联网上公布:“涉及国家秘密、个人隐私的;涉及未成年人违法犯罪的;以调解方式结案的;其他不宜在互联网公布的。”并对“其他不宜在互联网公布的”裁判文书的审定程序进行了严格规定。就目前我国司法环境来看,如果属于以上情形的刑事判决案件,将不得上传至互联网。因此如果只是按照互联网的数据进行统计,难免疏漏。所以,在笔者看来,在上述指标中,对于有些司法机关处理的情形由司法机关进行评估,信息的收集将更加便利、全面。

除此之外,被害人或其家属信访数应该由主管信访的部门提供。根据我国信访局发布的《关于进一步规范信访事项受理办理程序引导来访人依法逐级走访的办法》(以下简称《办法》)相关规定,信访人首先需要提出信访事项,在形式上一般采用书信、电子邮件、网上投诉等书面方式。在具体程序上,信访人应当根据信访事项的性质和管辖层级,到依法有权处理的本级或上一级机关,设立或者指定的接待场所提出。具体而言,根据《办法》的相关规定,我国共规定了五级受理信访的部门,分别为“乡(镇)政府,县级政府工作部门,市级政府工作部门,省级政府工作部门,中央或国家机关”。因此,对于该类信息应该由各级主管信访工作的部门提出。当然,值得注意的是,每年涉及信访事项类别较多,此处只需要统计因刑法适用而产生的上访信息。

(二)问卷调查途径

针对刑法治理功能效果评估的过程中,有些评估指标的信息收集没有可供参考的历史数据,也无法通过较为直观的数据进行统计。那么,对于该类评估事项,就需要开展专门性的调查活动,广泛采纳其他社会主体的意见。笔者认为,针对上文中的“社会公众对具体案件判决罪名的接受性、社会公众对具体案件量刑的接受性、社会公众是否能够感受到刑事案件处理所彰显的公平正义”三项评估事项,使用问卷调查的途径收集相关的信息较为适宜。

问卷调查从其制定到具体设施展现的是一种过程,在刑法治理功能效果评估的问卷调查设计中,步骤不同,所需要的准备工作也就不一致。以下将针对具体的步骤进行详细探讨:

第一步,明确调查主题,确定问卷类型。确定调查问卷的主题与类型的用意即为设计调查问卷的目的,首先要知道自己通过这些问题想收集哪些资料,这样才能确保列出的题目都是紧扣主题,所得到的答案也都是有价值的。

第二步,围绕研究目的,设计调查问卷。就刑法治理功能的效果评估中“社会公众对具体案件判决罪名的接受性、社会公众对具体案件量刑的接受性、社会公众是否能够感受到刑事案件处理所彰显的公平正义”具体指标而言,就需要设计一个能够反映该三个指标具体内容的问题。问题设计的科学与否将直接影响结论的正确与否。笔者认为,针对这三个具体指标的问卷设计可以放入到一张问卷之中。在具体问题的设计中应当把握以下原则:第一,必要性原则。为避免被调查者在答题时出现疲劳状态而随意作答或不愿作答,问卷设计的篇幅尽可能短小精悍,题目量最好控制在 25 道左右(控制在 15 分钟内完成)。第二,简洁性原则。问卷用词应当简洁易懂,为了避免有些刑法专门词汇较为晦涩难懂,一般使用日常用语,对被调查者有可能不太了解的专业术语作出阐释。第三,客观性原则。调查问卷要保持客观性,提问不能有任何暗示,措辞要恰当,避免使用引导性问题或带有暗示性或倾向性的问题。除此之外,在问卷设计时还需要把握以下的具体方向:首先,既然涉及具体案件的判决罪名与量刑,那么就需要选取近 5 年内具有较大社会影响的个案。其次,对于判决罪名的问题设计可以围绕“‘法院判决的罪名是否准确'以及'你认为应当判处何种罪名'"等问题进行。再次,对于具体案件的量刑问题可以围绕"'法院判决的量刑是否恰当'以及'你认为应当如何量刑'"等问题进行设计。最后,对于"是否能够感受到刑事案件处理所彰显的公平正义"这一抽象指标的问题设计,应当更加具体化。例如,可以通过"封闭式"与"开放式"相结合的方式设计问卷。问题与问题之间要具有逻辑性、条理性、连贯性、程序性。

第三步,把握发放时机,及时回收问卷。在采用调查问卷的方式时,一定要注意调查群众的代表性,因而需要把握恰当的时机发放问卷以及回收问卷。目前问卷的发放主要有以下两种方式,第一,现场发放、回收。现场发放问卷的优点在于能够有选择地针对不同主体进行调查,且能及时收回问卷,缺点在于将耗费大量的人力、物力以及财力。第二,通过网络发放、回收。通过网络发放、回收相关的调查问卷的优点在于,能够节约大量的人力、物力以及财力,其缺点在于,如果采取较为开放的方式面向社会发放问卷,对于人数以及被调查者的身份不宜控制和把握。笔者认为,就刑法治理功能的效果评估这一浩大的工程来说,应当将这两种方式有效结合起来,在重视问卷数量的同时,也需要注重被调查者的身份以及阶层等因素。

第四步,统计问卷结果,分析调查数据。统计问卷结果与数据分析,是整个调查过程中十分关键的一步,结果与数据分析的正确与否,将直接决定评估结论的正确与否。统计分析调查问卷时,需要注意以下事项:其一,对所有回收的问卷做好标注,剔除废卷。其二,将所有有效信息录入统计软件 SPSS 中。其三,按照事先设置的有效值最终算出所需要的数据。[1]

第五步,撰写分析报告,展示调查结果。调查报告可以帮助调查者分析存在的问题,以及为后期的改进提供方向,因而不能忽视调查报告的撰写工作。分析报告的撰写主要是基于对被调查者的了解拟定的,报告的主题在

[1] 对于该类分析在下文有具体的阐释,此处不再赘述。

完成全部调查、对调查资料进行深入综合分析之后才能最终确定。而这一过程是对调查主题进一步确认或收缩、放大、分解、修正、提升的过程，也是撰写调查报告的必经之路。

（三）专家咨询途径

对于评估过程中专业性很强的问题，必须根据专家的意见进行相关评估信息的收集，而不能只是随意地套用一般信息收集模式，使用专家咨询的形式来收集相关的信息效果会更佳。[1] 具体而言，在刑法治理功能效果评估中，“立法内容的合法性、立法主体的合法性、立法程序的合法性、犯罪圈范围是否合理、罪名体系是否存在矛盾、刑罚结构是否合理”内容应当通过专家咨询途径收集相关信息。专家咨询可以采取座谈会的方式。具体而言，存在以下几个重要步骤：

第一，座谈会的组织。这个环节主要包括与会者的甄选、参会者数量和会议时间等问题。[2] 刑法治理功能效果评估属于技术水平较高的评估活动，因而在人员的选择上需要进行特别的甄选，不仅需要做到广泛性，而且还需要做到专业性，尤其在该领域具有较高研究水准的专家、学者，应当作为重要代表参与其中。在人员的参与上，主要通过主办方会议邀请的方式。在人员安排上，以中型规模（20 ~ 30 人）为宜。会议时间以 1 ~ 2 天的议程为宜。

第二，座谈会议题的设计。座谈会议题的设计不仅需要把握问题的针对性，还需要赋予与会者主观能动性，能够真正对该指标信息提出针砭时弊的意见。对于刑法治理功能效果评估而言，主要是围绕“立法内容的合法性、立法主体的合法性、立法程序的合法性、犯罪圈范围是否合理、罪名体系是否存在矛盾、刑罚结构是否合理”内容而展开，因而在座谈会议题的设计

---

〔1〕 参见汪全胜：《立法后评估研究》，人民出版社 2012 年版，第 340 页。

〔2〕 参见张乐：《法律实施效果的评估方法与技术：一个混合方法论视角》，载《云南师范大学学报》2013 年第 2 期。

上,不能偏离以上的主题范围。在议题的设计上,应当注意以下几点:其一,如果针对的是刑法中的法条问题,那么就需要对刑法中的每一个法条进行逐条分析并提出具体的意见;其二,如果针对的是刑法理论中的问题,则需要从更加宏观的视角来设计议题,并保证与会专家们能够发现问题并形成有益的对策性建议等重要信息。

第三,座谈会的记录与整理。对刑法治理功能效果评估座谈会而言,需要记录以下重点内容:座谈会中心议题以及围绕中心议题展开的有关活动;座谈会讨论、争论的焦点及其各方的主要见解;权威人士或代表人物的言论;座谈会开始时的定调性言论和结束前的总结性言论;座谈会已议决的或议而未决的事项;对座谈会产生较大影响的其他言论或活动。记录发言可分摘要与全文两种。在记录的过程中,只要记录发言要点,即把发言者讲了哪几个问题,每一个问题的基本观点与主要事实、结论,对别人发言的态度等,作摘要式的记录,不必全部详细记录,只需记下某些特别重要的发言的全部内容。在现代科技较为发达的当下,可先录音后再整理出全文。

二、效果评估信息的分析

通过不同途径收集了相关的评估信息后,其后最为重要的是选取合适的分析方法来具体分析这种信息,从而得出一定的有效结论。目前就评估信息的分析方法而言,主要存在定量分析法与定性分析法。

定量分析法(quantitative analysis method)是对社会现象的数量特征、数量关系与数量变化进行分析的方法。在社会科学领域引入定量分析的方法并非一蹴而就。例如,在古代时期,就算再智慧的哲学家、思想家也无法完成定量分析的研究。直到 19 世纪末 20 世纪初,随着实证主义研究方法的兴起,尤其西方社会学、政治学、法学研究中大量引入实证研究方法,才使实证的量化研究成为可能。在这一方面进行有益尝试的先驱当属功利主义法学家边沁。在其看来,人具有趋利避害的特点,因而也就决定了人们在立法、执法以及守法过程中都需要计算苦与乐，为此其在名著中对苦与乐进行了详细地归类和计算。当然，真正在刑法领域推动实证主义走向辉煌的是刑事实证学派的出现，尤其是以龙勃罗梭为代表的学者，通过对大量犯罪人的实证分析，从而得出了“天生犯罪人”的逻辑结论。[1] 然而，在特定的历史条件下，限于研究手段以及科学技术的落后，更缺乏大数据的支撑，难以使实证研究真正达到定量化的阶段。随着第二次工业革命的兴起，尤其是新的数学工具和方法的出现，加上电子计算机的辅助，彻底打破了对错综复杂、变幻莫测的社会现象进行应用研究的局限。[2]

“定性分析法”亦称“非数量分析法”，指依靠评估人员的丰富实践经验以及主观的判断和分析能力，推断出待测事项的性质以及发展趋势的分析方法。定性研究的认识基础是现象学。众所周知，作为 20 世纪在西方流行的一种哲学思潮的现象学以人的主观审视为出发点，基于此对事物获得的一种直观感受和体验，现象学所关注的是与“事实”本身的体验交往，这种事实体现为一种生动、紧凑、直接的“此在”，而无论这种“此在”是物理之物，还是心理之物。[3] 因此，现象学不是一套内容固定的学说，而是一种通过“直接的认识”描述现象的研究方法，其不同于客观事物的表象以及任何心理经验的纯粹的意识存在。因而以此为基础发展的定性研究方法更是立足于客观事实判断而形成的逻辑分析方法。定性分析法一直以来就被广泛运用于社会科学方法之中，例如，在社会科学研究中，对一些没有或不具备完整的历史资料和数据的事项，主要使用这种方法进行评估。在犯罪学中，在缺乏统计数据支撑的犯罪学主义之争以及理论批判中常会涉及。

---

〔1〕 虽然当下学界基本否定了“天生犯罪人”这一结论的合理性，但是，在特定的历史条件下，龙勃罗梭通过观察大量犯罪人的遗体解剖数据，无论如何都不能磨灭其方法论上的创新价值。正是基于这种价值之上，才将刑法学（指广义的刑法学）引入实证研究领域。陈兴良教授称之为“片面的深刻”。

〔2〕 参见饶艾等：《法社会学——社会学视野》，西南交通大学出版社 2002 年版，第 43 页。

〔3〕 参见曾赟：《犯罪学中的定性与定量研究》，载《山东警察学院学报》2015 年第 3 期。

因此,在刑法治理功能效果评估机制中,应当确立何种方法来具体分析评估信息则显得极为重要。定量分析方法的主要特点是以可靠的数据资料为依据,以精密的数学计算为基础,因而在对收集的评估数据进行分析时,具有较多的优势。例如,定量分析法是以具体的数据为分析对象,因而在最终结论上保证了结论产生歧义甚至争论的地方较少,从而提高了结论的科学性。[1] 然而,在很多情形下,存在定量分析法难以完成的事项。例如,在刑法治理功能效果评估的过程中,对于一些指标无法或者很难用具体的数字予以测量,而且,还有一些指标涉及刑法治理的公众接受性以及刑法本身的公平正义等抽象的理念,此时定性方法就很好弥补了定量分析方法的不足。强调定性分析方法的重要性,还有助于避免诱发硬性指标要求下的数据作假。[2] 因而,现行统计学往往将两种方法结合起来进行分析。

笔者认为,对刑法治理功能效果进行评估时,根据上文评估信息收集的方法不同,采用的分析方法也不一致。例如,对于司法统计途径和调查问卷途径获得的评估信息可以采用定量分析的方法,对由专家咨询途径获得的评估信息,应当采用定性分析的方法进行统计。那么,在确定采用何种方法进行评估之后,对这种分析方法又该如何具体操作呢?笔者认为,具体分析方法的不同则应采取不同的操作方法。就刑法治理功能的效果评估而言,对司法统计途径和调查问卷途径获得的评估信息可以采用定量分析的方法,均可按照各自所述领域常见的计算方法得出一定的结论。

三、效果评估报告的形成

所谓评估报告,一般是指评估师根据相关的评估准则的要求,在履行必要评估程序后,对评估对象在评估基准特定目的下的价值发表的、由其所在评估机构出具的书面专业意见。评估报告的形式存在多样性,例如,美国学

---

[1] 参见汪全胜等:《立法后评估研究》,人民出版社2012年版,第341页。
[2] 参见佘鹏鹏:《论司法质量的优化与评估》,载《法制与社会发展》2015年第1期。

者通常采用的评估报告形式包括“列表、图表和绘图”，当然这三种是目前较为普遍使用的方式，除此之外还有很多能够反映报告内容的形式。[1] 笔者认为，无论采取何种形式，只要报告的内容能够涵盖评估的内容均可以采用。

因此，最为重要的是评估报告的内容应当由哪些内容来构成。对此，美国有学者认为，评估报告应当包含以下七大主体性内容：导论、资料研究、方法论、过程、结论、参考文献、附录。在七大主体性内容之下再细化为若干具体内容，“导论”包括“问题描述、对所考察问题的说明、考察这一问题的意义以及对其进行研究的原因”三个方面的具体内容；“资料研究”包括“理论的角度和历史的观点、寻找资料的不连贯、重申评估的目标”三个方面的具体内容；“方法论”包括“评估涉及和数据收集程序、采样设计、对课题/项目的描述、对工具的描述、数据的分析程序”五个方面的具体内容；“过程”包括“提出事实性的信息、统计意义和实际意义”两个方面的具体内容；“结论”包括“对结果的说明、应用于实践、评估的弱点和限制”三个方面的具体内容；“参考文献”主要是列举所涉及的详细文献；“附则”是对未尽事项进行的进一步阐释。[2]

笔者认为，上述评估报告的具体设计思路清晰而明确，可以以此作为刑法治理功能效果评估报告的分析样本，当然，在具体内容上可能因评估对象的不同而存在较为细微的差别。因此，笔者认为，报告的具体内容可以包括以下方面：

一、导论

1. 刑法治理效果评估的原因

---

〔1〕 参见[美]西奥多·H. 波伊斯特：《公共与非营利组织绩效考评》，肖鸣政等译，中国人民大学出版社 2005 年版，第 124 页以下。

〔2〕 参见[美]戴维罗伊斯等：《公共项目评估导论》(第 3 版)，王军霞等译，中国人民大学出版社 2007 年版，第 334 页。转引自汪全胜：《立法后评估研究》，人民出版社 2012 年版，第 353 页。

2. 刑法治理效果评估的目的

二、评估情况的具体说明

1. 评估参与主体情况

2. 评估指标的确定情况

三、评估的具体程序

1. 评估的信息收集情况

2. 评估信息分析方法情况

四、评估的结论

1. 刑法治理取得的成绩

2. 刑法治理存在的问题

五、完善的建议与措施

六、附件

按照该评估报告的形式所形成的具体内容,其中第一、二、三部分已经在上文中进行了详细的阐释,所以在撰写相关报告时,内容差别不是很大。因此,在本部分内容中,笔者拟就报告的第四部分“评估的结论”以及第五部分“完善的建议与措施”进行详细的阐释。

刑法治理功能的效果评估是基于一系列的调查而掌握了刑法治理现状的数据,因而需要对其进行客观的分析判断。反映这种客观性,不仅需要对其缺陷进行分析,还要对治理的成绩进行总结。总结刑法治理取得的成绩的目的在于能够明确刑法在哪些范围内发挥作用,以至于为其他治理措施提供可供参考的经验。当然,最为重要的还是对刑法治理的不足进行客观分析,从而能够有针对性地提出完善对策。也就是说,刑法治理功能效果评估的主要目标在于:在分析刑法治理现状的基础上,发现刑法在治理过程中存在的问题,为改进刑法治理措施提供有益的方向。在这一层次中需要从几个方面来具体把握:首先,刑法治理功能的效果不仅通过刑法的立法活动反映出来,更能通过刑法的司法活动反映出来,因而在涉及刑法治理效果的优缺点问题时,需要对刑法治理的每个阶段进行具体的分析。例如,结合上文的评估指标体系,可以在立法效益、司法效益以及社会效益三个主要方面之下具体分析每一个指标在现实中的优缺点。其次,对于刑法治理功能成绩与不足的分析,要详细列明得出结论的逻辑过程和具体论据。一项结论的科学与否需要进行一系列的实证研究,虽然对于刑法治理功能评估是基于统计完成的,前文也论述了相应的指标、信息采集的途径以及信息的分析方法,但是这些工作均是为最终评估结论服务的,因而在对评估报告最终结论的分析中,应当将反映这种结论的数据作为具体的论据,如此才能增强评估报告的科学性与可信度,并且使他人对结论的来龙去脉一目了然。

回归刑法治理功能效果评估制度建构的初衷,就是利用科学的方法发现刑法治理存在的不足,并基于这一科学发现提出具体的完善建议。因而,最终的完善建议与措施的科学与否则是刑法治理功能能否回归有效途径的重要之举。笔者认为,在提出完善的建议与措施阶段,需要把握以下问题:首先,提出的主体。虽然有些学者认为,在立法效果评估中的评估主体与建议的主体应该实行分离,但是将明显掌握了详细信息的评估主体排除在建议的主体范围之外,可能会降低其参与评估的热情,非参与的其他主体提出建议的科学性也可能遭受质疑。因此,笔者认为,参与主体作为最终提出建议的主体较为恰当。其次,提出的内容。就刑法治理功能的建议而言,应把握几个原则,其一,评估报告中的内容要具有针对性。建议的内容必须是针对评估报告中的治理缺陷提出,不能天马行空,如果实践中不存在该类缺陷,那么提出建议将会失去价值和意义。其二,建议的内容要切合现阶段中国的国情。通过比较研究途径能够及时发现我国刑法治理存在的不足,有其积极的意义和价值,但过于关注国外刑法理论的发展与借鉴,而忽视我国现有阶段特殊的治理对象以及治理水平,对刑法治理功能的完善并无任何实质性价值。其三,建议的内容具有可操作性。一项建议能否实现,关键在于该项建议的内容是否具有可操作性。再好的对策性建议如果没有可操作性,那么该类建议犹如“空中楼阁”,终究难以落到实处。建议的内容可操作性内涵成为其能否落实的重要内容。

然而,值得注意的是,对于提出相应的完善建议与措施的方法论问题,应当予以重视。就目前而言,主要存在“头脑风暴法”与“德尔菲分析法”理论主张。“头脑分析法”是由美国学者奥斯本所发明,目的在于纠正“群体决策思维”的弊端。以往在群体决策的过程中,由于群体成员心理相互作用影响,易屈于权威或大多数人意见,形成所谓的“群体思维”,由此而产生的结论不仅削弱了群体的批判精神和创造力,而且还严重损害了决策的质量。采用“头脑风暴法”的学者认为,组织群体决策时创造一种轻松融洽的氛围,能够促进个体在此环境中无限制的自由联想和讨论,从而能够激发新的观念或创新设想。[1] 而“德尔菲法”又名“专家意见法”或“专家函询调查法”,最初运用于管理领域,采用匿名的通信方式征询专家小组成员的预测意见,往返多次,使专家小组的预测意见趋于集中,最后得出符合未来发展趋势的预测结论。对比以上两种方式最大的不同在于:两者参与形式存在较大差别,“头脑风暴法”是与会者聚集在一起讨论,而“德尔菲法”中的专家不得互相讨论,而是以调研的数据为依据进行相应的预测。以上无论哪种方式,在国外均被广泛使用。当然,在刑法治理功能治理效果的评估中该采取何种方法较为妥当?笔者认为,“德尔菲法”比“头脑风暴法”优势更加明显,因而可以作为相应的完善建议与措施的方法。首先,“德尔菲法”能将各位专家的分歧意见清楚地表达出来,使决策者能够“扬长避短”做出最优化的选择。其次,虽然“头脑风暴法”是为了避免“群体决策”的弊端而提出的,但是在参与的形式上与“群体决策”并不存在较大差异,因而在最终结论上还是不能避免“群体决策思维”的局限。相比较之下,“德尔菲法”采用背对背的方式可以有效避免上述弊端。

---

〔1〕 参见[美]卡尔·帕顿等:《政策分析和规划的初步方法》,孙兰芝等译,华夏出版社2001年版,第241~243页。

第四节　效果评估的回应机制

按照评估活动的基本流程,在对刑法治理功能的效果进行评估并形成相应的评估报告之后,理应由相应的国家机关对评估报告的结果作出相应的回应。例如,以域外立法评估报告为例,一旦相应机构启动了立法评估活动,如果在最终的立法报告中形成了对某些法律的“立、改、废”等具体意见后,那么相应的立法机构应当根据评估报告的结论以及完善建议予以最终落实。就笔者尝试建构的刑法治理功能效果评估机制而言,虽然目前尚未得到我国立法以及权威机关的认可,但是不能忽视由此形成的评估报告的价值与意义。因为一个良好的评估报告有利于促成多方面的改变,例如,在立法方面,能够促使相应的国家机关适时调整较为落后的立法规定;在执法方面,能够促使我国公检法机关适时纠正一些错误的理念与做法。建立刑法治理功能效果评估回应机制的目的是将评估报告的内容付诸实践。因而,刑法治理功能效果评估的回应是整个评估过程中的最后一道环节,具体包括“由谁回应、如何回应”等内容。

一、效果评估的回应主体

回应主体是指在接到评估报告后,对评估报告所记载的评估结论以及具体的建议措施作出具体答复的有权机关。因领域不同,回应的主体范围也不一致,例如,有学者针对我国现阶段政府决策中公民参与的形式不同而提出了五种不同的政府回应方式:“一是公众知情式参与和回应;二是公众诉求式参与与回应;三是协商式政府参与与回应;四是合作性参与与政府回应;五是公民创制性参与。”[1] 再如,就立法评估机制而言,因地区差异也完

〔1〕 李伟权:《政府回应论》,中国社会科学出版社2005年版,第210~211页。

全存在不同的规定。有学者将其归纳为回应的权利主体与义务主体。[1] 笔者认为,所谓回应主体是指对评估报告中的质疑予以答复的主体,其可能涉及直接参与评估的主体,也可能涉及尚未参与评估的其他主体。因而,也就难以阐明谁是权利主体以及谁是义务主体。如前所论,刑法治理是一种动态化的过程,对于每个阶段均可能会产生不同的评估结论,所以回应主体应当包括"直接参与评估的主体与未参与评估的主体"两类。

第一,直接参与评估的主体。如前所论,因刑法治理的阶段不同,组织或参与评估的主体主要包括全国人大及其常委会、公安机关、检察院、人民法院、行政司法机关、社会公众等。笔者认为,对于涉及不同的评估内容,应当由不同的主体予以回应。因为,首先,受职权因素的限制。特别是在我国,权责分明是"依法行政、依法治国"的重要原则,因而超出职权范围内的行为是违背刑法治理的基本规律。其次,获得正当性依据的需要。对于评估报告的回应机制而言,获得治理主体的回应才是进一步完善刑法治理功能的重要提前,也就是说,对于非专属该部门的职权事项即便由其作出回应也无法获得正当性,因而无法进一步推进刑法治理功能的完善。具体而言,对于立法效益的质疑,应当由全国人大及其常务委员会作出回应。在司法效益范畴内的质疑,要根据具体的情形确定回应的主体,例如,如果涉及公安机关的职权范围的事项,应当由公安机关予以回应,以此类推,如果属于法院或者检察院专属的职权范围,应当由其进行相应的回应。值得注意的是,虽然社会公众能够参与评估,但其不能作为回应主体。因为回应主体应当是刑法治理的相关主体,很大程度上来说,社会公众只有在取得一定的资格后,才能行使法律赋予的权限,才能代表国家机关、行使国家的意志参与治理社会。

第二,未参与评估的主体。虽然笔者设计的评估指标以及评估主体力

---

[1] 参见汪全胜:《立法后评估研究》,人民出版社2012年版,第370页。

求详尽得当,但是刑法治理属于浩大的社会系统项目,难免未能穷尽一切可能之情形。因而,按照本书的逻辑思路,只要评估结论中涉及一些非本书列举的相关主体的职权范围事项,应当由该事项的治理主体进行相应的回应。当然,除此之外,如果与参与评估的主体是存在上下隶属关系的机关,即参与评估的主体的上级机关也可以回应下级机关存在的刑法治理问题。

二、效果评估的回应程序

在管理学中,程序一直以来被视为企业治理的最好工具,任何单位在行使管理权时均会强调程序的重要性。程序在政府管理中同样发挥了巨大的作用。例如,政府部门引入程序不仅大大提高了行政效率,而且还大大降低了人民群众办事的难度。因而,一个运行有效的评估机制的建构应当会涉及回应程序。所谓回应程序是指回应主体按照一定的流程对评估报告的质疑做出答复的顺序。一直以来,即便在立法效果评估工作中,也往往忽视甚至轻视回应程序的功能与价值,因而导致即便建构了回应机制但也存在不足。笔者认为,在刑法治理功能评估机制回应机制的建构过程中,应当强调两个基本原则。第一,在回应程序的设置上要坚持科学性原则。回应程序的科学性强调的是程序设置的步骤应当由有权的主体进行组织,且在我国目前缺乏相应规范的情况之下,应当与《宪法》以及《立法法》的基本精神相一致,同时可以参考其他地方立法关于效果评估的一些规范性文件的内容。第二,在回应程序的设置应当坚持效率性原则。回应程序的效率性强调的是程序步骤应当简单明了,且历经的时间应当较短。强调回应程序效率性的目的在于能够促使相应的主体积极行使评估回应的权利,能够及时将评估内容呈现到相应的主体面前,为进一步完善刑法治理服务。

具体而言,由于刑法治理的效果评估是由全国人大及其常委会组织主导、其他主体共同参与的一种评估体系。因而,应该由全国人大及其常委会主持回应程序。原因在于:首先,此举保持了组织主体的一致性,有利于进一步开展工作。其次,全国人大以及常委会是我国最高的权力机关,有能力进行相关工作的协调,因而能够保障回应程序科学性与效率性的进一步落实。笔者认为,刑法治理功能效果评估回应程序应当包括以下步骤:

第一,提出。“提出”是指全国人大及其常委会根据评估报告的相关内容以及上述回应主体主管事项的范围,将评估报告分别送往相关的有权主体。例如,如果评估报告中涉及人民法院主管的事项,应当由全国人大及其常委会将其相关的内容送往最高人民法院等相关的法院系统;如果涉及检察院或者公安机关的事项,应当送往最高人民检察院等相关的检察系统或者公安部等相关的公安系统。当然,此处值得探究的问题是,如果涉及全国人大及其常委会主管的事项该如何处理?笔者认为,一般来说,涉及全国人大及其常委会主管的事项主要是关于立法效益的问题,因而,向主管该事项的法工委提出即可。关于提出的方式,笔者认为采用目前公文中较为常见的信函方式为妥。

第二,回函。“回函”是指相应的主管部门收到全国人大及其常委会的回应内容的信函之后,应当对该信函做出是否收到等相关回复。关于信函的回复不是随意而为之,应当按照公文中的回函内容要求进行回复,具体包括以下的内容。其一,回函的期限。笔者认为,根据效率性的要求,对于回函的期限可以规定“自相应的主体收到评估报告之后 3 日之内,应当做出回函”。其二,关于回函的内容。在内容上应当载明“已经收到了评估报告”“将会组织对评估报告进行讨论”“在一定的期限内对评估报告进行答复”。

第三,筛选。“筛选”是指相应的回应主体在收到全国人大及其常委会的回应内容的信函之后,对评估报告反馈的内容按照一定的标准进行必要的分类。对评估报告的内容进行筛选的目的在于节约回应主体的时间,提高回应主体的效率。因此,将相同的问题归入同一类型之中,可以使回应主体对该问题更加集中地探讨。

第四,讨论。“讨论”是指回应主体对评估报告所涉及的内容进行探讨。

讨论的目的在于集众人智慧,广泛进行议论,为了最终能够拿出科学的回应方案。讨论一般采用座谈会等相关会议的方式进行。然而,该阶段讨论的主体不应过于宽泛,应该限于本部门之内,当然,可以邀请本部门的下级机关或者与部门平行的其他机关人员参与。对于讨论的主题应当是评估报告中需要回应的事项。就讨论所形成的结论,可以作为答复的内容予以公布。

第五,答复。“答复”是指回应主体就形成的回应内容向全国人大及其常委会进行回复。一般而言,在答复的内容上主要包括以下要点:首先是时间的限制。同样是基于效率原则的考量,从收到信函开始到正式提出答复意见的时间不应过长,笔者认为,一般设定在2个月以内较为妥当。其次,在答复的内容中,应当载明刑法治理中存在的问题以及就如何在今后完善该问题提出答复意见。

结　语

“在刑法与社会治理的关系上，对于刑法和社会治理之间的关系，最为经典的论述可能就是李斯特的名言：最好的社会政策是最好的刑事政策。意思就是我们通过科学的社会政策的制定和制度的设计，可以避免多种犯罪的发生。”[1]但是在较早时期，我国在研究相关问题时，视角局限在刑法的地位、刑法的谦抑性等问题上，虽然能将刑法的角色以及其应有的克制性通过论据表述清楚，但是多年之后，我们再回过头来审视，理论与实践已在一定程度上相互脱离。司法认定的罪名以及量刑公正问题时刻考验着每一个法律人的知识与素养。继而反思问题的症结，似乎也不难发现，我们却一直纠结于一些问题而无法自拔，如刑法的惩罚功能、刑罚的一般预防价值等命题。如此研究进路使我们只能在固有设定的领域中打转，难以取得实质性突破。所以时至今日，刑法惩罚犯罪的工具特色显著。

目前，在我国社会结构、经济基础等发生翻天覆地的变化之

〔1〕 王强军：《社会治理过度刑法化的隐忧》，载《当代法学》2019年第1期。

时,转换问题的视角、切换问题的研究思路,刑法的角色与功能不再限于仅仅惩罚犯罪的地位成了本书研究的逻辑起点。早在清代,有识之士就已经总结出,“刑为盛世所不能废,而亦盛世所不尚”的经世格言。其重在表明,如果社会治理得当,社会祥和有序,那么我们就可以将刑法束之高阁。所以,刑法存在的最高境界应当是被束之高阁。因此,突出刑法的惩罚功能的用意只是表明其威慑力罢了,其实际效果也是难以检验。与其如此,是基于刑法的特殊地位以及特殊使命,挖掘刑法功能所具有的潜在生命力,则意义重大。

众所周知,在人类进程的历史长河中,“不论大陆法系国家还是英美法系国家,都经历了一个形式主义法治的发展和完善阶段。形式理性通过一套自我维护的机制和系统,保证了法律的自主、自洽,实现了法律的自主性”。[1] 因此,法律,尤其是刑法的出现,对社会民众形成较强威慑的同时,更是将社会的文明成果保存了下来。

2020 年 11 月,习近平总书记在中央全面依法治国工作会议上提出,“努力让人民群众在每一个司法案件中感受到公平正义”。显然,这是对实现法治建设提出的更高标准。那么,该如何界定“公平正义”这一高度抽象的词汇呢? 一般认为“公平正义”具体含义包括两个方面:其一,从内容上看,所选择的正义原则是在公平的原始状态中大家一致同意的;其二,从形式上看,也符合普遍性、一致性、公开性等形式上的或程序上的正义要求。

在刑法治理过程中所要彰显的“公平正义”,“社会公众是否能够感受到刑事案件处理所彰显的公平正义”也应当包含以上两个基本方面。而充分发挥刑法治理功能无疑能够体现公平正义的真实内容,因为刑法治理功能的发挥对治理理念、治理措施、治理手段、治理的参与主体以及刑法规范等方面都提出了较高的要求,而每一个要素均要经得住公平正义的检验。

---

〔1〕 舒国滢主编:《法制现代化的理论基础》,知识产权出版社 2010 年版,第 185 页。

当然,"一种胜任的理论既不应屈从于历史偶然论的盲目潮流,也不该搁浅于历史决定论的天真暗礁"。[1] 任何理论命题的提出都要经过实践的检验,更何况不太成熟的理论体系还存在需要完善和修改的地方。衷心希望自己对刑法治理功能的粗浅研究能够为刑法功能的发展贡献一份力量,若能如此,笔者将深感欣慰。

---

〔1〕[美]乔治·弗莱彻:《反思刑法》,邓子滨译,华夏出版社2008年版,第43页。

参考文献

一、中文著述

[1]储槐植等:《刑法机制》,法律出版社 2004 年版。

[2]高铭暄:《中国刑法学》,中国人民大学出版社 1989 年版。

[3]马克昌:《比较刑法原理》,武汉大学出版社 2006 年版。

[4]张明楷:《刑法学》(第 6 版),法律出版社 2021 年版。

[5]张明楷:《外国刑法纲要》(第 2 版),清华大学出版社 2007 年版。

[6]陈兴良:《刑法哲学》(上),中国政法大学出版社 2009 年版。

[7]周光权:《刑法学的向度》,中国政法大学出版社 2004 年版。

[8]周光权:《法治视野中的刑法客观主义》,清华大学出版社 2002 年版。

[9]周少华:《刑法理性与规范技术:刑法功能的发生机理》,中国法制出版社 2007 年版。

[10]梁根林:《刑法结构论》,北京大学出版社 1998 年版。

[11]曾明生编著:《刑法目的论》,中国政法大学出版社 2009 年版。

[12]逄锦温:《刑法机能研究》,法律出版社 2014 年版。

[13]蔡道通:《刑事法治:理论诠释与实践求证》,法律出版社 2004 年版。

[14]王立峰:《惩罚的哲理》(第 2 版),清华大学出版社 2013 年版。

[15]陈子平:《刑法总论》(2008 年增修版),中国人民大学出版社 2009 年版。

[16]曲新久:《刑法的精神与范畴》,中国政法大学出版社 2003 年版。

[17]文海林:《刑法科学主义初探》,法律出版社 2006 年版。

[18]韩忠谟:《刑法原理》,北京大学出版社 2009 年版。

[19]姜丽萍:《中西法律思想源流解读》,黑龙江人民出版社 2006 年版。

[20]周少元:《中国近代刑法的肇端》,商务印书馆 2012 年版。

[21]田宏杰:《中国刑法现代化研究》,中国方正出版社 2001 年版。

[22]陈正云:《刑法的精神》,中国方正出版社 1999 年版。

[23]许发民:《刑法文化与刑法现代化》,中国方正出版社 2001 年版。

[24]尹伊君:《社会变迁中的法律解释》,商务印书馆 2003 年版。

[25]赵东旭:《法律与文化:法律人类学研究与中国经验》,北京大学出版社 2011 年版。

[26]季卫东:《通往法治的道路——社会的多元化与权威体系》,法律出版社 2014 年版。

[27]邓正来:《哈耶克社会理论》,复旦大学出版社 2009 年版。

[28]李海东:《刑法原理入门——犯罪论基础》,法律出版社 1998 年版。

[29]陈金钊:《法理学——本体与方法》,法律出版社 1996 年版。

[30]蔡德辉、杨士隆:《犯罪学》,台北,五南图书出版有限公司 2009 年版。

[31]貟杰、杨诚虎:《公共政策评估:理论与方法》,中国社会科学出版社2006年版。

[32]陈忠林:《刑法散得集Ⅱ》,重庆大学出版社2013年版。

[33]汪全胜:《立法后评估研究》,人民出版社2012年版。

[34]庆芳、吴寒光:《社会指标体系》,中国社会科学出版社2001年版。

[35]邱均平:《评价学——理论、方法、实践》,科学出版社2010年版。

[36]陈志龙:《法益与刑事立法》,台北,台湾大学丛书编辑委员会1992年版。

[37]陈广胜:《走向善治》,浙江大学出版社2007年版。

二、中文论文

[1]高铭暄等:《论社会管理创新中的刑事法治问题》,载《中国法学》2012年第2期。

[2]邢馨宇、邱兴隆:《刑法的修改:轨迹、应然与实然》,载《法学研究》2011年第2期。

[3]江必新、王红霞:《社会治理的法治依赖及法治的回应》,载《法制与社会发展》2014年第4期。

[4]张远煌:《犯罪解释论的历史发展与当代趋势》,载《法学家》2004年第5期。

[5]张明楷:《刑法在法律体系中的地位》,载《法学研究》1994年第6期。

[6]张明楷:《司法上的犯罪化与非犯罪化》,载《法学家》2008年第4期。

[7]李龙:《论协商民主》,载《中国法学》2007年第1期。

[8]魏治勋:《"善治"视野中的国家治理能力及其现代化》,载《法学论坛》2014年第2期。

[9]俞可平:《治理和善治引论》,载《马克思主义与现实》1999 年第 5 期。

[10]李步云、赵迅:《什么是良法》,载《法学研究》2005 年第 6 期。

[11]曲新久:《论社会秩序的刑法保护与控制》,载《政法论坛》1998 年第 4 期。

[12]刘艳红:《刑法的目的与犯罪论的实质化》,载《环球法律评论》2008 年第 1 期。

[13]陈兴良:《人格刑法学:以犯罪论体系为视角的分析》,载《华东政法大学学报》2009 年第 6 期。

[14]周光权:《犯罪构成理论:关系混乱及其克服》,载《政法论坛》2003 年第 6 期。

[15]周光权:《公众认同、诱导观念与确立忠诚》,载《法学研究》1998 年第 3 期。

[16]周光权:《论刑法的公众认同》,载《中国法学》2003 年第 1 期。

[17]张建军:《论犯罪的相对性——从绝对主义到相对主义》,载《法商研究》2008 年第 1 期。

[18]高艳东:《从仇恨到接纳罪犯:个人与社会立场间的刑法抉择》,载《环球法律评论》2006 年第 3 期。

[19]沈岿:《司法解释的"民主化"与最高法院的政治功能》,载《中国社会科学》2008 年第 1 期。

[20]陈伟:《刑事立法的政策导向与技术制衡》,载《中国法学》2013 年第 3 期。

[21]孙万怀:《宽严相济刑事政策应回归为司法政策》,载《法学研究》2014 年第 4 期。

[22]姜明安:《国家治理现代化过程中国家治理要素的转变》,载《法制与社会发展》2014 年第 5 期。

[23]舒平锋:《拒不支付劳动报酬罪研究——以40例拒不支付劳动报酬案件为分析样本》,载《中国刑事法杂志》2013年第2期。

[24]车浩:《"扒窃"入刑:贴身禁忌与行为人刑法》,载《中国法学》2013年第1期。

[25]袁林等:《用刑法替代劳教制度合理性质疑》,载《法商研究》2014年第6期。

[26]黎宏:《日本近年来的刑事实体立法动向及其评价》,载《中国刑事法杂志》2006年第6期。

[27]何荣功:《社会治理"过度刑法化"的法哲学批判》,载《中外法学》2015年第2期。

[28]童伟华:《刑事法治视野下的宽容精神》,载《刑事法评论》第20卷。

[29]张忠军:《金融立法的趋势与前瞻》,载《法学》2006年第10期。

[30]桑本谦:《法律论证:一个关于司法过程的理论神话》,载《中国法学》2007年第3期。

[31]石经海:《"量刑规范化"解读》,载《现代法学》2009年第3期。

[32]樊文:《犯罪控制的惩罚主义与效果》,载《法学研究》2011年第3期。

[33]付子堂、张善根:《地方法治建设及其评估机制探析》,载《中国社会科学》2014年第11期。

[34]宋方青:《立法质量的判断标准》,载《法制与社会发展》2013年第5期。

[35]陈书全:《论立法后评估常态化启动机制的构建》,载《现代法学》2012年第2期。

[36]汪全胜:《立法后评估主体的建构》,载《政法论坛》2010年第5期。

[37]黄京平等:《刑法立法政策评估指标体系解析》,载《法学杂志》

2013 年第 6 期。

[38]梁根林:《刑法适用解释规则论》,载《法学》2003 年第 12 期。

三、中文译著

[1][美]罗斯科・庞德:《通过法律的社会控制》,沈宗灵译,商务印书馆 2013 年版。

[2][美]卡尔・科恩:《论民主》,聂崇信、朱秀贤译,商务印书馆 1988 年版。

[3][美]詹姆斯・罗西瑙:《没有政府的治理》,张胜军等译,江西人民出版社 2001 年版。

[4][美]诺内特、[美]塞尔兹尼克:《转变中的法律与社会:迈向回应型法》,张志铭译,中国政法大学出版社 1994 年版。

[5][美]乔纳森・特纳:《社会学理论的结构(上)》(第六版),邱泽奇译,华夏出版社 2001 年版。

[6][美]鲁思・华莱士、[英]艾莉森・沃尔夫:《当代社会学理论——对古典理论的扩展》(第 6 版),刘少杰等译,中国人民大学出版社 2008 年版。

[7][美]Donald F. Kettl:《有效政府——全球公共管理革命》,张怡译,上海交通大学出版社 2005 年版。

[8][美]劳伦斯・M. 弗里德曼:《法律制度——从社会科学角度观察》,李琼英、林欣译,中国政法大学出版社 2004 年版。

[9][美]R. M. 昂格尔:《现代社会中的法律》,吴玉章、周汉华译,译林出版社 2008 年版。

[10][美]爱德华・罗斯:《社会控制》,秦志勇等译,华夏出版社 1989 年版。

[11][美]哈伯特・L. 帕克:《刑事制裁的界限》,梁根林等译,法律出版社 2008 年版。

[12][美]波斯纳:《法理学问题》,苏力译,中国政法大学出版社 2002 年版。

[13][美]E. 博登海默:《法理学:法律哲学与法律方法》,邓正来译,中国政法大学出版社2004年版。

[14][美]欧文·费斯:《如法所能》,师帅译,中国政法大学出版社2008年版。

[15][美]路易丝·谢利:《犯罪与现代化:工业化与城市化对犯罪的影响》,何秉松译,群众出版社1986年版。

[16][美]埃德温·萨瑟兰:《犯罪学原理》,吴宗宪译,中国人民公安大学出版社2009年版,第41页。

[17][美]斯蒂芬·E. 巴坎:《犯罪学:社会学的理解》(第四版),秦晨等译,上海人民出版社2011年版。

[18][美]西奥多·H. 波伊斯特:《公共与非营利组织绩效考评》,肖鸣政等译,中国人民大学出版社2005年版。

[19][美]波斯纳:《法律的经济分析》(第7版),蒋兆康译,法律出版社2012年版。

[20][美]罗伯特·考特、[美]托马斯·尤伦:《法和经济学》(第5版),史晋川等译,格致出版社、上海三联书店、上海人民出版社2010年版。

[21][美]波斯纳:《正义、司法的经济学》,苏力译,中国政法大学出版社2002年版。

[22][美]戴维罗·伊斯等:《公共项目评估导论》(第3版),王军霞等译,中国人民大学出版社2007年版。

[23][美]卡尔·帕顿等:《政策分析和规划的初步方法》,孙兰芝等译,华夏出版社2001年版。

[24][德]汉斯·海因里希·耶塞克、[德]托马斯·魏根特:《德国刑法教科书》,徐久生译,中国法制出版社2009年版。

[25][德]卢曼:《社会的法律》,郑伊倩译,人民出版社2009年版。

[26][德]罗伯特·阿列克西:《法:作为理性的制度化》,雷磊编译,中

国法制出版社 2012 年版。

[27][德]萨维尼:《论立法与法学的当代使命》,中国法制出版社 2001 年版。

[28][德]卡尔·拉伦茨:《法学方法论》(第 2 版),陈爱娥译,商务印书馆 2013 年版。

[29][德]施塔姆勒:《正义法的理论》,夏彦才译,商务印书馆 2012 年版。

[30][德]康德:《法的形而上学原理——权利的科学》,沈淑平译,商务印书馆 1991 年版。

[31][德]克劳斯·罗克辛:《德国刑法学总论》(第 1 卷),王世洲译,法律出版社 2005 年版。

[32][德]哈贝马斯:《在事实与规范之间》,童世骏译,三联书店 2003 年版。

[33][德]阿列克西:《法律论证理论》,舒国滢译,中国法制出版社 2002 年版。

[34][德]韦伯:《新教伦理与资本主义精神》,康乐等译,广西师范大学出版社 2007 年版。

[35][德]韦伯:《经济与社会》(下卷),林荣远译,商务印书馆 1997 年版。

[36][德]黑格尔:《法哲学原理》,范扬译,商务印书馆 1961 年版。

[37][德]韦伯:《法律社会学》,康乐等译,广西师范大学出版社 2011 年版。

[38][德]李斯特:《德国刑法教科书》,施密特修订,徐久生译,法律出版社 2000 年版。

[39][德]托马斯·莱塞尔:《法社会学导论》(第 6 版),高旭军等译,上海人民出版社 2014 年版。

[40][意]恩里科·菲利:《实证派犯罪学》,郭建安译,中国人民公安大学出版社2004年版。

[41][意]杜里奥·帕多瓦尼:《意大利刑法学原理》(注评版),陈忠林译评,中国人民大学出版社2009年版。

[42][意]贝卡里亚:《论犯罪与刑罚》,黄风译,中国法制出版社2009年版。

[43][英]安东尼·吉登斯:《资本主义与现代社会理论》,郭忠华、潘华凌译,上海译文出版社2015年版。

[44][英]彼得·斯坦、[英]约翰·香德:《西方社会的法律价值》,王献平译,中国法制出版社2005年版。

[45][英]查理德·威廉姆斯:《组织绩效管理》,蓝天星翻译公司译,清华大学出版社2002年版。

[46][英]罗杰·科特威尔:《法律社会学导论》,潘大松等译,华夏出版社1989年版。

[47][英]伦纳德·霍布豪斯:《社会正义要素》,孔兆政译,吉林人民出版社2006年版。

[48][英]密尔:《论自由》,程崇华译,商务印书馆1996年版。

[49][英]梅因:《古代法》,沈景一译,商务印书馆1996年版。

[50][英]洛克:《政府论》(下),叶启芳等译,商务印书馆1981年版。

[51][英]霍布斯:《利维坦》,黎思复等译,商务印书馆1985年版。

[52][法]卢梭:《社会契约论》,李平沤译,商务印书馆2013年版。

[53][法]福柯:《疯癫与文明》,刘北成等译,三联书店2003年版。

[54][法]卡斯东斯特法尼等著:《法国刑法总论精义》,罗结珍译,中国政法大学出版社1998年版。

[55][法]雷蒙·阿隆:《社会学主要思潮》,葛智强等译,上海译文出版社2013年版。

[56][法]马丁·莫西斯蒂埃:《人类死刑大观》,袁攸一等译,漓江出版社1999年版。

[57][法]埃米尔·涂尔干:《社会分工论》,渠东译,三联书店2013年版。

[58][日]大塚仁:《刑法概说(总论)》(第三版),冯军译,中国人民大学出版社2003年版。

[59][日]大谷实:《刑事政策学》,黎宏译,法律出版社2000年版。

[60][日]川岛武宜:《现代化与法》,申政武等译,中国政法大学出版社2004年版。

[61][日]伊东研祐:《法益概念史研究》,秦一禾译,中国人民大学出版社2014年版。

[62][日]野村稔:《刑法总论》,全理其等译,法律出版社2001年版。

[63][日]西原春夫:《刑法的根基与哲学》,顾肖荣等译,法律出版社2004年版。

[64][日]大塚仁:《犯罪论的基本问题》,冯军译,中国政法大学出版社1993年版。

[65][日]庄子邦雄:《近代刑法思想史序说——费尔巴哈和刑法思想史的近代化》,李希同译,中国检察出版社2010年版。

[66][日]松原芳博:《刑法总论重要问题》,王昭武译,中国政法大学出版社2014年版。

[67][日]穗积陈重:《法律进化论(法源论)》,黄尊三等译,中国政法大学出版社2003年版。

[68][日]木村龟二:《刑法学词典》,顾肖荣等译,上海翻译出版公司1991年版。

[69][日]富永健一:《社会学原理》,严立贤等译,社会科学文献出版社1993年版。

[70][日]西田典之:《日本刑法总论》,刘明祥、王昭武译,中国人民大学出版社 2007 年版。

[71][奥]凯尔森:《法与国家的一般理论》,沈宗灵译,商务印书馆 2013 年版。

[72][奥]凯尔森:《共产主义的法律理论》,王名扬译,中国法制出版社 2004 年版。

[73][古希腊]亚里士多德:《政治学》,吴寿彭译,商务印书馆 2012 年版。

[74][韩]李在祥:《韩国刑法总论》,韩相敦译,中国人民大学出版社 2005 年版。

[75][荷]格劳秀斯:《战争与和平》,何勤华等译,上海人民出版社 2005 年版。

[76][苏]H. A. 别利亚耶夫等:《苏维埃刑法总论》,马改秀等译,群众出版社 1987 年版。

四、外文著述

[1] CH. Perelman, The New Rhetoric and the Humanities: Essays on Rhetoric and Its Applications Dordrecht Holland, Boston: D. Reidel Pub Co. ,1979.

[2]Michel Foucault,The Subject and power. in Hubert Dreyfus and Paul Rabinow,eds. ,Beyond Structuralism and Hermeneutics,University of Chicago Press,1982.

[3]Nigel Walker,Why punish? Oxford University Press,1991.

[4]Aristotle:The Nicomachean Ethics. H. Rackham,Loeb Library ed. ,1934.

[5]Jurgen Habermas,The Public Sphere:An Encyclopedia Article(1964), in Sara Lennox and Frank Lennox,eds. ,New German critique No. 3(Autumn,

1974),Duke University Press,1974.

[6]Cass R. Sunstein.,Infotopia:How Mary Minds Produce Knowledge, Oxford University Press,2008.

[7]Jurgen Habermas,The Theory of Communicative Action,Voll,transl. by T. Mccarthy,Beacon Press,1987.

[8]Amartya Sen,Development as Freedom,New York:Knopf,1999.

[9][日]佐久间修等:《刑事法入门》(第2版),东京:有斐阁アルマ,2007年版。

[10][日]川端博:《刑法总论讲义》(第2版),东京:成文堂,2006年版。

[11][日]井田良:《讲义刑法学・总论》,东京:有斐阁,2008年版。

[12][日]大谷实:《刑法讲义总论》(新版第2版),东京:成文堂,2007年版。

[13][日]日高义博:《刑法总论》,东京:成文堂,2015年版。

[14][日]菊田幸一:《犯罪学》,东京:成文堂,2010年版。

[15][日]岩井宜子:《刑事政策》(第6版),东京:尚学社2014年版。

[16][日]前田雅英:《刑法总论讲义》(第6版),东京:东京大学出版会,2015年版。

[17][日]只木誠:《刑事法学における現代的課題》,东京:中央大学出版部,2009年版。

[18][日]西原春夫:《刑法总论》,东京:有斐阁,1984年版。

后　记

时光荏苒，如白驹过隙，一晃，距离博士毕业都已经六个年头了。有些事情确实在时间的洗礼下变得越发模糊，甚至都慢慢淡忘，但是读博士的三年所经历的一些事情，反而越来越清晰。特别是写博士论文的那段岁月，全力以赴，日夜颠倒，但是却过得很充实，也很满足。

本书是在我的博士论文的基础上修改而成的。无论是写作还是修改，无不花费了大量心血。回想这一路走来，既艰辛又温暖。艰辛的是学术之路本身就很孤独与煎熬；温暖的是在前进的过程中获得了太多的帮助。所以我想凭借本书的一隅之地，对关心、爱护我的师友以及尊长表达我真诚的谢意。

首先，要特别感谢我的恩师袁林教授。恩师不嫌我资质愚钝、出身寒微，将我招入门下，这是我的幸运。恩师于我不仅有“传道授业解惑之情”，更有“知遇之恩”。除了传授基本的刑法知识外，恩师教给我的更多的是安身立命、为人处世的哲学，宽厚待人的真诚，不计小利的豁达。从本书的选题到写作，无不凝聚着恩师的心血。虽然恩师对学术要求严格，但在生活中对我也是百般照顾。三年博士生涯,承蒙恩师诸多关照,即便毕业后留校任教,恩师亦是如此。每每念及此,感激之情油然而生。

在此,还要感谢袁老师的爱人岳彩申教授。在我的生命中,岳老师无疑是另一位导师。每每与岳老师交流,无论是为人,还是为学,都有不一样的收获。岳老师大气的为人,严谨的治学态度,严于律己、宽于待人的修为,都是我需要学习的。每每有重大难题难以化解时,我都会请教岳老师和袁老师,岳老师点拨一二我便会茅塞顿开,可谓"柳暗花明又一村"。所以岳老师一直是我心中的"高人"。

感谢海南大学的童伟华教授、王洪宇教授。童老师是我的硕士生导师,不仅将我引入刑法学这座神圣的殿堂,更是教会了我研究刑法的基本方法。在硕士阶段,童老师为人正直、治学态度严谨,对我影响颇深。在人生的每个阶段,与童老师沟通与交流,都让我倍感温暖。王洪宇教授作为我硕士期间的授业恩师,对我的进步与发展倾注了极大的关心,如果没有王老师的推荐,想必那个夏天的我依旧迷茫而不知该何去何从。学术之路,能够得到二位老师的指引和帮助,倍感幸福。

感谢日本中央大学的只木诚教授。2013 年与只木老师在西安的一面之缘,注定了与只木老师此生的师生之谊。如果没有只木老师的无私帮助,日本访学之路未必能一帆风顺。本书的初稿是在日本完成的,在写作过程中,只木老师为我大开"方便之门",不仅为我提供了诸多学习上的方便与生活上的帮助,而且总是提醒其门下的学生对我多多关照,减少了我在异国他乡的孤独之感。

感谢中国社会科学院的刘仁文研究员。刘老师是我的博士后指导老师,对我的成长倾注了大量的心血。记得当初联系刘老师,表达了想读博士后的想法,过程曲折非只言片语能够道尽,因为当时社科院已经严格控制在职博士后的进站人数,最终在刘老师的积极帮助和促成之下,才有幸获得继续深造的机会。当然,在平时跟刘老师的沟通与交流中,老师总是语重心长地鼓励我要多出高质量的成果，每每在感到压力的同时，我也会有前进的动力。

感谢我的爱人陈明丽女士。爱人是医生，日常工作本就繁忙。然而，她不仅将工作安排的井然有序，而且也为我分担了许多生活上的琐事。与她相遇、相处没有任何的刻意，更多的是人生路上的相扶相持。2020 年我们迎来了第一个宝宝姚若栖，2022 年我们迎来了第二个宝宝姚若湫。两个可爱的宝宝给家里带来了欢声笑语，也让我们体会到了为人父母的快乐。我愿意在这平平淡淡的“柴米油盐”中，慢慢体会人间烟火。

感谢我的父母。没有父母的支持与鼓励，我不会继续深造读博，也不会最终走向三尺讲台任教。在两个宝宝出生后，父母牺牲了自己的老年生活，帮我们做饭、照看小孩。每每看到他们逐渐老去的身影，十分不忍。对于父母的养育之恩、舐犊之情，不是我只言片语能说得清的。余生，我希望能多花点时间陪伴他们，也愿他们在流淌的岁月中感受美好、不再变老。

最后，对本书的审稿专家以及编辑屈瑶老师表示感谢，正是他们严谨的态度，使本书更加完善。在本书的校对与修改之中，我指导的研究生赖宝茹、张晶、李灿三位同学提供了诸多的帮助，对他们也一并表示感谢。

作者谨识